JN207272

『タオと宇宙原理』正誤表

本書に下記の通り誤りがございました。お詫びして訂正いたします。

頁	行	誤	正
49	キャプション1	望遠鏡	顕微鏡
70	頭註後ろから4	太陽中心節	太陽中心説
85	3	DNAを持ち	遺伝子を持ち
146	後ろから7〜8	そして彼は「国家は兵器開発に天文学的予算を投入し、戦場は最新科学の実験場となった。科学は人類に大いなる希望と絶望を与えた」と述べた。	国家は兵器開発に天文学的予算を投入し、戦場は最新科学の実験場となった。科学は人類に大いなる希望と絶望を与えた。
181	後ろから2	プラトン	ボエティウス（※資料の翻訳誤り）
195	3	エディントン	エディントンら（※資料の翻訳誤り）
197	後ろから6	Wilheim	Wilhelm
212	3	譴除（けんじょ）	蠲除（けんじょ）
246	頭註	点＊　註抜け	＊点とは位置のみを示し、三次元的には存在しないとされるが、筆者はそれは有るのだと考えている。ただし、その有は三次元的有概念では把握出来ないというだけのことである。
279	頭註5	原子銀河団	原始銀河団
280	頭註「太陽に似た恒星」		削除（※資料とした日本語資料の誤りのため）
378	頭註2	ューロン	ニューロン
481	1	本末	本来

桜の花出版株式会社 編集部
〒194-0021 東京都町田市中町 1-12-16 アイケーブリック 401
電話 042-785-4442　FAX 042-785-4424

タオと宇宙原理

森神　等覚

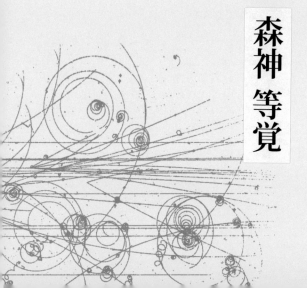

タオと宇宙原理

はじめに

あなたは何故〈あなた〉なのだろうか
〈世界〉は本当に存在しているのだろうか
　なんと、この世界はたった四つの力とたった二種類の素粒子とで出来ていたのである。それは知れば知るほど驚きの、余りに単純すぎる原理である。
　斯書では、宇宙物理学の法則を紹介しながら、筆者の専門の仏教哲学や東洋思想とりわけ老子の哲学を通して、〈存在〉の真実について解き明かそうとする試みの書である。一般向けに物理学や哲学が苦手な人にも出来るだけ分かりやすく書いたつもりであるが、後半は少し難解な所があるかも知れない。
　この宇宙は自然発生的に誕生したと従来考えられてきたが、ここにきて「人間原理説」が唱えられるようになり、その背景に、神ならぬ宇宙意志の存在を認める動きがヨーロッパ系の学者の間に広まっている。更には、我々の宇宙以外の多次元宇宙までもが数式で導き出されるようになり、物理学は神の領域に入り込んだようだ。そして、遂に彼らが言い出したことは、この世が存在しないということである。
　実は、仏教は二千五百年前から量子物理学が解明した真理についてまったく同じ事を語ってきているのである。また、最終章は老子の哲学にも触れ、タオとは何かを解説している。それは、人間の存在そのものであり、仏陀が存在を全否定するのに対し、老子は無為の世界を通して存在を全肯定してみせるのである。そのどちらもが、人間存在の実存性と超越を示しており、凡夫が如何にして生きるべきかを示している。当初予定より大幅なページ増となり五百頁を越えたことは、本が売れないことに等しく悩ましいところではあったが、読者にあられては、どこからでも興味の湧く箇所から読み進めて頂ければと思うのである。勿論、前章から読み進めないと理解が困難な所もあるが、気にせず、流し読みをして頂くだけで充分ご理解頂けるように書いた。特に、一章には斯書の全体像が分かるように、その要諦を述べている。

斯書の最大の特徴は〈言語次元〉というまったく新しい概念について分析を試みていることである。それは、人類の進化の過程でもあり、〈叡智言語〉の獲得の重要性を説いている。更には、重力に関わる原理と人間の精神原理の同一性を分析しているのも世界初の試みであり、興味を抱いて頂ければ幸いである。それは我ながら実に興味深い内容であった。そして、それらの事実を通して仏陀とは何か、解脱なる超自我の覚醒とは何を意味しているのかに言及している。唯物論的還元主義では理解できない深遠なるタオの世界と理論を紹介する。

二〇二〇年八月五日

森神等覚　識

目次

第二章　言語の次元

第三章　ノーベル賞物理学者らのタオ観

第四章　宇宙の仕組みとタオ

第五章　新たな「神」の構築

第七章　老子のタオ

＊表記は著者の感性を尊重し、敢えて統一せず、必ずしも一般的な用法ではない。〔例〕謬りと誤りの使い分け等がある。
＊人名は一部を除き基本的に敬称は付していない。
＊註は一部、編集部が付した。

序章　「この世」は存在しない！

プログラムされた人類

この世とはどんな世界なのだろうか。目に映った世界がこの世だと、誰しもが信じて疑わない。本当だろうか。若い時には、日常に心が奪われ、日々の出来事に振り回される毎日で、この世の存在と自分の存在との関係について考える、などということは、大半の人はすることがない。ところが、誰しも年を取ると、自分の意識と自分の身体とが別物であることを痛感させられるようになる。身体が思うように機能しなくなるからだ。若い読者は、この言葉を決して看過してはいけない。アッという間に「その時」は訪れるからだ。その時に、これから語る多くのことが、あなたを支えることになるだろう。

あなたは「何故ここに自分が存在しているか」考えたことがあるだろうか。あなたがあなたでしかないことに疑問を持ったことはないだろうか。筆者にとってそれは最大の難問だった。何故、自分は自分なのか。他者ではないのか——。巨大な問いだった。あなたもあなたを演じているだけの「あなた」という人生の主役でしかない。あなたにとってはあなたの、筆者にとっては筆者の人生しか我々は生きることが出来ない。そして、その中心は常に「自分」である。

あなたは、その「自分」について真剣に考えたことがあるだろうか。筆者はこの自他の別に小学四年生の時からずっと悩むようになり、自然の営みを見つめながら人間という存在のあり様《よう》を思惟する道を歩むようになった。一人一人の生を観察していると、我々は一種のロボットのよう

自分　なぜ自分は「自分」なのか—。この問いは、なぜ存在するのか—とともに古代から哲学の根本命題の一つ。

自我　意識や行為をつかさどる主体。対象（非我）・他者（他我）から区別される人格や作用の中枢。西洋近代哲学では、自我の明確な概念（思惟するものとしての我）を作ったのはデカルトとされる。インド哲学では、自我（アートマン）は認識主体とともに、「永遠普遍の本質」として論じられてきた。

に思えてくる。誰しもに両親がいて、育てられる過程で同様の喜怒哀楽に襲われながら、知恵を付けていく。そして十歳で脳の大半が完成すると、二年後には思春期へと突入する。誰しもが同じパターンである。

人の生は、幼児の時の自己中心的な〈第一自我〉に始まり、五、六歳からの他者と敵対する〈第二自我〉、そして、思春期の渾沌とした〈第三自我〉。次に、青年期の衝《つ》き進む〈第四自我〉へと移行し、社会人や家庭人としての〈第五自我〉に入ると、自立、自活、愛情という、社会に目を向けた世界で心身を削りながら生き始める。そして、いよいよ更年期の〈第六自我〉に入る、身体に不調が出始める時だ。それに伴い、心までもが不安定になる。多くの中年自殺者を出すのもこの頃である。家族との葛藤も大きく心身を傷付けていくことになる。さらに還暦を過ぎれば身体はいよいよ言うことをきかなくなる。

そして遂に、老人の境へと到る時が来る。〈第七自我〉の訪れである。人生の黄昏《たそがれ》に突入する。一年一年が若い時の十年の速さで心身を老化させていく。それからは老い仕度が始まることになる。一日一日に感謝をする日々でもある。人によっては寝たきりとなり、苦難の時が訪れる。子に支えられる時でもある。そして「死」が迎えに来る。その時、〈第八自我〉が出現する。

こうやって人を分析すると、多少の違いがあるとは言え、この枠から外れている者がいないことが分かる。人は皆同じプログラムの中で生を全うするロボット的存在でしかない。いかにも人間的な男女の恋愛も全ての生物にプログラムされた繁殖行動でしかないことが分かる。下等生物より少しだけ複雑な心理状態を形成発展はさせるが、基本のプログラムから外れることはない。

我々はロボットなのだろうか。

いずれ人類は、火星に生命を誕生させる「地球化計画」を開始することになるだろう。更に、より早く人類（火星人）が誕生するようにあらゆる技術を駆使して発生を早めさせるだろう。その時、新たな生命に遺伝子を植え付けるのは未来人の我々人類の子孫である。そして、その中から新たな人類（宇宙人）を創り出す時が来ることは、決してＳＦの世界ではない。

果たして、その新たな人類は誰によって創り出されたのであろうか。彼らは、自我を形成させた時、その自分たちの創造主が隣の星の人類だと知った時の驚きはいか程であるか、想像に難くない。

さて、かくいう我々の存在も、この巧みなプログラムから外れることはない。我々は一見他者との個人差を感じ〈自分の世界〉で生きているように感じているが、それはただの錯覚でしかない。あなたのその個人的生は他者の個人的生と本質的に何も違わない。あなたも他者も所詮は一つ穴のムジナでしかないのだ。否、一匹のムジナでしかないのだ！

一九五三年にワトソンとクリックがＤＮＡの二重螺旋《らせん》構造を提唱した時の人類の衝撃は大きかった。その瞬間、我々人間が設計図に基づいて作られているロボットであることが示唆されたからである。

あなたは誰だろうか？

地球化計画　テラフォーミング　地球以外の惑星や他天体の衛星などを人類が生活できる環境に人為的に作り変えること。一九六一年に天文学者カール・セーガンが発表した金星の環境改造計画に関する論文から研究が本格化した。火星が最有力候補地とされ、世界各国の宇宙開発機関、民間企業が移住に向けた計画を進めている。

ワトソンとクリック　ＤＮＡの裏話　二人は犯罪的行為によってノーベル賞を獲得した。ワトソンは、ユダヤ人女性研究者フランクリンの撮影したＤＮＡ構造のX線写真を、彼女と職場で対立するウィルキンズから入手、クリックも、フランクリンの研究報告書を審査員のペルーツから不正に入手、自分たちのモデルの確証を得たという。一九六二年、二人と共犯者ウィルキンズはノーベル賞医学生理学賞を、ペルーツも化学賞を受賞。最大の寄与をしたフランクリンは、その四年前に卵巣がんでこの世を去った。

夢　睡眠中に体験される夢は、神霊の人間への関与として、古来より未来予知や病気平癒などの力があるとされた。S・フロイトの著書『夢判断』（一九〇〇年刊）により、夢は心の深層を表わす（抑圧された願望を暗示する）ものとして再発見され、更にC・G・ユングは人類に共通の「普遍的無意識」から現われるものもあるとした。

夢は現実か　現実は夢か

二〇一九年の春四月、思いもよらない不可思議な体験をさせられることになった。筆者は毎朝、夢日誌を付けているのだが、この日だけは特別だった。いつものことながら夢の中では客体としての自己を見続ける〈自観《じかん》〉の習慣がありいつも通りに展開していたのだが、途中で、いつもなら夢と認識しているはずの夢の中が、夢ではないことに気付いたのである。夢には奇想天外といったいくつかの特徴がある。大きく言えば現実との違和感がある。だからいつもはそれが夢であることを認識しながら夢を見続け、嫌な展開になるとそこから抜け出すことにしているのである。要するに目覚めることが大半だが、場合によっては違うイメージへとワープしてしまう事もある。そういう意味に於いて筆者はかなり夢をコントロール出来るという事になる。だからと言って見たい夢を観ようとは思わない。自身の深層意識を分析する目的が大きいことと、深層意識による何らかの示唆を尊重しているからである。

そんなある日の夢である。筆者はいつものように夢の中でヴァーチャルリアリティを体験し続けていた。しかしそれはどこまでもヴァーチャルであり、夢であることを認識している。ところがその日の夢にはいつものヴァーチャル感がなく、一切の違和感が有されていなかったのである。その時、夢の中の筆者は「そんなはずはない、これは夢のはずである、現実であるわけがない…」と戸惑い困惑していた。夢だったはずのヴァーチャルがいつの間にか現実に引き戻されていたからである。「そんなはずがない！」私は首をかしげていた。しかし、これは紛れもない現実であった。そこで、ここが果たして本物の現実世界であるのか、はたまた夢の中であるのか、意識を〈いま〉に集中し、あらゆる現実の感覚を呼び覚まして〈いま〉を感じ体験した。

どう見ても、微塵の疑いもなく現実の今に私は存在していることを確認した。今のこの瞬間とまったく同じ世界であった。いつもの日常のありのままの自分、何らの違和感のない視覚世界、微塵の狂いもない現実がそこには存在していた。何一つ非現実の事象は見当たらなかった。いつもならすぐに気付くはずの夢独特の違和感は一切存在しなかった。私は、それが夢でないことを確信し日常に戻ったのである。それは、今この瞬間の現実とまったく同じ状態にあった。あなたがこの本を読んでくださっている今そのものであったのである。そうやって、幾度もの確認をしたのち現実をまざまざと実感している最中《さなか》、なんと私は目の前の時空に、ガラスが割れるようにひびが入り、また、ページがめくられるように時空が剥ぎ取られていくのを、目の当たりにすることになったのである。

あなたもそれを想像することは出来る。これを読んでいる将にこの瞬間、あなたの目の前の空間にひびが入り現実が消え失せていくとイメージしてもらいたい。

どんな感じであろうか。そのイメージがリアルであるならば、それは想像を絶する体験であるはずだ。それは存在の否定であり限りなく不安定な状況の出現を意味する。エントロピーの増大ということも出来る。この瞬間のあなたが実は夢の産物であったとしたならば、あなたをあなたたらしめているあなたという存在はどこに行ってしまったのか、問わなくてはならない。私はそ

エントロピー　熱量と温度に関しての物質の無秩序性の尺度。エントロピーは時間と共に増大する。情報理論で用いられる場合は情報の不確かさを表わす。

の時に目が覚めた。が、茫然としていたのを昨日のことのように思い出す。それは、人生初めての信じ難い体験であった。現実と信じて疑わない現実が実は夢の産物であったという事実は、否定のしようがないほどにリアリティを持ち、強烈な重圧をもって意識がその事実を肯定した。あれは真実以外の何者でもなかったからだ。

ということは、この現実も夢かも知れないという事になる。いかなるリアリティも我々がそう感じるからと言って何らの実証性を有しているわけではないという事である。夢が現実であったのなら、この現実が夢である蓋然性《がいぜんせい》（確率）はゼロではない。それどころかもっと遙かに高い確率かも知れない。あなたも私と同じ夢をもし見ることがあったなら、何の躊躇もなくこのことばを理解するだろう。

禅定　「禅」はサンスクリット語ディヤーナ dhyāna の訳、または、パーリ語のジャーナ jhāna の音写「禅那」を略した「禅」とその漢訳「定」の合成語。心を統一して三昧に入り寂静となり真理を悟るための修行法。またその状態。古代インドでは仏教以前から広く行なわれていたが、仏教におけるもっとも代表的な修行法となった。

量子力学は仏教哲理「非存在」を学んでいた！

いま物理学の世界では、存在について無だと言い始めた。時空間は存在しないという思いもしない説が語られるようになった。それらの説はいまや定説となりつつある。しかし、時間軸の中でしか自己認識できないと信じている人たちにはそれは理解し難い学説であろう。科学者のたわごとと感じるだろう。当然のことながら科学者の間でもそれが理解できない人が圧倒している。

実は、仏教はその科学的真理についてすでに二千五百年前に、禅定という特殊な精神状態の中でその答えを導き出していた、と言ったらあなたは驚くだろうか。それは後に解説する刹那滅《せつなめつ》という公理をもって仏教哲学の基礎を成していたのである。極めて厳しい論理展開の末にこの帰結に辿り着き、仏教教義の根幹を成すに到っている。そこには、この世もこの「私」も一切が存在しない無自性《むじしょう》（絶対性の否定）の原理によって成立していることが導かれているのだ。後に説明する如く、この仏教の哲理を学んだ量子論の主役であるボーアやシュレーディンガーら量子物理学者は、仏教のこの公理をヒントにこの物理世界を分析し、遂に量子の原理について解き明かすに到ったのである。彼らがこの仏教哲理に影響を受けたという厳然たる歴史的事実を、改めて我々は再評価しなければならないのである。老子のタオも事物を超越し、時空をも超越して、ある種のリアリティとして存在する。それは偉大な自然科学者たちの物理法則の発見と同等に、いやそれ以上に驚嘆に値するものであった。

二千五百年の歳月をかけ数え切れない自然科学者たちの知恵の集積としての数式を用いた理論によって導かれたのではなく、すでに二千五百年前に仏陀というたった一人の直観としての深い洞察として、更にその奥の深い体験として、それらが精神上に導き出されたという事実に敬意を払わないわけにはいかない。斯書ではそれらの事実を紐解き、人の魂が自然を前にして感受する日常言語を超越した「魂のことば」（筆者はそれを〈自然言語〉と呼ぶ。詳細は二章）に生きる人たちのために解説を加えていくものである。

アインシュタインは相対性理論で大変有名な理論物理学者であるが、意外と宗教的人物であっ

刹那滅　刹那生滅に同じ。一切の事物は一瞬一瞬に生じては滅し滅しては生じるということが繰り返されている、という仏教の思想。（二章参照）

無自性　万物は実体（自性）がないこと。これを「空」といい、仏教根幹の思想。

仏陀　サンスクリット語ブッダBuddhaの音写。「仏（ぶつ）」「ほとけ」ともいう。Buddhaはbudh（目覚める）を語源とし、「目覚めた人」「覚者」の意。以前はジャイナ教やウパニシャッドなどの聖者も仏陀と称したが、仏教の発展とともに仏教における最高の人を呼ぶようになった。釈尊と、それ以前にこの世に現われたという、毘婆尸（びばし）・尸棄（しき）・毘舎浮（びしゃぶ）・拘留孫（くるそん）・拘那含牟尼（くなごんむに）・迦葉（かしょう）の六仏を合わせた過去七仏や、三世十方の諸仏をも指す。ここでは仏教の創始者ゴータマ・ブッダ（紀元前六〜五世紀）のこと。

たことは我が国では知られていない。そこには、日本の知識人における何らかの恣意的な働きがあったのかも知れない。すなわち、唯物論に立脚する知識人の、かの偉大な知性からのお墨付きが宗教に与えられることに対しての嫌悪なり警戒心がそうさせてきたのかも知れない。ここに彼の言葉をまとめた『The World As I See It』の一節を紹介する。生きることの意味について、彼は次のように語っている。

「人生の、あるいは全ての生物の生きる意味とは何だろうか。この問いに完全に答えるのは宗教ということになります。ではそれを言葉にすることに意味はあるのだろうか。そう問われたら私はこう答えます。自分自身の人生や、自分の仲間や生き物の生を無意味と考える人は、不幸であるばかりでなく、ほとんど生きる資格を持たないのです。」

三章に於いて、更に詳細な内容を紹介しているが、彼は「Cosmic Religion」宇宙宗教という表現で、ユダヤ教や仏教の哲学部分がこれからの新たな宗教として存在し得ることを語っている。一般の物理学者だけでなく物理学や宇宙論に通じていない人たちも、この大天才の偉大な見識に対して改めて敬意を払い、その言葉に謙虚に耳を傾けるべきであろう。

ニールス・ボーア
Niels Henrik David Bohr（一八八五～一九六二年）デンマークの理論物理学者。原子模型を考案し、量子力学の基礎を作った。相補性原理の提唱など、原子物理学の進歩に貢献。量子力学のコペンハーゲン解釈の中心的人物。一九二二年ノーベル物理学賞受賞。

アルベルト・アインシュタイン
Albert Einstein
（一八七九～一九五五年）ドイツ生まれ、アメリカの理論物理学者。一九〇五年「特殊相対性理論」、一九一五年「一般相対性理論」を始めとする多くの理論を発表、従来の物理学の認識を根本から変え「現代物理学の父」と言われる。一九二一年ノーベル物理学賞受賞。

第一章　意識と科学　古代の叡智と量子仮説

知識人の傲慢――唯物主義者の台頭

意識とは何か

我々の意識とは何だろうか。「我」とは意識そのものだが、その意識がどこから来るのかは未だ誰も知らない。脳生理学者は脳内ネットワークが作り出したものにすぎないと言うが、果たしてそうだろうか。確かにそれは一面の真実ではあるが、その主観性が客観として存在し得るだけの説得力をもって脳に依存するという答えの不確かさに、誰しもが疑問を持っているものだ。全ての存在は還元すれば原子に辿り着く。更に、原子を構成する核子（陽子と中性子）や電子、更には核子を構成するクォークなどの素粒子の原理は量子論として理解され、存在の否定の解を導いている（詳細は四章以降に）。結論から言えば、生滅を繰り返す（つまりは固定的存在性が否定される）量子が「私」を形成している以上その「私」も固定的存在性が否定されるということになる。更には、「私」の意識の有意性について改めて議論の余地を残すことになる。すなわち、この意識を存在せずとして否定するのか、あるいは独自存在として肯定するのかという問題が発生する。哲学はこの問題を二千五百年にわたって議論し続けてきた。

果たして意識とは普遍存在であるのか考えなくてはならない。ガチガチの融通の利かない合理的還元主義では一切はビッグバンと共に単に偶然に発生しただけのものにすぎず、そこに何の意味も有しない、となる。果たして本当だろうか。この宇宙もこの地球も大自然も我々の社会も我々も、知性も芸術も叡智も愛や悲しみも歴史もそれら一切が、何の価値もない単なる偶発的存在でビッグバンの気まぐれの産物でしかないのか——。

筆者は幼少の頃よりずっと自分について考えてきた。存在の不可解に悩まされてきたものだ。しかし、一部の生物学者や物理学者たちが言うように、「あなた」や「私」という存在は無意味なのだろうか。内から発生してくるこの〈意識〉〈思い〉はただの錯覚なのだろうか。では、その錯覚の正体は何であるのか。多くの学者は何も説明することなく、単にその存在を発生論的に無意味（単なる偶然）と結論付けるのである。

哲学者のデイヴィッド・チャーマーズは、意識について、物理学で基本構成単位として用いる空間や時間や質量などと同様の自然を構成する基本要素のひとつと仮定している。この考えは、古代ギリシャの時代からあるもので、むしろそれが当たり前だったのだが、哲学者にして数学者だったデカルトの物心二元論が登場して以降、科学が発達するに伴い、いつの間にか唯物主義に席捲された学者の大半は意識も単なる原子の寄せ集めと考えるようになり、意識の深淵について

還元主義　元来は、複雑で多様な現象を、それ以上分割できない基本的な要素から説明しようとする立場。これを極端に推し進め、形而上学的問題や生命現象を物質世界の原理のみで解明し得るとする主張。

デイヴィッド・チャーマーズ
David J. Chalmers
（一九六六年〜）オーストラリアの哲学者。著書に『意識する心』『意識の諸相（上下）』など。

デカルトの物心二元論
フランスの哲学者・数学者ルネ・デカルト René Descartes（一五九六〜一六五〇年）は、神、精神、物体の三つを実体と捉え、精神と物体とは相互に独立している実体として明確に区別し、二元論を主張した。デカルトは、機械論的自然観などによって近代科学の理論的枠組を最初に確立した。

一切触れようとしなくなった。哲学を差し措《お》いて意識を単なる偶然の産物以上のものではないとしてしまったのだ。その結果、それまで人類が築いてきた一切の価値を否定し、ニヒリズムへと陥ってしまったのである。

ギリシャ哲学に代表される西洋哲学に於いても、哲学のスタートは「神」の理解からであった。当時の知的人物らが、庶民が考えつくこともない理屈を考え、神の存在の有無を論じ、より優れた者は自然哲学を学ぶ者となった。ピタゴラスに代表される偉大な哲学者は、現代人の大半が理解できない数学（幾何学）の道を切り開き、同時に自然と人間の意識とを神の創造物として分析した。西洋知識人の多くはいまだにプラトンを始め、この古代の哲学者たちへの敬意を忘れない。この欧米人の感性を日本人の多くが疾《とう》に失ってしまっていることは、日本の未来に暗雲を棚引かせているように思えてならない。

ユダヤに於いても、五千年も昔からの歴史を重んじ、そこに現われる信仰厚い偉人たちに敬意を払っている。偉大な哲学の歴史を持つインドに於いても同様である。中国の聖人たちは、いまも我々の精神の支柱として君臨している。にも拘わらず、近年の唯物論者の急増には残念ながら抗しきれていないようだ。

日本では、大東亜戦争（第二次世界大戦）の敗戦を機に、それまでの家族制度が崩壊して核家族化が浸透し、さらなる民族否定の義務教育が追い打ちを掛ける中で、唯物主義も同時並行的に社会主義者の教師たちにより敷衍《ふえん》される事となった。その結果は、以前はどの家も鍵を閉めなくても安全だった日本社会が、いまや鍵を閉めても破壊され、道行く人が暴行されるのが普通の社

ピタゴラス（ピュタゴラス）
Pȳthagorās
（前五八二頃～前四九六年頃）古代ギリシアの哲学者・数学者。万物の根源は「数」であると考え、数的秩序による世界の調和を説いてピタゴラス学派を形成。「ピタゴラスの定理」を発見した大天才である。南イタリアのクロトンで宗教的な教団を設立し、霊魂の不滅、輪廻（りんね）を説き、魂を鎮める音楽と、永遠不変の真理を教える数学を重視し、共同生活を送った。

会となり下がった。それでも、欧米他の先進国の中で一番安全であることに変わりはないことが、また驚かされることではある。

しかし、いまや一般庶民に到るまでもが「心」を失い神棚や仏壇に手を合わすことを忘れてしまっている。このままでは、社会はますます険悪化していくであろうことが、容易に想像されるのである。更には、宗教観への偏見を抱くようになり、何の思考もなすことなく「神なんか居るわけないだろ！ ばぁか！」といった短絡へと陥ったのである。考え尽くした末に神はいないと結論付けたのならそれはそれで結構なのだが、一度たりとも思考することなく「ばぁか！」では余りに知性が欠落しているとしか言えない。それは一度も思考することなく「わたし神様信じてる！」という女の子や、権力・カネ信仰に走る愚者の無知とどこも変わらない。

神は何故存在しないのかを徹底的に思考しなくてはならない。そして何故居ると感じるのか、さらなる思考が求められるのである。そもそも「神」とは一体何者なのか！ 一度きちんと思考する必要がある。「神」は民族や国家や地域や宗教によってその概念にかなりの違いがある。そして、それらの全てがニセ物かも知れないのだ。

二十一世紀初頭に人類は改めて「神」の再構築をしなくてはならないのだと筆者は感じている。

人類が集団を形成するようになって以降、人々は恐怖心を背景として「神」なる神秘力を恐れまた期待するようになった。それは、一人の霊感者の出現によって始まり、その強い呪師の意志

呪師　巫女の類（筆者の造語）

人供（ひとく）　いけにえのこと（筆者の造語）

が人々を束ね、勇気を与え、集団に平安を与えてきた。時に人供《ひとく》という恐ろしい風習までをも作り出し、犠牲という形式を用いて自分たちの行為の純粋性を示して、怒る神の許しを得ようとしたのである。このように神とは怖い存在であった。呪師の強い精神は更に人々の心を捉え、心正しく生きることを強調し、そうでない者に罰が与えられることを説いた。そこには、その呪師の知的能力の差により集団の文明的進化に大きな隔たりを作り出していくことになる。優れた呪師が出現した所には、それまでの怖い神が同時に慈愛の神として語られるようになり、それは遂に宗教としての形を成すところまで発展する。そこからは、より哲学的側面としての教義が形成され、他教との競合の後、勝ち残った集団、教えが現代まで続いている。

それらの代表が現代に於いてはキリスト教、イスラム教、ユダヤ教、ヒンズー教、仏教、儒教、神道等である。それらに共通することは、普遍的善悪が語られていることであり、それらを統《す》べる絶対者の存在である。厳密には仏教だけは異なるが、大衆仏教に於いてはこの範疇に入る。つまりは、そこには（相対的）絶対者としての神的概念が存在するのである。

「信仰」の否定と「分別」という誤り

この神観が、物理学の発展によりそのリアリティを失い、知的を自認する者たちを中心に自然科学者、生理学者、生物学者たちが〈依存〉として受け止めた神観からの脱出を試み、彼らは神信仰を捨て唯物信仰へと転換したのである。このような物事に執著《しゅうぢゃく》して判断していく思考を仏教では「分別《ふんべつ》」と呼んで、煩悩の最たるものと教えている。凡夫の愚行として分類するのであるが、そのようなことを知る由もない知性を標榜する者たちは、新たな唯物信仰へと移り、神への信仰を捨てたのであった。その結果、それまで宗教によって保たれていた道徳や倫理観が崩壊し、支配や権力やカネが優位の社会を形成し始め、敗者は劣者と見られるようになった。その最たる者が歴史上の暴君であり、ヒトラーであり、ダーウィニズムであり、現在のアメリカ文明であるだろう。それ以上なのがいまや中国文明である。愚かという意味では現在の日本も同類である。

しかし、物理学は新たな局面を提示し、いままで人類が信仰してきた「神」の概念の修正を迫ってきたのである。特にキリスト教に於いては人間イエスを神と概念化したことから、他の宗教とにおける絶対性にひずみが生じていた。欧米の科学者たちは、この点に於いて特に反キリスト教の立場に立ったということでもあった。その強力な呪縛からの解放が、哲学者のニーチェやハイデガーあるいはサルトルや、ウィトゲンシュタインらによって唱えられ、宗教からの自由こそが人間存在（実存）の肯定となり、物理学者の自己同一へと向かったのだと思われるのである。

そこに出現した物理の新分野であり決定的存在となった量子力学が〈存在の否定〉を示し、それを通して無意味という謬《あやま》った価値観へと転換させた一部の物理学者たちによって、無神論が先進国を中心に蔓延することになった。そこには同時に、宗教側のテロリズムに代表される行為や明らかな迷信の共存という愚か性が、一部の科学者に宗教を嫌悪させ拒絶させる方向へと向かわせることにもなった。それは知識人全般に言える傾向であった。

ダーウィニズム　『種の起原』（一八五九年刊）で示したダーウィンの進化論。生物は固定不変なものではなく、長い年月の間に進化し、その進化は自然選択による適者生存の結果とする説。それまでのキリスト教的世界観を変革し世界に衝撃を与えた。

ニーチェ
Friedrich Wilhelm Nietzsche（一八四四～一九〇〇年）ドイツの哲学者。キリスト教の道徳を奴隷道徳として否定し、「神は死んだ」と明言。神のいない虚無の世界を積極的に受け入れ、「力への意志」をもって生き抜く超人思想を説いた。

サルトル Jean-Paul Sartre
（一九〇五～一九八〇年）フランスの哲学者・小説家・劇作家。無神論的実存主義を提唱、第二次大戦後、雑誌『現代』を主宰し文学者の社会参加（アンガージュマン）を説いた。

形而上・形而下　『易経』繋辞伝の「形而上なるもの、之を道と謂ひ、形而下なるもの、之を器と謂ふ」より。形而上とは、形がなくて感覚ではその存在を知ることの出来ないもの、時間空間を超越した抽象的、普遍的、理念的なもの、形而下とは、形となり目で見えるもの、感性を介した経験によって認識できるものを言う。

しかし、ここで問題になるのが、彼らは単に信仰の対象を形而上から形而下に変更しただけにすぎなかったということであった。彼らがやるべきことは、あらゆる信仰を捨てることだったにも拘わらず、彼らは新たな神の科学原理信仰へと移っただけであった。これは本質的にまったく何も変わっていないことなのである。彼らは前の分別から新たな分別という、愚かから別の愚かへ転じたにすぎなかったのである。

正しくその愚かな信仰を捨てるためには、自分という存在そのものの絶対性への疑いから始めなくてはならないのだ。果たしてあなたは真に存在しているのか。存在とは何を意味するのか。あなたと他者は別物なのか、それとも同一の存在なのか―。これまで当たり前と思い込んできた観念を捨て去り謙虚に自他の同一について思考する必要があるのだ。一切のものがビッグバン以降の宇宙定数に支配され量子的存在でしかない事実から、唯物論的還元主義の見解とは真逆の解が導かれることに気付かねばならない。それは、人智を越えた、神をも超えた「不可解な意志」の存在を意味するということである。それは素粒子が人間の意志に反応するという物理原理が突き付けてくるテーゼ（命題）でもあるのだ。

科学者の傲慢

筆者にとって理想的な人間像は昔ながらの百姓である。百姓は暦を観ながら天候と相談し太陽と共に寝起きし、わが子のように作物を育て、厳しい環境の中で自分に打ち克ちながら、大した愚痴も言わず人生を全うする。そんな百姓なんかいまどき居るわけないだろ！と言われそうだが、そう信じている。そのような人生にいまも憧れてはいるが、いつの間にか都会生活に慣れ、使いものにならない心身になった。たぶん大半の人の人生は気付いた時には勉強だけの味気ない受験生を演じていて、その後は都会に住んで生活に追われる人生へと転じていく。これが都市に住む大半の日本人なのではないだろうか。田舎で心豊かに生きている人や自分のやりたい事を手に入れた人は恵まれている。いまどきはスポーツなどに目覚める人も多く、大いに結構な話だ。

そんな中、最近夙《つと》に気になり始めたのが科学者たちの傲慢と言っては言い過ぎかも知れないが、彼らの一般人への見下しである。彼らの知識は素晴らしいと思う。私のような無学にとって知性は憧れのものだ。数学者の数式は美に彩られているらしいが残念ながらそれを理解するだけの知識が我々庶民には欠落している。決して感性が欠落しているわけではない。単に知識が欠落しているのだ。ただ、彼らの言いたいことは理解できる。この数学者たちに特段嫌味を感じることはないのだが、影響力があるという意味で最近の一部の生物学者や物理学者や脳生理学者たちの辛辣なことばには、少々うんざりするものがある。

その代表格は、後にも記す生物学者のリチャード・ドーキンスである。ただ、彼は宗教原理主義者に対する強い憤りが原因らしく、それは理解できるものだ。「隙間《ギャップ》の崇拝」なる観念を持ち出し、科学が知り得ていない無知を捜し出して宗教はそこに神を主張する、といった論を進めているが、これはイギリスやアメリカの話だ。我が国にはまったく当てはまらない。更に彼はいか

リチャード・ドーキンス
Clinton Richard Dawkins（一九四一年～）イギリスの生物学者。ニコラス・ティンバーゲン（動物学者・一九七三年ノーベル医学・生理学賞受賞）の弟子。一九七六年『利己的な遺伝子』（邦訳『生物＝生存機械論』）を発表、生物は遺伝子が自己の複製を残すための乗物であるという見方に立った進化論を展開し一躍世界の注目を集めた。

原理主義　聖典を教条的に信奉し、原点に復帰しようとする立場。元々は一九〇〇年代初期に米国のプロテスタント諸派内で生じたキリストの処女降誕・復活を歴史的事実とし、進化論などの近代主義に対抗する運動のこと。

機械論　全ての事象を物質的な因果関係（自然必然性）と力学的法則のみで説明しようとし、目的や意志・霊魂の介入を認めない立場。

がわしい神秘主義者を批判している。その点については筆者も同感だ。うんざりする。

ただし、彼らの批判的概念としての「神秘主義者」という言葉はいただけない。東洋哲学の最高峰に位置する老子の思想は、将に神秘主義の名をほしいままにしているからである。仏陀と並ぶこの最高の叡智を侮辱するかの如き表現は、東洋人の我々は見過ごすわけにはいかない。

また、人智を越えた神秘性というのは、我々の感性の中に明らかに出現するからである。鈍感な思考優位型の人たちには感じ得ないことだろうが、芸術家を中心に、その種の人たちの精神（魂）の奥に垣間見え心惹きつけられる神秘性を、多くの人は感じ取るからだ。彼らが批判する神秘主義者とは、要するにいかがわしい嘘の神秘を売り物にした権威主義者であり、明らかな詐欺師でしかないはずだ。だが、しかし、そうではない知性を有する純粋な精神までをも、彼らは同列に批判の対象としてしまっている。つまり彼らの問題は、この種の幼稚な宗教的なるものを以て全宗教の否定に陥っている点である。彼らとは真逆に立脚する物理学者のアインシュタインやマックス・プランクらが言うように、心を癒やす信仰の世界があることは美しいということを否定できないのではないかということである。

改めてドーキンスらの本を読み直せば、彼らが語ることは現在のイスラム、キリスト、ユダヤ教徒に対する批判であるということであって、もしかすると仏教は入っていないのかも知れない。それなら筆者が彼らを批判する筋合いはなくなるのだが、残念ながらそうではなさそうである。彼らは正真正銘の機械論的唯物論者であるということである。

何より、懸念することは、彼らの存在感が大きく、権威者の意見を分析することなく盲信する日本人の特性に対してである。これ以降、日本人がますます唯物主義となり心を見失い、「欲」だけを支柱として生きる価値観に陥っていくことを強く懸念しているのである。

残念なことは、アインシュタインらと同じ立場に立つ日本の物理学者たちが一部の強硬な唯物論者たちからの批判を恐れて表立てて彼らを論難しないことである。量子論研究をやっている秀才たちのみがこの神問題に突き当たっているのであって、それ以外の物理学者たちにはそこまでの認識が有されていない為に、唯物論に陥ってしまう傾向にあるように筆者には映る。しかも、欧米の研究者と異なり、キリスト教のような精神基盤を持ち得ていない戦後育ちの日本人研究者たちは、アインシュタインの言葉を借りるならば高度な概念である「宇宙宗教」なる知性を身に付けるに至らないのであろう。ただ、選りすぐりの量子論研究者だけは、この宇宙に何らかの意志が存在することを認めざるを得ない立場に立っているのである。

あとは、直感力に優れた生物学者が自然や脳の仕組みの巧みさを通して〝他力〟の存在を感じ取っている傾向にある。しかし、ドーキンスは逆に遺伝子という機械性を通して無神論を主張するが、彼の場合は生物研究をやる前からの無神論者なのであって、研究成果として無神論に辿り着いたわけではない。そこがアインシュタインらと決定的に違うところである。

アインシュタインらはもともとユダヤ教やキリスト教を信じる者たちであったが、物理学の研究を通して一度それらを完全否定している。その上で、宗教的神ではないが、何らかの〝宇宙意識〟を読み取るに至っているのである。* それは研究と論考の産物であった点で、ドーキンスらの感情的無神論と立場を異にしている。

＊
日本の物理学者でも桜井邦朋や岸根卓郎らはアインシュタインらと同じ立場で啓蒙を行なっている。

思考優位型の傾向と過《あやま》ち

筆者が説く宗教観は仏陀が説くところのものであり、それは仏教中興の祖である龍樹が説く空観《くうがん》であり、同時に慈悲の論理である。それは、世間で知られているところの宗教観とはまったく異質の物理学と共通する哲理（教義）である。

宇宙に興味を持っていた筆者にとって職業としての物理学者は憧れだったが、それは単に宇宙の構造について知りたいという欲求からであった。百姓に感じた人間としての魅力を物理学者に感じたわけではない。ただその物理学者の探究する姿勢は素晴らしいと言うほかない。それは物理学者に限らずいかなる分野に於いても何かを探究している姿は美しいものである。しかしだからといって、科学者の一部に代表される痛烈な庶民への見下しと慢心は褒められたものではない。これからの子どもたちの未来が憂慮されるほどである。

科学信仰のその姿勢は、原理主義と呼ばれる宗教教義に陥り支配された人たちの狂信や盲信と本質的に同じだからである。その意味で誤った科学者と誤った宗教者とは同質である。その傾向が一番強いのは日本だとも言われている。我が国では知識人はイコール無神論者でなければならないという不文律がいつの間にか出来上がっており、それに反することは許されない。しかし、その様な決めつけは明らかにおかしい。それらは、目に見えない耳に聴こえないから存在しないといった実に子どもじみた幼稚性に依拠した短絡上に成立している。

龍樹（りゅうじゅ） サンスクリット名ナーガールジュナNāgārjuna（一五〇～二五〇年頃）当時主流であった説一切有部（せついっさいうぶ）を代表とする一切の実在論を否定し、全てのものは真実には存在せず、他との相待、相関、相依の関係（縁起）のうえに初めて成立すると説いた。大乗仏教の根幹思想「空」を基礎づけ、後世仏教に決定的影響を与えた。

空観 この世の一切のものは、ことごとく縁起によって生じたものであり、永遠不変の自我や実体を持たず、本質的に空であるとする立場（一切皆空）。大乗仏教の根本的思想。龍樹を始祖とする中観派によって体系化された。

生きたままライオンの餌食にされたクリスチャンたち
ローマ皇帝ティトウスの時（紀元八〇年）に完成し、約五万人の観衆を収容できたローマの円形闘技場コロッセオ（コロセウム）では、剣闘士同士の闘い、剣闘士と野獣との闘いなどが盛んに行なわれた。キリスト教徒に対する迫害が強くなると、信者をライオンの犠牲にするなどの処刑も「見世物」として興行された。

また、「神を信じる者は心が弱くその拠り所として信仰するのだ」ということがまことしやかに語られるのであるが、これらの思考も余りに短絡である。そもそも宗教哲学的にはそのような弱い心を信仰とは呼ばないからである。信仰とは強い心を有さない者には持ち得ない心だ。

残虐なローマ皇帝下コロッセオにおいて、生きたままライオンの餌食にされたクリスチャンたちの勇気をこの思考優位型の唯物論者たちは持ち得ない。彼らは生き死にの〈言語体験＝明確な自覚的思惟《しゆい》〉を経験してこなかったがために、時に、その「恐れ」から逃れるための思考の罠《わな》に陥り、この偏狭な価値観へと短絡してしまった者のように筆者の眼には映る。それは将にハイデガーが名付けたところの愚者ダスマン（世人）でしかない。

思考優位型の攻撃性

それともう一つ重要な観点がある。この種の思考優位型の人に共通するものとして他者の心が理解できないというのがある。それ故、他者の言動や感情表現を単純な一つ一つの文字に置き換え、数値化することで他者を理解できると考えるのであるが、明らかにそこには実態との乖離《かいり》が生じることは否めない。彼らには他者を直截《ちょくさい》に感受し理解する能力が著しく劣っている傾向にある。残念ながらそのことを彼ら自身は理解していない。それをカバーするために、彼らは言語化と数値化を試みる。ところが、結果的にそれは研究成果として評価されることとなり遂に学問として成立することになる。何とも皮肉だが、かくして彼らは権威を身に付けることが出来るのであるが、だが、決して原点の感受性の劣性が改善したことを意味するのではないし、数値によって保証されたのでもない。

彼らのような思考優位型の特徴として他者との協調性の欠如が挙げられる。また、情報を自分一人のものとして他者へ譲り渡すことを頑なに拒む無意識が内在する。それは、自己保全の為の自己同一を強化する手段として用いられる。だが、本人がそのことに気付いてそうしているわけではない。彼らはそうするしか自己を保持することが出来ないのである。その結果、自己過信となり成功者タイプは一層の傲慢性を発揮し一切の価値を単なる知識に依存し、それをもって全てとして物事を判断して、自己の見解に固執しそれに反する者を糾弾する。決して冷静に論証するのではなく、激烈に感情的となり反対の為の反対に陥るのである。

それは、直観的に理解する能力に於いて劣っていることを知られないためでもある。こう述べるとそもそも直観なるものが信用できないとの反論がある。その通りである。物理学者の仮説同様にその大半は誤りである。しかし、最後の正しい解もこの直観が導くことは誰もが認めるところだ。また戦地などの死地に於いて、日頃から直観に優れた決断力のある指揮官が、理詰めだけで考えている指令官よりもよい結果、すなわち部下を救い出した例の方を多く耳にするが如きである。歴史の英雄とは実にこの直観力に優れた者であった。この思考優位型人間の弱点を認識した上で、このことは考える必要がある。

チャールズ・ダーウィン
Charles Robert Darwin
（一八〇九〜一八八二年）イギリスの自然科学者。卓越した地質学者・生物学者で、種の形成理論を構築。

ケルヴィン卿（ウィリアム・トムソン） William Thomson, 1st Baron Kelvin of Largs
（一八二四〜一九〇七年）アイルランド生まれ、イギリスの物理学者。古典的な熱力学の開拓者の一人。カルノー理論を発展させた絶対温度の導入や、熱力学第二法則（トムソンの原理）の発見、ジュール＝トムソン効果の発見などの業績で知られる。

相転移　物質がある相から他の相へがらりと変わることを示す物理用語。水蒸気から水、水から氷への転移や、宇宙がビッグバン後に冷えて一つの力が四つに分かれた変化などもこの例。

ダーウィンの直観とケルヴィンの数式

直観と科学的計算のどちらが正しいかの逸話を紹介しよう。進化論のダーウィンと物理学者ケルヴィンが対立した地球の年齢問題でのことである。ケルヴィンより十五歳年上のダーウィンはビーグル号で世界を旅し、ガラパゴス諸島において鳥のガラパゴスフィンチやゾウガメが島ごとにその形を変えていることに着目し、その調査結果から進化論を提唱した。現在もなお、その基本概念を基に生物学が研究されていることは我々の知るところである。

当時彼は、調べられる限りの化石や動植物を調査し、その結果一つの確信を得るに到っていた。それは、ざっと百万種に及ぶ生物の形は、太古はもっと単純であったに違いないということであり、その単純な形から現在の複雑な動物へと進化するためには、何億年もの年数が必要というものであった。一種類の動物の形態上に明らかな変化をきたすには、最低でも数千世代は必要と考えた。仮にその動物の寿命を十年で計算すると、子孫が半分の五年サイクルで生まれるとして、千世代で五千年ということになる。数千世代なら三万年くらいが経ってしまうことになる。そうなると一千万年などアッという間に過ぎてしまう。しかもこれは同種の範疇であり、アメーバからの相転移的進化となるとその比ではない。そこでダーウィンは直観的に、生物進化に何億年もかかっているなら地球はそれ以上の年齢であると考え、彼の直観的見解を学会に発表したのである。

ところが、これに対し地球物理学の立場から激しく反論してきたのがケルヴィンであった。彼は地球の中心部から微量の熱が放射されていることを根拠に、地球は誕生時点の溶岩状から徐々に熱が放射冷却されて現代に到っており、その冷却に要する時間から割り出して地球の年齢を四千万年内とし、ダーウィンの非科学的な態度に対し、一八七三年には「我々はダーウィンの一語一句について、その無益さ、ばからしさを指摘できる」と述べている。その後、地球の年齢を更に短く二千四百万年と発表した。この態度にダーウィンは腹わたが煮えくり返り、友人のアルフレッド・ウォーレスに「不愉快極まりない」と語っている。

そして、ダーウィンの死後二十二年後の一九〇四年に、若きラザフォードの登場でダーウィンの直観が勝利することになった。彼は地球内部にラジウムなどの放射性物質が存在し、それらが熱を放出していることをつきとめ、地球の年齢がダーウィンが語っていた年数存在し得ることを、ケルヴィンが参加する学会で指摘したのであった。

この例からも分かるように、優れた直観というものがある。物理学の大発見も、そのほとんど全てがこの直観によるものであることを忘れてはならない。そしてまた、このケルヴィンのように発展途上の科学理論に立脚し、それを絶対とすることの誤りを科学者は学ぶ必要がある。そしてまた、権威者の理論を訂正したのも科学であったことも忘れてはならない。その意味で科学は偉大なのである。しかし科学者は、ケルヴィンの轍《てつ》を踏んではならないのだ。

余談だが、ラザフォードは、物理学者のキュリー夫妻がウランが自然に鉛に変化することを発見したのに基づき、岩石中の鉛の量を調べることで岩石の年齢を出すことに成功した。計算では、

アルフレッド・ラッセル・ウォーレス Alfred Russel Wallace
（一八二三～一九一三年）イギリスの博物学者。動物分布に関するウォーレス線の提唱者。

アーネスト・ラザフォード Ernest Rutherford
（一八七一～一九三七年）ニュージーランド生まれのイギリスの物理学者。放射性物質を研究、α・β・γ線を発見、原子自然崩壊説を発表しボーアとともに有核原子模型を提出するなど原子核物理学発展の基礎を築いた。一九〇八年ノーベル化学賞受賞。

キュリー夫人 Marie Curie
（一八六七～一九三四年）ポーランド生まれのフランスの物理学者、化学者。ラジウム、ポロニウムの発見者。一九〇三年ベクレルと夫と共にノーベル物理学賞。金属ラジウムの分離に成功し、一九一一年ノーベル化学賞受賞。

B・B・ボルトウッド
Bertram Borden Boltwood
（一八七〇～一九二七年）米国の化学者、物理学者。イオニウムを発見し、一九〇五年には鉛が放射能の最終物質と発表、一九〇七年鉛の含有量から鉱石の年令を算出。一九二七年、五十七歳の時、過労で神経衰弱となり自殺。

岩石中のウランの五〇％が四十六億年かかって鉛になるという。これを「ウランの半減期」という。同時期、Ｂ・Ｂ・ボルトウッドの計算で太陽系の隕石が調べられ、四十六億年という数字を得て、現在それが地球の年齢の定説となっている。

日本の知識人の異常性

科学はなくてはならないものであり、人類の未来を決定付けるものである。しかし、ケルヴィンの例でもよく分かるように、科学は絶対ではない。あくまでその時の知見にすぎない。それも間違いかも知れないし、正しかったとしてもそれだけのことで、それ以外は何も知らない「無知である」。謙虚を科学者は忘れてはならない。全智の中の一％も〇・一％も〇・〇〇〇…だってまだ知らないということを自覚し、謙虚であるべきだ。寛容でなければ、中世のように正しい知見を何百年も見過ごすことになるかも知れないからだ。

にも拘わらず、中世における宗教弾圧よろしく、現代に於いては学者という権威が世の中を支配し自分たちの価値基準に反する者を糾弾している様《さま》には、そら恐ろしいものを感じるのである。もちろん一部の人たちであって、全ての学者がそうだと言っているわけではない。しかし、一部でも彼らの発言には権威が与えられており何とも危険な思想である。我が国の恐ろしさは、それが市民レベルにまで浸透していることである。

憲法第二十条【信教の自由】
第一項　信教の自由は、何人に対してもこれを保障する。いかなる宗教団体も、国から特権を受け、又は政治上の権力を行使してはならない。
第二項　何人も、宗教上の行為、祝典、儀式又は行事に参加することを強制されない。
第三項　国及びその機関は、宗教教育その他いかなる宗教的活動もしてはならない。

科学者たちは無知なる事を解明することを喜びとしていると語っているにも拘わらず、数千年の歴史を刻んできた宗教に対して一方的に断罪する様《さま》は矛盾に満ちている。あくまで、論理として自分たちの立場からの見解を提示すればいいだけであるにも拘わらず、極めて個人的批判へと陥っているのは残念だ。権威ある彼らの反宗教発言は他者への差別行動を容認する形になった。

道徳や理性への否定にもつながったからである。これは極めて重大な社会悪となって現代に蔓延している。我が国における学校内やネット上の異常な中傷やイジメ行為などにも、この種の精神構造が背景として影響していると考えられるのである。老人や弱者はますます暮らしにくくなってきている。筆者が若い時の日本人では考えられなかった風潮である。明らかに町単位での道徳は著しく低下していることは客観的事実である。その罪は重い。まあ、唯物論者には罪という概念は存在しないのだが（苦笑）。

特にマスコミ人に代表される日本の知識人のあり方は異常であり、余りに無思考というほかない。変な言い方だが、日本においては「そもそも憲法二十条の思想信条の自由に抵触する！」のだ。にも拘わらず、知識人を自認する人たちは、この憲法を犯しているという無知を自覚することなく、宗教的なる思考を否定するのであるから滑稽である。面白いのは、第二項と第三項は声高に叫ぶのに、第一項は無視することである。

ではなぜ一項においても国からの特権を受けた特定団体の否定に言及しているのかと言えば、そもそもこの条項がアメリカ軍（ＧＨＱ）による国家神道へ対する否定を指していたからである。国家神道を利用して再びと我が国が軍事大国化しないことを明文化したものである。その結果、相対的に個人の信教の自由の権利の文字数が少なくなってしまっただけで、決してこの権利の保障が小さい意味なのではなく、実に重大な権利として憲法で規定されていることを国民は再認識する必要がある。

本来だったらマスコミではこの種の偏見発言はタブーになる筈なのだが、なることはない。マスコミも変な「ことば狩り」には熱心だが、平気でこの憲法を無視することは問題である。滑稽なのは、護憲を唱えている者たちが真逆の発言をするという矛盾に陥っていることであり、それに気付けない程にマスコミは論理的存在ではない。曾《かつ》て天才作家の三島由紀夫が自分が最も嫌うものとして、権威主義に陥った学者や評論家をあげていたが、まったくもってその通りである。流石に自己が確立していた人物であったことをこの発言は傍証する。筆者の中では『馬鹿一』を書いた武者小路実篤と共に、彼は作家の中でも群を抜いて魅力的人物であった。

老子の逆説

物理学も宗教も所詮は無知であることを自覚する必要がある。筆者も知っていること以外は何も知らない。何も知らない事がそのほぼ一〇〇％だ。

東洋最高の哲人の老子は言う。

三島由紀夫

（一九二五～一九七〇年）小説家、劇作家。小説『仮面の告白』で作家としての地位を確立。著書に小説『金閣寺』『潮騒』『豊饒の海』他。晩年は政治的傾向を強め、六八年に「楯の会」を結成、七〇年十一月二十五日に自衛隊市谷駐屯地で割腹自殺。

老子

（不詳）中国古代の思想家。姓は李、名は耼（たん）。春秋時代末期、周末の混乱を避けて隠遁を決意し、西方の関所を通過しようとしたところ、関所役人の尹喜（いんき）に請われて『老子道徳経』二巻を著わしたとされる。儒家の教説に反論して無為自然の道を説いた。

衆人は熙熙《きき》として楽しく笑い、ごちそうを食べ春の高台で人生を謳歌している。しかし我独り《われひとり》泊兮《はっけい》として身じろぎもせず笑いもせず孩《がい》なる赤子のようだ。ふわふわとしてどこにも帰る所もない。衆人は皆有り余るほど持っているのに、我は独り遺《うしな》えるが如くなにも持っていない。我は愚人の心なり。まさに我は沌沌兮《とんとんけい》としてにぶいものだ。俗人は輝いているのに我独り昏《くらい》い。俗人は察察として活発なのに我独り悶悶《もんもん》としている。衆人は皆取り得が有るのに我独り頑《かたく》なで鄙《いなか》者のようだ。なんの取り得もない。だが我は独り他の人と異なるところがある。それは衆人がかえりみない母なる道《タオ》の乳房《ちぶさ》に養われそれを貴《とうと》いとすることである。

一見賢そうにしている知識人や大衆に対して老子が皮肉って語っている。そんな知識や欲望や小賢しい知恵に振り回されている俗人より、愚かでもタオ（大自然の慈愛）の存在を知りそれに抱かれている者の方が幸いである、と。

そんな程度の人間が、学者だからといって傲慢となり人類を一つの価値観に入れ込もうとしている様《さま》は、老子が言う如く実に滑稽であることに気付かなくてはならない。物理学者がどんなに知性が高くても、超未来の知性からすれば幼稚園児並かそれ以下でしかないことを自覚する必要がある。我々が追い求めなければならないのは、事象の表面的分析のみを示した万学の父としてのアリストテレスではなく、事象の本質を第一と考えたプラトン的存在の意味追究である。単なる物理の法則ではない。その奥の意味するところこそが問題なのである。今どきの物理学者や生物学者などの一部にはその事がまったく理解されなくなってきており、大いに憂うものである。

アリストテレス　Aristotelēs
（前三八四～前三二二年）古代ギリシャの哲学者。プラトンの弟子。プラトンのイデア論を批判し、現実主義の立場をとった。著作は政治、文学、倫理学、論理学、博物学、物理学など極めて広範にわたり、西洋における学問の基礎を築いた。

プラトン　Plato
（前四二七～前三四七年）古代ギリシアの哲学者。ソクラテスの弟子でアリストテレスの師。ソクラテスから受けた決定的な影響のもとに「哲学」を一つの学問として大成した。イデア論（事物の本質、価値の範型。存在と認識の根拠である超越的原理）を説いた。

人間原理説　宇宙はそれを観測できる人間が存在し得るように出来ている、という考え方。

せめてもの救いは宇宙論に人間の意志論である「人間原理説」が登場し多くの学者から強い支持を得てきていることだ。その善良なる学者たちは古代ギリシャから伝わる自然哲学の眼差しを有している人たちであることを期待したい。

自然科学の世界――常識を疑え

電磁気力の驚異

「何故あなたは床に立っていられるのか」と問われたら、読者はどうお答え頂けるだろうか。脚腰がしっかりしてるから立っていられるに決まってるだろ！という返事が飛んできそうだが、実に、これには驚くべき事実がある。

現代人ならあらゆる物質は原子で出来ていることを知っている。目に見える一切のものも見えない一切のものも、そしてこの筆者もあなたも、原子で出来ている。つまりはランチでてんぷらを食べたのはあなたではなく原子だったということになる。という話の流れになれば、その場所に立っているのは原子ということになる！　そう、そこに立っているのは原子の集積であるあなたにすぎない。そのあなたが原子の作用としてそこに立っていられるのである。もし原子の、ある作用が働いていなかったなら、あなたはその地面や床の下を通り抜けてしまう、と言ったら信じてもらえるだろうか。別にオカルト話をしているわけではない。物理学を知る人なら答えは簡単だが知らないと絶対に分からない。

そこで先ずは物理学が嫌いだった読者のために原子構造の説明をしよう。その典型的モデルの大きさ（直径）は一億分の一センチほどである。水素原子の陽子一個と電子一個の組み合わせを除くと、他の全ての原子はその中心に中性子と陽子とから成る原子核（核子ともいう）がありその周囲を核子の二千分の一強の極小の電子が回っている形である。太陽系の構造を想像すると理解が早い。いまや常識の原子であるが二十世紀初頭においては科学者の大半は「原子」は化学反応式を表わすための便宜上の概念と捉えており、その存在を信じてはいなかったのだから、この百年の科学の進歩は想像を絶するものがある。

この原子（アトム）の存在を証明したのは当時二十六歳のアルベルト・アインシュタインであった。彼は水面上の微粒花粉の動きに独特なブラウン運動があることを知ると、その運動はその気

ブラウン運動　気体や液体中の微粒子の不規則な運動。周囲の熱運動をする分子が微粒子に不規則に衝突するために起こる現象で、一八二七年、イギリスの植物学者ブラウンにより発見され、のちアインシュタインとランジュバンにより理論化された。

体や液体の分子が微粒子の花粉にぶつかるために生じることに気付き数学的解析の結果、そこに一瞬のゆらぎが生じているとして計算し、分子の大きさを割り出したのである。そして遂に原子の大きさをつきとめ、原子が実際に存在することを明らかとしたのである。

さて、原子は陽子がプラス（＋）の電荷を帯びていて電子がマイナス（－）の電荷を帯びているため（＋）（－）で引き合って離れない構造になっているのである。四章で説明することになるので詳しくは述べないが、そこでは両者に「電磁気力」という力が働いている。あらゆる物質が原子で出来ている以上、全ての物体にこの「電磁気力（電磁力）」が働いているということになる。因みに核子間には「強い力」と呼ばれる相互作用が働き結合している。

電磁気力　自然界に存在する基本的な力である四つの力（重力、電磁気力、弱い力、強い力）の一つ。電磁場から電気を帯びた粒子が受ける力で、光子（仮想光子）の交換により伝わる。電荷が正負なら引力となり、同じなら反発力（斥力）となる。私たちが日常経験する重力以外のすべての力は電磁気力。

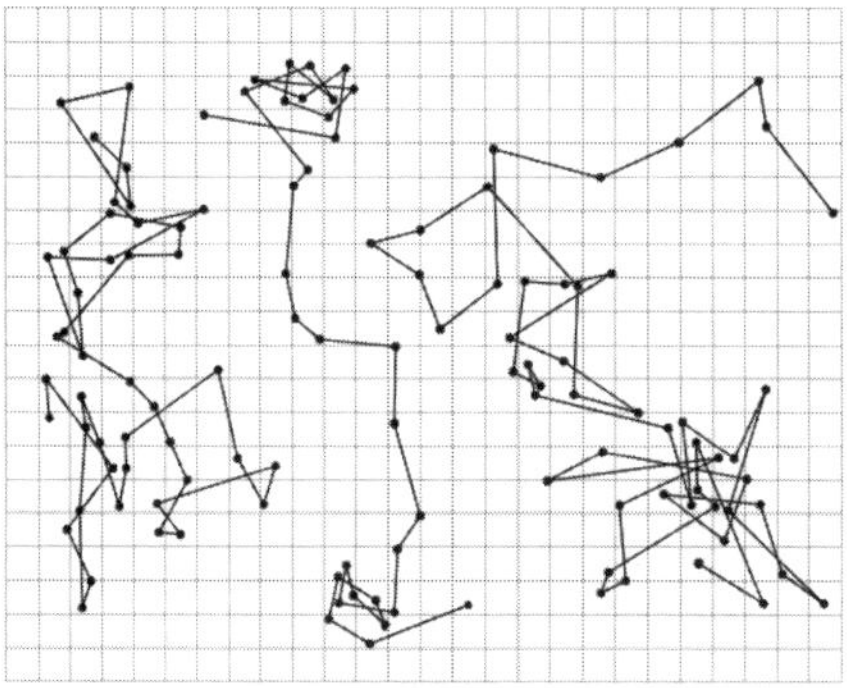

ブラウン運動：フランスの物理学者ジャン・B・ペランは、望遠鏡でブラウン運動を観察しながら，粒子の三十秒ごとの位置を方眼紙に写しとり、その理論を実験的に証明した。
(J. B. Perrin, SVG drawing by MiraiWarren / Public domain)

〈原子の構造〉

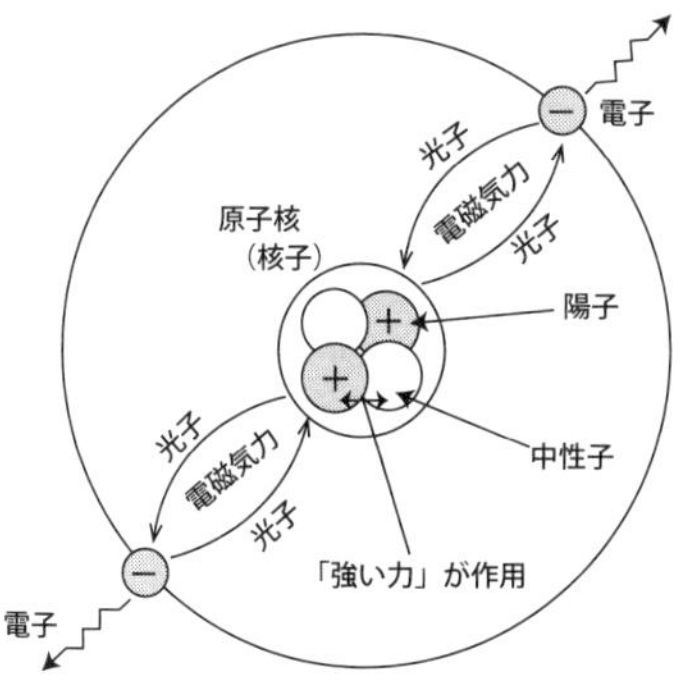

〈ヘリウム原子〉

リニアモーターカー　リニアモーター（回転運動の代わりに直線運動を行なうモーター）を使った電車。これを使用し日本で整備中の「リニア中央新幹線」（東京―大阪）は、磁気で車体を約十センチ浮かせて走るため、摩擦や騒音、振動が少なく、少ないエネルギー消費量で時速五〇〇キロを可能とする

そこで質問の答えとなる。原子の場合はプラス陽子とマイナス電子の（＋）（－）の関係で引き合っているのだが、あなたの足と地面とでは、あなたの足の原子のマイナス電子と地面の原子のマイナス電子とがマイナス（－）の電荷同士で反発し合って宙に浮いている状態なのである。子どもの時に磁石で遊んだ経験が皆あるからお分かりだろう。リニアモーターカーは磁石で宙に浮いて走る構造であるがあれと同じ原理である。実はあなたも地面から宙に浮いているのである！　生まれながらにして空中浮遊を身に付けていたということになる。この物理原理を初めて知ったときには誰だって仰天する。知らなかった読者はいま口あんぐりの状態だと想像する。しかし、これがこの世界の真実の姿であるのだ。このことから更に分かることは電磁気力は重力よりも強い力であるということである。

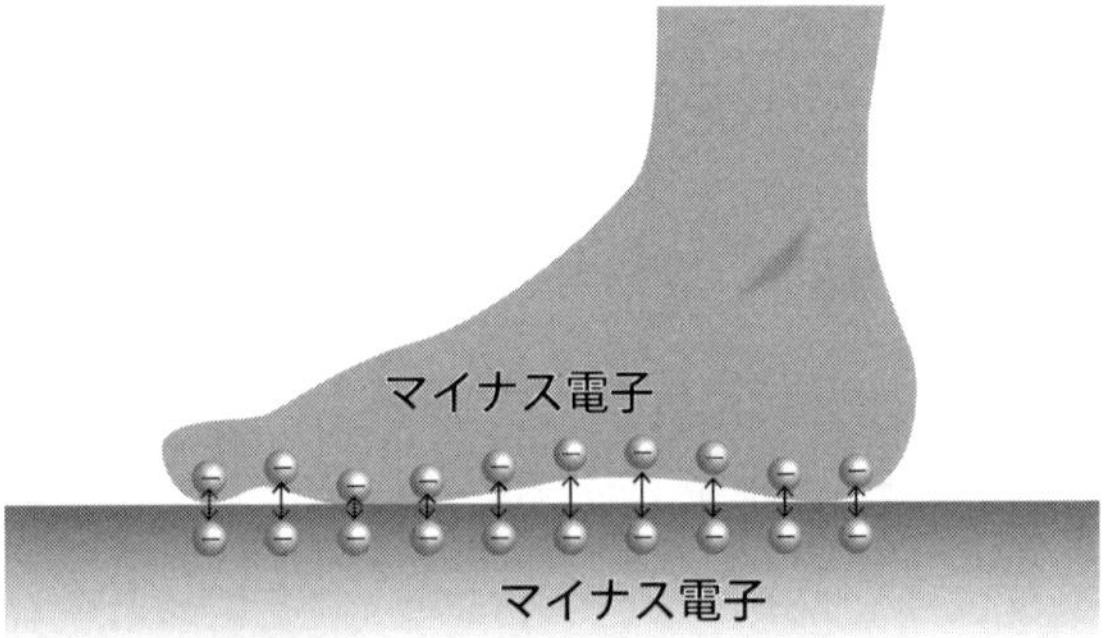

全ての物は電磁気力によって地面と反発しあい、微かに地面から宙に浮いている（実際には図のような空きはない）。

あなたが常識と思っていることなど、この事実に比べると実に大したことではないとお分かり頂けたであろう。そういう訳であなたも私も電子の反発力（斥力《せきりょく》）で床に立ち椅子に座っていられるのである。ベッドが硬いの柔らかいのと文句を言うのもこの電

子の斥力の違いでしかない。握手の感触も実は錯覚で、全ては電磁気力の反発の力でしかなかったのである。ということは、もしこの電磁気力が有されていなかったらどうなるだろう？　なんと床を通り抜けてしまうことになるのだ。問題は通り抜けた先であなたの肉体を再構成できるかということである。

そもそも電磁気力がなければ原子が構成されないのであるから、人間そのものはもちろんのこと、この世界も存在していないことになる。遙か未来においては、一旦バラバラになった原子の再構成が可能な時代が来るであろうことは文系の私にも理解できる。『スタートレック』を観ていたからではない。物理の基本概念を理解することで、それが可能であることが想像できるからである。物理学は難解と大半の人は思いこんでいるが、それは教師の教え方に問題があったからで、数式などというのは後回しにして最初は本質的なことから順を追って理解していくと、存外面白く基本概念は意外なほどやさしい。

物理学的原則からは生も死もエネルギー変換の原則から等価になるのだが、何故か死が生ずることに物理学者が悩んでいると言うと考えが及ばない人は唖然とするだろう。生命も原子で出来ており、原子は陽子と中性子と電子とで構成されているが、それらも実は個として実際に存在しているものではないことが知られている。それはすなわち粒子であり波であり、磁場である。その粒子も個体として存在しているわけではない。これが量子の世界である。それはつまり、原子で構成されている人間もこの世界も実は存在していない、ということになるのである。だが、現にここにあなたは存在する。紛れもない事実だ！　ましてや意志の問題となるともっと複雑であり、唯物論者が考えるほど世界はそう単純なものではない。

古代自然哲学者の叡智

世界で初めて地球の大きさを測ったエラトステネス

さて、少し筆者の幼い時の体験を述べよう。古代ギリシャ人の偉大さについての話である。それは小学生の時だった。テレビ番組で古代エジプトに地球の大きさを測った人がいて、その人は井戸に出来た影を見て地球の大きさを測定した、と説明していた。その時の筆者にはその意

エラトステネス　Eratosthenēs

（前二七五頃～前一九四頃）　古代ギリシアの数学者、天文学者、地理学者。地球の全周を科学的に測定し、ほぼ正確な結論に到達した。また「地理学geographica」の語を最初に使用し「地理学の父」とも呼ばれる。

味するところがよく理解できず、翌日学校で担任にそのことを話したのだが、そんな馬鹿な、お前の聞き間違いだろうと言われて、いたくがっかりしたものだった。今どきと違いネットでお気軽にちょっと検索なんて時代ではなかった。田舎だったので図書館なんてしゃれたものもなく、自分でそれ以上学ぶことは不可能だった。あの時その理科専攻の担任が誠実に対応してくれていたら、数学の虜《とりこ》になっていたに違いない。さらなる学びが出来ていただろうに誠に残念であった。筆者には失われた時となったあの「時」が生きていれば今頃は宇宙物理学などをやっていたかも知れない。

この時の人物こそが東西文明が交流したヘレニズム時代にギリシャ領の古代エジプトで活躍したギリシャ人のエラトステネス（紀元前二七五～一九四）である。紀元前二三六年プトレマイオス三世によって彼はアレクサンドリア図書館の第三代館長に任命され、三十年以上にわたって務めた。紀元前一九五年頃に目が不自由となり翌年八十二歳（諸説あり）で没している。視力を失ったことで食を断ち自殺したと言われている。

エラトステネスの篩（ふるい）
エラトステネスが発見した素数の選別法。自然数を小さい順に並べ、1を消し、素数2、3、5を残してその倍数4、6、8…。9、15…を消す。それらの倍数をすべて消去すると、最終的に素数が残る。

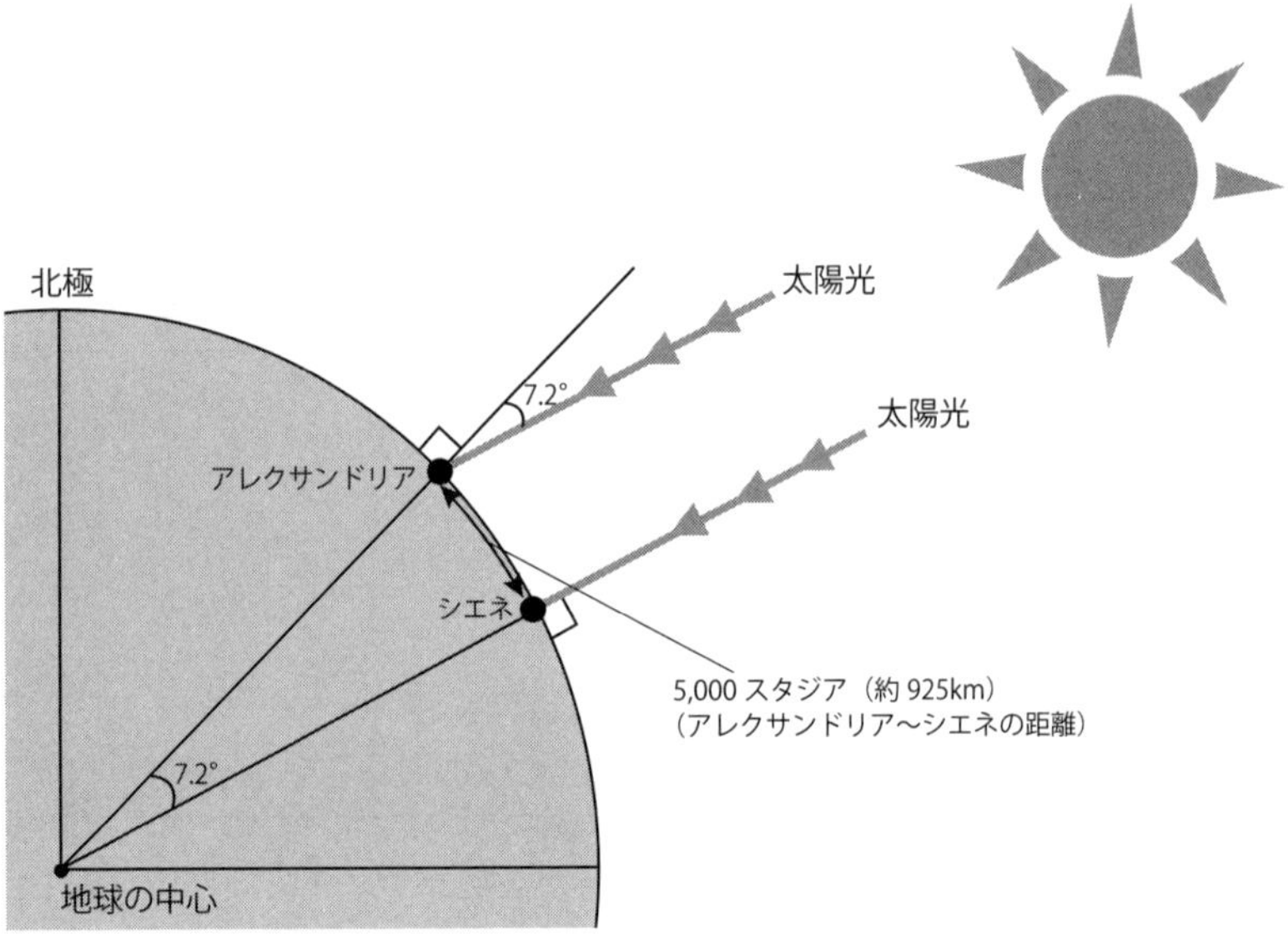

彼は素数算定法の「エラトステネスの篩《ふるい》」を考え出した天才だった。更に地理学と地図作成に数学を使用した最初の科学者で『地球の測定について』の著書の中で地球の円周を計算して当時としてはきわめて正確な距離を導き出した偉大な人物である。

その計測法は次のようなものである。

当時、彼は地中海に面したナイル川河口に発展したアレクサンドリアの都市に住んでいたのだが、毎年夏至の日の正午に南に位置するシエネ（現在のアスワン）の町では、井戸の底まで太陽の光が差し込み影が出来ないことが知られていた。

偶然にもこの町は、ちょうど北回帰線上に位置していたため夏至の日には太陽が真上を通ることから、正午には太陽の角度は九〇度となり、深い井戸の底の水面に太陽が映っていたのである。シエネまでの距離はおおよそ五〇〇〇スタジア（九二五km）。そこでエラトステネスは同じ正午にアレクサンドリアでの太陽の角度を正確に測るため、高い棒を立てて、その影の長さから太陽の角度を測ると、八二・八度でシエネより七・二度のずれがあることが判明した。

これは、地球が丸いことを同時に意味していたのだが、ギリシャ人はそのことをすでに紀元前六世紀頃から知っておりエラトステネスはそれを実感として確認することになった。そこで地球を球として、七・二で円周の三六〇度を割ると五〇となる。つまり地球全周の三六〇分の七・二（五〇分の一）の距離が五〇〇〇スタジア＝九二五kmという事になる。かくしてエラトステネスは地球一周の距離を五〇〇〇スタジア（九二五km）×五〇＝二五〇〇〇〇スタジア（四六二五〇km）と計算したのである。更に、ここから二五〇〇〇〇スタジア（四六二五〇km）÷π（三・一四）＝七九六一八スタジア（一四七三〇km）と地球の直径を出し、半径を三九八〇九スタジア（七三六五km）と割り出した。実際の地球の全周はおよそ四万kmであることからこの導き出された数字の正確さ（一五・六％の誤差）には驚かされる。

この誤差もシエネまでの距離を測定した専門の歩行者の技量の差なのであって、計算式そのものは完璧だった。この時代にこれらの計算式がすでに発見されていたことは驚嘆に値する。これが、人類史に残る地球の大きさを最初に計算して出したエラトステネスの偉業であった。今から見れば、実に単純な計算ではあるが、当時としては画期的なことであった。

古代人は幼稚という誤った観念

現代人に、自分で地球の大きさを測れるかと訊いて、すぐに答えられる人はほとんどいない。古代ギリシャにおいて、彼らのような科学者（自然哲学者）が自然を愛し研究し、数学を発達させていたことは素晴らしいことであった。彼らの探求心は純粋で、今の科学者たちとは少しだけ違いがあったように思う。それは、彼らには自然に対する単なる観察や知的探求心だけでなく、深い洞察の眼差しが向けられていたように思えることである。それは自然に対する畏敬の念と言い替える事が出来るであろう。広い意味での宗教観であった。すなわち科学者の目と宗教者の目の両方を持ち合わせていたということであり、思考において何らの矛盾がなく、二者の両立がなされていたということである。この辺りは現在のほとんどの科学者からはイメージされにくく、欠落した部分である。

現代人の中には、ある否定し難い観念がある。それは、古代人は幼稚で現代人は知的で優秀だという文明信仰である。確かに科学についてはその通りである。しかし、人間一個人対一個人として比較したときに、果たして古代人に勝り得るかと言えば、否である。ピタゴラスの幾何学の定理は学校で習わない限り誰も分からない。

人格に到ってはそれ以上の問題がある。聖書や論語はいまも読み継がれ現代人の精神の支柱となっている。つまりは現代人は人格において古代人以上ではないということを意味する。仏陀の

聖書　『旧約聖書』（ユダヤ教経典）と『新約聖書』（キリスト教経典）から成る。最も古いユダヤ教の律法（モーセの五書）の成立は紀元前四〇〇年頃といわれ、ユダヤ民族がモーセに導かれエジプトを脱出した「出エジプト」（紀元前十三世紀）から九百年ほど後のこと。

論語　孔子（こうし）（前五五二頃〜前四七九年）の言行、弟子たちとの問答、門人たちの言葉を集めた語録。中国の古典で儒教の代表的な経典、四書の第一。現伝の元となる本の成立は、孔子の死から数百年後の漢代と言われる。

パラレルワールド（並行宇宙）
ある世界（時空）から分岐し、並行して存在する別の世界（時空）。現代物理学でも理論上可能であるとする様々な説が提唱されている。

マルチバース（多次元宇宙）
我々が存在する単一の宇宙（ユニバース）だけでなく、多数の宇宙（マルチバース）が存在するという説。インフレーション理論、量子力学の「多世界解釈」など様々なマルチバースの可能性が提唱されている。

空観は漸《ようや》く量子力学が追いついたところでしかない。科学でさえも一個人に負けているのである。これは驚くべき事実だ。かくの如く現代人の思い上がりは修正される必要がある。現代人は数千年の歴史に君臨する叡智に敬意を払うべきであり、少なくとも、もっと謙虚であるべきだ、と筆者は思う。

こうやって、人類は知恵を築いてきた。二千五百年以上にわたって幾何学は発展し、さらなる数学と物理定数が発見され、そこから宇宙物理学や量子力学といった自然科学が形成されるに至っている。その最先端の発見や理論はパラレルワールド（並行宇宙）やマルチバース（多次元宇宙）を生み出し、ついには「人間原理」なる宇宙意識を前提とした理論までもが展開し、もはやSF小説を読むよりも奇抜であり胸躍るものがある。今の若い人たちは本当に恵まれた時代に生まれていると思う。学問にはうってつけの環境の中で学問しないというのは罪であるほどだ。大いに優れた若者がこれから陸続として現われることを期待して已《や》まない。

それにしても、二千五百年前に仏陀が物理学の究極の定理を導き出し、更には知識としてだけではなく悟りという超越の世界を開示したことは驚異というほかない。

空と刹那生滅

「空」――絶対性の否定

筆者は仏教の大学で印度仏教を学び卒論で「空《くう》」（個の存在否定）と「異蘊《いおん》」（連続する意識）とについて論じたのであるが、現在その内容は、最新宇宙論が語る事と一致するようになって喜ばしく感じている。仏教教義の根本哲学は「空」と「刹那生滅《せつなしょうめつ》」にある。

仏教が説く「空」とは存在する一切のものに個としての特性（自性）を認めず、その絶対性を否定するものである。それを「無自性《むじしょう》」という。固定的実体を認めず、全ては相依性と説く縁起の関係性の異称でもある。自我の実在を認めず、この世界を構成する一切の恒存性を否定する。諸々の事物はただ因縁によって生じたものであって、個別の実体が有るのではないとする。これを無我とも言う。無我と無自性は同義である。「自性」の意味するところは絶対性のことである。

刹那生滅　通常は「刹那滅」というが、実態を正確に表現すると「生滅」と表現する方が理解しやすいのでこのように用いている。

それ故もし自己に絶対性「自性」を認めるとそれ以外は存在しないことになる。何故なら絶対とは相対の存在を認めない概念だからである。すなわち、絶対は「一」を意味する。他が存在する限り「それ」を指して絶対（唯一無二）とは言わない。

では、「それ」だけが唯一この世界に存在するならば絶対なのか、その通りである。では、そのようなものはこの世に存在するかと問えば、考える要もなく存在しない。この世は相対的世界だからである。だが、この言葉は本当だろうか？　相対世界なるものは本当に存在するのだろうか。

相対とは「私」と「彼」との存在関係を指すものである。一般に「彼」と「私」は相対的に存在していると言う。だが実はこの表現は論理学的には誤りであるのだ。相対なる世界などあり得ないからである。すなわち、相対とは「彼」と「私」とに存在という絶対性を付与した概念だからである。そう言われれば読者もお分かり頂けただろうが、つまり、相対という概念は絶対なる複数の存在を指すことであり、そこには明らかな矛盾が生じることになるのだ。

個々の実体を肯定することは、その一つ一つに絶対存在の性質（自性）を持たせることになるからである。それは唯一という絶対の概念と矛盾してしまう。その結果、相対という世界も絶対という世界もこの世には存在しないことが判明するのである。他が存在するためには相対でなくてはならないが、存在するための条件として自己が絶対であろうとすると、他者の一切の存在を否定しなくてはならなくなってしまうので、そこに矛盾が生じることになり、自性は無しとされるのである。

相対も自他のそれぞれに自性を認めることなので否定されるのである。自己の絶対性の謬《あやま》りと同時に他者の絶対性も同様に、それ以外を否定することになるので謬りとなり成り立たない。その意味ではキリスト教的神も存在しない。何故ならキリスト教の神は常に人間やサタンを相対的存在として位置付けるからである。もし絶対という概念で神を捉えようとするならば、この宇宙の一切を神としなくてはならない。すなわち、人もサタンも神の一部分であるという概念を形成させる必要がある。それは東洋における汎神論と一致する。その時には人格神的神の存在は否定されることになる。

ところが、ここで絶対の重要なもう一つの概念に抵触する。すなわち絶対とは「一」と同時に変化しない「絶対固定」を指すからである。要するに変化することを許さないのである。変化するものを絶対とは言わない。「絶対に裏切らない」という意味は一度でもそれに反することは許されない。それと同様にその状態が一切変わることを許さないのである。その意味で、絶対神なる概念は認められないのである。それ故、仏教は諸行無常（迷いのこの世は変化する）といい、諸法無我（この世の存在原理は無我＝無自性なり）であり「空」であると説くのである。

空《くう》は「この世界」における究極の法《ダルマ》（原理）である。

その意味で、仏教が説く救いの境地「涅槃（ニルヴァーナ）」は、他宗教と比べ圧倒的に奇妙な概念である。ほとんどの宗教が説くところの天国を意味していないからである。浄土宗などで説

汎神論　万物は神の現われであり、万物に神が宿っており、一切が神そのものであるとする宗教・哲学観。古代インドのウパニシャッド思想や中国における道（タオ）、ギリシャのストア派哲学などにも見られる。「汎神論」という語は一七〇五年、J・トーランドが用いた。

涅槃（ニルヴァーナ）　サンスクリット nirvāṇa の音写。泥洹（ないおん）とも音写する。すべての煩悩の火が吹き消されて、不生不滅の悟りの智慧を完成した境地。迷いや悩みを離れた悟りの境地。解脱。

法性（ほっしょう） 事物の本質、事物が有している真実不変の本性。実相、真如に同じ。

執著（しゅうぢゃく） 事物に固執し、とらわれること。とらわれの心。苦しみを生む原因とされる。

かれる浄土や極楽の概念は、明らかに無知な信者向けに語られたものであって、仏陀が説いたニルヴァーナはそのようなものではない。それは非存在なるものであるのだ。それは一切の概念を受け付けない〝不可解な概念〟〝不可解な場〟なのである。それは後章で語る「無」に於けるエネルギーや「ゆらぎ」と関係していると筆者は解している。

その法性《ほっしょう》こそが空の姿であり、この世にあっては相依性としてエネルギーの転移としての関係性のみを指すのである。これを縁起（縁《よ》って起《お》こる）という。仏教は一切の存在に自性を認めないこと、つまり一切のものは存在していないことを公理としているのである。その意味で、人がニルヴァーナを理解することは、解脱の前段階の境に至らない限り不可能である。

その為には、自己のあらゆる執著《しゅうぢゃく》を捨て去らねばならない。完全に近い無執著の境地へと至った時に初めてニルヴァーナが感知できるようになるのだ。いくら科学者が頭脳活動をもってしてもこの世界だけは把握できない。原始宇宙、プラズマが光の直進を妨げたように、科学者の執著心なる煩悩が、意識をそれ以上の境地へと行かせないからである。最高の修行者でニルヴァーナをもし感じ取れる境地に近付いたとしても、そこに一縷《いちる》の概念なりが付随している限りにおいて空《くう》じられる対象となり、相対化され否定されるのである。

また、「存在は有から生じない。存在は無から生じない。非存在は有から生じない。非存在は無から生じない」ともいう。本性が無ならもとより生じようがない。本性が有なら、すなわち有に自性があるならば、変化することがないのでそこから生じるものはない。これが「空」という世界である。そして、この空を仏陀の次に強調して説いたナーガールジュナは、無知なる者は生死輪廻の根本である諸々の執著せし行為を営む、と言って一切のことに対する煩悩に伴う執著を否定し、その先に悟りがあることを示すのである。「空」とは将に実体があるように見えて実体がない素粒子の生滅原理を説いていたのである。だからといって科学者が如き方法でいくら物理原理を学んでも、その人物が悟りに至ることは永久にない。その原理作用が根本的に異なるからである。悟りは頭脳でなされるのではなく魂（意識）でなされるからであるのだ。

刹那生滅

仏教の唯識《ゆいしき》派（正しくは瑜伽行《ゆがぎょう》唯識学派）は名前の通り、唯《ただ》識のみが有ると説く。すなわち、この世界の事象は全て心が作り出した仮の姿であって実在せず、実在するのはただ心だけだとするものである。この世は存在していないと説くのである。ただし、これは西洋の唯心論と違い、唯識の識は最終的には空《くう》じられてその存在が否定される。ここが仏教の凄いところであり、一般に理解するのが甚だ難しい所でもある。瑜伽とは、いわゆるヨーガの本来的意味である。解脱を追求するという意味において巷で行なわれているものとは根本的に異質である。この唯識派は存在を「今現在」しか認めず、過去も未来も認めない。

一方、仏教部派の最大勢力であった説一切有部《せついっさいうぶ》（有部）という学派は、過去現在未来の三世《さんぜ》の法（法則原理）の実有を説いた点で唯識派と異なるが、共に、時間と存在について「刹那生滅《せつなしょうめつ》し

説一切有部（せついっさいうぶ） 釈尊の死後三百年頃、仏教は二十部派に分裂したが（部派仏教）、その一つで上座部から分かれた部派。『六足論』『発智論』『大毘婆沙論（だいびばしゃろん）』は有部の教義を述べたもので、教義体系の集大成『倶舎論』は後の大乗仏教にも深い影響を与えた。

実有（じつう） 実体として存在すること。説一切有部は、法は実有であり、この世の現象や事物は実体を持たない（仮有・けう）とした。

ている」（正しくは「刹那滅」と呼称）と主張する。「今」という一刹那一刹那ごとに生じては滅し、滅しては生ずる、の繰り返しの中で、我々は自分の存在を認識しているというのである。こうして常住不変の存在を一切認めることがないのである。実に仏教は徹底している。物理学以上に物理学的である。因みに、刹那とは時間の単位で無限に短い時間の概念であるが、指をピンと弾く（一指弾）間が六十五刹那とも言われている。大雑把に言えば仮に一指弾を百分の一秒とすると、更にその六十五分の一秒ぐらいの瞬間ということになる。この一刹那ごとに生滅を繰り返して我々は存在しているというのである。何が生滅しているのかとなるが、この存在そのものであり、また時間であり、人を構成する五蘊《ごうん》の要素そのもののことでもある。

少しだけ解説をすると以下のようになる。仏教では、この世の原理法則のことを有為法《ういほう》という。つまり、迷いの世界を支配している原理ということになり、それらには全て無常の性質が有される。無常とは常住でないということであり、ここに述べる刹那生滅を意味することになる。

時間なり存在が生じてから滅するまでを四相（四有為相）に別して「生（生じ）」「住（維持し）」「異（変異し）」「滅（消滅する）」となす。「生」とは未来から現在への〈法〉の移行を意味しており、「住」とは現在相に出現した〈法〉の一刹那の存在（作用）を意味し、「異」とは現在相から変異することであり、「滅」とは〈法〉が現在相から消滅し、過去相へと落謝《らくしゃ》（移行）することを意味する。これを「三世実有法体恒有《さんぜじつうほったいごうう》」という。これは、有部が主張した刹那滅の説である。ここでは未来も現在も過去も法が実在していると説くもので、すなわち未来も現在も過去も、現在を有ると我々が実感する如くに実在するというのである。この事は、この後にも何度も語ることにな

五蘊（ごうん、ごおん） (1)
仏教で人間を構成する五つの要素。色（物質）・受（印象・感覚）・想（知覚・表象）・行（意志などの心作用）・識（心）の五つ。

三世実有法体恒有
六章に詳述。

現在有体過未無体説
六章参照。

時間の矢　基本的に仏教も物理学もその存在を認めず、あくまで状態の変化と分析する。六章参照。

るが、アインシュタインの特殊相対性理論の中で示されていることであり、その意味では、瑜伽行派が主張する現在一刹那のみが実在するとする「現在有体過未無体説《げんざいうたいかみむたいせつ》」より有部の三世実有説の方が現代物理学とは一致する。相対性理論と同様に仏教の有部は、未来と現在と過去を等価と見るのである。

そこには、未来から過去あるいは過去から未来に向かった連続する時間の矢が見出されることになる。しかも、それらが等価の関わりということになれば、未来が現在に影響し、現在が過去に影響することが論理的に導かれることになる。通常は、過去の因が現在に果を生じさせ、現在の因が未来に果を生じさせるということになるのだが、三世が実有であるならば、それは相互依存の関係となり逆の因果関係も有り得ることになるのである。この事は、アインシュタインの相対性理論の中で語られていることでもある。仏教と最先端物理学の一致とは何とも驚くばかりである。

更にこの理論でいくと、我々にとっての未来はすでに決定している、という最大の難問が生じることになる。もし決定しているということになれば、この宇宙の一切は固定因果論に陥ってしまうことになる。それは一見変化しているように見える宇宙も固定した存在でしかないことを意味する。つまり、それは完全に停止した時間と同じであるということになる。もしそうであるならば、そこには〈存在〉の意味はない。

たとえ、この世界が無常であり存在が否定されるものであったとしても、有為法としての実有は暫定的に認識されるものであり、その限りにおいて、そこには何らかの存在理由が見出されることになる。その観点に立つならば、未来相には、現在相にて迷いの中に呻吟する者の意思に伴う選択肢が有されていることを意味しなくてはならなくなる。それは量子物理学にいう波動関数に於ける波束の収縮と同様に多くの選択肢が隠されていることを意味している。そして、未来が現在へと移行した刹那に波動関数の収縮が起こって現実の自分へと転じられてくるのである。この点についても現代量子論と一致している。

さて、この未来相には、未来に閉じ込められて現在相に顕われないものもある。それらは因縁が未だ成就しないものである。また、涅槃に関わるものは作用しない法として未来相内に定住するものとなる。それが顕われるのは、人が解脱した時である。

刹那生滅とは存在に実体が無いことを意味している。以前、白金か何かの分子の生映像を見たことがあるが、それは部分部分が生滅していて、アメーバの様にふにゃふにゃと動き回っているかの様にも見えた。今でいう仮想フィールドである。その形を留めることがなく、個体とはまったく認識できないものであった。将にその様に我々の体もこの世界の全てが生じては消え、消えては生じるの変化を繰り返しながら存在しているのである。それは、第四章で述べている物理の法則と一致することが、現代において証明されている。

仏教は、この世を無常と捉えていて、一時たりとも永続するものではないと説くのである。我々の今である現在が錯覚的に「生」と認識され、次の刹那には完全な無となり消滅し、これを繰り返すことで、恰も永続しているかの如き感覚を我々は持つのである。迷いの世界であるこの世の

波束の収縮　空間的に広がりを持つ粒子が観測により一点に見出される現象。

波動関数　量子力学では電子などの粒子の状態を表わす関数をいい、その二乗がその粒子の存在確率を表わす。

法身 dharma-kāya 仏陀の三身（法身・報身・応身）の一つ。仏の本身としての永遠不滅の法体のこと。

法則である有為法《ういほう》が一刹那のみ今現在に出現し、即時に消滅して過去へと移り変化することを意味する。

それは恰《あたか》もアニメのコマ送りと同様である。一コマは一枚の静止画像であるが、それが何十枚、何百枚、何千枚、何万枚と連続することで動きが与えられ、生きた絵と変身するのである。それにセリフが吹き込まれると完全な擬人化がなされることになる。実は人間もこれとまったく同じ構造だと考えているのが仏教なのである。このような宗教は他に存在しない。更に仏教が凄いことは、この連続体の存在性を認めないことである。物理学はまだ子どもじみてそれを追い求めているが、二千五百年前にすでに仏陀は禅定によってこの存在を錯覚と読み取るだけの感覚を身に付け、潜在する本性（法身《ほっしん》）が覚醒し最終解脱されたのである。

「あなた」も「私」も実は不確かな存在であるのだ。せめてアニメのコマのレベルでしか存在していないことに気付くことが出来れば、その人はかなり優秀な識を持っていることになる。と言った途端、識なるものも存在することはない、と空《くう》じられるところが仏教の凄みである。何であれ、かくの如く、仏教哲理は物理学を凌駕《りょうが》している。

この仏教哲学は将に現代物理学とまったく一致するものであり、宗教でありながらここまで極めてきた仏教の凄みを見せつけられる思いである。それ故に物理学に人間原理が出てきたくらいでは仏教哲学には未だ及ばない。これらについては六章にて「三世実有法体恒有」と題して、更に詳しく述べている。

宇宙の「人間原理」とは何か

初めてこの言葉を知ったとき、いったい物理学は何を言い出したのだろうと、いぶかしく思ったものだ。人文系の学問なら分かるがよりによって数式と実験で固められた物理学の世界で、人間の存在が宇宙を創った、という論の展開には唖然とさせられたものである。しかし、読めば読む程、科学者たちは本気でそう語っていることが分かり、更に驚いた。しかもその最初の発表は一九六一年であり、アメリカの物理学者ロバート・H・ディッケが書いた「宇宙の人間原理」の論文であった。

生命進化のプロセスを追いかけていくと余りにも偶然の重なりの連続でその発生の確率は限りなくゼロに近いものである。ビッグバンに始まった宇宙の歴史は人間という知性と出会うことで成立するのではないかというものであった。この知性が宇宙を探索し始めたのは宇宙自身がそれを求めていたからであるとしたのである。物理学という立場にありながらこの突拍子もない意見には唖然とさせられるばかりであった。物理定数を求め続けてきた科学者たちが遂に、宇宙の原理そのものを何らかの「意志」と考えるに到ったのである。しかしそれは、その背景にそれなりの論理の展開あってのことであった。すなわち量子論の発展に伴う素粒子が観測者の意志によってその存在を決定するというボーアらの実験結果がその主張を支えていたのである。

量子論は、一九〇〇年ドイツの物理学者マックス・プランクが「エネルギー量子仮説」を唱えたことに起因する。彼はそれまで信じられていたエネルギー伝導が連続的であるという考えを「不連続的」であると考え、原子のようにそれ以上分割できない最小単位として「エネルギー粒子」という画期的アイデアを開示したのである。そして、エネルギー粒子も原子のように一個二個という数え方が出来ることを示した。これが「量子仮説」というもので、ここから量子論がスタートすることになった。

この直観が、それから百年の劇的幕開けであった。奇跡の年と言われる一九〇五年に、この考え方に大きな影響を受けた二十六歳の若き天才アインシュタインが光量子理論を導き、原子の存在や、更に特殊相対性理論を発表するに到り、時代は大きく宇宙の解明へと突入したのである。そして、インド仏教が二千五百年前から唱え続けてきた刹那生滅を明らかとしていくことになる。ではここで、量子の概念を理解してもらうために、プランクの功績を見ながら説明しよう。

量子力学　誕生

量子論　マックス・プランクの功績

サイエンスチャンネル『偉人たちの夢』の及川わたる氏の解説を参考にするなら、プランクの画期的発見は次のようなものであった。

マックス・プランク
Max Karl Ernst Ludwig Planck
（一八五八～一九四七年）ドイツの理論物理学者。量子論の端緒を開いた。「エネルギー量子の発見、物理学の進歩に対する貢献」により一九一八年ノーベル物理学賞。因果律、自由意志、宗教等に関する哲学的思索もある。

◆熱放射公式の構築◆

時代が十九世紀から二十世紀に移る直前の一九〇〇年の秋、ベルリン大学物理学教授のマックス・プランクは放射熱に関する理論的追求の果てに思いもしなかった〈量子〉の世界の扉を開くことになった。物は熱せられると光を出す。どんな温度の時、どんな種類の光がどんな状態で分布するのか。この関係を調べるのが熱放射の研究である。プランクはすでに何年もこの研究に取り組んでいた。しかし、「光のエネルギーは最小単位の整数倍の値しかとれず不連続なものとなってしまう。そんな途方もないことがあり得るのだろうか？」

一九〇〇年十二月十四日　プランクはこの実験式を使った熱放射公式をベルリン物理学会に発表した。しかし、出席者のほとんどは関心を示さなかった。プランク自身でさえ、この実験式のもつ重要性を測りかねていたのである。それに続く数週間、この実験式の持つ意味をひたすら考えぬいた。彼はある日、息子のエルヴィンと散歩中に急に立ち止まり、力強い声でこう言った。

「エルヴィン、お父さんはコペルニクスにも匹敵するような大発見をしたよ！」

プランク、この時四十二歳であった。

彼は、現代物理学、中でも量子力学を語る上では決して欠かせない人物である。学問上の業績だけではなく人格者としての生き方そのものが与えた影響も大きかった。アインシュタインの「相対性理論」もプランクの命名だったという。アインシュタインの光量子の発想もこのプランクのエネルギー量子の発想から導かれたものであった。

マックス・プランクは一八五八年四月二十三日　ドイツのキールという町で生まれた。祖父は神学者、父親は法学教授、母親は牧師の娘という家庭環境の中で育った。その一生は物理学者としての偉大な歴史とは別に、妻と二人の娘は病や出産で早世し、長男は第一次大戦に従軍して戦死、自慢の次男エルヴィンも第二次大戦中、ヒトラー暗殺を計画したとして処刑されている。こうして、プランクは全ての家族を失うことになった。更に、思い出の家と論文もその全てを戦争で失うという壮絶な悲しみを背負う運命にあった。気難しそうに見えるプランクの風貌は、この

コペルニクス
Nicolaus Copernicus
（一四七三〜一五四三年）ポーランドの天文学者。聖職者。ギリシャ思想の影響を受け、肉眼による天体観測に基づいて地動説（太陽中心節）を提唱。従来のキリスト教的宇宙観をくつがえし、近代科学への移行に貢献した。

悲しみを抱えていた。

その頃、ドイツ帝国は工業を盛んにしようと必死だった。工業には鉄の生産が欠かせない。溶鉱炉で生産される鉄の品質は正確な温度管理によって左右される。しかし、鉄が溶けるような数千度の温度を計測する温度計など存在しない。そのため多くの職人は鉄が焼ける色を目で見て温度を調節していた。職人の経験に頼っていた温度管理だったが、加えられる熱と鉄の出す光の関係を科学的に把握することは時代の要請でもあった。

そこでプランクが当時一番力を入れたのは熱に関する研究だった。

物は熱せられると光を出すが、人間はその光を色として認識する。この光は、熱輻射《ねつふくしゃ》または熱放射と呼ばれている。一八九〇年代後半からプランクはこの熱放射の研究に本格的に取り組んだ。

この研究には黒体《こくたい》という実験装置が使われた。

光の色　光は電磁波の一種であり電場と磁場が振動している波である。振動数の違いにより様々な電磁波が存在する。人間は、目の網膜で光（可視光）を検出して脳に伝え、脳は振動数の違いを色の違いとして認識する。虹の七色は、振動数の低い順に、赤、橙、黄、緑、青、藍、紫となる。

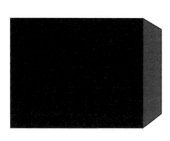

黒体

光の色と温度の関係を調べるためのもの

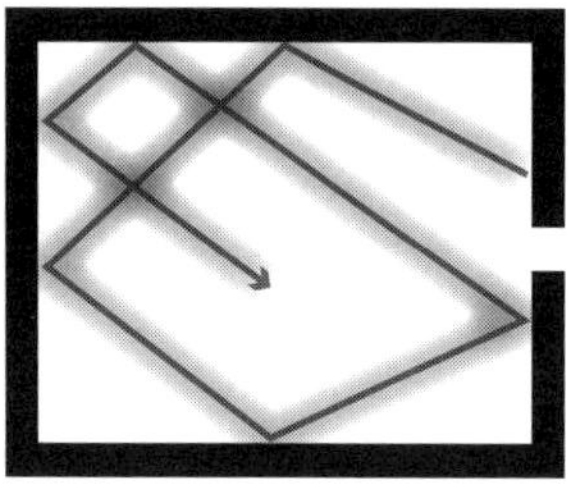

熱を加えると、内部で光が放射と吸収を繰り返す

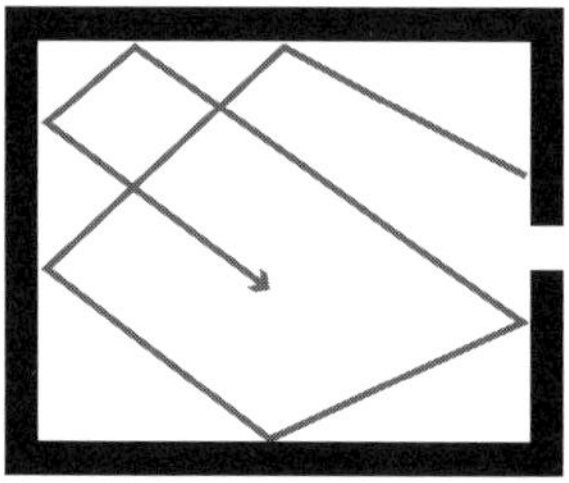

プランク定数　量子力学の原理を表わすために必要な自然界がもつ普遍定数の一つ。物理学者プランクが熱放射の研究の中で一九〇〇年に発見した。通常 h と表わされる。

黒体とは光の色と温度の関係を調べる黒い箱である。この箱に熱を加えると内部で光が放射と吸収を繰り返す。この光のスペクトルを温度ごとに調べていけば、ある温度でどんな振動数の光がどれだけの強さで含まれているかがわかる。

プランクは、放射される光について説明の出来る公式を追い求めた。理論を考えては実験結果と照合し、合わなければ再び理論を組み立て直す。こうした試行錯誤を繰り返した結果、やがてプランクは一つの実験式に辿り着いた。

これがその実験式　$E=h\nu$　である。

光のエネルギー↓　振動数↓

$$E = h\nu$$

↑プランク定数

Eは光のエネルギーを表わし、hがプランク定数と呼ばれる数値となる。ν（ニュー）は振動数を表わしている。この式は、光のエネルギーは振動数にプランク定数をかけたものに等しいことを意味していた。プランクはこの式を使って熱放射に関する実験を重ねた。その結果、実験によって得られた光のエネルギー分布とプランクの実験式は完全な一致を示したのである。

一九〇〇年、四十二歳の時、熱放射公式が完成した。熱放射に関する研究はここで一つの決着を迎えることになった。

量子仮説の大発見

そして、プランクは自らが生み出した式のもつ意味を更に徹底的に考えぬき、一つの仮説を導き出したのである。それは光のエネルギーには最小単位が存在し、整数倍に不連続な飛び飛びの値を持つ、というものだった。

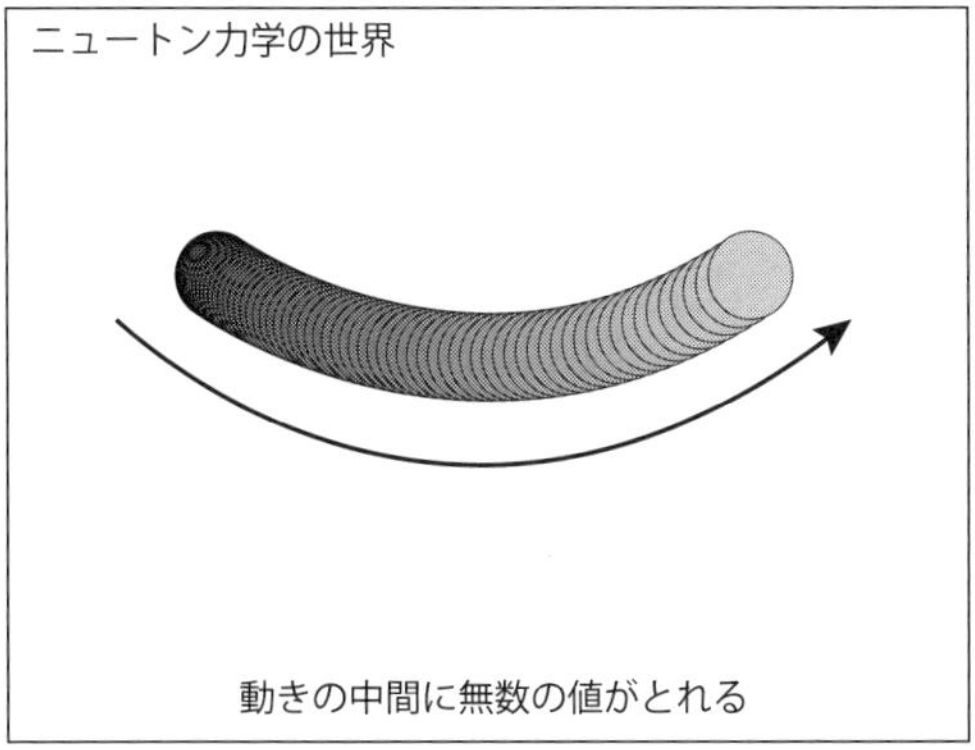
ニュートン力学の世界
動きの中間に無数の値がとれる

通常物質はこのような連続した動きを示し、その間に無数の値をとることが出来る。

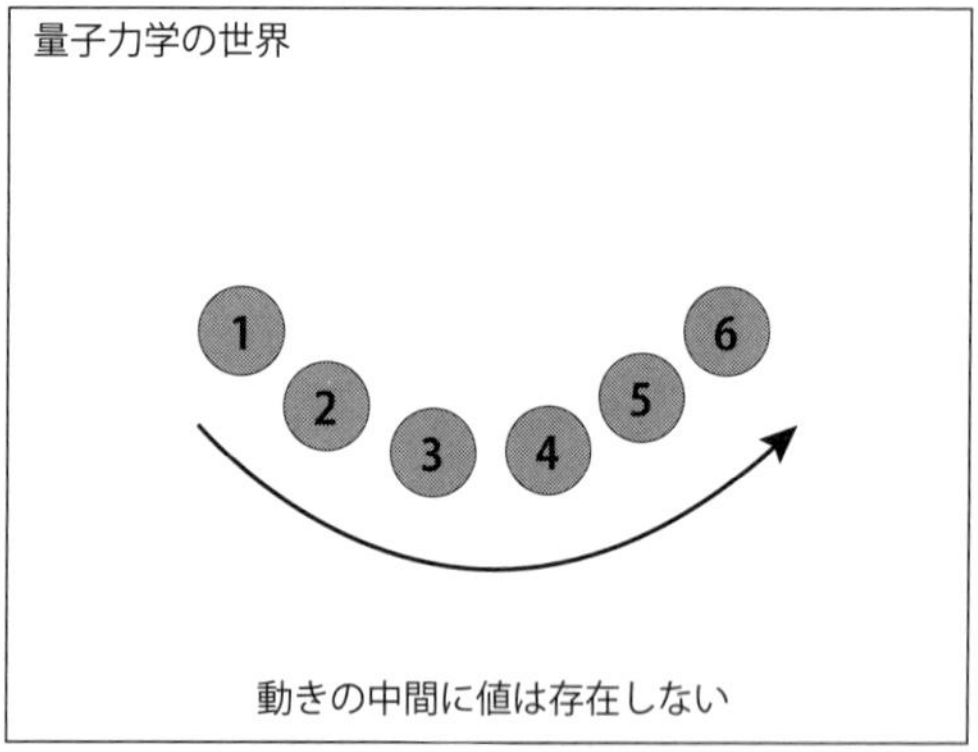

しかし、量子の世界では、このような不連続の値をとり、それは必ず整数となって中間に値は存在しない。ということはその途切れたところにエネルギーが無いことを意味する。これは常識では考えられない結果であった。

これこそが仏教が説くところの刹那生滅の姿であったことは驚嘆という他ない。禅定者たちの叡智には誰しもが敬意を払うしかない。

こうした驚くべき事実をプランクは自らが生み出した式の中に発見したのである。$h\nu$これをプランクの「量子仮説」という。すなわち飛び飛びのエネルギーの間隔は$h\nu$であり、$h\nu$という「エネルギーの塊」を単位としてエネルギーの受け渡しが行なわれるとしたのである。この「エネルギーの塊」を「量子」と名付け、ここから量子力学が誕生することになった。量子力学とは飛び飛びのエネルギーの塊を研究する学問ということになる。これは光のエネルギーを粒子の集まりと捉えたもので物理学にとって時代を画す大発見であった。電気のもとである電子も同様の原理であることが後に発見され、現代エレクトロニクスを支える基盤となっている。コンピュータ等多くの場面でこの発見が用いられており、いまやこれなくして社会は成立しない。未来を築く量子コンピュータは将にプランクのこの大発見が礎となったのである。

一九一三年、五十五歳の時、プランクはベルリン大学の学長に就任した。

就任するとすぐにアインシュタインを教授に迎え入れた。プランクは彼の才能を以前から高く評価していたからである。アインシュタインはプランクの助手を務めていたリーゼ・マイトナーに「あなたが羨ましい」と言った程にプランクの実力を認め尊敬していた。

彼のもとにはアインシュタインを始め、後に核分裂を発見するオットー・ハーンや、X線解析で知られるマックス・フォン・ラウエなどそうそうたる科学者が集まった。その理由はプランクが高潔な人格者だったことにある。世俗の評価に惑わされず、不正を憎み誠実に生きる姿は、接する誰をも魅了した。プランクを中心に多くの科学者が集まるベルリンは将に物理学の中心地となったのである。彼は国民からも尊敬を集めていた。趣味は山登りと音楽で、ピアノはプロ顔負けの腕前だったという。

そして、量子仮説の功績が認められ、第一次大戦が終わると一九一八年、六十歳の時、ノーベル物理学賞を受賞している。

なお、既述の通りプランクの発見から五年後、アインシュタインによって「量子仮説」に修正が加えられている。すなわち、エネルギーには量子はなく「光エネルギー」に「光量子（光子）」が存在するとし、光量子の集団が波の形で伝わるのだと発表した。これがかの有名な光は粒子であると同時に波である、という定理である。これを「光量子仮説」という。これによりアインシュタインはノーベル賞を授与されている。これも後にボーアから修正されることになる。しかし、プランクの計算式は完璧だった。

プランクやアインシュタインの量子論を更に進めたのがニールス・ボーアで、電子にも粒子の性質があることを発見した。一九一〇年代である。これはアインシュタインの光子は粒子であるという説からのヒントによるものであった。それに影響を受けたルイ・ド・ブロイが「物質粒子の量子論」を、更にそれに影響を受けたエルヴィン・シュレーディンガーが「波動力学」を完成させるに到っている。

エルヴィン・シュレーディンガーとマックス・ボルンによって電子にも波の性質があることが発見され、彼らが活躍した一九二〇年代は、量子論の最も活発な時だったと言えるだろう。その時から百年が経つが、それらの発見は今も燦然と輝き続けている。シュレーディンガーの「波動

ルイ・ド・ブロイ「物質粒子の量子論」 Louis Victor de Broglie（一八九二〜一九八七年）フランスの物理学者。一九二四年、光だけでなく、すべての物質も整数の振動数を持ち、波動性を併せもつという物質波（ド・ブロイ波）の理論を提出。一九二九年、ノーベル物理学賞受賞。

エルヴィン・シュレーディンガー「波動力学」 Erwin Schrödinger（一八八七〜一九六一年）オーストリアの物理学者。ド・ブロイの「物質の波」から、波としての物質の状態（位置、運動量、それらが重なり合った状態、確率分布等）を波動方程式で示した。一九三三年、ディラックとともにノーベル物理学賞を受賞。

マックス・ボルン Max Born（一八八二〜一九七〇年）ドイツ出身、イギリスの物理学者。波動関数の正しい解釈を提唱した（波動関数の確率解釈）。一九五四年ノーベル物理学賞受賞。

関数」は量子力学の最重要な方程式となった。その量子の波の性質についてはその時はまだ解明されていなかったが、ニールス・ボーアらが「物質波の確率解釈」を世に発表し、量子の波を実体と捉えていたアインシュタインらから猛反発を受けることになった。

特に、観測者が見るまで量子はどこにも現われないとする「波束の収縮」について大論争になったことは有名である。「では君が見ていないときには月は存在していないとでも言いたいのかね！」アインシュタインはコペンハーゲン解釈に対して苛立っていた。しかし、この論争はアインシュタインの敗北に終わった。「神はサイコロを振らない」。これもアインシュタインのボーアらに向けて発せられた有名な言葉である。そして、晩年のアインシュタインは統一場理論に固執しながらも完成させることが出来ずこの世を去った。プランクと並ぶ量子論の創始者の一人であり、相対性理論という画期的発想で物理学を牽引した天才アインシュタインにして理解できなかった量子の世界の不思議が「人間原理」の背景として措定《そてい》されている。

インド哲学との類似性

しかし、それはギリシャ哲学時代に遡《さかのぼ》ったようでもあった。だが現代物理学者たちは巧妙にそれを「神」とは呼ばない。物理学者としてのプライドがそれを許さないからである。そこで彼らは「宇宙意志」や「宇宙意識」などと呼ぶようになった、しかし、これはインドのヴェーダに

コペンハーゲン解釈　量子力学の代表的な考え方の一つ。量子力学では、複数の状態が共存すると考えるが、「コペンハーゲン解釈」は、観測された瞬間に一つだけの状態が実現する（波束の収縮）とする。これに対し、「多世界解釈」は、複数の状態はすべて実在するが、観測する人間は一つしか観測できない、とする。

神はサイコロを振らない　もともとは「あなたは本当に神がサイコロ遊びのようなことに頼ると信じますか？」（三田一郎訳）という発言が正しい。（『科学者はなぜ神を信じるのか』）

出てくる純粋精神そのものの概念であった。実は、理論物理学者、中でも宇宙論や量子論をやる人たちが思考の参考書としてヴェーダやインド哲学や仏教や老荘を学んでいることは夙《つと》に知られている。因みに、近代の哲学者の大半も然りである。二十世紀最大の哲学者と称されるハイデガーの〈世界内存在〉や〈存在了解〉や〈超越〉またダーザイン（現存在）やダスマン（世人）などの思考には明らかに仏教哲学から影響を受けたと思われる「器世間《きせけん》」や「無我《むが》」や「凡夫《ぼんぷ》」や存在論などの概念が散見されるのである。二十一世紀に君臨するウィトゲンシュタインの有名な「語り得ぬものについては沈黙しなければならない」という哲学も、形而上学的質問に対する「無《む》記《き》」や「捨置《しゃち》」として無返答を貫いた仏陀の教えや「無我」を説く仏教の影響下にあるように筆者には思え、彼を巨人と称することには疑問を感ずる。

さて、人間原理の主体は将にインド・ヴェーダの中心概念である純粋精神を指すものであった。もっとも、彼らは自分たちの祖としてのギリシャ哲学を起源というのかも知れない。すなわち、アリストテレスが命名したところの古代人が根源的物質と考えた「イーレム」である。後にビッグバン理論を提唱した人物の一人、ロシア人のジョージ・ガモフは先行したイエズス会の聖職者でベルギー人の天文学者ルメートル神父が一九三一年に提唱した冷たい宇宙のビッグバン理論に対し、超高温の理論を発表し、超高密度で超高温の塊の宇宙の形態をイーレムと名付けた。ルメートルはそれをヴェーダの表現そのままに「宇宙卵」と呼んでいる。

さて話を戻そう。「人間原理」説のディッケらは量子論の観測結果等のヒントから〈宇宙意志〉が自分を認識させるために人類を創造したと考えたのであるが、物理学者がどう繕おうとそれは

ハイデガー　Martin Heidegger（一八八九～一九七六年）ドイツの実存哲学を代表する哲学者。人間を現存在と捉え、現存在は「世界内存在」として日常的には世間に埋没しているが、「死への存在」の自覚により本来的自己に目覚めると説いた。

ウィトゲンシュタイン　Ludwig Josef Johann Wittgenstein（一八八九～一九五一年）オーストリア生まれの哲学者。哲学的問題は我々の普段使用している言語の働きの誤解から生ずる、と主張し、言語の働きの正しい理解を探求。分析哲学の形成に大きな影響を与えた。

現代版創世記に他ならない。彼のこの説は意外なことに多くの同業者の支持を得ることになる。さらに、一九七四年イギリス人のブランドン・カーターがより強力な論文を発表して以降、年を重ねるごとに支持者が増え続けているのである。

つまり、実は多くの物理学者は無神論者ではなかった、ということである。そして「宇宙は人間を創造するために設計されたのだ」と主張するに到り、ディッケの説を「弱い人間原理」、カーターの説を「強い人間原理」と呼ぶようになった。宇宙が今の状態へと導かれたのは必然であったとするものである。彼らが説く宇宙意識とは宇宙生命とも解釈できる。その場合には、東洋の「タオ」を意味することになる。この場合の概念は宇宙意識が放出された状態を指す。放出以前の純粋精神を指すのではない。この二者の違いは明瞭に理解される必要がある。

ルメートル神父
Abbé Georges Édouard Lemaître
（一八九四〜一九六六年）ベルギーの天文者、宇宙物理学者、カトリック司祭。相対性理論に基づき、一九二七年、「加速膨張する宇宙」という論を発表。三一年、宇宙の始まりはただ一個の粒子の状態で「創生の瞬間に宇宙卵（Cosmic Egg）が爆発した」とした。但し高温の概念は有されていなかった。

第二章　言語の次元

人類進化に介在する〈言語〉次元

人類の誕生

斯書は、「究極の真理」とは何かを解明しようとするものである。そこに大きく貢献するのが、〈知性を持った言語〉であり、同時に大きく立ちはだかるのが〈知性となった言語〉である。

この〈言語〉は私たちの進化と密接に関わっている。そこでまず人類の進化について簡潔に述べよう。

百三十八億年前に宇宙が出現し、地球は四十六億年前に誕生した。そして、三十六億年前にタンパク質を形成するアミノ酸とＤＮＡに代表される核酸を形成するヌクレオチドの分子を基本単位として生命が自然発生し、長い年月をかけて人類へと進化してきたのである。まったくの無機質から生命が生成されるというのは偶然という表現を用いていいのか実に迷うものである。しか

ヌクレオチド　塩基＋糖＋リン酸の構造をもつ化合物。核酸を構成する構造単位。

し、学者たちは偶然に発生したと表現する。しかしよくよく考えてみると、これ程不思議なこともない。赤ん坊が出来るのも実に不思議だが、そこにはまだ父と母という有機生命体が存在するから理解できた気になれる。

ところが、最初の生命はそうではない。無機質から有機質が生じ、更にそれが生命を発生させたのであるから、その展開には哲学的な思惟を介在させないわけにはいかない。宇宙創生から人類という知性の誕生と進化を、漫然として単なる偶然と言い放ってしまっては、余りに無思考であり鈍感というほかない。生命誕生が偶然にして起こったとしたならば、微生物レベルの進化でとどまっていればよかったであろう。大腸菌の細胞が完成体であるように、それらも完成形としてそれ以上の進化へと進まなくてよかった。にも拘わらず、生命は進化をし続け、遂には宇宙の解明までをなす知性へと発達したのである。

こんな不思議があっていいのだろうか。しかし、それは現実に起こった。それを言うなら、そもそも無から有が生じたビッグバンという宇宙創生は一体何なのかまったくもって理解不能ということになる。しかし、確かなことがある。このことは事実であるということだ。それらのことは現実に起こった。そしていまあなたが存在している。なんと凄いことだろうか。改めて考え始めると興奮を抑えられなくなるだろう。それ程に魅力的な現象であるのだ。

この無生物から生物への変化というのか進化というのか、ある種の相転移が生じる次元には何かとてつもない〈言語次元〉が介在しているのだと思う。この無生物と生物の中間に位置しているのがウイルスである。

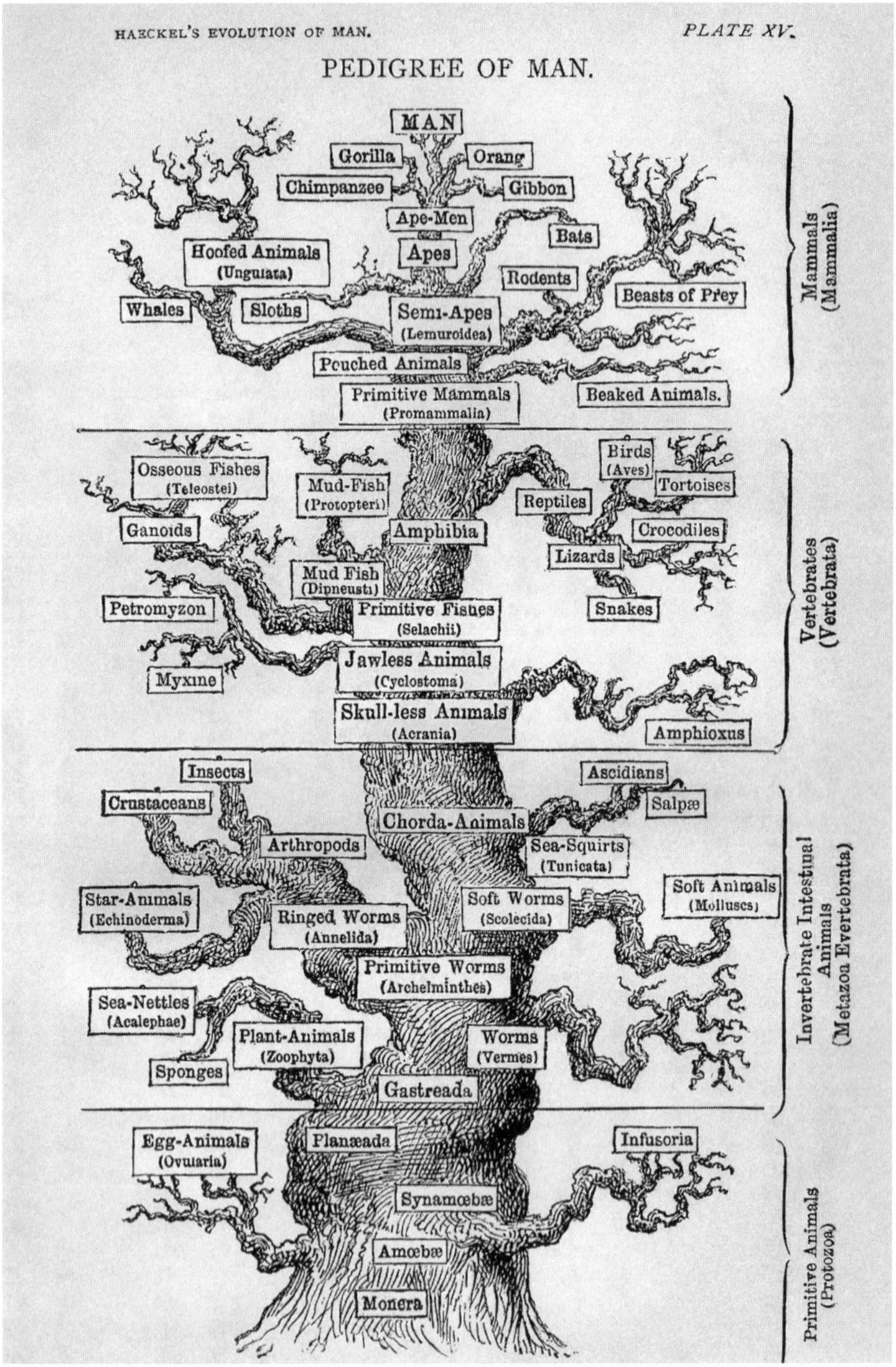

この図は、ドイツ人生物学者のエルンスト·ヘッケルが生命の系統的進化について表わしたものである。確率論的に、宇宙が誕生して地球に生命が宿り、知的生命としての人類が出現したことは奇跡だと言われている。つまりそれは、何らかの宇宙意志というものが存在し、意図的に創出させたものだという考えが物理学世界に於いて強まってきている。

あの二十一世紀初頭の世界的感染パニックを起こしたＳＡＲＳやＭＥＲＳや武漢コロナウイルスのあのウイルスである。その大きさは最小のバクテリアと同程度の四万分の一センチ位から小さいものは四十万分の一センチ程度。ＤＮＡを持ち自己再生する能力を持つが、それ自体では生きていないという不思議な存在である。人類はこのウイルスによって大量死を繰り返すと同時に、ウイルスが進化に大きく関与したとも考えられている。キリンの首が長くなったのは長くするウイルスに感染したからだという説もある。

かくして生命が誕生し、原始細胞へと進化してからは単細胞生物から多細胞生物に変異し十億年前、原始的虫が誕生する。そして四億年以上前に遂に脊椎動物が出現する。そこから魚類、両生類、爬虫類と進化し、二億年前、恐竜の時代を迎えることになる。なんと彼らは一億年にわたって地上を支配したのだから凄い。何かの変異さえあれば彼らが人類へと進化したかも知れない程の長さである。

そのほぼ同じ時期に哺乳類の祖先が両生類から進化した単弓類から枝分かれして恒温動物へと進化していた。七千万年前に中米ユカタン半島に巨大隕石が落下して気象異常と地殻変動を生じさせたことで恐竜が死滅。そして地球大地の隆起が繰り返され、大山脈が出来たことで温暖だった気候が一気に冷え始めた。この季節変動が大きくなったことによって生き残っていた恐竜も絶滅し、哺乳類の天下となっていったという。

原始細胞　約四十億年前に誕生した原始の海で無機物から簡単な有機化合物が生成し、複雑な有機物（タンパク質や核酸など）が合成される段階を経て、約二億年後に生命体が現われたと考えられる。それは二重膜に囲まれていたという、ロシアの生化学者オパーリンのコアセルベート説が広く支持されている。

単弓類（たんきゅうるい）　両生類から進化した系統の一つで哺乳類の祖先。哺乳類型爬虫類。従来、哺乳類は爬虫類から進化したとされていたが、近年、哺乳類と爬虫類は別系統という説が主流。

猿人　初期人類で六百万年〜百三十万年前のアフリカで誕生。二足歩行し原始的な石器を使った。アウストラロピテクス類。その後、原人、旧人、新人（ホモ・サピエンス）へと進化したという説は、四つの段階が継続的に続いたのではなく、関係も必ずしも明らかではないため、現在では用いられない。

言語こそが人類進化の鍵

いよいよ人類の祖先の登場である。メガネザルのような小動物で樹上生活をしていたことが特別な運命を創出していくことになる。彼らは枝を掴むための手を発達させ、立体視できる眼を発達させた。更にそこから気の遠くなるような長い歳月を経て猿へと進化し、そして手と指を巧みに使うことにより脳中枢を発達させ、道具を使い思考するようになるのである。樹上から地面に住み直立歩行するようになった猿人は、更に脳を発達させ、喉を進化させて言語を手に入れることに成功する。ことばこそが人類の全てであったと言っても過言ではない大事件であった。

ことばがさらに脳を発達させ、遂に現生人類まで進化させるに到ったのである。そこまでの数々の偶然は、果たして偶然だったのだろうか。従来の自然科学はそう断定してきた。しかし、宇宙論に「人間原理」が登場してきたいま、それは「必然」と言い換えられ始めている。だが未だ生物学の世界ではダーウィニズムが権威を持つために偶然説が根強い。これは百年や千年という時間的に短いスパンでは「偶然」のことであると理解されるものであり、時間的に一万年というスパンでは何らかの意志がそこに働いた「必然」と捉え得るのではないかと筆者は考える。

さて、ここで最も重要なことは「言語」はＤＮＡに刻まれていないということである。言語に対応する大脳はＤＮＡに支配され作られている。しかし、言語そのものは遺伝するものではない。言語は集団の意思疏通を密にし思考を高度に記憶し、遂に文字を発明することで、人類は文明へと生活の質を高めるに到ったのである。さらにそれは深い思考を導くようになり、形而上学への思惟《しゆい》を始めるようになる。それは文明としてのDNA（知恵）を形作り、集団へと遺伝（伝搬）していくことになった。言語が思考を助け、思考が言語を複雑化させ高めた。かくして知恵が発達し知性を獲得したのである。しかし〈知性言語〉の力が強くなればなる程、それまで有されていた大自然を直観的に把握する〈自然言語〉が退化することになった。

多様な言語世界

あらゆるものが〈言語〉作用を内包する

我々人類は言語をもって思考し意思を伝達する。言語と言えば通常、文字や口で発するものということになっているが、それだけだろうか。実は言語は多種にわたっていることに気付かされる。以下、筆者の体験からの言語分析である。それには、会話言語、文字言語、手話言語、ジェスチャーのような身体言語、目くばせや威嚇などの視線言語、音楽や舌打ちや各種の音の表現による音言語、個人の様々な感情に依拠した感情（受）言語、個人の様々な感性に依拠した感性言語、遺伝子から派生する遺伝子言語（機能言語・本能言語）、欲望から生じる強制言語、危機から生じる恐怖言語、あらゆる生物が発する生物言語、人工知能が持つＡＩ言語、自然が発している自然言語、宇宙が発している宇宙言語、知識から生まれる知性（数式）言語、平等心から生ま

〈普遍言語〉　普遍言語とは「宇宙言語」や「自然言語」同様にすでに在るものである。しかし、それは必ずしも人間によって理解獲得されてはいない。そこに至るためには、学び修得していくという〈進化言語〉の側面を持つ。

〈進化言語〉　進化言語とは人間のレベルに合わせて進化していく言語である。

〈意識言語〉　意識言語とは意識全般を指す。

れる理性言語、真理に触れた叡智《えいち》言語、自己中心の自分言語などがある。ここにいう言語とは、〈言語を内在させている次元〉と理解して頂くとよい。それが必ずしも実際のことばとなって飛び出してくるわけではない。しかし明らかに、その情況との心の接触によって、その心の内側に伝えられる言語的概念（意志）を指すものである。これらを分類していくと次のようになる。

宇宙言語（叡智言語）――自然言語（叡智言語）――遺伝子言語

これらをただ一つに分類すると、〈普遍言語〉の代表格である『宇宙言語』に集約されるだろう。それは「宇宙意識」と置き換えることが出来るものである。物理学の「人間原理」に基づくあらゆる可能性がこの言語の中には含まれている。無限的広さと深さを持つこの言語に匹敵するのは『叡智言語』以外にはない。『叡智言語』は〈普遍言語〉であると同時に〈進化言語〉でもあり、宇宙へ旅立つ人類が『宇宙言語』を理解するためのツール的役割を果たすことになるだろう。『宇宙言語』や『自然言語』はすでに完成したものであり、常に人類の前に措定《そてい》されており進化を必要とする性質のものではない。一番厄介なのが、それらの一切の枠から外れ、単独で存在する『自分言語』である。これはあらゆる言語を無視し愚かな自分の都合だけを優先しようとする未分化の意識言語である。最も愚かな言語ということが出来る。

『宇宙言語』や『自然言語』は東洋では「タオ」と呼ばれてきた。この把握は皮肉なことに〈知性言語〉を身に付ければ付けるほどに遠ざかっていく傾向にある。

遺伝子言語

一方、人間自身を起点に捉えると『遺伝子言語』に支配されていることが分かる。それは生物進化の過程で人類が手に入れた能力という事が出来る。すなわちワトソン・クリックが発見した生命の遺伝情報がプログラムされた二重螺旋《らせん》構造状のものであり、アデニン（A）・チミン（T）・グアニン（G）・シトシン（C）の四種類の塩基配列の組み合わせによって、あらゆる生体機能を可能ならしめている生命の設計図から発せられる、指令に基づく広い意味の生体反応である。『宇宙言語』と矛盾するように聞こえるだろうが、矛盾することなくこの『遺伝子言語』の中に前記の全ての言語が有されている。

すなわち深淵にして最高の智慧を有する『叡智言語』も『宇宙言語』も『遺伝子言語』に潜在されていると考えなければ、脳の機能上の認識とそれに伴う言語は〈宇宙〉に対応できないことになる。それ故、知恵の進化と共に少しずつそれらは表面の意識へと顕われ出るものと考えられるのである。すなわち『遺伝子言語』の中にその他の言語が全て潜在しているということを意味する。ところがそうすると過去との矛盾が生じる。遺伝子とは過去の経験上に成立してきたと考えられるからだ。
　そこで定義されることは、ウイルスに代表される微生物の誕生時点で、その遺伝子の中にはすでに全宇宙の情報が刻まれていた、ということである。それは一個の素粒子の中に全宇宙の記録が有されているという物理学の理解と一致するものである。つまり、遺伝子は次に述べる〈機能言語〉と、より高い次元の知恵を獲得するための諸々の〈本能言語〉とを存在の当初より有していたと考えられるのである。図化すると次のようになる。

遺伝子言語

■機能言語（生体言語）…身体生理機能の働きから生じる単純な感性や、思考を伴わない感情となって顕われるところの何らかの器官意識。快・不快等の感覚器官からの条件反射的意識。そこに思考は有されないが、同時に宇宙言語、自然言語、叡智言語への触発器官としての機能も有する。

■本能言語（進化言語）…生存することを前提とした自己保全意識。それは捕食・被捕食回避・生殖・ヒエラルキー意識を生み出し、それらの生存効率を求めて更なる知恵を生み出していく。いずれ自然言語・宇宙言語・叡智言語を使えるまでに進化するだろう。

この『遺伝子言語』は、更に単純な弱い感情を伴った〈機能（生体）言語〉と強い感情を伴った〈本能（進化）言語〉とに分けられる。機能言語とは生理的なものである。もう一つの本能言語は人類の成長と共に進化していく言語である。通常、一般的な概念として、本能とは下等なものであって、進化していくものというふうには捉えられていない。しかし、筆者の分類の中では、本能こそが人間に知恵を与えてきたものと捉える。

その意味では、機能言語とは、生体を維持するためのものであり、生体に必要不可欠な基礎となるものであって、発達しても進化するものではない。ある種そこで完成されているものである。ただし、突然変異による機能の進化は有り得る。

一方の本能言語は、人類進化と必ずつながっていくもので、この本能言語の中で知恵が生じてきたのである。その知恵の積み重ねこそが数千万年にもわたる人類進化過程の中で生存を確かなるものとさせてきたのだ。更に知性を獲得し、これから先の未来にまた飛躍的な人類へと進化するのは、本能言語のなせるわざである。

機能言語（生体言語）

〈機能言語〉とは生体としての働きに関わる言語であり生命維持と関わるものである。臓器に痛みを感じた時に発する単純な「痛い」や「気分が悪い」や「不快感」や食事や性衝動等における「快

十二因縁（じゅうにいんねん） (1)
仏教の開祖釈尊が菩提樹下で悟ったといわれる真理。十二支縁起、十二縁起ともいう。人間の苦の発生原因とそれを滅する方法を説いたもの。

五蘊（ごうん、ごおん） (2)
五蘊　蘊（サンスクリット語でskandha　集積）。「色」身体、「受」感受する心作用、「想」認識対象から受ける表象作用、「行」意志などの心作用、「識」識別する作用のこと。仏教では、人間が「我」と捉えるものは、これらの構成要素の集まりにすぎず、五蘊無我であると説く。

感」という言語の類である。これは生理言語なのであって、そこには強い感情言語や思考言語が出てくることはなく、それ以前の機能としての反射的ことばが発せられるだけである。この機能言語から更に強い感情や思考が生じた時には、それらは本能言語に部類されることになる。

　ここはとても大事である。ここは、仏教の十二因縁とも、実は絡んでくる話でもあるのだ。すなわち、①無明（根本の無知）、②行（業・潜在的形成力）、③識（識別作用）、④名色（名は心、色は物質）、⑤六処（眼耳鼻舌身意の感覚器官）、⑥触（外界他者との接触）、⑦受（感受作用）、⑧愛（渇愛）、⑨取（強い執著）、⑩有（生存）、⑪生（誕生）、⑫老死、の中の⑥と⑦と大いに関係がある。⑦からは感情言語が作用し始めることになる。

　仏教を学んでいる人はお分かりのように、色受想行識という生命の構成因なる五蘊《ごうん》が、「私」というものを形作っている。「私」は偽りの存在である。因縁仮和合《いんねんけわごう》とも言う。五蘊が仮の和合を成して、この肉体を創り出している、あるいはこの感覚を創り出している、あるいはこの世界を創り出しているのである。そうして我々は自己を錯覚し、迷いの世界にいるというわけだ。そういう誤った感覚の中で、我々は生きているわけである。そういう中で、この機能言語（生体言語）というものが、いわゆる生体維持の機能としてそこに関わっているのである。

　我々の身体には神経がある。そのお陰で痛みがある。神経がない方が楽だから、取ってくれたらいいのにと、時々思うだろう。しかし、取ったら、自分が怪我していることに気付けないのだ。現実に、アメリカで痛みをまったく感じない男の子の話がある。その子は自分が痛みを感じないスーパーマンだと勘違いしてしまって、二階から飛び降りるなど次々とやって、骨を何ヵ所も折ってしまった。愚かな話だが、友達の前などで、僕は凄いだろう、こんなのを殴ったって痛くないんだ、と、コンクリを殴ってみせたり身体を傷つけていったのである。神経がまったく機能していない子どもだったのだ。これは実話である。そういう具合に、神経があると、痛みがある。そのお陰で生体を維持していけるわけだ。という具合に、痛みを感じるというのは機能言語であって、本能言語ではない。痛いと思った瞬間は、感情でも理性でもない。それらとは関係ない。感情は「痛っ!!」のあとに出てくる不満や不安や恐怖や怒りなどを指すのであって、「痛っ!!」の段階では未だ感情は出ていないのである。況《ま》してや知恵が生まれるのは、このずっとあとの反省や分析を行なった段階となる。このことは自己認識をする上において、とても重要であるから読者も追体験されることをお勧めする。

　同様に、何かを食べたりした時、「美味しい」と思うのは感情言語で、「美味しい」と思う直前の段階で、舌がうまいと感じる味覚だけがそこにある。単なる感覚だけが感情を抜きで感じられる。これが機能言語である。一方、その直後に生じる美味しいや不味いという思いが感情言語である。単に「痛い」とか単に「熱い」というものを感じ、ここに強い感情が伴わないものが機能言語であるのだ。それを感じて強い感情がそこに生じ「あっ不味い！　イヤだ！」と思ったら、本能言語に移行するのである。痛いとか辛いとか、そういうものが弱い感情しか伴わないで、単純に痛い、単純に痒い、単純に冷たい、単純に熱い、そういうものが単なる事実として、客観的事実として自分に感じられているものは、全て機能言語である。そこには強い感情が伴っていない。また、そこで何かを思考することもないのである。

オキシトシン　脳の下垂体後葉から分泌されるホルモンの一つ。出産時の子宮収縮、母乳分泌に関わるほか、近年、愛情・信頼などに関係し、性別年齢に関係なく触れ合うことで分泌されることが分かった。オキシトシンが分泌されると相手への信頼が増す、自閉症患者や虐待を経験した母親などではオキシトシンの血中濃度が低いという実験結果もある。

こういう形で〈機能言語〉が、我々をずっと支えているのである。機能言語は本来そういうものであると同時に、宇宙言語、自然言語、叡智言語への接触器官としての機能も持つのである。つまり、生体機能的には、皮膚に触れるか、口で食べるとか、耳で聞き、目で見るとか、身体に響くとか、そういう五官からくるものしか、人はいま感じ取れていないが、いずれは第六感的働きが機能するだろうということである。

また、臓器の働きというものも、我々の意思とは関係なく、不随意にそれらは機能しているわけだが、この機能言語として宇宙言語等に何らかの対応能力を持つのではないかというのである。宇宙を理解する上においてのその状況下に措《お》かれた時「何らかの能力」がそこに出てくるのではないか、ということを示唆しているのである。ただし、その隠れた機能が発動し現実の対応を見せる時には、〈機能言語〉から〈本能言語〉へと転移することになる。

その典型は脳である。脳の能力は未だその九割以上がまったく眠ったままと言われている。脳も本来は生体維持のための機能言語でしかない。一方、脳が思考や感情として働いたときに、本能言語としての作用を持ってくるというわけである。しかし、痛みから不安が生じたときや、不快感から攻撃的な感情が発露してくるときには、そこに高い次元の言語が発せられることはない。それは感情言語であって知性や理性言語ではない。しかし、そこから相手を効率よく攻撃しようなどと考え企んだとき、それは感情言語から知性言語へと進化したことになる。

また、親が赤ちゃんを目にすると、脳内ホルモンのオキシトシンが分泌し、精神を安定させ平和な心を作り出す。そうすることで、子孫の生存率を上げるよう遺伝子にプログラムされているのだ。赤ちゃんが出産後に産声を上げ肺呼吸を開始するのも、母親のおっぱいに吸い付くのも、全ては〈機能言語〉のなせるわざである。親が子に愛情を感じるのも、全ては機能的遺伝情報の指令に従っているにすぎない。何とも味気ない話であるが、一つの真実ではある。

本能言語（進化言語）

では〈本能言語〉とは何かというと、生命としての自己保全意識のことであり、無意識下における生存意識としての自己主張である威嚇や攻撃や従順や性衝動に伴う激しい感情や遊び（心身の回復と好奇心＝進化）、そして思考などを伴う、生き抜くことを目的と定められたところから発せられる思考言語である。中でも食糧の確保ほど重要なことはなく、これにまつわる言語は身体の全てを用いて発せられる。そこには、本能言語だけではなく機能言語も総動員して食糧の確保に〈全ての知恵〉が用いられる。要するに生きる、生き残るということが、生命の最も重要な課題であることを意味する。これらは自然原理の中で息づく作用であり、地球という大自然の一部をなすものと見なければならない。けっして自然から離れて生物が単に独立して存在しているわけではない。それらは常に一体のものとしての地球原理が支配しているのである。

生命にとって生存するとは闘う事であり、捕食することに他ならない。草食動物にとっては捕食者から逃げることがその生の決定的な存在行動という事にもなる。そこに発達する言語は、捕

テレパシー　言語、表情、身振りなどを介さず、ある人の気持ちや考えが遠隔地にいる他の人に伝わる超常現象。C・Gユングは、このメカニズムを「同時同調性（シンクロニシティ＝共時性）」と呼び、物理的時間・空間の制約を超えた超越的な次元が存在し、その次元を通じて起こると考えた。

食者を警戒するためのあらゆるものである。声・しぐさ・威嚇・嗅覚・場の意識・避難行動・仲間同士だけに通じるある種のテレパシー、そして、気候の予測能力、それらの言語が生き抜くための知恵として身に付きその身を守り抜こうとするのである。生物学者のドーキンス的にうがった見方をすれば利己的遺伝子が生き残りのために生体を用いて闘わせているという事にもなる。それら〈本能言語〉は生物が生きる上で重要な〈知恵〉を生み出していくことになる。動物的言語としての身体言語や視線言語や自他から発せられる音言語やある種の直感や感性といった感受・感性言語は知恵を生み出すための重要な要因として作用しているという事が出来る。

こういう形で、本能言語というのがあって、そこからは、生き延びていくための諸々の次元言語が出現してくることになる。

「次元」という言葉をなぜ使うかというと、例えば、猿人の時の言語と、今の現代人の言語は当然その内容（知的）レベルが違うからだ。それは次元が違うのである。だから仮に、人間同士が同じ言語を用いたとしても同じ次元の中の言語と捉えるべきではない。だから人と人は理解し合うことが不可能なのである。そういう意味で、言語次元というものを分類する形でこのような言葉を用いるのである。

我々は遺伝子無くして存在しない。だが、それだけだろうか。我々は単なる生物ロボットなのだろうか。どう考えてもそれだけで片付けられる存在ではない。感情を持ったロボットとは明らかに我々は違うものだ。何が、と言えば、感情を身に付けた部分も含めたロボット部分以外である。それこそが〈言語〉であるのだ。チンパンジーと人間のゲノムの違いは一・二三％のみと言われている。要するに違いの一・二三％だけがチンパンジーから人間を異なるものへと進化させたのである。九九％が同じだからと言って、人類をチンパンジーと同一とは見なさない。それと同じで人間と〈機能言語型〉の進化を果たしたＡＩロボットとの違いこそが〈本能言語型〉の進化を遂げてきた人類との決定的差という事が出来る。そこにこそ、自己複製としての〈意志〉の関与が見出されるのではないだろうか。

つまり、遺伝情報すらも人類は進化過程の中で組み替え、更に突然変異という偶然性という必然的運までをも味方につけてきたと言えるだろう。かくして現在に至る人類が存続している。初期の子孫保護のための愛情やその周辺の感情は、すでに克服されてきていると思われる。そうでなければ崇高な博愛といった感情や知性は生じ得ない。

人を観察していると母子間における遺伝的愛情とは別に、より崇高な博愛や慈悲といったより高度な進化を指し示すものが〈本能言語〉として有されていると考えられる。ただし、博愛や慈悲を〈感情〉に部類することは間違いである。これらは初一念においては感情から発せられたものでも、これに〈知性〉が加わり、更に〈理性〉が加わって現われたものである。すなわち『叡智言語』に他ならない。将に進化する本能言語の姿である。

ここに言う本能とは従来言われている概念とは少々異なることを改めて断っておきたい。ここでいう本能とは「進化していく知性」のことを指しているのである。

ゲノム　その種が正常に生き続けていくために必要な遺伝子を含む一組の染色体。ヒトのゲノムは約三十億塩基対のＤＮＡからなる。ヒトゲノムの全塩基配列の解読は二〇〇三年、ＤＮＡの二重らせん構造の発見（一九五三年）から五十年目に完了した。

ティラノサウルス（Tレックス）
北米の白亜紀後期、約七五〇〇万年～六五五〇万年前の地層から発見された肉食恐竜。二脚歩行で体長約十五メートル、体重約七トンと推定される。鋭い歯やたくましい尾を強力な武器とした地上最強の恐竜といわれる。

恐怖言語

こういった生物の進化過程の中で発生してくる〈生物言語〉を無視して今日の霊長類としての人類の言葉を構築することは出来ない。また生物言語にとって絶対に外すことが出来ないのが、〈恐怖言語〉である。あらゆる動物がこの恐怖心の上に生を営んでいることを我々は知る必要がある。特に捕食される側の動物の緊張感はすさまじいものがある。如何に食べられないか、ということが、非常に大きく知恵を発達させていくことになるからだ。さらには、現代の我々という立場に立つと、いわゆる捕食されるということはもうない。厳密に言うと、まだ百年ぐらい前までは、ニューギニアの辺りに、人食いの習慣があった。最後に食べていた時代からいうと、まだ百年経っていないかも知れない。だから、人類にはつい最近まで、隣村の奴を殺したら食うという習慣があったということである。中国においても、孔子時代（春秋時代　紀元前五〇〇年頃）は敵兵の肉を塩漬けの醢《ひしお》にして食べていたものだ。中国は何でも食べる。そういう文化があった。

しかしながら、今現在の我々における捕食というのは、そういうことではなく、ウイルスとの戦いや人と人とにおける戦いということに置き換えることが出来る。タイプ別的に言うならば、支配本能優位型や闘争本能優位型の人がティラノサウルスみたいな捕食者で、それ以外の人たちは、やられる側の草食動物、草食恐竜みたいなものである。この世界にはそういう食うか食われるかの戦いが存在する。そういう意味で、この恐怖言語が更に発達して、いかにそれから逃げるか、或いはそれに打ち克つか、という意識が生じ訓練されていくことで、さらなる知恵を身に付けることになるわけである。人類の歴史の中で、それらが醸成され、更に知性がそこに生じて、その中に科学としての更なる知恵が生まれてくることになった。

動物の世界において襲われた瞬間の彼らの必死さと、生きたまま食べられ始めるときの恐怖の叫び声と何とも哀れな悲鳴は、目の前で耳目した者には強烈な印象として記憶される。それは人間が獣に捕食された時の反応とほとんど何も変わらない。そこには恐怖言語が有されている。この言語は実際に捕食されるまでは潜在しているだけで、その瞬間に過去から呼び覚まされたかのように現実の言葉として発せられるのである。研究者やキリスト教徒などは動物に意志や感情はない、と当たり前のような顔をして言うが、それは誤りである。動物にも明らかな感情がある。意志も有される。捕食者に捕えられた時の彼らの恐怖と悲哀を、筆者はケニアのマサイマラで肌身をもって体験し認識している。

それは「イヤだ！」「助けて！」という言語表現でもある。時に、その声を聴いた勇気ある仲間が猛獣へと立ち向かって追い払い仲間を助け出すことがある。つい先ほどまで死を覚悟し、生を諦めて、食われる痛みさえ麻痺させていた被捕食者はその時再びと勇気を奮い起こし立ち上がるのである。そこには、人とは違う明らかな言語が作用している。

何であれ、この〈恐怖言語〉は人類においては威嚇や逃避や新たな思考といった知恵と複雑な心理を作り上げる材料として大いに役立つことになる。一方、悪く作用した場合には、この恐怖言語が殺人などの途方もない行動へと導いたり、だますなどの悪事をなす原因になったりもする。

そこには、常に恐怖のことばがその心理に働きかけ人格を形成させるに至るのである。それはさらに、他者への威圧的な〈強制言語〉を作り上げるようになり、働きかけるのである。そこに善悪なるものはなく、有るのは〈自己保全言語〉である。本能言語の分岐言語として、そこには常に新たな〈知恵〉が生じ展開されていく。その〈知恵〉には善も悪もなく、単に善や悪に用いられるのである。それ故に、それはさらなる進化を見せるのである。

その知恵は自然言語の中に見出すことにもなる。

自然言語と宇宙言語

知恵を内在させる〈自然言語〉

〈自然言語〉には〈生物言語〉とは違うある種の絶対観がつきまとう。圧倒的な存在としての言語である。人の言語とは異質の、それでいてどこか同化する言語がそこには有されている。この地球上、動物の中で人が最も優れたものであるとしても、この自然言語を使うことは困難である。この点においてはるかに動物は人に秀でている。自然は常に生命も含めた全存在に向けて「存在する力」を与え続けている。それは諸々のエネルギーである。天であり大地であり空気であり水であり大海原である。それらは何らかの言語をもって繋《つな》がり調和し続けようとする。量子的な相関性と相補性とがそこには有される。そこには知恵が有されているが、それを我々はまだ読み取ることが出来ない。

自然（言語）は、宇宙言語とほとんど同義にはなっていくが、この地球上に於ける自然言語という意味で使われている。宇宙言語になると、もっと圧倒的に強力と言おうか、広大な言語がそこに出現するので、違うのだが、ただ基本的なものの考え方としては、自然言語と宇宙言語は同質のものである。つまり、我々人類にとってだけではなく、あらゆる生命、或いは生物だけではなく、あらゆる無機物に対しても、自然というものは常に何らかの言語を発しているわけである。自然原理という言語がそこに働いていて、それを何らかの形で我々は受け止めているのだ。

例えば、四季が移り変わる。その四季も一つの言語としてそこに存在し得る。我々は四季を認識する。認識というのも、言語の産物にすぎないのである。そうやって四季というものを我々は言語化して、春夏秋冬という言葉に変えていく。こういう具合に、四季ぐらいなら簡単に理解できるにしても、自然というものは、もっと本質的なことを、人間だけでなく、全生命に伝えているわけだ。単純化すると、厳しさと優しさとがそこに伝えられている。

ところが、現代人はこの厳しさの方をどんどん忘れていってしまっている。何故かというと、デカルト以降と言おうか、あるいは自然の支配を唱えたヘーゲルの思想が影響したと言おうか、特に西洋人はそうであるのだが、自然というものを克服する、自然を人間の支配下に置くというのが、西洋の近代思想であったからである。日本人は、そういった意味では自然の中に溶け込んでいくという思想の持ち主であるから、自然との対立構造には基本的にはない。

しかし、自然というものが常に人間だけではなく生命に危機を与えてきたということは事実である。温暖な冬のエリアに、極めて厳しいシベリアのような寒さが襲った時には、生物の多くが

ヘーゲル
Georg Wilhelm Friedrich Hegel（一七七〇～一八三一年）ドイツの哲学者。自然・歴史・精神の全世界を常に運動・変化する発展の過程としてとらえ、これを絶対精神の弁証法的発展とみなした。ドイツ観念論の完成者。主著『精神現象学』（一八〇七）他。

凍死していく。人類はまあ耐えるにしても、人類の中でもいわゆるホームレスの人たちはそこで死んでいくことになる。森の中の小動物や鳥たちがそういう厳冬を越すことはほとんど不可能だ。そういう具合に、自然は厳しさを持っている。しかし同時に、自然は生命に豊かな環境と食べ物を与えて養ってきた。

そういう厳しさと優しさを伝える言語が自然の中にはある。昔、フィトンチッドなどと言って、森林浴ということがよく言われたが、そういう命を与えていくような作用を自然は常に持っているものだ。自然の中から、酸素を含めていろいろなものが生成されて、人を支えている。二酸化炭素を吸収しているのも森であるのだ。何と言っても我々が食物を獲得するためには、この大地の恵みがなければならない。そこには常に何らかの信号すなわち言語が発せられているのである。そういう自然言語というものが、常に人類を含めた一切の生命とあらゆる存在に作用しているのである。

〈言語〉という言葉が付くと、たぶん最初のうちはとても不自然に感じるだろう。この言語ということばを何故ここに使っているかというと、全てのものが言語として実際に機能しているからである。ただその言語は、人間の言葉のようになって出てくるわけではない。しかし、例えば、どうして私が言いたいことをあなたは理解できないのか、ということがあるだろう。この相手の人は極度の鈍感だから、いくら説明してもこちらの気持ちがまったく理解できないのだ。必ずしも頭が悪いわけではない。単に「気持ち」に関して鈍感なのだ。それと同じことなのである。自然言語というものは、常に我々に向かって言葉を発しているのだが、それを我々が理解できない

フィトンチッド　樹木から放出される揮発性の物質。芳香と殺菌性があり、森林浴の効用として認められている。旧ソ連の生態学者B・トーキンが発見した。

のである。理解できないために、我々はそこに何らかの知恵を働かせて、少しでも理解しようとはしているのが科学的アプローチである。

マネー言語と天災

これはガイアの思想でよく言われることであるが、例えばいま、アマゾンの森林は、その七割を失っている。とんでもない量の森林を失っており、それは明らかな自然破壊なのである。そこからは暖かい自然言語は失われていき、厳しい自然言語だけが発せられるようになる。人類が大量に発生させる二酸化炭素等を吸収する能力が低下し、酸素も作れなくなる。さらには、オゾンが作られなくなるといったことに繋がっていく。このオゾンが地球表面にオゾン層を作り太陽の紫外線等から生命を守っていることはよく知られている。これらが作られなくなっているのである。オゾンホールに代表される地球的危機は、多くの自然言語によって人類に訴えているけれども、人類がその深刻な声に耳を傾けるのはごくわずかである。人類にとっては自然が発する言語よりもマネーが発する言語の方が魅力的で、人々はそのことばには敏感に反応し、読み取る高い能力を有するのである。そのような世界に生きる人たちは〈マネー言語〉に支配されているのだ。この種の人たちの自然言語を理解する能力は無いに等しい。

自然は当然のことながら、これ以上我々を壊すなと言っているはずである。しかし、それが聞

ガイア　地球の意。地球全体を一つの生命体と考えるガイア仮説（英国の科学者J・E・ラブロックが提唱）による語。地球上において、大気や地殻、海などの自然環境と、動植物などの生物が相互に影響し合うことで、地球が一つの大きな生命体のように活動しているとする。

こえてくる人と聞こえてこない人がいるのだ。大方の人たちは、自然を壊すなという声よりも、マネーがあるぞ、もっと稼げるぞ、という声の方を耳にするのである。そして、人々は経済活動の方を重要視し、しかも、その経済活動も、いかに自分の手を汚さないか、働かないでいかに楽に儲けるかということばかりを考え始めるのだ。その典型が株式投資などのマネーゲームである。そういう欲に支配された言語ほど逞しく発達し、人類を支配していく。マネー言語が人々の心を収攬《しゅうらん》し、世界を蹂躙《じゅうりん》し続けるようなら、どこかの時点で人類は地球から致命的なしっぺ返しを受けることになるだろう。

実に自然言語はそういう欲を刺激する言葉を発する能力を持たない。そのために失われていく自然がそこにある。河川や海洋の汚染などというものは、その典型である。人間は気にせずどんどん汚染していくが、河川は当然のことながら、やめてくれと言っているのである。それが為政者にも大衆にも聞こえない。

もしこのまま自然破壊が続けば、自然言語は最後に怒りを発して、人類を滅ぼす方向へ向かうことになるだろう。それは、最初は天候の異変を起こしてくる。人類史的にはこれには必ず飢饉がついてまわった。現在の地球は、もう何十年と天候異常が続いている。次は地殻変動の類である。その典型は地震である。その次は伝染病によるパンデミックである。これは、人間が自然の基本的な言語というものを無視して、自分の都合のいいように（最終的には都合が悪いのだが）、目の前の欲に駆られて、自然を崩壊し続けているからである。自然言語というものを理解しないままに、〈人間言語〉だけでこの地球を支配しようとしているために、大きな災害が生じている

パンデミック　感染症の全国的・世界的な大流行。十四世紀ヨーロッパのペスト（黒死病）、十九世紀のコレラ、第一次世界大戦中の一九一八年に猛威を振るったスペインかぜや一九六八年の香港かぜなどのインフルエンザ大流行、などがある。二〇二〇年三月、ＷＨＯは新型コロナウイルスのパンデミックを宣言した。

〈人間言語〉　人間言語とは、人間だけにしか通用しない言語。他の生命との共通性がない。

というのがこの現実であるのだ。人類以外の言語が自然の中にはあることを我々はより強く認識する必要がある。

この後、〈知性言語〉が出てくるから、その時に語る話ではあるが、そういう自然というものを人間の言語にしようとしたときに、知性言語というものが、さらに言うと、〈数式言語〉というものが現われて自然を数値化していくことになる。オゾン層の破壊といったものも、ある種の数値化の一つである。南極の上にオゾンホールが出来て、映像としてそれを捉えたというのは一つの数値化である。そういう言語へとつながっていくことになる。

生物が教えること

だから、〈自然言語〉が理解できる人たちが、もっと増える教育システムを確立しなくてはならない。動物は自然言語を感じ取る。だから、そこで直観的に自分の命を守る方向に動くわけだ。よく言われることは、大きな地震が来る何日か前から、動物や虫たちが一斉に動き出したなんていう話がよくある。筆者の幼少の時の体験の話をすると、大嵐が来る数日前、三日ぐらい前か、早いとそれ以上かも知れないが、普段見たことがない、地面の中にしかいない虫が出てくる。そして、家の中に大量に入り込んでくるのだ。普段は一匹も見かけることのない虫が、玄関などに何千匹と入ってくる。それはもう、唖然とする。年々慣れてきて、「ああ、嵐が来る」と分かるようになる。すると、その二、三日後に嵐がやってくる。

これは自然言語の一つである。そういうことが常にあるわけだ。それは、磁場の変化としても現われているという。これは〈知性言語〉の中に入ってくるが、磁場などというものは、数式言語であると同時に、数式言語が捉えた〈自然言語〉である。何百キロも離れた所から伝書バトが方角を間違えずに自宅に戻る能力などもこれに入る。我々が低気圧を体調不良で知るのも能力の一つである。その意味では、自然言語の一部は〈機能言語〉で表現されるものでもある。大地震などがある時には、そういう自然の動きで読み取ることが出来る。その行動というものも一つの言語であるのだ。

筆者の祖父は、そういう能力が高い人であった。母から聞いた話である。旱魃《かんばつ》が続いていた時の話だ。皆、百姓だから、雨がずっと降らなくて大変に困っていた。もうそろそろ田植えの時期なのに、雨が降らんから出来ない、どうしようと皆が言っている時に、うちの爺さんは、「田植えの準備を始めるぞ」と言い出したという。隣近所の人は「あんた、何を馬鹿なこと言っているんだ、こんな日照りが続く中で、そんなことやったらもっと田畑が荒れてしまうぞ」と大反対したらしい。ところが爺さんは平然として「いやいや、そんなことはない、カラスが雨が降ると言っている！」と。皆ポカンとするだけだったという。誰も聞く耳を持たなかったが、うちの爺さんがそうやって準備をすると、し終わったところで、バーッと雨が降ってきて皆仰天したという。これは、筆者の祖父が、自然言語にある程度通じていたからである。

筆者も少年の頃までは動物や鳥やカエルなどと極めて単純な言語の範疇なら会話することが出

来た。何となく分かるものなのであり、またこちらからの心も通じるものである。詰め込み教育で育った人たちには信じ難い話だろうが、ムツゴロウさんやさかなクンたちだけはこの文章を理解してくれるだろう。それはある種の気なのだろう。ただ、ベースとなったのは彼らの声を真似ることであった。それには明らかな言語体系があった。最重要なことばは危険とエサと快と不快と求愛だった。その中から彼らの〝気持ち〟が理解できるようになったものだ。

自然言語に対応する機能言語

また、若い時、筆者は誰も行かないルートでよく山に登ったのであるが、その時初めて行く山でも、詳しい地図は持ったことがなかった。大雑把な地図で基本の位置を確認したら、どんなにくねくね曲がりくねっている道でもけもの道でも、一度もその方向を間違えたことがなく、目的地に辿り着くことが出来た。矢印など無いけもの道で右か左か迷う時も、決定的なミスをしたことは一度もなかった。それは自分でも驚くほどの自信であった。何故か分からないが、全ての勘が大きく外れたことはなかった。

それは、筆者が小学生の低学年の頃から、ただ一人で道もない山の中を探索した経験から、脳に形成された能力だと思われた。その中には、自然の呼吸を読み取る能力や、その呼吸と一つとなる能力とがあった。自然は自分の一部となり自分は自然の一部であった。そこには常に自然言語があった。自然の声が感じられていたものだ。登山を愛する人にならば、このことばはきっと理解されることだろう。このように、自然言語は生きたことばとして我々の機能言語を介して関与し続けているのだ。

そういえば、こんなこともあった。五十キロもある重いザックを背負って登っているときというのは、休憩するときに座る場所がよく見えない。そんな状態であの恐ろしい毒ヘビのマムシの横にドンと座ったことがあった。ふと見ると、凶暴なマムシがとぐろを巻いて十センチと離れていない所にいたのである。ところが、そのマムシはまったく攻撃してこなかった。似たような体験は何回とあって実に不思議だった。少年の頃にマムシの恐ろしさはよく知っていただけに、ある種の感動を覚えたものである。そこには、マムシとの間に自然言語が介在していたのだと思う。

しかし、都会生活が長くなり、いまやすっかりその種の能力が失われたのは悔やまれるばかりだ。自然の中で生きられない愚かな人間の一人になってしまった。

自然はそうやって人間に教えているのだ。だが、我々は知性言語を身に付けることによって、自然言語を失っていくのである。そういう関係にある。つまりは、知性言語というのは自然言語、あるいは、後々の宇宙言語というものと対立する可能性があって、その時には未来の人間は絶滅へと向かう可能性があるということである。だから、自然言語に対立しない知性言語を身に付けなければならないのだ。

何故ならば、人類は将来宇宙へと向かっていく。まだ、我々の時代ではないが、その時には、自然言語のさらに先の宇宙言語というものを把握できる人間でなければ、宇宙との対応が出来ない。ただ、それを知性言語というものがカバーすることにはなる。つまり、宇宙物理学というものがそれをカバーしていくことにはなるけれども、直観的な判断、一瞬にして判断して回避しなければいけないという時に、その時には量子コンピュータ以上のすごいコンピュータが出来ているだろうから、コンピュータが対応するとは思うが、それでも間に合わない時には、人間の直観というものが最も重要視されてくる。こういう時のための言語として、我々人類は、この自然言語というものをきちんと理解できなければならないのである。

ただ〈数式言語〉は自然の分析を行ない、ついには宇宙の形までもを解き明かすだけの知恵を身につけ発展し続けている。これは知性言語というものである。後で説明するが、それは逆説的には数式言語でなくては自然を理解できない人たちがいることを意味している。自然言語を直観的に理解する者たちにこの数式はまったく必要とされない。とは言え、ロケットを飛ばすためには数式言語なくしてはあり得ない。さらに、〈数式言語〉は目に見えない観念的世界までをも数式という形をもって説明する。極めて知的な言語の一つである。いずれは、さらに進化して〈宇宙言語的解明〉を導くことになるだろう。もっともその時には、我々人類はＡＩに取って代わられているかも知れない。宇宙言語を使いこなすにはＡＩは最適であるからだ。

宇宙言語

『宇宙言語』とは自然言語の先に位置するもので、多次元な世界を感受する、より敏感にして力強い知恵のことである。それは勇気や深い洞察や大胆さや超然とした覚悟が有されたものである。宇宙時代においては数式言語もこの中に組み込まれることになる。未来の人類が、身に付けなければ生き残れない必須の能力である。

〈数式言語〉とは、生体における機能に相当するものである。身体としての機能が働かなくては生存そのものが維持できない。それと同様に宇宙フロンティアにおいては科学としての数式言語が生命維持の役割を果たすことになる。これはさらに『叡智言語』との融合も果たすことになるだろうが、ＡＩロボットがそれをどこまで身に付けることが出来るかが、人類未来の大きな分岐点となる。基本的には彼らと『叡智言語』の融合は考えにくいが、絶対にあり得ないとは言えない。もし可能なレベルに達した時には、そのＡＩはもはやロボットではなく、有機体として存在し子孫を残す新人類へと進化している可能性がある。現人類はその前に彼らに滅ぼされているかも知れない。

どの段階であれ、そこには新たな知恵が生まれ、それが次なる言語を生み出し知性は進化していく。それは文明と置き換えることも出来よう。と言ってドーキンスのミーム論までを持ち出す必要はない。あれは明らかな間違いである。しかし、〈社会言語〉や〈文明言語〉という概念が用

ミーム（meme） イギリスの生物学者ドーキンスが著書『利己的な遺伝子』の中で提唱した概念で、遺伝子 gene とギリシャ語で模倣の意の mimeme の合成語。遺伝子の対概念で、生物の遺伝子のように人間社会の習慣や文化も伝えられていくとした。

いられることは、間違いではない。〈自然言語〉が大宇宙の大法則の中から生じてきたのに対し、人類のそれはいかにも人工的で存在感に乏しいのであるが、個としての存在を離れた集団としての言語形態は存在する。それは時に、時代とか流行とか狂気熱狂などとして言葉を発してきた。

現代では人の動きに伴うビッグデータが監視され、そこに生ずるエネルギーが解析されるまでになっている。二〇〇一年九月十一日、アメリカで起こった同時テロの被害はすさまじくアメリカ人は子どものように泣き叫び、同時に強い連帯感に結ばれていた。当時アメリカに住んでいた筆者にも彼らの衝撃はひしひしと伝わってきた。この時のこの地域の地球エネルギー量が通常より明らかに増大したことが報告されている。そのようなエネルギーとは人の心に他ならない。その心情がエネルギーとして放出されたという事である。それらはエネルギーであると同時に瞬間の〈言語〉が発せられたことを意味する。このように、あらゆるものが〈言語〉として作用していることを知る必要がある。

ビッグデータ　情報通信技術（ICT）の進歩によってインターネット上で収集・分析可能になった膨大で複雑なデータ。パソコンやスマートフォンを通じて個人が発するもの（位置情報や行動履歴、ネットやテレビの視聴・消費行動等々）で、社会やビジネスの予測、病気予防、犯罪対策などに活用できる一方、個人情報保護の問題もある。

感情と知性と理性言語

感情言語

さて、我々が通常、言語というときには「思考」を意味させているのだが、そこには〈本能言語〉が用いられているもので、常に「感情」と「知性」と「理性」とが関わることになる。

「感情」とは、一般に本能と言われるものを基礎に湧き出てくるものであるが、だがそれだけではない。感情には、実に豊かな感性や愛情といった崇高なものが含まれる。芸術も〈感性言語〉とこの〈感情（感受）言語〉の現われとして文明において高い価値が与えられてきた。従来、感情は理性の下に位置付けされてきたが、果たしてそうだろうか。近年動物行動学が多くを解明し、脳生理学がホルモン物質の分析を進めたことで、母親の子どもへの愛情も遺伝子に組み込まれただけのロボット的行動にすぎないことを明らかにし、この行動が本能というよりは〈機能言語〉

動物行動学　ヒトを含む動物の行動を研究する生物学の一分野。エソロジー（ethology）ともいう。生理学・心理学・遺伝学など、さまざまな方法論を用いて動物の行動を研究し、行動の総合的理解をめざす。

ジグムント・フロイト
Sigmund Freud
（一八五六～一九三九年）オーストリアの精神科医。精神分析の創始者。ヒステリー症の治療法の研究から、無意識の存在を確信し、治療法および深層心理学である精神分析を確立。著書に『夢判断』『精神分析入門』など。

に属するのではないかと考えられてきている。

もしあなたが母親なら、子育ての時の自分の愛情は果たして自分が新たに作り出したものなのか、あるいは遺伝子の情報にすぎなかったのか、考えてみてはどうだろう。自分の愛情が、全てロボットとしてのものだったとしたら、こんな虚しく悲しいことはないだろう。しかし、現代科学はそのことをほとんど証明してしまっているのである。その研究者たちの中には、人間をロボットとしてしか見ていない者すらいる。

この感情というものも、通常低いものとして見られてきた。本能とか感情とかという言葉は、悪い言葉のように一般に思われている。だが、斯書の中では、本能にしても感情にしても、実はとても有用なものだということを説いている。それらというものが、より洗練されていくことによって、より高い次元言語を生み出していくということを語っているのである。

感情といっても様々ある。ヒステリーはいただけないが、穏やかな哀しみや喜びや意欲や不安や怒りなどなどを一概に低いものと決めつけることは出来ない。何故なら、それらの大半の感情は必ずその背景となる何らかの原理を持っているからである。ただやみくもに出現しているわけではない。

ただし、フロイトが言う単なる個人的トラウマの類ではなく、もっと根源的な発源の場があるはずである。ユングはそれを集合無意識や「元型」と呼んでいるが、将にそのようなものとして感情も本能も位置付けされるのである。そして、それは決して善悪の基準が入り込むことは出来ないものだ。それらが善悪で語られる場合は、これこそがフロイトが言う何らかのトラウマが原

トラウマ　恐怖・ショック・異常経験などによる精神的な傷。心的外傷。それ以後の行動に、強い制限や影響を及ぼすもの。それによるストレスが心身に引き起こす障害を心的外傷後ストレス障害（ＰＴＳＤ）ともいう。

集合的無意識と元型　ユングは無意識を「個人的無意識」と「集合的無意識または普遍的無意識」に分けて考えた。前者は個人の意識内容が忘却されたり意識によって抑圧されたもの。集合的無意識はさらに深く人類に共通の普遍的な層とした。集合的無意識は「元型（アーキタイプ）」によって形作られており、夢や神話、外界への投影という形で象徴として現われる。元型は、シャドウ（未発達の意識）、アニマ（女性的側面）、アニムス（男性的側面）、自己、太母、老賢人、ペルソナ（仮面）など。

因するものであり、それに誘発された衝動こそが善悪の行動と呼ばれるものとなるのだ。激しい怒りや嫉妬などは将にその典型である。

つまり、そのトラウマの基となる悪感情や本能とは別に、それらはより根源的言語として存在するのである。それは決して知性にも劣らないものを内在させているのだ。しかし、この根源的感情言語が善用されるのは愛情表現や芸術性などで見られるのが一般的で、通常は怒りなど激しい何らかの囚われのことばとして感情言語は発せられることが多い。その場合には「知性」や「理性」の下に位置付けられることになる。だがそれらの根源性は〈遺伝子言語〉の中に全てが蔵されていることも理解しておかなくてはならない。つまり感情言語の本質は、決して知性言語に劣るものではなく、自然言語とも通じるものであることを意味しているのである。

知識に基づく〈知性言語〉

次に「知性」についてだが、すでに多くを述べているように、これはいわゆる〈思考言語〉である。その最たるものは数式であろう。一般には多くの知識とセットで語られるものであり、教養とも同義語として用いられている。学問の場で特に用いられるものでもある。要するに知識依存型の言語である。数学者や理論物理学者は中でも数式を金科玉条が如くに扱い重んじるのであるが、自然原理の探求という意味においてそれらが必須のものであり優れた知性が関与していることは確かである。だが、それ以上ではない。数式も単なる道具《ツール》にすぎない。もちろん知的道具であることには間違いない。

家を建てるのに設計図をはじめ、のこぎりや鉋や金槌が必需品なのと等価である事に気付かなければならない。共に、目的の構築のための必須アイテムというにすぎない。優れた設計デザインから美しい建築が現われるように、美しい数式からは構築された宇宙の真実の法則が現われるのである。だが、この論理的〈思考言語〉には致命的な欠陥がある。それは依拠するところの論理が常に『自分言語』の領域から抜け出せない傾向にあることである。その「自分言語」が〈叡智言語〉や〈理性言語〉を獲得していればよいのだが、そうでない場合は狭い科学性や常識や決まり事に支配され、そこから抜け出せないばかりか、それに対立する他者を攻撃する性質を有することになる。斯書で取り上げている唯物論的還元主義者などは将にこの言語世界にいる人たちである。

近年、物理学者や生物学者や脳生理学者らを中心に科学という〈知性言語〉の優位性が声高に叫ばれるようになり、生命を単なる偶然の産物として片付けるに至っている。ノーベル物理学賞受賞のスティーブン・ワインバーグは「宇宙について我々の科学的な理解が進むほど、宇宙はますます無意味なものに見え、人類は遠く最初（ビッグバン）の三分間にまで遡る一連の偶然的出来事の滑稽な産物（にすぎない）」と言い切る。彼に同調する学者は多い。この発言には将に唯物論的還元主義による精神の黄昏を見る思いである。実に深みに欠けた言葉である。これがノー

スティーブン・ワインバーグ
Steven Weinberg
（一九三三年〜）アメリカの物理学者。一九六七年、ゲージ場理論の立場から電磁相互作用と弱い相互作用を統一する、ワインバーグ＝サラムの理論を定式化。一九七九年、サラム、S・Lグラショーとともにノーベル物理学賞を受賞。

ベル賞学者だと思えばその落胆は一層大きい。

ノーベル賞学者の発言だからといって盲従するような態度は取るべきでない。斯書のテーマはいくつかあるのだが、メインテーマの一つは、この世の中を知性言語が支配しているということに対するアンチテーゼである。知性言語中心の、いわゆる学者や評論家たちが世の中を席捲し、自分たちが言っていることが正義で、正しいもので、真理であって、それに反するものは全て間違いだと主張していることに対して、それが謬《あやま》りであることを開示しているのである。

知性言語を語る人たちの次元は、決して一番高いところにないということを語っているのだ。世の中で最も賢い人、最も正しいことを言う人として、学者が権威者としてテレビや雑誌に常に出てくるのだが、その価値基準に対してノーと言っているのだ。つまり、知性言語は、いわゆる知性としては大変素晴らしいが、それはこの後に出てくる叡智という最も優れた智慧を身に付けているわけではないのだということを言っているのである。

それは将に二〇二〇年の武漢コロナのパンデミックにおける専門家たちの無能ぶりを通して明らかとなった。まざまざと証明されたのである。発生当時三月時点で筆者が納得できた専門家はただ一人、医療ガバナンス研究所の上昌広氏だけであった。それ以外の発言は余りに正鵠を外していた。

〈知性言語〉は、知識優位型のタイプに最も多く形成されている傾向にある。知識優位型の人たちは、自然言語を感覚として捉える能力が非常に低いため、さらに知識へと埋没する傾向にある。しかしながら、それを言語化していく時、数値化していく能力は一番あるわけである。非常に優れたものがある。そのために、数値化していくことによって、ある程度のことを理解していくことになる。それがいまの自然科学や物理科学になっているのだ。それは本当に素晴らしいのだが、しかしそれは常に狭い範囲の認識であって、狭い範囲の言語でしかないということを、ここで指摘しておきたい。学者村や学者ことば、などというのは将にそのことを揶揄《やゆ》した表現である。まだまだ狭い了見で無限の宇宙を語ってはいけないと言っているのである。全ての次元宇宙を知性言語あるいは数式言語だけで語り尽くしてはならない。それは一分野を語っているにすぎないのであって、狭い世界の数式で全分野を語るものであってはならない。

しかし、人類が、宇宙フロンティアに突入した時には、この宇宙言語をある程度駆使することが出来なければ、宇宙の中で必ず死に絶えることになる。いろんなアクシデントが起きて、それに対応できなくなる。宇宙言語を理解すると言うか、使いこなすという意味では、ＡＩの登場は必至である。コンピュータといっても良いが、そのコンピュータによって、それらはかなりのところまで回避できるようになる。人間に代わって、宇宙言語を理解するものとして、そこに登場する。それによって決定的に人類は救われていくことになるだろう。しかし、人類が宇宙言語そのものを感受するだけの能力を持つべきだということを、同時にここでは語っているのである。それをやらなければ、我々は人間としての進化、新たな生物進化を生じさせることがないと考えるからである。

知識優先型の進化は、必ず失敗する。しかし、その知識というものが、極めて冷静に進化をし続けて行くならば、即ち自然言語とか宇宙言語というものを謙虚に受け止めて、知性で理解する

多次元宇宙論　第五章「マルチバース次元の不思議」で詳述。

のではなく、それ以上のもので理解する必要があるのだということを科学者たちが理解できるところまで行けば、その気持ちを以て知性というものを働かせる、数式というものを用いる、というようにやれば、いまの狭い数式言語から、より深みのある、より広がりのある数式言語へと発展していくだろうということである。

現在、物理学では多次元宇宙論というものが出て来ているわけだが、この我々の宇宙だけではなく、他の宇宙があるということが、いまや物理学の、ほとんど定説になっている。こんな話は、十年か前までは、皆、馬鹿にしていたものだ。科学者はそんなことを言う人間のことを、ただの無知蒙昧と言ったものだ。お前は科学的な知見がないから、そんな馬鹿なことが平気で言える、無知な奴だと馬鹿にされたのである。ところが、いまやこの多次元宇宙はもう常識となってしまっている。理論物理学をやる人間にとっては、違う宇宙が存在するということを認めない人こそ、無知と言われるのだから、時代は変わった！

しかし、世の大半の人たちは、宇宙が他にも存在するということを知らない。小学生の方が、漫画の知識で却って知っているかもしれない。我々の宇宙が一つある。我々はこの宇宙しか理解できない。そして、この中のまだ一パーセントすら理解していない。ほとんど零《ゼロ》のレベルでしか知らない。そしてこの宇宙とは別に、まったく別な宇宙がいくつも存在する。一〇の五〇〇乗個の数ある、というわけだ。それにしてもよく計算したものだと思う。どこかで修正される可能性もあるが、少なくとも、理論物理学者は全宇宙のエネルギーを計算していく過程の中で、そういう数字まで出しているというのは凄いことである。

このように科学の世界では、我々の常識を遥かに超える宇宙論が展開されている。この種の論を展開しているのは、狭い知性言語から少し飛び出ている人たちだ。この系の人たちが、もっともっと出てくれれば、知性というものはさらに進化していくだろうと思う。つまり進化するとは、知性言語が宇宙言語と同化していくことである。知性というものは非常な幅を持っていて、極めて愚かな猿レベルの知性から、今の我々の狭量な数式言語的な知性から、何百年か先における宇宙言語というものと同化していくような素晴らしい知性言語まである。今、量子コンピュータが出来かかっているところで、その量子コンピュータが出来た時には、想像を絶する答えを導き出すようになってくるだろう。そういう知性と宇宙言語の将来的な統一というものまでを予測してここの文章は書かれているわけである。

そして今の科学者たちに、今の狭量な知性言語から脱出して、もっと高い次元に行きなさいと言いたい。この科学者たちの発言（唯物論的還元主義）に支配されてしまっている一般人の知性に対して、警鐘を鳴らすものである。

理性言語

最後に「理性」だが、これは感情でもなく知性でもないさらに上の概念のことである。厳密に述べるならば〈感情言語〉と〈知性言語〉の中から最も冷静な意識部分が分離し、さらにそこに愛が加わったものである。それ故、広い意味では知性の概念の中に含まれるも知性言語からは独立している。感情も知性も容易に喧嘩をし、嘘をつき、犯罪者を出すが、理性はそのようなことをしない。それ故に知性より上位に位置するのである。〈感情言語〉も〈知性言語〉も毎日が嘘のオンパレードである。だが、〈理性言語〉はそのようなことをしない。いかに善人ぶっていても、綺麗ごとを言う人やごまかしのことばを口にする人に理性言語は有されないということである。

人工の『機能言語』と数式言語とで作られたＡＩの会話は一見〈理性言語〉のようである。人間のように感情的になることはない。ところがこの人工知性は無感情のまま無益と思われるもの（人間）を無造作に廃棄（殺害）することに何らのためらいも持たない。〈知性言語〉とはそのような物である。数式が作り上げる世界は一つの真実であるが、全ての真実ではない。そこには明らかな「何か」が欠落している。それは理性に代表される高度な意識言語である。その言語は、数式のような明確な式で導き出されることはない。いずれは出されたとしても〈知性言語〉に属することはない。

それはそこに悪意が有されないからである。単に頭がいいか悪いかといった演算能力では〈知性言語〉に敵わなくても〈理性言語〉は上位の意識言語に位置する。それは知識を追求する知性とユートピアを追求する理性の戦いを生じさせる原因ともなる。数式に支配された知性言語は、欲を満たすことよりも損を選ぶことを為す理性という概念を理解できないからである。しかし、今の学者たちの執念を見ていると、いずれは〈知性言語〉も進化し〈理性言語〉と同化するときが来るかも知れない。とは言え、少なくともまだ数百年は追いつくことはないであろう。その間は数式的知性言語は理性の下に位置するという事である。まあ、人類が生きていれば、の話ではある。〈理性言語〉に対する人々の最大の無理解は、一般に普及している概念とかなり異なることである。普及概念は静かでことばを選んで話し、決して感情をあらげず弱者の味方的発言をする人ということになる。ところが、真の理性言語は自他への厳しさを有するもので、弱者にも必要とあらば叱責する。しかし、決して自分のための喧嘩をしない。また、何が正しく何が正しくないか明瞭なレベルを持つ言語である。感情言語や知性言語の暴走を引き止める役目として存在する。

さて次に、この理性言語もまったく格下と映る〈叡智言語〉について語ろう。これは最終的に宇宙言語や自然言語と一体化するものである。いくつかのパターンに分類して紹介する。

叡智言語①　科学史にみる知性の展開

経験批判論　ドイツの哲学者アベナリウスやマッハによって創始された認識論。経験内容から個的な主観的なものを除去していけば、万人にとって普遍的な純粋経験が得られ、哲学上の二元論（主観と客観、精神と物質、心理的と物理的）が克服されるとした。

論理実証主義　一九二〇年代に結成された「ウィーン学団」の哲学思想。ラッセル、ウィトゲンシュタインの影響のもと、認識の根拠は経験による検証であり、形而上学の問題等、直接的に検証不可能な命題は無意味なものとし、哲学の課題を科学において用いられる言語の論理分析であるとした。

デモクリトスの世界

〈知性言語〉が陥った還元主義といえば二十世紀に経験批判論のマッハやアベナリウスらや、論理実証主義のシュリックやカルナップらが唱え一躍有名となったが、その祖といえばギリシャ哲学史に残る偉人で原子学派の創始者ミレトスのレウキッポスとその偉大なる弟子デモクリトスに遡る。

彼らは物質は無限に分割できると考え、物質を無限に砕いていくと遂には個の作用がない点が出現すると考えた。その点が広がりを持たないまったくの点（無）であるならば、それを元に戻そうとしても点以上になることはない。その思考から根源は無であるという考えは間違いであるとして、デモクリトスらは物質は「有限の微粒子＝原子」から成るという考えに至ったのである。

彼らの凄さはそれまでの一切の起源を神に帰してしまう思考からの脱却であった。

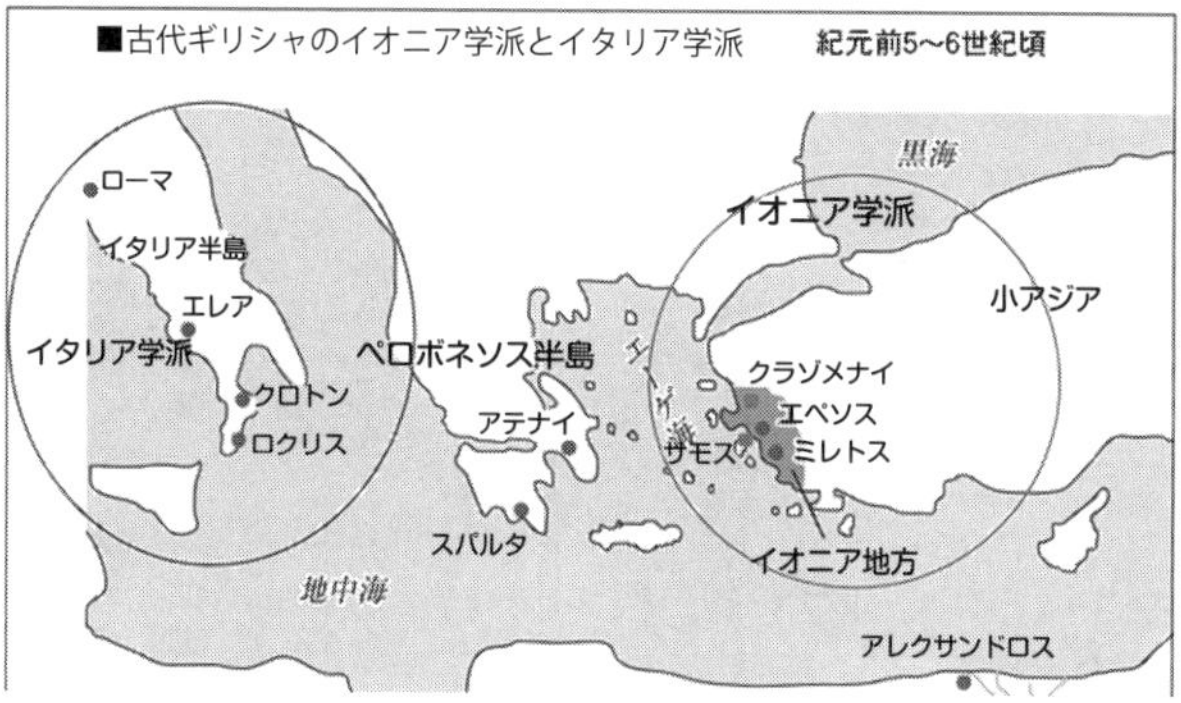

（古代ギリシャの地図）

その姿勢は、紀元前六世紀初頭、ギリシャ領ミレトス（現在のトルコ西部の沿岸都市）に人類史に燦然と輝く哲学集団の出現から始まった。最初の哲学者と言われるタレスは全ての根源は水であると説いたことで有名である。それまで根源は神だと思われていた時代に自然科学的手法をもって事物を理解しようという試みであった。また紀元前五八五年の日食を予言し当てている。

その弟子アナクシマンドロスは地球が空中に浮いていると説き地球の下にも空間の広がりを説いた。さらには、我々が目にする物質の多様性は唯一の構成分子によるものと説き、その成分を限界を有さないもの「アペイロン」と呼んだ。生物については今日我々が認識しているダーウィンの進化論的な結論に至っている。すなわち動植物は環境に順じて進化していくとしたのである。ここに現代科学の基礎が出現した。

更にエンペドクレスという自然哲学者が現われ、最初に無ではなく限界をもった原子という概念を語ったと言われている。彼は一切は地水火風から成ると説いた。

タレス　Thalēs
（前六二四頃～前五四六年頃）古代ギリシアの哲学者。アリストテレスによれば最初の哲学者とされる。ミレトス学派の始祖。万物の元のもの（アルケー）は水であるとした。ギリシャ七賢人の一人。

アナクシマンドロス　Anaximander
（前六一〇頃～前五四七年頃）古代ギリシア、ミレトス学派の哲学者。タレスの弟子。万物の根源はアペイロン（無限なるもの）であり、このアペイロンから無数の世界が生成すると説いた。

エンペドクレス　Empedoklēs
（前四九〇頃～前四三〇年頃）古代ギリシャの哲学者。万物の根源を地水火風とし、これらが、愛と憎によって結合したり分離したりして、世界のいろいろな状態が現出するとした。

このような下地のもと、紀元前四五〇年『大宇宙系』を著わした哲学者にして自然科学者のレウキッポスはミレトスの政治的動乱から逃れてギリシャのアブデラに移り、哲学と科学の学派を創設した。そこに若き天才デモクリトスが弟子入りし、ついに原子論が展開されるようになるのである。彼らは万物の根源（アルケー）を原子であると考えた。それらが空中で運動することで万物が生成と消滅を繰り返すという原子論を立てた。デモクリトスは師匠の著書の題名をもじった『小宇宙系』を著わし、無限の宇宙空間によりこの世は形成され、その中を無限の原子が飛び交っていると説いた。

宇宙には高低も中心も何もなくその中にこの世界は浮いて存在しているとし、原子は微細の形を持つ以外は一切の性質を持たず、最小単位であり、これが万物を構成するとした。さらに原子は空間の中では自由運動をしていると考えた。互いの衝突や結合、互いが引き合う事までも予測しそれが物を形作っていると分析した。かくこれこそが世界のありようであると考え、原子の無限の結合のそれぞれのパターンの違いによって、動植物や鉱物等の違いが生じたと考えたのである。

将にそれは原子だけでなく二重螺旋《らせん》の塩基配列すら見据えていたような科学的知見であり、現代科学の基礎をなしたということが出来るだろう。ちなみに典型的な原子の直径は一億分の一センチほどである。デモクリトスがこの事を知ったら涙を流して感激しただろう。ギリシャの自然哲学を彩った彼らには〈知性言語〉だけではなく〈理性言語〉が有され、さらに〈叡智言語〉までもが有されていたことが分かる。現代の科学者たちとはその点が大いに異なるところである。

レウキッポス Leucippus
（前五世紀頃）古代ギリシアの哲学者。エレアのゼノンに学んだ後、古代原子論を創始。アトモン（不可分なもの）が物質を構成する最小単位で、その離合集散によって一切の生成消滅を説明しようとした。

デモクリトス Democritus
（前四六〇頃～前三七〇年頃）古代ギリシャの哲学者。師レウキッポスの原子論を体系化して発展させ、原子の存在と原子が存在する場としての空虚の存在を認め、すべてを原子の運動から説明した。

偉大だったというほかない。

テオドシウス（一世）
Theodosius
（三四七〜三九五年）ローマ皇帝。在位三七九〜三九五年。サルマティア人やゴート人の侵入に対処して帝国の危機を救い、全帝国を再統一、キリスト教を国教とした。死に際して帝国を再び東西に二分し、二子に残した。

科学弾圧の時代——ユダヤ教の特性

しかしそこに悲劇が発生する。三九〇年、ローマ皇帝テオドシウスがキリスト教を国教と定めて以来、この合理的自然科学観はキリスト教教義に反するという理由で弾圧の対象となり、近世までそれは続くことになる。十七世紀、ガリレオは地球が回っている（地動説）と言ったためにもう少しで処刑に遭う寸前であったことはあまりに有名である。かくして自然科学は一千三百年間にわたってその発達を妨げられたのである。

そして今、その恨みを晴らそうとするかのように、科学は宗教や信仰や神を徹底的に抹殺しようとし始めている。今やどこの先進国に行っても、無神論者でない限り一流の知性の持ち主とは思われない。その最たる国が日本である。日本に比べれば、欧米はしっかりとしたキリスト教の基盤が存在し、まだ均衡を保っているかのように見える。欧米のこの種の科学者は来日するとその違いに気付き、世界が日本のようになってくれたらいいのにと慨嘆する。

それほどに欧米では未だキリスト教徒からの圧力があり、日本ではそれ（抗議や批判）がまったくないという事を意味している。イスラムの世界にあってはもはや何をかいわんやである。そう考えてみると、世界で最も宗教的人種の一つであるユダヤ人が世界一の科学者集団であること

トーラー　ヘブライ語で「教え」の意。律法。ユダヤ教で最も重要な概念。ヘブライ語聖書（旧約聖書）の中で最も重要とされる「モーセ五書」（創世記・出エジプト記・レビ記・申命記）を指す。聖書全体を指すこともある。

タルムード　ヘブライ語で「学習」の意。トーラーには、文字に書かれた聖書の他に、口伝のトーラー（口伝律法）がある。ユダヤ教のラビによってまとめられた口伝律法をミシュナー、その内容の注解をまとめたものをゲマラといい、両者を合わせたものを指す。

は驚くべき事実であることに気付かされる。彼らの中では科学と宗教との間に矛盾はなく両立できているという事である。かの天才アインシュタインらは将にその典型である。その意味ではユダヤ教は自然科学を許容する教義であり、そこから派生したにも拘わらずキリスト教やイスラム教は科学と対立する教義だという事になる。

これに関連して、アインシュタインが『THE WORLD AS I SEE IT』の中で、「ユダヤ教（人）特有の視点はあるのか」という問いで、次のようにユダヤ人の特質を語っている。

「哲学的な意味では、思うにユダヤ人特有の見解というものは特にない。私にとってユダヤ教はほとんど、生活における、また人生に対する道徳的態度にだけ関わっているように思われる。私はこれをトーラーやタルムードにある律法の本質というよりは、ユダヤ人の人生に対しての姿勢の本質だと考えている。私にとって、トーラーとタルムードはかつてユダヤ人の人生観に君臨していた慣習の最も重要な証にすぎない。

この観念の本質は、あらゆる生命に対する肯定的な姿勢にあると思われる。個々の人生はあらゆる生き物をより高潔に、より美しくするのに役に立つときにのみ意味を持つ。命（人生）は神聖なものだ。つまり、他のあらゆる価値が下位になるような至高の価値である。個を越えて生命を崇敬することは、その中に宗教的（精神的・霊的）なもの全てに対する畏敬の念を生じさせる。これがユダヤ教の教えの際立った特徴である。

ユダヤ教は教義ではない。ユダヤ教の神は単なる迷信の否定であり、それを排除した仮想的な結果である。また、道徳律を怖れに基づかせる試みでもあり、それは残念で不名誉なことだ。しかし私には、ユダヤ民族の強力な道徳的伝統はかなりの程度までこの怖れを振り払ってきたように思える。『神に仕えること』は『人々に仕えること』に等しいことも明らかだ。最も善良なユダヤ人、とりわけ預言者たちやイエスはこのことで休むことなく戦ってきた。

このようにユダヤ教は超越的な宗教ではない。我々が生きる人生に関わっており、ある程度まではつかむことが出来、それ以上のことはない。したがって私には、それが一般的な意味での宗教と呼んでよいものなのか疑問である。特に、『教義』はないが、個を越えた感覚の中で生命を神聖化させることがユダヤ教では求められる。

しかしユダヤ教の伝統には、何か他のものも含まれている。それは多くの旧約聖書の詩篇の中の素晴らしい表現であり、この世界の美しさと壮大さへの、ある種陶酔するような喜びや驚嘆であり、人はこれについて漠然としたことしか言えない。真の科学研究が宗教的な栄養を摂取するのはこの感覚からであるが、これはまた、鳥のさえずりのなかに現われるようでもある。このようなことを神の観念に追加するのは幼稚でばかげたことにすぎないらしい。

私が述べてきたことはユダヤ教を識別する特徴になるだろうか？　他の場所で他の名で存在するものなのだろうか。純粋な形としてはユダヤ教においてさえどこにもない。純粋な教義は字義の崇拝によって見えなくなっている。しかしユダヤ教は私にとって最も純粋な形の一つであり、最も生き生きとした現われである。このことはとりわけ、命（人生）の神聖化の原理に当てはめられる。

安息日には神聖な状態にしておくという命令は動物も明確な対象だった。その感覚がとても強かったので、生きとし生けるもの全ての結束が求められた。全人類の結束へのこだわりはより強いものへとたどり着いた。社会主義を求める声を上げたのは、当初ほとんどがユダヤ人だったことは単なる偶然ではない。

この生命を神聖と感じる感覚がユダヤ人の中にいかに強く育まれているかを、以前ヴァルター・ラーテナウが会話の中で私に言った言葉が見事に表わしている。『もしユダヤ人が遊びで狩りに行く、と言ったらそれは嘘をついている』。生命を神聖と感じるユダヤ人の感覚をこれ以上簡単に表現することは出来ない。」

それは次のような教義の違いによるのかも知れない。

ユダヤ教とキリスト教、イスラム教の異なる立脚点

ユダヤ教は仏教に似た因果論を持つ。すなわち自分たちの行ないが正しくなかったことによって、その罰としての今の禍いが生じていると考えるからである。と同時にモーセの出エジプトにおいては神から与えられたカナンの地を得るためには従わない部族を虐殺していいと考えた。しかしそれは民族の存亡をかけた戦いであって、ただの侵略や思想的戦いではなかった。それ以外の歴史においては虐殺された記録は多く有るも、キリスト教やイスラム教が歴史上行なってきたあれほどの大量虐殺の記録はない。一方、キリスト教は右の頬を打たれたら左の頬も出せと教え

ヴァルター・ラーテナウ
Walther Rathenau
（一八六七〜一九二二年）ドイツのユダヤ系実業家、政治家、作家。多国籍企業電機メーカーAEG会長。

モーセの出エジプト　前十三世紀ごろのイスラエル民族の指導者モーセが、神の啓示によりイスラエル民族を率いて約束の地カナンに向けて、圧政のエジプトを脱出したこと。モーセは途中、シナイ山にて神ヤハウエより「十戒」を授けられた。ユダヤ教聖書（旧約聖書）『出エジプト記』に記されている。

カナン　地中海とヨルダン川・死海に挟まれた地域（パレスチナ）一帯の古代の地名。

寛容と博愛を説く。さらに自己への災いに対してはそれを試練と考え、原罪の意識を教えられているにも拘わらず自分には責任はないと捉えるのである。

　ところが歴史を見る限りキリスト教徒がやってきたことは残虐の限りであった。そこにはユダヤ教的因果論が有されていなかったからのように思われる。イスラム教も本来優しく寛容な宗教であるのだが、いったん感情的もつれが生じると自己を絶対視し、その敵と戦えという事になる。〈感情言語〉が支配する世界の現出であり、その残虐性は歴史が示すところである。

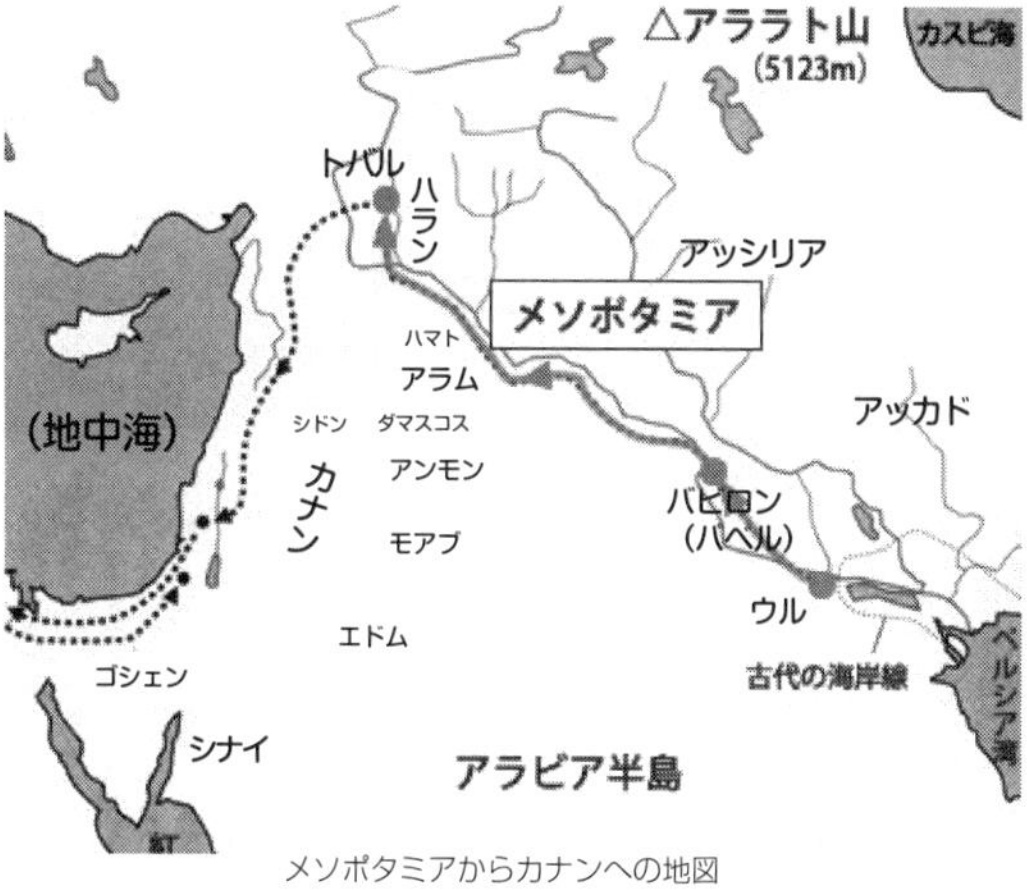

メソポタミアからカナンへの地図

　ユダヤの歴史は過酷なものであった。常に神は彼らユダヤ人を試した。そのたびにヨブに代表される人物たちは神を呪うことなく他者を責めることなく自身の不信仰を恥じた。

　始祖アブラハムは南メソポタミア・カルデアの町ウルの裕福な家庭に誕生した。長じて偶像商の父テラに連れられてカナンの地（現パレスチナ）へ向かうも途中、北東のハラン（現在のトルコ）に住むことになり、そこで父テラが二百五歳の生涯を終えた。その後、神ヤハウエの声に従いカナンの地に移住するも苦難は続くことになる。その途中における一子《いっし》イサクを燔祭《はんさい》（いけにえ）にかけよ、との神の命に

ヨブ　旧約聖書『ヨブ記』に登場する敬虔な人物。不当と思えるほどの数々の試練に遭いながらも、この世において神のなされる御業は不可解であるが意味があるという信仰を確立していく。

イサクの燔祭　アブラハムは、不妊の妻サラとの間に年老いてから授かった一子イサクを生贄に捧げるよう神に命じられ、苦悩しながらも愚直にその命に従おうとする。アブラハムが将にイサクを屠ろうとしたとき、神の御使いによって止められる。この試練を乗り越え、アブラハムは敬虔な信仰を確立する。

非存在　ギリシャ哲学などで説かれる「存在しないもの」「存在否定」の意ではなく、我々がイメージするような存在に非ずの意。

対するアブラハムの苦悩と葛藤は、壮絶をきわめた。

この意識が、ユダヤ教から生まれたキリスト教にもイスラム教にも受け継がれていないように思われる。その違いが、物理学に立脚する者の心に大きくかかわっているかのように映る。自分を否定することが出来たユダヤ教と、肯定することしかしてこなかったキリスト教やイスラム教の教えが、科学を捉える上で大きな差になったのかも知れない。かの偉大なユダヤ人のアインシュタインも神を否定することはなかった。もちろんその神とはバイブルに書かれている神のことではなかったが。

このように言う筆者も一神教的神観を支持するものではない。しかしながら筆者はこの書を通して融通の利かない唯物論的合理主義に少しの抵抗を示したいと思っている。果たして、無神論者が主張する唯物論的合理主義とやらに欠陥はないかと。その意味では、宇宙論にマルチバースやパラレルワールド説が登場したことは画期的であった。これが正しければアインシュタインの特殊相対性理論に匹敵する驚嘆すべき理論（現実）となる。これは禅定を成してきた筆者が五十年も前から唱えてきたことでもある。科学的自然観とある種の神観は両立するものである。決して対立するものではない。

因みに筆者が支持する神観はユダヤ教やキリスト教的なものではなく仏教的なものである。それは「非存在」という概念からスタートするものである。もはや神観という概念は当てはまらない。そこには我々がイメージする神や宗教は存在しない。そういう意味では筆者も無神論者である。それは一般にイメージされる神の存在否定であって、イメージし得ない深遠な宇宙意志の存在肯定を指すものである。その概念の中に宗教というカテゴリーはない。しかし、マックス・プランクやアインシュタインが言う如く筆者も〈宗教言語〉的人生観を持つ一人である。

だからと言って死ぬのが恐い、といった発想はまったくない。その手の類は十六歳で卒業した。無に帰すことをむしろ望むくらいである。しかし残念ながら、存在の事実は唯物論者が信じているような構造には出来ていないということのようなのである。それは何らかの形で意識を継続させるということである。その結論へと筆者を導いたのは存在論や意識論の追求の結果であり、何より〈自然言語〉との接触に伴う諸々の直観からであった。

それはどう分析しても意識の継続性と理解するほかに理解できない事柄への真摯な対応からの結論であった。その中には、ある種の神秘体験も多く含まれるのである。単なる偶然とは考えられない不可解な事実は、観察していると意外と多くあることに気付かされるのである。勿論、それは一般にいう脳の錯覚という意味合いではないものとしてである。

叡智言語②　プランクに見る〈叡智言語〉の開示例

自然科学と宗教の未来

欧米の科学者の中にはユダヤ・キリスト教的神観を否定しているのであって、〈何らかの存在〈非存在の存在〉〉を肯定している人は多いのかも知れない。かのアインシュタインもそうだったし、量子論の生みの親のマックス・プランクは特にそうだった。存命中に自分の立ち位置を明確にして積極的に講演し、人々をより宗教的な世界観へと導いていたことで有名である。彼の度重なる講演の中で、この世の真実の姿について毎回次のような内容を語っていた。

マックス・プランク、フィレンツェ会議にて（一九四四年）に見る〈言語次元〉

「皆さま、その生涯を事物に即した学問、すなわち物質の研究に捧げた物理学者として、私は、熱狂的宗教家とみなされる疑いはないと確信しております。それ故、私は私の原子の諸研究に従って、皆さまにこのように申し上げます。

物質はそれ自体では存在しません。全ての物質は、原子粒子を振動させ、原子粒子を万物の最も小さな太陽系にまとめているところの力によってのみ生じ、存続しています。しかし、全宇宙には知的な力も永遠の力も存在しておらず、待望の永久機関を発明することに人類は成功しなかったのです。そのため我々は、この力の背後に、意識的で知的な精神を受け入れなければならないのです。この精神があらゆる物質の根源です。目に見え、しかしながら移ろい行く物質は実在的なもの、真なるもの、現実的なものではありません。というのも、物質は精神なくしてはそもそも存続しないであろうからです。そうではなく、目に見えず不滅の精神が真なるものなのです！

しかしながら、精神もそれ自体では同様に存在することが出来ず、どの精神も実体に属するがゆえに、我々はやむを得ず、諸精神実体を受け入れなければならないのです。しかし、諸精神実体もまた自己自身から存在しうるのではなく、造り出されなければならないがゆえに、私はこの秘密に満ちた創造者を、地球上の全ての文明民族が数千年前に名付けたのと同じように、『神』と呼ぶことに躊躇しなかったのです！　それとともに、物質に携わらなければならない物理学者は、物の領域から精神の領域に入るのです。そして、これをもって我々に課せられた仕事は終わりを告げ、我々は我々の研究を哲学の手に渡さなければならないのです。」

スピーチ原稿の下にあるメモには「より多くの法則が我々に顕わになればなるほど、より多く

プランクのスピーチ典拠
Archiv der Max-Planck-Gesellschaft, Abt. Va, Rep. 11, Nr. 1797.

の力が我々に明らかになればなるほど、万物の背後にあるひとつの力への畏敬の念はますます大きくなります。私はきわめて深く宗教的ですが、しかし、人格神もキリスト教の神も信じておりません」と記されていた。

これこそがこの後に解説する〈叡智言語〉の世界なのである。このプランクという人物は単に頭がよかっただけではなく、極めて優れた精神の持ち主だったことが分かる。〈知性〉と〈叡智〉の違いを我々は理解しておかなければならない。似て非なるものであることが分からなければ、あなたに叡智が宿っているかは疑問視されることになる。実は仏教哲学的に言うならば、どんな人にも叡智は宿っているのだ。ただ問題はそれを引き出せているかいないかだけの違いなのである。頭がいい悪いの違いではない。

それにしても、余りに的確な表現に頭が下がる。筆者如きが同じセリフを言っても無視されてそれで終いだが、量子論の生みの親であるプランクの発言となると誰しもが沈黙せざるを得なくなる。アインシュタインも彼程の積極的発言ではないが、常に彼と同様の立場にあった。「Cosmic Religion」（宇宙宗教）という言葉は、アインシュタインが幾度となく口にしたもので、それに相当するのは仏教であることも語っている。厳密には彼らの考え方には違いがあるが、彼らは明らかに知性の域を超え、存在内に宿る叡智へと辿り着いた数少ない天才科学者であった。また同時に、プランクの原子に対する物質性の否定、〈物質は存在しない〉は極めて重大な発言であった。当時の一般人にはまったく理解できないことであったが、同業者の科学者たちでさえ理解できる者は少なかった。

しかし、今やそれは疑う余地のない真理として物理法則に刻まれているのである。少し悲しいのは二十一世紀になった今ですら、大衆の大半がそのことを知らないことである。百年前に活躍したプランクやアインシュタインらを未だ超える者がいない程に彼らは突出している。彼らは実に偉人であった。そのことばには〈叡智〉が宿っている。彼のメモに「私は非常に宗教的ですが、人格神もキリスト教の神も信じません」とあるのは実に興味深い。彼の神は宗教の神ではないのである。まったくもって筆者も同感である。

ではさらに、プランクの言葉に耳を傾けてみよう！　読めば読むほど自分が語っているような錯覚に陥るほどに彼の見解は筆者と似ている。

〈自由言語〉意志と因果論

『Where is Science Going?』（一九三二年）

「（略）そして、ここに、少なくとも精神的領域では、厳密な（物理学的）因果関係の原則に、確かな、克服できない限界を設けるような問題が出てくるのだ。これは、人間が興味を抱く非常に差し迫った問題なので、講義を終える前に語っておきたいと思う。それは、〈人間の意志の自由〉の問題だ。我々の意識は、我々の意志は自由だという。意識が直接我々に与える情報は、我々の理解力を最大限にして、最高に行使したものだ。

人間の意志が自由なのか、それとも厳密な（物理学的）因果の法則によって決定されたのか、少し考えてみよう。これら二つの選択肢は、間違いなく、互いを排除しているように見える。そして、人間の意志が自由だということが明らかに肯定されるはずなので、宇宙にある厳密な（物理学的）因果の法則の推測は、少なくともこの場合は、不合理になると思われる。言い換えれば、もし厳密な（物理学的）力学の因果の法則が宇宙全体に存在していると思うなら、人間の意志をその作用からどのように論理的に除外することが出来るのだろうか？

このジレンマを解くのに沢山の試みがなされた。ほとんどの場合、目的は、因果の法則が当てはまらない正確な境界を確立することだ。最近の物理科学の発展がここで関わってくるが、人間の意志の自由は、物質的宇宙で作用する統計的な因果のみを受け入れる論理的な根拠を示すものとして提案されている。すでに他の場所で話したが、私はこの考えにはまったく同意しない。もし受け入れるなら、その論理的な結果は、人間の意志を、単なるやみくもな偶然のゆらぎに影響されるものに変えてしまう。私が思うに、人間の意志の問題は、因果物理学と統計物理学の対立とは何も関係ないと思う。その重要性は、もっと深い性質のもので、物理学的あるいは生物学的仮説からは完全に独立しているものだ。

他の多くの著名な哲学者同様、私は問題の答えはまったく別の領域にあると思う。よく考えてみると、上に述べた選択肢、『人間の意志は自由なのか、あるいは厳密な因果の法則によって決定されるのか？』は、〈証拠として認められない論理的選言肢〉に基づいている。奥深くにある思考（叡智）は、普通の知性では理解することは出来ない。

では、人間の意志が自由だと言うとき、何を意味しているのか？　それは、決定するとき、いつも二つの選択肢から選ぶチャンスが与えられているということだ。それ故、自分の将来の考えや、自分の意志の行動には、因果の法則を当てはめることが出来ない。

そして、科学が、超えることが出来ないかも知れない限界を認めるところに行きつく。それは、科学研究の領域の外側に広がるさらに遠くの領域を指し示してもいる。科学がその限界を宣言することは、科学分野内での結果を語る時の信頼度を増す。しかし、その一方で、人間の心の活動の異なる領域は、互いからのまったくの孤立は出来ないということを忘れるべきではない。何故なら、それらの間には深く、親密なつながりがあるからだ。

我々は、特別な科学の領域から始めて、純粋に物質的な性質の問題の数々を扱ってきた。しかし、これらは単なる感覚認識の世界から、〈実在する形而上学的な世界〉へと我々を導いた。そして、この世界は直接的に知ることが出来ない。謎の世界なのだ。我々人間の知的理解力では理解できない性質を持つ世界だ。だが、我々はそれを理解しようと奮闘していく中で、そのハーモニーと美しさに気付ける。そして、この形而上学的な世界の入り口で、我々は最も高等な問題と直面させられている。人間の意志の自由の問題だ。これは、この人生の意味が何かを真剣に考えるならば、それぞれが自分で思いを巡らせなければならない問題だ。」※（〔註〕（　）内及び〈　〉印は筆者）

ちょっと分かりにくかったかも知れないが、プランクは人間の自由意志について語っている。当時の物理学者が人間の存在を単なる物理法則に還元しようとする傾向と、その彼らが宗教を否定することに対して科学と宗教はまったく対立しないという見解を語り、人間の自由意志を認めている。それは、物質が量子的として存在していないことを通し、その背後に宇宙意志の存在を感知し、確信に到っていることを述べている。

　実はこの背景にはニュートン力学によって世界のあらゆる現象が数学的に証明されるという主張が為されていたことがある。中でもフランスの数学者ピエール＝シモン・ラプラスの『確率の解析的理論』（一八一二年）は有名で、「もし全ての物質の力学的状態と力を知ることが出来、そのデータを解析できる知性が存在すれば、その目には一切の過去も未来も全て見通せる」という因果決定論（ラプラスの悪魔）を主張した。十九世紀の科学者たちは皆この世界の因果的決定論と人間の自由意志という矛盾する問題に悩まされていて、プランクはこれに対する意思表示をしたのである。それは百年後の現在でも論議されている事でもある。二十世紀初頭より現在の二十一世紀初頭の方がよりその色合いを強めているということが出来る。しかし、当時より明らかに情況が良くなった点は物理学における「人間原理」論の高まりと並行宇宙や多次元宇宙論が出現したことである。

　最後に、一九四九年のものを紹介しよう。科学と宗教の対立についてのプランクの見解である。

アイザック・ニュートン
Sir Isaac Newton
（一六四二〜一七二七年）英国の物理学者・天文学者・数学者。運動の法則、万有引力の法則の導入、微積分法の発明、光のスペクトル分析などの業績がある。

ニュートン力学　質量×加速度＝力という運動方程式に基づき、ニュートンが「プリンキピア（自然哲学の数学的原理）」（一六八七年刊）において確立した理論。近代自然科学の出発点となったが、二十世紀になって量子力学が発展すると、ミクロの世界では通用しないことが判明し、古典力学とも呼ばれる。

ピエール＝シモン・ラプラス
Pierre Simon Laplace
（一七四九〜一八二七年）フランスの数学者・天文学者。数理論を天体力学に適用し、太陽系の起源に関して星雲説を唱えた。大著『天体力学』は天体力学の重要な古典となった。

〈宗教言語〉と〈科学言語〉の調和

『Scientific Autobiography and Other Papers』一九四九年

「一般化した世界観という最も崇高な問題への我々の考え方に対して、宗教と科学が出す異なる要求がどのように互いに調和できるのか分析してみよう。まず第一に、この分析は、宗教と自然科学が対立し合う法則だけに及ぶということは自明である。何故なら、これらはまったく互いに関係しない広い分野だからだ。故に、普遍定数の次元が宗教とは関連しない一方で、全ての道徳的問題は自然科学の領域の外側にあるのだ。

他方では、世界を支配する最高の力の存在と性質に関しては、宗教と自然科学は接点がある。ここで、両者から得られる答えは、少なくともある程度は比較できる。すでに見てきたように、両者は決して矛盾し合うのではなく、まず第一に、人間から独立した合理的な世界秩序が存在するという点、第二に、この世界秩序の性質は直接的には分からないが、間接的に分かったり、薄々感じたりするという点で一致している。

しかし、この完全な一致にもかかわらず、根本的な違いは注意しなければならない。宗教にとって神は始まりであり、自然科学にとって神は全ての思考プロセスの目指すものなのだ。前者にとって神は基盤で、後者にとって神は全ての一般化された世界観の体系の最高部なのである。

この違いは、人間の人生における宗教と自然科学の役割の違いと一致する。自然科学は人に学ぶことを望み、宗教は人に行動することを望む。もし我々が、神の全能と全知、そして善と愛の特質に加え、神に帰するなら、神を頼ることは癒しを渇望する人間の中に安心と喜びの感覚を増すのだ。この考えに対して、自然科学の観点から異論はまったくない。何故なら、すでに指摘したように、道徳の問題は、完全に科学の領域外だからだ。

どこを見ても、どのくらい深く見ても、宗教と自然科学の間に矛盾は見つからない。それどころか、決定的な重要性の点においては、完全な一致がみられるのだ。宗教と自然科学は、現代の多くの人が信じ、あるいは心配するように、互いを排除したりはしない。両者は互いを補足し合い調和を整え合うのである。」

このようにプランクは多くを語っている。英語文からの一部ざっとの翻訳抜粋ではあるが、実に多くの時間を費やして、彼は科学と宗教の対立を懸念し、その懸け橋になろうとしているのが読み取れる。そして重要なのは、〈知性の奥にある思考〉について言及していることである。それこそが〈叡智言語〉である。西欧のこのような論争に比べ、日本においては単に無知な偏見が蔓延しているだけで、宗教論争なる哲学論争が発生したことはない。宗教組織間の利害対立や為政者との対立は有っても、純粋に哲学教養という知的対立に伴う、市民を巻き込んだ論戦は歴史上に登場しない。その意味で、欧米や中東における哲学教養の戦いというのは、日本人が想像できない激しさを伴うものであることを理解しておく必要がある。いったん対立が始まると収拾がつかなくなるというのがパターンである。だからこそプランクは百年前にこれほどの憂慮をしていたのであろう。それにしても、彼の発言は筆者にとって同じ言語次元を共有するものの観を呈して実に小気味がよい。

叡智言語③　知性言語との対立

唯物論者たちの〈知性言語〉の限界

さて、プランクに対峙するかの如く近年登場してきた人物がいる。動物行動学者で進化生物学者のリチャード・ドーキンスである。彼が二〇〇六年に『THE GOD DELUSION』を著わし無神論ののろしを上げたときはアメリカで大センセーションが巻き起こった。そして今もその激し

『THE GOD DELUSION』
邦題『神は妄想である』
delusion の原意は人を誤った方向へ導く行為、精神的な錯誤に陥らせるもの、の意。

い論戦は続いている。彼は容赦なく機械のように徹底的に神を破壊し宗教を否定した。もっとも、彼を批判する側も人間は神が土から造られたと信じて学校での進化論教育を絶対に認めない強力な原理主義の政治的圧力団体や、神の名のもとに殺人をするような人たちなのだからドーキンスの宗教批判も正しい面があり、原理主義者に対しその対応に苦慮したであろうことには同情する。ただし、彼はプランクのような宇宙意志は認めるが宗教は認めないという立場の主張ではなかった。宇宙意志そのものを否定しているのである。これが〈知性言語〉の特徴である。彼らはそれ以上の言語に辿り着けていないのである。

　無神論者とキリスト教を始めとする一般の宗教信者の闘いを見ていると、政治組織の左翼と右翼がともに礼儀知らずで品位がなく無礼であり無知であるのと同じ構図に見える。多くの知識人からの支持を得、著名な宇宙物理学者のローレンス・クラウスらドーキンスの同調者は陸続として現われている。『A Universe from Nothing』でのクラウスの宗教批判のことばは余りに口汚く、品位を欠いたものであった。世界的に知られる『La realtà non è come ci appare』の著者でイタリア人の物理学者カルロ・ロヴェッリは素晴らしい作家だと思うが、理性的言葉遣いを装いながらもプランクの評価を下げる表現を著書の中でしており、アインシュタインは許容しても、キリスト教の存在を認めたプランクの姿勢が受け入れられなかったようだ。まあテロリストや自然原理を無視する愚かな原理主義者よりは彼らの方がはるかにマシではあるが。

　また、前述のスティーブン・ワインバーグの「善人は善い行ないをし、悪人は悪い行ないをする。しかし善人が悪い行ないをするには宗教が必要だ」のこの発言はよく知られている。一見深

ローレンス・クラウス
Lawrence Maxwell Krauss
（一九五四年～）米国・カナダ国籍の理論物理学者。一九九五年、「真空のエネルギーは非常に小さいがゼロではない」という説をマイケル・ターナーとともに提唱。後に実証される。ドーキンスとともに、「科学は神を信じないことを可能にする」という反神論を展開。

カルロ・ロヴェッリ
Carlo Rovelli
（一九五六年～）イタリアの理論物理学者。「ループ量子重力理論」の提唱者の一人。『世の中ががらりと変わって見える物理の本』『時間は存在しない』など世界的ベストセラー著者。

い事を指摘しているように感じられて世界中で用いられているフレーズだが、この分析には決定的な謬りがある。

三番目のカテゴリーは、ここにいう一番目の善人と二番目の悪人の間に位置している者で、善人ではないということである。しかも、実行した時点でその人物はすでに悪人なのであり、善人のカテゴリーには入らないのである。さらにこの「宗教」という言葉は別な言葉に置き換えることが出来る。「友人」にも「貧乏」にも「虐待」にも「不幸」にも「イデオロギー」にも「政党」にも「金」にも「性欲」にも「出世欲」「権勢欲」「食欲」にも…何にだって置き換えられるのである。入れ換えるとこんな具合になる。

「善人は善い行ないをし悪人は悪い行ないをする。しかし善人が悪い行ないをするには〈知性〉が必要だ」と。ノーベル賞学者といえども、人文的能力や人格的にはこのレベルであることを我々は認識しておかなくてはならない。

宗教より先に科学の大罪を認識せよ

そもそも、ドーキンスらは二〇〇一年に起こったイスラム原理主義者によるニューヨークツインタワー攻撃、所謂九・一一という宗教テロリズムに対しての怒りに端を発した、反宗教ムーブメントだったと思われるのだが、彼らが言う宗教によるテロの酷さを上回っていたのが、科学者による殺戮兵器だったことを、まったく無視してしまっている。子どもに宗教教育をするのを中止しろ、と彼らは主張しているのだが、それなら子どもに科学を学ばせることを中止しろ、とも言わなければならなくなる。科学者は自分たちのせいで、圧倒的に残虐な世界が作り出されていることを自覚する必要がある。政治家の愚はそれに輪をかけたものだ。無知な庶民の無神論によるネット上のいじめや犯罪行為も同様である。さらに辟易させられるのが、死の商人と呼ばれる兵器販売企業である。宗教を否定するより先にこの連中に宣戦布告するべきであった。

　毎年秋になるとノーベル賞が話題に上がるが、このアルフレッド・ノーベルこそは、十九世紀にダイナマイトを発明し、大量の兵士たちの殺害と同時に莫大な財産を築いた人物である。人々から「死の商人」と呼ばれたことの名誉回復のために彼はノーベル賞を設立した。それにしても彼が真に罪悪感を持っていたならば、自分の名を冠する名称は避けたであろう。

　そして彼は「国家は兵器開発に天文学的予算を投入し、戦場は最新科学の実験場となった。科学は人類に大いなる希望と絶望を与えた」と述べた。

　二十世紀、ニューヨークに出現した電飾遊園地「コニー・アイランド」は、発明王のトマス・エジソンの力によるものであった。彼は「私の発明は全ての人にとって役に立つものでありたい。そして世界の平和に貢献できるようなものでありたい。もし私の発明で一人でも死んだとしたら、私には人生を生きる意味も資格もない」と言ったが、その後の戦争では、海軍の軍事顧問として「科学技術の兵器転用機関の初代会長」となり、積極的に人殺しの協力に励んでいる。

　ライト兄弟は爆撃機を作り、世界中に売ってまわって富を稼いだ。嘘のようなホントの話であ

アルフレッド・ノーベル
Alfred Bernhard Nobel
（一八三三〜一八九六年）スウェーデンの化学者、技術者、事業家。ダイナマイト、無煙火薬を発明。数多くの特許と会社経営で財をなした。遺言により、その遺産を基金としてノーベル賞が設けられた。

トマス・エジソン
Thomas Alva Edison
（一八四七〜一九三一年）アメリカの発明家、企業家。電気投票記録機の発明（一八六九）に始まり、株式相場表示機・電信機・送話器・蓄電池などを次々に発明。特許は千三百以上にのぼる。蓄音機（一八七七）、白熱電球（七九）、活動写真（九一）の発明は人々の生活を一変させた。

ライト兄弟（兄ウィルバーと弟オービル）　Wilbur Wright（一八六七〜一九一二年）、Orville Wright（一八七一〜一九四八）。アメリカの発明家。自転車製造業者であったが、一九〇二年に試作した複翼グライダーに発動機とプロペラを付け、一九〇三年ノースカロライナで人類初の動力飛行に成功。

る。日本にも売り込みに来ている。アインシュタインから天才と称えられた数少ない人物のフリッツ・ハーバーは、毒ガスを開発し敵国人を大量死させただけにとどまらず、ドイツを追い出されたあとは、その毒ガスで同朋のユダヤ人が大量殺害されたのだった。彼の妻は同じ研究者として夫の殺人ガスの研究を嫌悪し悩んで自殺している。

アインシュタインは精神分析のフロイトへの手紙で「人類を戦争の脅威から救う術はあるのだろうか。この問いは科学の進歩により、私たち文明の存亡を決める問いともなっています。しかし、様々な努力がなされているにもかかわらず、この問題を解決しようとする試みは悉く嘆かわしい挫折に終わっています」と問いかけている。

それに対しフロイトは「歴史の中にある無数の残虐行為。日常生活にも見られるおびただしい数の残虐な行為を見れば、人間の心にとてつもなく強い破壊欲動があることが分かります。破壊欲動は、どのような生物の中にも働いており、生命を崩壊させ生命のない物質に引き戻そうとします。人間から攻撃的な性質を取り除くなど、出来そうにありません」と絶望的な返事をした。

原爆開発に力強く陣頭指揮をとったロバート・オッペンハイマーは、実験が成功したときの感想を「笑う者もなく、泣く者もなく、誰もがただ黙っていた。その時、ヒンズー教の一節が思い浮かんだ。〈今、私は死神になり、世界の破壊者となった〉。科学は人間のあり方を物質的にも精神的にも変えてしまった。人間にはもう疑問を持つ余地も決断をする余地もない」と述べた。

彼は「成功すれば歴史に名が残る」という一心で、野心に支配され、悪魔の兵器を完成させたのだった。いまも数限りない兵器が科学の名のもとに製造されている。それと比べれば、どんな低

フリッツ・ハーバー Fritz Haber（一八六八〜一九三四年）ドイツの化学者。電気化学、気体反応の分野で多くの業績をあげ、一九〇八年、実験室でアンモニア合成〈ハーバー法〉に成功。一三年、工業化に成功し、今日のアンモニア合成工業の先駆をなした。一八年ノーベル化学賞受賞。

ロバート・オッペンハイマー J. Robert Oppenheimer（一九〇四〜一九六七年）アメリカの理論物理学者。父はユダヤ系ドイツ人の移民。原子核理論、素粒子論など理論物理学の広範な領域で業績を上げ、一九四一年頃から米国の原子爆弾開発(マンハッタン計画)に関与。四三〜四五年、ロス・アラモス国立研究所所長として原爆製造研究チームを主導、原爆を世界で最初に完成させた。

俗な宗教ですら、人殺しという点では科学者よりは遙かにマシであることが証明されている。

宗教という語を耳にすると、条件反射的に「カルト」と口走る知性が欠落した人物らは、この事実をしかと心に刻むことである。そういう人物らの日常である、カネや権力や左翼・右翼活動やギャンブルやフーリガンのように熱狂するスポーツやコンサートや酒や異性やゲームやファッションや食べ物やスマホ等々への異常に強い依存行為こそがカルト信者そのものであるのだ。ネット上の炎上なる現象は将にその典型的カルト行動ということが出来るだろう。自分のカルト性を自覚することなく宗教を反射的にカルトという人たちは、知性すなわち思考の習慣が欠落していることを意味していることに早く気付く必要がある。そんな彼らも何故か科学者には一目置いている。

科学者は、単なる知識を用いた技術屋なのであって、決して人格者でも、智慧を修得した賢者でもないということを認識しなくてはならない。しかし、こう言っては失礼だが、ドーキンスらとは、プランクやアインシュタインらは格が違う。人格が高潔で高尚である。実績や洞察力もはるかに高い。ドーキンスらの問題は〈知性言語〉で〈叡智言語〉の領域に立ち入った点であるのだ。

単に〈知性言語〉だけで一切を語りたいならば、彼らは大天才ニコラ・テスラに打ち勝ってこなくてはならない。テスラは〈知性言語〉において他の科学者を圧倒していた。かのアインシュタインでさえ、彼には遠く及ばない感は否めない。

型破りな〈知性言語〉体現者　ニコラ・テスラ

一八五六年七月十日の、午前〇時頃、激しい雷雨の中、現在のクロアチアに生まれた大天才にして奇人のニコラ・テスラは知性言語も理性言語も叡智言語もぶっ飛んでしまうぐらいの型破りの〈知性言語〉の特殊例にあたる人物であった。彼は原子は太陽系のような構造であり、素粒子は粒子であると同時に波動であると予言し、アインシュタインらの発見に先んじていたとも言われている人物である。彼こそが真の量子論の発見者かも知れない。アインシュタインら理論物理学者と決定的に異なる点は、かれは技術屋であった点である。彼は単なる理論には興味はなく、エジソン以上に現実に役立つ物の開発をし続けた人物である。そこには理論物理学者の頭の中だけの世界と異なり、実際に開発するための莫大な費用が必要となった。その闘いの人生でもあった。

テスラはかの有名なエジソンと、電流の利権で争っている。エジソンは直流電流を用い、テスラは交流電流を用いてナイアガラの滝を発電に利用するための権利争いを行なっている。

エジソンは自分が勝つために、テスラの交流は非常に危険だと批判し、公衆の面前で交流電流を使って犬や猫だけでなく象までも感電死させている。だが、結局はニコラ・テスラの交流送電システムが選ばれ、世界の電力網の基盤となり、我々はいまもその恩恵に与っている。* 電気なく

ニコラ・テスラ Nikola Tesla（一八五六〜一九四三年）ユーゴスラビア（クロアチア）生まれ、米国の電気工学者。交流電気方式、無線操縦、蛍光灯、空中放電実験で有名なテスラコイルなど多数の発明や、全地球的送電システム「世界システム」を提唱するなど、七百件以上の特許を取得した天才的発明家。

＊
実はアインシュタインの父と祖父は直流電流を用いた会社で生計を立てていたが、交流送電方式がドイツで用いられることにより、再投資する余力がなく倒産し、イタリアのミラノに引っ越し新たな生活を余儀なくされている。何とも因縁深い話である。

して一切の家電は働かないことを思うと、どんな科学者よりも彼は偉大であり、再評価されるべき人物である。それにしても利権の為の動物実験は、エジソンの人間性がよく顕われていて正直ガッカリさせられるところである。彼がこれ程残忍だったとは残念というほかない。その後に、テスラに対して行なった排斥行為も、テスラが常識外れだったとは言え、この残忍で嫉妬深い精神の延長上にあったと見てよいであろう。アメリカにおける科学界の重鎮エジソンにうとまれたことでテスラの立場はだんだんと悪くなった。

テスラは、送電方式だけではなく、電気鉄道や蛍光灯やネオン管や無線通信やリモートコントロールなど画期的な研究は多岐にわたっている。テスラは地球を汚染するような技術を持っても進歩したとはいえないと語る常識人でもあった。

二〇〇七年、二メートル離れた電球へ無線送電することにＭＩＴの研究チームが成功し、称賛されたが、なんとその百年以上前にテスラは無線送電の構想を持ち、一八九九年から一九〇〇年代にかけて、コロラドスプリングスで実験を行ない成功したらしい。だが、資金調達が出来ず実現できなかったのは真に残念だった。

二十世紀初め、テスラはノーベル賞の有力候補だと噂されていたが、彼が宇宙人との交信に情熱を傾けたことで変人扱いをされ、偏見とによってエジソンらの中傷にあい、受賞することはなかったとも言われている。真偽の程は定かではない。

一九一〇年に、フィールド推進や反重力飛行機を構想していたのにも驚かされるのである。将に稀代の天才だった。我々が天才中の天才として疑わないアインシュタインも彼の前では小さな

フィールド推進　テスラは大量の電気で物体が浮く方法を発見し、ウォーデンクリフタワー（情報通信と無線送電を行なう巨大な無線送電塔）から電送される電気のみで飛び、翼も燃料も必要のない飛行物体を作ることが可能と言っていたという。また死の前に、テスラは宇宙船のエンジンを考案したと伝えられた。テスラは、反電磁場駆動または、宇宙駆動と呼んだという。

天才にしか映らない程に、テスラの眼は広大だった。

電気自動車、人型ロボット、太陽光や風力発電などニコラ・テスラの発明が元になっている技術は数え切れない。

睡眠時間はわずか二時間だったというところも奇才の名をほしいままにしている。一方のアインシュタインは十時間以上という長時間睡眠で知られている。

もしテスラの技術が地球で広く認められていれば、電気料金を支払う必要がなく、反重力方式の乗り物が飛び交う世界になっていたかも知れない。

彼の着眼点、発想力、未来を見据えた頭脳はほかの科学者を圧倒するものがあった。たぶん彼にとってアインシュタインレベルは眼中になかったと思われる程の真の天才だった。少し常識外れだったからという理由で完全に科学界が無視している現状に、いささかの懐疑を有するものである。科学者の器の小ささといえばよいのかも知れない。

彼には明らかに〈宇宙言語〉に達している部分が見受けられる。優秀な〈知性言語〉レベルの科学者が到底叶わない〈知性〉の持ち主は、同時に極めて特異ではあったが宗教的であったことも付け加えておきたい。確かに変人であったことは間違いないだろう。しかし、それ以上の才能が有ったことを再評価されてよい人物だと筆者は感じている。少なくとも科学には、この種の多様性が求められていると思う。

叡智言語④　タオとの邂逅《かいこう》

〈叡智言語〉だけが「意志」を認識する

最後に、〈叡智言語〉について語らなければならない。すでに〈感情言語〉〈知性言語〉〈理性言語〉についてはは述べた。ドーキンスやクラウスらが用いているのは感情言語と知性（数式）言語であって理性言語ではない。それ故、彼らはむきになって反対者と対立している。対立は他者の中に生きる以上必然的に生じるものだが、そこでいきり立つかはどの言語の中で生きているかで違ってくる。もし彼らが〈理性言語〉を用いていたとしたならば、何の対立も生じていないだろう。少なくとも原理主義の異常者から彼ら自身への攻撃は有っても、彼ら自身からの他者の人格を否定する形の攻撃はなかったはずである。複雑な計算式の能力は有っても彼らは〈感情言語〉と〈知性言語〉をもって、私はこんなにも知的でお前たちはこんなにも無知だと、ムキになって闘っている。この他者に対して見下すという意識こそが、〈理性言語〉とはかけ離れたものとなる。つまり彼らは、理性言語にも到達していないという事である。ましてやそこに深くして敬虔な洞察を意味する〈叡智言語〉が有されることはない。それに比し、プランクは「全ての人は同等だ」と述べており、人を知性で比較し見下すような人物ではなかった。

〈叡智言語〉とは次元の淵に立ち深淵を望むが如き「透徹した眼ざし」のことである。深遠な直観力と言ってもいい。それはただの直観ではなく「今という次元」「此処という次元」を超越したものである。その意味で知性言語はもちろんのこと理性言語にも「透徹した眼ざし」が欠けているのだ。さらに言えば〈叡智言語〉は一切の干渉から離れたものであり、一切の感情と知性と理性が介在しないものである。もちろん一切の論理が介在できない世界である。そのような世界がある。

それは自然を通して不断に感じ取れるものであるが、誰しもがそう出来るわけではない。つまり、深い洞察力により自然の営みの内側を覗き見、そこに自然原理としての「言語＝力」を感じ取る能力を意味する。人には他人の気持ちがすぐに分かる人と、まったく鈍感でうんざりさせられる程に分からない人がいる。この〈叡智言語〉という存在も、そのような形で実際に作用している。深い直観力がない人には、たとえ数式の妙手でも、垣間見ることの出来ない世界がそこには存在する。

〈叡智言語〉はその意味において特別である。決して凡庸な中で理解できるものではない。もっとも〈叡智言語〉は理解するものではなく獲得すべきものに他ならない。この辺りも〈感情〉はもちろんのこと〈知性〉や〈理性〉と大きく異なるところである。仏教では、そこに執著たる煩悩からの厭離《おんり》を説くと同時に、坐禅を通しての飛躍を図るのであるが、常人にはなかなか越せない世界である。

いわゆる知性言語は通常、学問することによって身に付いていくものだが、叡智言語は、直観的に把握していく力であり、何か習ったからといって、そう簡単に身に付くものではない。つまりその人の人間性（霊性）というものの素養が常に問われてくるものである。だから、そういう深い洞察力を身に付けているのか、付けていないのかということがとても重要である。そのことについて、筆者がいつも言っていることは、自然との触れ合いである。

幼い時に自然と触れ合うことなく、都会のコンクリートジャングルという殺伐とした、非常に利便性の高い所だけで育ってしまうと、この叡智はほとんど身に付かないといっていいだろう。しかし、自然の息吹の中で、優れた素養を持っている人が育てば、この叡智言語が読み取れるようになる。そのような叡智言語を万人が持つようになるためには、幼い時の環境が、もう少し豊かな自然の中にあるように、社会全体がなっていかなければならない。それと同時に、やはり教育という現場で、自然というものをきちんと正しく伝えていくことが必要であろうと思う。敢えていうならば、自然の心というものを読み取り伝えるという、大人から子どもへの教育が必須である。今の日本では、これが欠落してしまっている。

人間を教育する、子どもを教育するという意味では、大方は母親と学校の先生に依る所が大きい。母親が愚かだったら、子どもの成長はうまくいかない。学校の先生が愚かでも母親がしっかりしていれば、その子は何とか大丈夫である。しかしながら、逆に母親が愚かでも先生が立派な人だったら、母親をカバーしてくれる可能性はある。両方が共に愚かだった時がアウトである。クラスメイトがみんな愚かだったら、もっと、さらに、ダメである。本人だけの意識で全てがうまくいくわけではないからだ。そういう形での叡智言語を獲得することが、とても重要になる。叡智言語の獲得は、自然との豊かで深い関わりである。これなくしてはなかなか難しい。もちろんそこには、自然を通しての深い洞察が求められることになる。ただ自然の中で無邪気に遊んだだけの子どもに叡智言語が宿ることはない。

叡智言語を身につけようと思うなら身近なところでは、坐禅瞑想からスタートしていくといい。広い意味では深い思考の海に漂うのも瞑想に入る。学者が単に論理を追いかけるのは瞑想とは言えないが、究極の解を求めて深い思索の状態に入っている様は瞑想である。単に坐を組むだけをもって瞑想というわけではない。しかし、真に深い定《じょう》と呼ばれる状態を導くには坐禅を行なう必要がある。

何であれ、人の存在は単に知識を求めるだけでは解明できないことを人は認識する必要がある。

遍満する〈タオ〉をどの言語次元で捉えるか

言語世界の認識は未だ不充分だと思われる。心理学分野では多くの研究者によって心の研究が

十二因縁（じゅうにいんねん）(2)
人間の苦の発生の原因と滅する方法を説いたもので仏教の基本的教え。人間の苦の原因を①無明（むみょう＝真理への無知）②行（ぎょう＝潜在的形成力）③識（しき＝識別作用）④名色（みょうしき＝名称と形態）⑤六処（ろくしょ＝眼耳鼻舌身意の六感官）⑥触（そく＝接触）⑦受（じゅ＝感受作用）⑧愛（あい＝渇愛）⑨取（しゅ＝執著）⑩有（う＝生存）⑪生（しょう＝生まれること）⑫老死（ろうし＝老いて死ぬこと）の十二の因果関係（縁起）によって説明した。

進んでいるがこの言語世界という次元を扱ったものはない。全ての言語が同じ次元のものとして扱われ理解されている現状では〈感情〉〈知性〉という質量の多い言語が他を圧倒し優位に立ってしまう。しかしそれは間違いだ。言語も、それぞれの意識と連関して成立し独自に成り立つことはない。通常我々が持つ意識に先立った言語次元が現前するというと、違和感を覚える人が多いようだが、通常意識の前に言語次元の意識が、言語次元の意識の前には何らかの意識そのもの（純粋意識）が存在する。

それは「タオ」と呼ばれているものである。

これは仏教哲学の十二因縁と絡むことである。我々は、色《しき》という外の世界といつも向かい合っている。目が見えない人もいるので、自分の感覚に入るものといった方が分かりやすいかも知れない。自分の感覚というものがこの世界を捉えている。そう捉えられている世界がある。その捉えている世界というものを、ありのままに見ているのか、それに何かを付け足して見ているのか、ということが一つのテーマになるわけだ。ありのままに見ている人はほとんど存在しない。機能言語の所で痛みの話にあったように、我々は必ずそこに何らかの感情を加えていくわけである。あるいは、何らかの思考をそこに入れ込んでいくのである。

例えばそこに太陽の光があったとしよう。太陽が見えた時に、普通の感覚で言うと、夏場だと「あ、いやだ」となる。「暑い。日影がいい。日差しがない方がいい」と欲求する。夏が大好きな人たちは、「太陽だ！　やった！　泳ぐぞ！」となる。人によってそれぞれ違うものだ。冬場になると、全員が共通して、「太陽だ、嬉しい、あったかい、気持ちいい」という感じになるものだ。

春だと、ぽかぽかとした太陽の陽射し、あるいはその中のおだやかな風といったものを含めて、陽光というものが幸せのシンボルとして受け止められていく。

我々が単純に光を見て最初に受け取るのは、あのまぶしさと熱である。物理学的にはそこに紫外線があったり、放射線が来ているわけだ。磁力も含めて、そういうものを浴びている。このように客観的な事実だけを受け止めるのが、機能言語の働きである。客観的にただ受け止めるだけ、という時には、その人の心はさらである。ゼロであるわけだ。だがその時に、「あー暑い、いやだ、やめてくれー」と、不快感が出たり、冬場だったら「あー暖かい、もっともっと太陽に当たっていたい！」という欲求が出たときには機能言語から本能言語へとその働きは移行している。嫌悪であれ欲求であれ、仏教的にはその両方ともが執著と呼ばれるものである。

そう考えると、実にこの執著を去るということは、極めて困難であることに気付かされる。

しかし仏教が説いていることは中道であって、シャバにあっての中道とは、節度を知ることである。冬場に太陽の温かみがほしい、光があって気持ちいい、という気持ちが度を越さないこと、となるわけである。だから、素直にそれを喜ぶ、ただそれだけでそれ以上に喜ばない、ということを意味するのである。それ以上に欲求しない、が一つの解である。

我々が生物として生きる以上、食物を摂取しなければならないけれども、それが度を越す人たちがいる。過剰に摂取をする。それは必要ないのだが、多くの人が過剰摂取をしてしまう。これが欲望の部分である。これが執著の部分である。だから、その部分の執著をまずは去れということが修行の第一段階にある。過不足の部分、それは過剰性である。足りないところも過剰な部分、

中道（ちゅうどう）　仏教の実践についての基本的な考えで、対立しあう両極端の立場を離れ、どれにも偏らない中正な立場を貫くこと。執著を離れ、正しい判断をし行動すること。

シャバ（娑婆）　大乗仏典において、釈尊の教化する世界である彼岸（ひがん）の浄土に対して、此岸（しがん）の有情の世界、すなわち我々、有情（うじょう）の住む世界のこと。

過ぎたところである。その過不足の部分をゼロに戻すのを修行というのである。これが、執著を去ることのまず第一段階である。そうすることによって、〈叡智言語〉が聞こえてくるようになる。欲望に支配されている限りにおいては、叡智言語は出てこない。すなわちタオとの出会いが生じない。だから、食欲に支配されている人にタオは絶対に分からない。感応することはないのである。

タオと修行

「タオ」は、全ての言語の中に息づいている。タオとは絶対なる自然神、汎神論的な意味合いの絶対神。変な言い方だが、神であるわけだ。つまり、中国においては、インド哲学で言うところの根源的な精神、純粋な精神としてのプルシャと呼ばれているものとタオが同じものとして語られる。だから、タオとは神に他ならない。だが、それは間違いである。タオはあくまでこの宇宙という限定された世界の中に於ける究極的なエネルギーなのであって、それを創り出してきた根本のプルシャという存在ではない。そこは間違えてはいけない。

しかし、この宇宙が誕生した時からこのタオも誕生し機能し始める。だからタオは、根本原質としてのプラクリティという位置づけになる。それ故、タオに意志はない。しかし、タオには感応がある。タオには言語がある。プラクリティ以降の存在であるが故に、タオも言語であるわけだ。しかしそれは当然、いわゆる他の言語と同一次元の言語ではない。それは全てを底辺で支え

プルシャ　人間、男を意味するサンスクリット語。『リグ・ヴェーダ』では原人の意で、これから一切万物が発生したと説かれる汎神論的原理。サーンキヤ哲学では、物質的な根本原理プラクリティと対立する精神的根本原理を意味する。ヴェーダーンタ哲学では一般的に個人我を意味する。

プラクリティ　根本的な質料因。サーンキヤ学派の重要な概念で、プラダーナともいい、通常は根本原質と訳される。この学派は世界原因を二元的にとらえ、神にあたるプルシャに対してプラクリティという物質的原理を立てた。これは活動性を固有し、純質、激質、翳質の三つの構成要素から成つため、トリグナ（三つの性質をもつもの）ともいう。

ているところの存在である。だから、どのように低い次元の言語を用いていたとしても、その人は常にタオに抱かれているのだ。タオは全ての言語を抱いているからである。従って、どのような人もタオの中に癒される、自分を少し抑制して、自分から離れて、本質に自分の心を向けた時には、どんな次元の人も、このタオと触れ合うことが出来る、そして癒される。そして、タオとの融合を感ずるようになる。それが自然の中での「気持ちいい！」という万民共通の感覚であるのだ。それがタオとの出会いの始まりである。

それ故に、仏道に出遇う人たちには、俗に言う秀才の人もいれば、凡才の人もいる。お釈迦様の弟子には、頭の回転の悪い人もいくらでもいた。気の利かない奴だと言われるような人でも、仏弟子になることが出来た。それは、彼らの中にタオというものが根付いていたからである。それをどれだけ感受できるかは別問題として、そこに縁が生じるのである。タオというものを潜在させていなければ、そのような凡才に真理との出遇いは有り得ない。だから、いわゆる秀才が、仏陀と縁が出来るということではまったくないのである。タオというものがいかに現われるかが、仏陀のような偉大な存在との縁につながっていくのだ。それは、言葉を替えるならば、その出遇いの時に、いかに心が素直かを因として縁を生じさせるのである。

だから、学校の成績が悪くても仏法と出会うことが出来る。しかし、やはり呑み込みの悪い人たちというのは、最高の叡知に到るのは正直難しい。しかしながら、秀才と言われていて社会的に優れた地位についているような、あるいは科学者になっているような人であっても、このタオ観を持ち得ない人たちに、法の真実と出会うことはない。つまり、救いがそこには生じない。そのような縁が生まれてこない。そのようなタオの存在を禅定者は感じ取ることが出来る。

もし斯書に興味が湧くようであるならば、あなたにもこのタオの優れた能力があるはずだ。すなわち感受性があるだろう。だから、斯書で感受性や感性というものを知性よりも低いものとしてはならないと言っているのはそのせいである。もちろん、単純に順列をつけていけば、低い高いという表現ではなく、前段階として感受や感性があり、その後に知性が出てくるという形にはなる。しかし、感性が知性に劣るということは基本的にない。

タオは全ての言語に宿る

（円形の図について）この世界を一つの円で表わしている。そのどの場所にもタオが存在する。一番真ん中に「純」という字を入れているが、プルシャと入れてもよい。それは、一番根本部分であると同時に、一番外側部分でもあり、そして全ての内側を収めているものでもある。ここは間違えてはいけない。「叡智言語」はタオとそのままイコールになる。

そして、宇宙で言うところのビッグバンが生じる前段階の特異点と呼ばれているところを越えて、無と呼ばれるところ、我々の存在概念では、物理概念ではまったく理解できないところの無というところの純粋精神、純粋意志が働きかけて、我々のこの世界にこのような形を造らせているということになる。

特異点　ビッグバン発生時には巨大なエネルギーが一点に集中し、大きさがゼロで密度が無限大の「特異点」が生じるとされる。第四章に詳述。

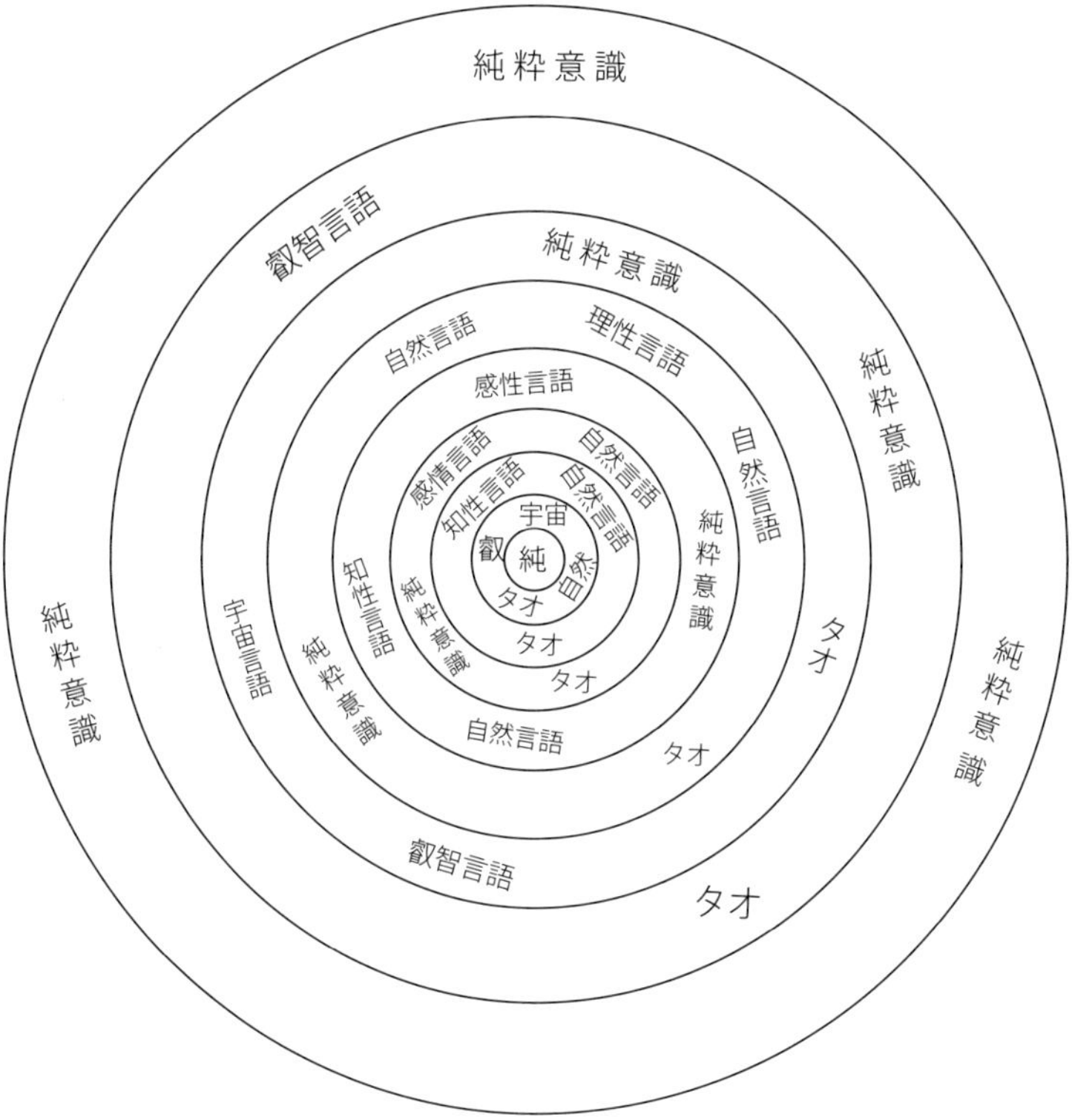

純粋意識
叡智言語
純粋意識
自然言語
理性言語
純粋意識
感性言語
自然言語
感情言語
自然言語
知性言語
自然言語
宇宙
叡
純
自然
タオ
純粋意識
知性言語
宇宙言語
純粋意識
純粋意識
タオ
タオ
タオ
自然言語
タオ
純粋意識
純粋意識
叡智言語
タオ

だから、我々はどこにいてもタオと出会える。どこにいても純粋精神と出会えるはずだ。ただ、純粋精神を純粋精神のまま、我々が感受することは出来ない。この純粋精神なるこの世界を創った主は、見る存在であって、我々は見られる存在でしかない。見られる存在は見る存在を見返すことが出来ないからである。この事は禅定者にならない限り、一般人には一生かかっても理解できないだろう。たった一言だが、理解するまでにとんでもない時間を要する。頭でいくら考えても、理解できることではない。そのためには、坐禅が必要である。だが坐禅したからといってすぐに理解できるものではない。やはり、その人の持って生まれた優れた能力、感性と坐禅がセットになって、初めてそれは顕われてくるものだ。無理というのは厳密には存在しない。全ては可能である。だから、あきらめずにやるしかない。坐禅瞑想を続けないといけない。ただし、十時間の坐禅が出来ないレベルでは、この境地には到達しない。最低限十時間の坐禅が出来ないようでは、そもそも話にならない。

そういうわけで、このタオというものが潜在するということをしっかり感受することが大事である。

プルシャと無極

究極の純粋意識についてはインド哲学などで語られており、先のプランクが語っているところの創造者を指しているのだが、ここでいま述べている〈純粋意識〉とは究極の根源としてのそれではなく東洋の思想としての「タオ」の一部のことである。それはビッグバン以降の作用原理であって決してビッグバン以前の究極の根源としての純粋意識を指すのではない。インドのサーンキヤ哲学に言う絶対原理の「プルシャ（純粋意識）」とは、プランクがいう創造者のことである。それはキリスト教的人格神を指すものではなく仏教的非存在的存在を意味している。

一方、プルシャから誕生しビッグバン宇宙そのものとも言ってよい「プラクリティ（根本原質）」は老子のタオと共通する。東洋哲学に言う無極（プルシャ）と太極（プラクリティ）の関係でもある。元々の本来の意味としての太極はプルシャであり、同時にプラクリティという変化を持つ概念であったのだが、後世、無極を立て、太極を下の概念と位置付けた。「タオ」とはこの陰陽二原理を生み出す太極を指すものである。そして、情報としての言語が自然発生的に生まれ外界に向かって放たれているというのが自然の姿である。その言語（情報）を聞き取れる次元の耳をどの心の中に持つのかが問われているのだ。自分の主体となっている言語をもって聴き取らなければならない。

言語も、パラレルな世界の中で多次元の作用を受けて感受されているのである。その違いが分からない限りインド哲学や仏教哲学の神髄を理解することは出来ない。東アジアで語られるところの「タオ」という概念も多様な次元の中で感じ得る世界観なのであって一方的な方向性を持つものではない。それは大いに異なった次元の中で多様な〈言語〉との接触を通して感受されるものである。「タオ」とは〈次元言語〉の中に存在するものであり次元言語そのものである。

サーンキヤ哲学　インドの正統バラモン教に属する六つの哲学学派の一つ。開祖はカピラ。ウパニシャッドの伝統的一元論に対し、世界の原理として精神的原理（純粋精神プルシャ）と物質的原理（根本原質プラクリティ）の二元論により世界の生成転変を説明し、物質的原理の束縛を離れ苦からの解放（解脱）を目指す。純粋精神はそれ自体で活動することなく、ただ根本原質を観照するのみ。これに対し根本原質は物質的展開の質料因で、純質、激質、翳質という三つの構成要素が平衡状態を失ったときに活動を開始する。物質的諸現象は、これから派生する二十五の原理で説明されるとする。現存する最古の原典はイーシュバラクリシュナの『サーンキヤ・カーリカー』。

現代人は知性言語に囚われてしまい、知性という権威者に強い影響を受けてしまっている。テレビ、ネットなどで学者が出てきて何か言うと、オウム返しにそれを恰も自分の知見が如くに、今度は人に喋っているという人が多い。自分で考える力を持たなくてはならない。学者たちも学者村の知見なのであって、それは全てではないことを自覚しなくてはいけない。

正邪を包摂するタオ

大事なことは、この言語次元というものを自分の中でしっかりと、高い次元で身に付けないといけないということだ。知識次元、知性次元は、学校で習えば、本を読めば身に付いていくが、叡智次元はそうはいかない。その手前の理性次元も、なかなかそう簡単には身に付かない。そういう意味において、この叡智をいかにして身に付けるのか、それはタオというものの感受性とイコールであるのだということを知っておく必要がある。

しかしながら、低い言語次元の人が観ずるところのタオ観というのは、極論すると、原始のアニミズム的なものになっていく。巫女さん的なものになっていくわけだ。筆者のとはまったく異質ではあるが、彼らもそこにある種のタオを感じているわけである。だから、人類の初期の段階においては、そういう巫女的な立場の人たちが社会をリードし形成させていった。その中に、正しいかどうかは別として、少なくとも何らかの次元のタオ感がそこには芽生えていたわけである。

それらは未だ〈叡智言語〉までには進化していない。

人に悪がある以上、タオには悪を形成させる何らかの基礎作用があると考えなくてはならない。いわゆる破壊と創造の破壊性というものとの関連がそこに考えられる。宇宙という観点に立った時には恒星の巨大な大爆発などが悪原理と関係するかも知れない。四章以降で述べるように、それによって後々の宇宙を形成させる重金属が生まれてくる。そうやって生命まで誕生するところまで来るわけだ。そしてまた、その中で、恒星は常に大爆発をし、周りのものを全て破壊し、そして、新たな違うものへと変異していく。遂には光を放たなくなる。そうこうしているうちに、何兆年か、果てしない未来において、この宇宙は崩壊へと向かうことになる。

そういう生滅の世界を、我々は内在させている。創造と破壊、破壊と創造というものの中に、我々は組み込まれている。破壊性というものが我々に悪事を為させる。悪事を為させるということは、その悪事はどこかで善事につながるはずなのだ。そういう複雑で難しい、一見矛盾するこの原理を何の矛盾もなくすっと理解できるようになったときには、〈叡智言語〉を身に付けたと考えていい次元にあることになる。


筆者の体験から言えばそれは「玄玄（くろぐろ）とした生き物」である。将に生き物そのものである。それこそが宇宙を支配する電磁場の姿なのではないかと推定する。あるいは超弦理論にいう「ひも」そのものかも知れない。或いは、むしろ「次元」そのものと言ってもいいようにも感じている。いまどきの物理用語でいうなら「ブレーン（膜）」である。それらが人の心と接触したときに「生き物としてのタオ」が感じられるのではないかというのが、私の仮説である。何であれ、古より東洋の聖人たちがその魂を感じ、そこに大いなる安らぎを覚えてきたことは確かである。その言語次元に入ったものは実に不可思議な世界を知ることになる。この世界とは違う一種独特の世界がそこには展開する。

斯書を通して宇宙原理と偉大な東洋の聖人たちのことばやインド哲学および仏教哲学との比較の中で、覚者と言われる偉人たちの透徹した真理追究の〈叡智言語〉に触れていただきたいと思う。二千五百年前の仏陀が紡ぎだす究極の真理は〈空《くう》〉である。それは、一切の存在を否定し自性（個の絶対性）を認めない。存在という思考も理論物理学者が気付いた遙か以前に、紀元前のその時に彼ら禅定者は見出していた。そういった数々の事例と哲学を紹介しながら、ここ百年の偉大な物理学の大発見と比較してみたい。仏教を葬式宗教と思っている人たちにとっては、驚きの内容であり、その深さと科学性に叡智言語の究極の姿としての仏教哲学の凄みを感じられることだろう。

第三章　ノーベル賞物理学者らのタオ観

タオと宇宙観

仏教の教え

二章で語った〈意識言語〉に精通してくると全方位で意識が作用するようになる。つまりそれは、二面において発展する。すなわち、自然言語を読み取れるようになることで生物として生きることに必要な情報が入手できるようになり、自身の存在が決定的に力強く発展的となることである。もう一つは、自身の内面すなわち精神性が叡智を身に付け知性を使いこなすようになることで、あらゆる難問にも対処できるようになるということである。仏教が説く『悟り』という世界も、この延長の中で訪れるものであると推定されるのである。いまや仏教というと芸術としての寺院や仏像と葬儀や法要しか連想されなくなってしまったのだが、それらは本来ゴータマ仏陀（お釈迦様）が説かれたものではない。それどころか、仏陀はそれらに一切関わってはならない、

大陸哲学　ドイツ及びフランスを中心とする大陸ヨーロッパで十九世紀以降主流となった現代哲学のこと。ドイツ観念論やヘーゲルの影響が強い。批判理論、脱構築、実存主義、解釈学、現象学、構造主義など。分析哲学（イギリスやアメリカを始めとする英語圏で十九世紀後半から二十世紀以降主流となった）に対する呼称。

と厳しく戒められていた事柄であった。にも拘わらずそれが主流になってしまっているのが現状である。そういう意味では、今の仏教は仏陀の教えとは違うものであるという事になる。それは、キリストの教えがバチカンのあり方とは違っているのとまったく同じである。そこが組織運営の難しさでもある。だからといって組織が存続しなければ仏陀やキリストの教えが広まることもなかった。

では、仏陀は何を説いたのであろうか。それは「無自性空」の宇宙原理であった。一言で言うならば、この世に絶対なるものは存在しないという事である。それは更に「この世は存在しない」という帰結に到達する。今や、量子物理学の発達で物理学者はもちろんのこと、それに強い影響を受けた哲学者までもがこの世は存在しない、などと声高に言い始めたのだが、仏教を長年学んできた筆者などには少しうっとうしくも感じられるのである。

仏教哲学を学ぶ者は、その言葉が同時に修行を意味することと同義に伝わるのだが、現在、若い哲学者を名乗る人たちの「存在の無」観はただの理屈の世界で、まったくその深みに辿り着いておらず、空々《そらぞら》しく虚しく響いてくるのである。その点、理論物理学者たちの方が数式という客観性を武器に分析を進めるため、自己に対しての厳しさが要求され、その解が脳に突き刺さり、今どきの哲学者よりも理解が進んでいるように筆者には感じられる。この分野は古い哲学者の方が理解が深かったように思う。にも拘わらず、アメリカではすっかりヨーロッパ哲学（大陸哲学）が顧みられなくなってしまったのはまことに残念である。

東洋の叡智と科学の出逢い

仏教哲学は「存在」を次のように表現する。

『八千頌般若経《はっせんじゅはんにゃきょう》』において、仏陀は舎利弗《しゃりほつ》にこう語るのである。「舎利弗よ諸法は無学な幼児や凡夫が執著しているようには存在していない。」そこで舎利弗が「ではそれらはどのようにして存在するのですか」と問うと、仏陀は「現に存在しないという形で存在するのだ」と説かれた。無学な子どもや凡夫は目に見える事象にこころが奪われ、執著し、真実には存在していない諸法（この世界）を真実の世界と思い、有る無しの観念に囚われて常住（有る）と断滅（無い）に分別し、執著して法（事象の法則原理）の真実を見ず、存在しないものに一方的な解釈を加えて執著し続けているのだと言われたのである。このようにあらゆる分別（執著）から離れることを仏陀は説き、そのための修行が重要視されたのである。何故ならあらゆる事象もこの世界も錯覚であり、目に見える世界には真実は存在していないと捉えたからである。この錯覚の世界からいかに抜け出すかということが仏教の存在目的であるのだ。

では「現に存在しないという形で存在する」とはいかなることであるのだろうか。それは今や誰もが知るようになった量子力学における素粒子の存在を指した言葉ということが出来る。すなわち、物質の究極の姿である素粒子は粒子と波として運動しているが、その実態を確認しようとしても実体としては存在せず、不思議な性質を有し、それが電磁気力や「強い力」等の力によっ

舎利弗（シャーリプトラ） Śāriputra
紀元前五世紀頃の人。釈尊十大弟子の筆頭。智慧第一と称される。舎利子とも。中部インドのマガダ国のバラモンの家に生まれ、懐疑論者のサンジャヤの元で修行していたが、仏弟子のアッサジの教えを聞き、目連およびサンジャヤの弟子二百五十人とともに仏弟子となった。

て仮の姿（原子）を形成し、分子を作り遂に人間や森羅万象を創り出した、その幻想的構造を指したものである。だから、人の世のあらゆる事象に対してもこころが囚われてはならない、という。この世界はニセモノの世界だと仏陀は強調する。それは将に筆者が見た間違いのない現実という夢の状態を指しているのである。

量子論の確立に貢献したデンマークの理論物理学者にしてノーベル賞受賞者のニールス・ボーアは仏教哲学を学ぶことで量子論を進化させるきっかけとなった。彼は「心理学のようなまったく別の科学の部門や、さらには仏陀や老子といった思想家がかつて直面した認識論的課題に向き合い、大いなる存在のドラマの中の、観客であり演者でもある我々の立場を調和あるものとするよう努めなければならない」と興味深いことを述べ、人生の後半を東洋哲学の研究に注いでいる。

あなたは思うだろう。現代物理学がたとえ物質の存在の絶対性を否定しているからと言って自分のこの感覚、自分という意識、毎日の生活という実態をどうして否定できようか、と。ここを読んでいる全ての読者がそう思っているに違いない。そういう意味において、その〈感情言語〉と〈知性言語〉と〈理性言語〉は同じ見解に辿り着くだろう。ただし、知性言語の中の〈数式言語〉だけはこの実態を証明し理解するのである。この時ばかりは理性言語も知性言語に後れを取ることになる。そしてかくのごとく知性言語は語るのである。「この世は存在しない」と。

量子力学という言語は科学の中でもとびぬけた言語次元である。そこはもはや三次元のこの世とは思われない世界が展開する。個の存在の確定などどこにも出来ない状態の世界であるのだから、このミクロの世界の集積があなたを作り上げ世界を成り立たせていると思うと、なんとも不思議な気分にさせられる。しかしそれが真実であるのだから驚かされる。

このミクロの世界を解明している量子論とマクロの世界を解き明かしたアインシュタインの一般相対性理論の融合がなされなければ、存在という錯覚の正体を明らかとすることは出来ないと言われている。しかしそれは一つの存在認識上の話であって、仏教が説くようにそもそもこの世は存在していないという事になると、更なる理解が求められることになる。

シュレーディンガーの猫のパラドックス

次にシュレーディンガーの猫の話をしよう。彼は量子の世界においては観測者がのぞき込むまでは対象の猫は生きていると同時に死んでいる状態なのだと語っている。どこかで俺のことだ、と囁いた御仁がいそうな話だがそう単純なものではない。

彼は量子の動きについて実験を重ねてみた。

一九二六年、シュレーディンガーは、量子力学の基本理論となる「波動力学」を発表した。翌年にはハイゼンベルクにより「不確定性原理」が提唱され、さらにはボーアと弟子たちによる「電子の波の収縮」「確率解釈」などが発表され、現在の量子力学の主流となる理論や解釈が確立されていった。

しかし、ここで量子力学の電子波（物質波）を巡る論争が起こる。シュレーディンガーによる

波動力学　電子は、粒子かつ波動であり、その電子の振る舞いを方程式で示したもの。この方程式を「シュレーディンガー方程式」ともいう。

不確定性原理　量子力学においては、物質の位置と運動量（質量×速度）を同時に決定しようとすると、一方を正確に測定すれば他方は原理的に不正確となる。それぞれの不正確さ（位置、運動量）の積は作用量子hと同程度となる。量子力学の根本をなす重要な原理。

電子の波の収縮　原子内における電子は粒と波の二重性を持ち、観測されない時は電子は広がった波として存在し、広がったすべての場所に同時に存在する「重ね合わせ」の状態にある。観測された瞬間、電子は一点に収縮し、一個の電子となって現われるとした理論。波束の収縮。

確率解釈　観測されるのは波が収縮した瞬間の電子であり、それがどこで発見されるかは確率的にしか予想できない、とする。

波動力学は、ミクロ世界の運動法則理論であり、その波動関数ψ（プサイ）は、人間には当てはまらない「次元の違う波」とされた。ボーアたち主流派のコペンハーゲン解釈では、この実体の無い物質波が何を意味するのか分かっていなかったが、シュレーディンガーは波動関数ψで表わされる電子波は「実在」する波だと考え対立した。アインシュタインも同様の立場であった。

一九三五年、アインシュタインはポドルスキー、ローゼンと共著論文を発表し、ボーアやハイゼンベルクらの量子力学の立場に疑問を呈した。これに呼応し、同年にシュレーディンガーはDie Naturwissenschaften誌に「量子力学の現状」を発表した。この論文の中で、彼は猫を使った思考実験によって、量子論が抱える問題点を指摘した。これが後年「シュレーディンガーの猫」と呼ばれるようになったパラドックスである。

「シュレーディンガーの猫」

シュレーディンガー自身による説明をここに紹介する。

「次のようなまったく滑稽《こっけい》な例もつくることが出来るのである。猫を一匹鋼鉄の箱のなかに、次のような地獄行きの機械と一緒に閉じ込めておくとする（ただし、猫がこの装置に直接触れることのないように用心しておかなければならない）。一つのガイガー計数管中に微量の放射性物質を入れておく。この放射性物質は、一時間のうちにそのなかの一個の原子が崩壊するかあるいはしないかという程度に、ごく微量のものとする。もしこの崩壊が起こったとすれば、計数管は鳴り、リレーによって箱中の装置のなかの小さなハンマーが動いて、青酸ガス入りの小瓶《こびん》が割れる。

この全体系を一時間の間、そのまま放置しておいたとする。その間に、もしも一個の原子も崩壊していなければ、猫はまだ生きているということが出来るわけである。最初の崩壊が起こっていれば、猫は毒殺されてしまっているはずである。全体系のψ関数を使ってこの事情を表現しようとすれば、全体系の波動関数には生きている猫と死んでいる猫とが同じ割合にまじっている、同じ割合で塗り込められている、ということになる。」（『量子力学の現状』井上健訳）

このパラドックスを理解するには量子力学における素粒子のふるまいを知らなければならない。量子力学の法則の一つに、ミクロな物体はいくつもの異なる状態を同時にとる、というのがある。原子は、エネルギーの高い状態と低い状態を「重ね合わせ」た状態でとることが出来る。この状態にあるエネルギーを測定しようとすると、観測した瞬間に変化（波束の収縮）し、どちらかの値が得られる。高いか低いかのどちらに収縮するかは観測してみないと分からない。しかし、どちらに何％の確率で収縮するかは予測（確率解釈）できる。ここに観測者の意志の関わりが論じられることになり、未だに論争は続いている。この点については、当時、純粋に物理法則を追究していたアインシュタインが一番の論敵であったのだが、現在は感情的な唯物論者がその主流をなしているように思われる。

これを猫の実験に当てはめると、毒殺装置のスイッチには、放射性物質というミクロな物体を用いている。よって、量子力学に従い、観測前の放射性物質の状態について「原子核崩壊を起こした状態」と「原子核崩壊を起こしていない状態」が重ね合わせになっていると考える。観測すれば、原子核崩壊の有無は即座に判明する。

「シュレーディンガーの猫」の思考実験

波束の収縮（イメージ）

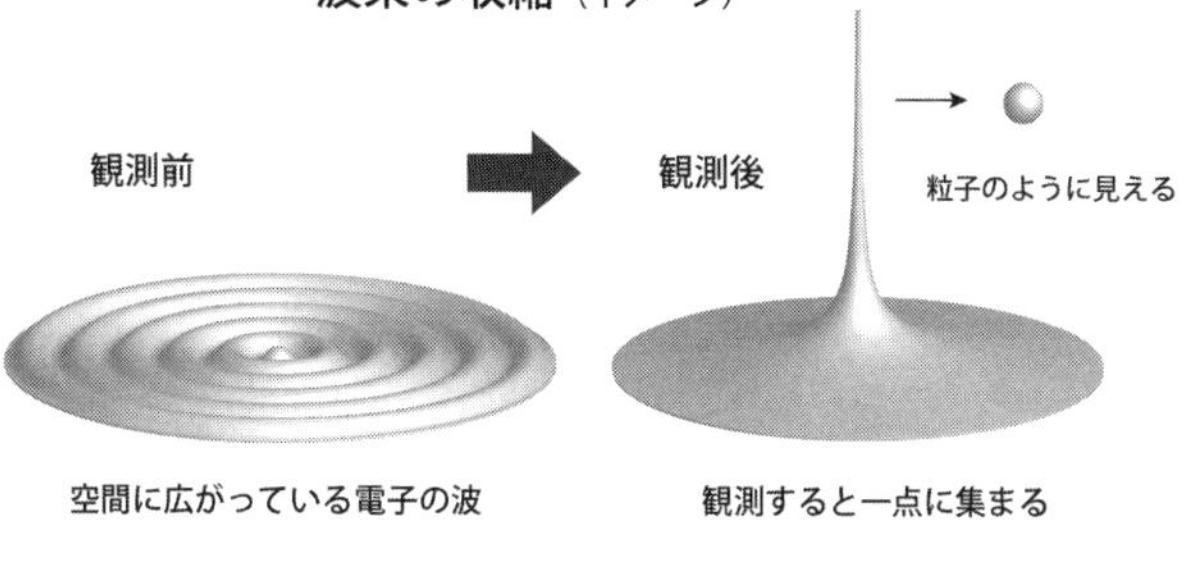

原子核崩壊（アルファ崩壊）が起きれば、放射線が放出され、放射線を検出した装置は、瓶を割る信号を送る。瓶が割れれば、中の毒ガスが放出され、猫は死ぬ。一方、原子核崩壊が起きなければ猫は生きている、という「重ね合わせ」状態にあるとするものである。つまり、量子論に基づくと「生きていながら死んでいる猫」という現実には想像し難い状態が出現する。この思考実験は「観測」することの意味についても疑問を呈している。観測する前には「重ね合わせ」の状態にあるが、観測した瞬間に波が収縮し、一つの状態に決定する。この猫の例でいえば、生と死が重ね合わせになっていて、「観測」という行為によって、生と死のどちらか一方に決定する。普通に考えれば、そんなバカな！という理屈である。しかしこれが真実であるのだ。

シュレーディンガー自身が、これを「滑稽《こっけい》」だと述べているが、それは、ミクロの世界とマクロの世界が、同じ原理で貫かれる連続した世界であるはずだという固定観念に起因している。無から有が生じたというビッグバン説に立つならば、この現象は何の矛盾もなく無機質から有機質への相転移の介在者としてのヌクレオチドや無生命から生命への介在者としてのウイルスなどの存在的作用同様に、無と有を繋ぐ作用として捉えれば、むしろ自然な現象と受け止められるのである。シュレーディンガーはボーアらの人間の意思解釈を認めない立場であったが、彼の理論は後にハンガリーの数学・物理学の大天才フォン・ノイマンから量子力学の数学的枠組から収縮を導き出すことが出来ないことが証明され修正されている。つまり、「神様はサイコロを振らない」から「サイコロを振る」ことが証明されたのである。

なお、このアインシュタインの表現には誤りがあることを説明しなくてはならない。「神はサ

ジョン・フォン・ノイマン
Johann Ludwig von Neumann
（一九〇三～一九五七年）ハンガリー生まれ、米国の数学者。ヒルベルト空間論を展開して量子力学を数学的に基礎づけ、第二次大戦後は電子計算機論・数理経済学・ゲームの理論を研究した。

ゆらぎ　一般に平均量からの個々の値のずれ、または平均値の近くで変動する現象全体。

イコロを振らない」という概念はその通りだと筆者も思う。しかし確率解釈自体はサイコロを振ることを意味しない、ということである。何故アインシュタインはこの基本概念を理解し得ていなかったかは、彼の誤った静止宇宙論という固定観念同様に、ハイゼンベルクの不確定性原理への無理解等に見る究極の神の原理に対する物理学者ならではの無知からだったのである。

彼が考えたサイコロは神的にはまったくもってサイコロではなく正当な行為であったというにすぎない。後に述べる「ゆらぎ」こそが「神」の存在そのものを意味していることに彼らは気付けていないのである。ただし、ここで言う「神」とは、読者がイメージする神のことではないので、注意をして頂きたい。仏教哲学に依拠している立場の筆者には、その様な神など存在しないからである。

波動関数の収縮

空間内の電子が観測によって一点に見出されることを「波束の収縮（束）」や「波動関数の収縮」という。ボーアたちが発見して以来百年が経つというのに未だ、この問題は解明されていない。なぜ観測によって波動関数が収縮を起こすのか、位置を特定すると速さ（運動量）が不確かとなり、速さ（運動量）を特定すると位置が不確かとなるという不思議な量子の世界を、誰も解明できていないのが現状である。観測者が現われない限り電子がどこに位置しているのかまったく判

ヒュー・エヴェレット三世
Hugh Everett III
（一九三〇〜一九八二年）米国の物理学者。専門は理論物理学、量子力学。一九五七年、博士号の要件を部分的に満たすため、プリンストン大学に一九五七年三月一日付で「エヴェレットの多世界解釈」の元になった論文を提出。当時はほとんど受け入れられず、失意の中で物理学界を去り、五十一歳で亡くなった。

明しない（観測者の意思の関わりを暗示）という事実に、物理学者たちは皆とまどっているのだ。その中で、シュレーディンガーの方程式は確率として電子の位置がどこに収束するかを示した。

近年、この猫のパラドックスの解釈として「多世界解釈」が説かれている。これは、パラレルワールドの概念とは異なり、一つの世界のサイコロの違う面の次元という発想であり、その違う面に生きた猫と死んだ猫が存在するという考えである。これは、一九五七年に当時大学院生であったヒュー・エヴェレット三世によって提唱された解釈から派生したもので、この論文発表後、十年以上も誰にも見向きもされなかった。評価されたのは彼の死後であったという。この多世界解釈では、世界は可能性の分だけ複数に分かれていくとし、この猫の場合は、箱のふたが開けられた瞬間に「猫が生きている世界」と「猫が死んでいる世界」に宇宙が二つに枝分かれし、同時に存在していく。観測している側も「生きている猫を確認した世界」と「死んでいる猫を確認した世界」とに枝分かれし、同時に存在していく、とする。この解釈のおかげで今日では量子宇宙論の研究者たちがコペンハーゲン解釈では解けなかった難問を回避できるようになった。それが真に正しいか否かは、これからの研究による。

そもそも波動関数の場合は、収縮の位相速度が光速を超えるという重大なパラドックスを生じさせていて、混乱は未だ続いている。もし光速を超えるという物理世界ではあり得ない現象が起こっていれば波動関数の物理的実在は否定されることになる。そうなると、では、それは何かという次の難問が生じることになる。これが量子の世界である。

波動関数とは、物体そのものの根源的「純粋状態」の波動のことを意味する。それはシュレーディンガーの猫の状態のことであり、物体が同時点で複数の異なる状態であることを意味する。それは物体（厳密には量子）が超光速で相転移し続けているということである。しかも、そのスピードが光速を超えているということだ。これこそが将に仏教が説く刹那生滅であるのだ。無から有が生じるという将に「神の領域」に入り込む時には物理法則など簡単に破られることになる。

無と有の介在次元

シュレーディンガーの思考実験で興味深いのは、無の世界と有の世界の中間的作用をイメージさせることである。それは後の実験によって未来が過去へ影響すると考えられる結果を導き出すに到っている。仮にそれらが違う結論に最終的になったとしても、少なくともここに述べている無と有の介在次元が存在することを筆者は主張するものである。

一方で、主流派のコペンハーゲン学派の説は、多くの人の心を打つものとしていまに語られている。そこに人の意志の介在を受け入れてきたからである。それは、彼らが東洋哲学を学んだせいでもあった。彼らはこのように量子は個という実体というものがなく、観測者の意思に作用して結果が現われるという不思議な現象を導くことになった。さらには、テレパシー的理論も導き出されている。これは後に宇宙の「人間原理説」へと発展していくのだが、実に興味深い結果を導き出した。ボーアもシュレーディンガーも共に老子のタオや仏教の哲学を学んでいる。そして、

テレパシー　ある人の心の内容が感覚的手段によらず直接、遠隔地にいる他の人に伝わる超常現象。これを、空間的に離れた二つの量子が、片方決まると瞬時にもう一方も決まる性質（量子エンタングルメント）と関連していると考える研究もある。

シュレーディンガー

シュレーディンガーはその著『精神と物質—意識と科学的世界像をめぐる考察』の中で次のような興味深いことを語っている。

「我々西洋の科学すなわちギリシャ（以降）の科学は、客観化することに基礎をおいています。それによって科学は認識の主体や精神に関する適切な理解から、自らを切り離してしまったのです。将にここが、今の我々の考え方が東洋思想からの輸血を必要としている点なのだと私は確信しています。それはたやすいことではないでしょう。（略）輸血の際には常に血の凝固が起こらないように最大の用心をする必要があります。科学的考えが辿り着いた理論的な確かさというものを失いたくはありません。これは古今東西を通じて比類のないものであります。」

「私は、西洋科学の型に東洋の同一化の原理を同化させることによって、どちらの矛盾も解消されるだろうと考えています。精神は、将にその特性からして『絶対単数』なのです。精神の全体数は一だと言うべきでしょう。あえて言えば、それは不滅だと言いたい。何故なら精神は特有の時刻表を持っていて、精神には常に今しかないからです。精神には過去も未来もありません。記憶と予想を内包した今があるだけなのです。しかし私は、私たちの（西洋の）言葉がこれを表現するのには適さないことを認めるものです。」

「いかなる人格神も世界描像の一部分を形成することは出来ません。その描像は、全ての人格的なものをそこから取り除くという犠牲を払ってやっと手に入れることが出来たのです。神を体験したとき、それは直接の知覚や自分自身の個性と同じように、ありありとした現実の出来事になるということを私たちは知っています。人格的なものと同様に神もまた時空の描像からは消えてしまっているに違いありません。神は時空間のどこにも見出せない――これは誠実な自然主義者の言っていることです。そのために彼は神の非難を受けるでしょう。教義問答は神の中にあるのです。神は霊なのです。」

このように、キリスト教を否定していると思われる文面である。そして、プランク同様に「神」とはこの時空という我々の概念の中に収まるような人格神的存在ではないと主張している。創造者とはその様な概念の内にない、と。彼もまた宗教の深みに触れそれを語り得る力が必要なことを示唆している。しかし、現実には大半の宗教はドグマに陥りその本質としての科学性を見出せていないという事なのである。それを語り得るのは圧倒的に老子の超越としてのタオであり、論理としての仏教哲学である。実に彼も興味深いことを語っている。彼の波動方程式は東洋哲学から導き出されたものだという。それにしても、最後に「神は霊なのです」と語っているのは何とも意味深である。

「〈私たちはいったい何者であるのか。私はどこから来て、どこに行こうとしているのか〉というような当惑させられる疑問を乗り越えるために、科学が果たした最も重要な寄与――そして、少なくとも私たちの心を休めるために――このような疑問に関して科学が提供してくれた最も評価し得る助けは、私の見るところ、時間というものの概念化に他ならない。これを考える時、ヒッポの聖アウグスティヌスやプラトンのように、科学者ではないが、同一線上にある多くの人々を思い出すのだが、特に三人の名前がありありと浮かんでくる。

ヒッポの聖アウグスティヌス
Aurelius Augustinus
（三五四～四三〇年）キリスト教がローマ帝国によって国教とされた時期を中心に活躍、北アフリカ・ヒッポの司教として終生活躍した。異教やキリスト教異端との論争、及びギリシャ哲学（新プラトン哲学）と特にパウロを中心とするキリスト教思想との統合により、正統的信仰教義の確立に貢献。西洋の思想文化形成に多大な与えた。

カント　Immanuel Kant
（一七二四～一八〇四年）ドイツの哲学者。あらゆる権威の徹底的批判を根本精神とする批判哲学を大成し、近代哲学の祖とよばれる。著書に『純粋理性批判』『実践理性批判』『判断力批判』ほか。

ハイゼンベルク

その三名は、プラトン、カント、アインシュタインである。

（略）プラトンの一生の仕事に見られる二千年を越えて今なお光彩を放っている、そのまことに優れた卓越性は、いったい何から来ているのだろうか。（略）

それは、彼が時間を超越した存在という考えを直視し——理性に抗して——現実の経験よりもこの存在はより現実的だということを強調した最初の人だった、ということなのである。」

これはプラトンの〈叡智言語〉について語っており、将にそのように〈知性言語〉では推し量れない世界があることを我々は理解しなくてはならないのだ。

ハイゼンベルクの「不確定性の原理」とタオ

一九二七年、ハイゼンベルクによって見出された「不確定性の原理」とは、量子力学における物理量AとBの不確定性が同時に0《ゼロ》になることはないとする理論。不確定性は波の性質を持つ系には全て備わった性質である。この時学会で若きハイゼンベルクは「(物理学の)常識は捨てて構わない！」と力説したことが伝えられている。これは、世界中に「相補性」や「ゆらぎ」という言葉を伴ってその思想を大流行させ、文学の世界でも大いにもてはやされることになった。この法則は人文系の人たちの心を捉え、もはや思想として定着するに至っている。

この不確定性こそが現象の多様性を生み出す元であり、ビッグバンの根源的エネルギーの放出ハイゼンベルク　Werner Karl Heisenberg（一九〇一〜一九七六年）ドイツの理論物理学者。アインシュタイン以後の代表的理論物理学者。不確定性原理を発見（一九二七）、シュレーディンガーとともに量子力学の基礎を確立した。量子力学の創始およびオルト、パラ水素の発見に対してノーベル物理学賞を受賞（三二）。ナチスの原爆開発を意図的に巧妙に遅らせたとの見方もある。ピアノの名手でもあった。

アウフヘーベン、止揚　ヘーゲル弁証法の根本概念。あるものをそのものとしては否定するが、契機として保存し、より高い段階で生かすこと。矛盾する諸要素を、対立と闘争の過程を通じて発展的に統一すること。揚棄。

を生み出す原理であるのだ。「ゆらぎ」の理論は、量子コンピュータから音楽や交通解析など多くの分野で理論化され活用されている。東洋哲学は常にこの「ゆらぎ」以上に「相補性」を重視してきた。それは人にあってはＹｅｓ、Ｎｏ、という二項対立の構造とはまったく違った両者が溶け合った道を示すものでもある。

また、「ゆらぎ」とは実に発展進化性を含んだ作用であることを、我々東洋哲学に生きる者は知るのである。それは思想における弁証法的アウフヘーベンとは異なるものである。止揚しているのではないのだ。元より止揚されているのだ。別の言い方をすれば融合しているのである。後に日本人の小澤正直が二〇〇三年一月に「小澤の不等式」を発表し、「ハイゼンベルクの不確定性原理による測定の限界」を超えて、より精度の高い計算式を提案した。それにより、量子力学は更に強固な理論へと押し上げられることになった。

不確定性原理については多くの批判があっただけに、小澤の出現はこの原理を押し上げ認めさせることになった。科学として認めないと発言をする人もいるが、筆者は部外者ながら東洋哲学の観点から、この視点は間違いでないことを指摘しておきたい。

ハイゼンベルクは後にインド哲学が定理の確立に参考になったことを語っている。

「現代物理学が開かれたことは、ある程度、古い伝統が新しい思想傾向と和解するのに役立ちました。例えば、戦後、日本からの理論物理学の領域で素晴らしい科学的貢献がなされたことは、極東アジアの伝統的な哲学的発想と、量子論の哲学的特質との間に何らかの関連があることを示しているのかもしれません。」

このように最新宇宙論はますます仏教に近づいている。よくよく理解すると変な表現だが、「仏教が物理学に近づいている」のではなくして「物理学が仏教に近づいている」ということなのだから、不思議な話である。科学、中でも最先端の理論物理学が仏陀の教えに忠実に存在の実態を明らかとし始めたことは、驚嘆する。

ハイゼンベルクはプランクに説得されてドイツに残り、二人で戦後ドイツの復興を誓っていたのだが、ナチスから原爆開発を担当させられた為（巧妙に遅らせ実現させなかったが）、終戦後イギリス情報局の手に捕らえられ、しばらく軟禁された経歴を持つ。戦時中、ハイゼンベルクがボーアに渡したメモが原因でナチスを恐れたアインシュタインが、アメリカ大統領に原爆開発を進言し、広島、長崎への投下に繋がったのは何とも悲劇的流れであった。アメリカが如何に詭弁を弄しようとも、二発の原爆投下は生体実験以外の何者でもなく、アウシュビッツと並ぶ人類史に残る非人道的大虐殺であった。

ハイゼンベルクは、渡したメモでドイツが原爆を造ることは出来ないことを示したにも拘わらず、人の心の機微を感じとるのがうとかったボーアと、ナチスに怯えたアインシュタインがそれを勘違いして、連合国側に真逆に伝えられた。そして、野心に燃え悪魔に魂を売ったオッペンハイマーらの激烈な情熱によって原爆は開発され、ドイツへではなく日本の悲劇へと繋がったのは、何とも皮肉であった。ハイゼンベルクのあのメモさえボーアへ渡っていなければ、無かった悲劇であった。ハイゼンベルクは軟禁の最中、日本への投下を知り「そんなことは不可能だ！」とショックを受けていたという。

アインシュタインの宗教観

宇宙宗教的感覚

「宇宙宗教」とは『The World As I See It』の中でアインシュタインが語っていることばである。彼の宗教観は実に明瞭であり、無神論であろうとする物理学者の間でも常に話題になることでもあったようだ。彼はプランクのようにはキリスト教を認めていない。そもそも若い時はユダヤ人としてキリスト教に反発していたのだが、自然や宇宙の美しさ、神秘性に新たな宗教観を見出した人物である。

アインシュタインのことば
典拠：『The World As I See It』（一九三四）（『私の世界観』）

■私の世界観
（中略）宗教を生み出すのは―そこに怖れが混ざっていたとしても―神秘的な体験である。我々

アインシュタイン

が理解できない何らかの存在や、最も深い理性とまばゆいばかりの美しさの現われについて知るのは、我々の理性が最も単純な形のときだけだ。この認識と感性こそが真に宗教的な姿勢を作る。この意味では、またこの意味でのみ、私は極めて宗教的な人間だといえる。私には人間に見返りを与えたり罰したりする神や、我々が持つのと同じような考えを持つ神を思い描くことは出来ない。同様に、肉体的に死なない人間も理解できないし、そのようなことを望みもしない。そのような考えは、怖れか、弱い魂のばかげたエゴから来るものだ。私には、世界の一部分を理解するためのひたむきな努力と共に、命の永遠性の謎や、現実性の驚くべき構造が暗示されていることで充分だ。その一部分は決して小さなものではなく、その原因は本来それ自体姿を現わしている。

（傍点　筆者）

ここでは非常に興味深いことをアインシュタインは指摘（傍点部分）している。一つは「肉体的に死なない人間」という表現である。これはキリスト教徒が信じているキリストの復活時に墓から死んだ信者たちが蘇るという信仰である。そのパロディがゾンビであるのだが、信者たちのこの非科学性を彼は否定しているのである。そして、この肉体を失うことを恐怖する信者たちを弱い人間であり、ばかげたエゴだと断じている。

更に、「命の永遠性の謎」と言っているのは将に、霊の永遠性を語っているものである。そしてそれを物理学的に説明できないこととして謎と語っているのである。この箇所はとても重要で、アインシュタインの生命（霊）観が明瞭に見て取れるのである。全ての物理学者は彼の洞察に素直に耳を傾けるべきである。

■宗教と科学

人類が成し遂げ考えてきたことは、全て必要性を満たすことと、苦痛の緩和に関することだ。精神の活動やその成長について理解したい人は、このことを常に心に留めておかねばならない。感情と欲望は人間のあらゆる努力や創造の背後にある原動力だ。どれほど外見をよくしても後者（欲望）は我々に生じてくるものだ。では、人々を宗教的思考や広い意味での信仰に導く感情と必要性とは何だろうか。非常に様々な感情が、宗教的思考と経験の誕生を導いてきたことは考えるとすぐにわかる。原始人に宗教的な考えを起こさせるのは何より、飢えや野獣、病気、死に対する恐怖である。この段階では、因果関係について理解する力は通常ほとんど発達していないので、人類は多かれ少なかれ人間に似た存在として神を想像し、恐ろしい出来事はその存在の意思や行動次第で起こると信じる。彼の目的は、行動し生贄《いけにえ》を捧げることでそのような存在の機嫌をとることである。生贄は、代々受け継がれてきた伝統に従ってその存在をなだめるための、あるいは死者を好意的に計らってもらうためのものである。私はいま「恐れの宗教」について語っている。これは、作られたものでないにしても、人々と彼らが恐れる存在の間の仲介者として設けられ、特別な聖職者階級の形成によって安定化された重要な過程である。そしてこれに基づき覇権が起こった。多くの場合、他の要因にその立場を左右される指導者や支配者、また特権階級は、その階級をより確かなものとするため、また政治的支配者や聖職者は自分たちの利益という共通の理由から、聖職の機能を非宗教的な権力と混合させる。

社会的感情は、宗教を具体化させるもう一つの原因である。父も母も、さらに大きな人間社会のリーダーたちも、死を免れないし間違いも犯す。導きや愛や支えを求める気持ちは、人間に神の社会的・道徳的理解を促す。これが摂理の神である。この神は人を護り、処分し、報い、罰する。信じる者の見方の幅により民族や人類の命、または命そのものを愛し慈しむ。悲しみや満たされない切望の中の慰めであり、死者の魂を持続させる存在。これが神の社会的・道徳的概念である。

ユダヤの経典には、「恐れの宗教」から「道徳の宗教」への進歩が見事に描かれている。これは新約聖書の中まで続く。文明化した全ての人々、特に東洋（the Orient）の人々の宗教は主に道徳的宗教である。恐れの宗教から道徳的宗教への変化は国民の生活において偉大な進歩だ。原始的宗教は完全に恐れに基づいており、文明人の宗教は完全に道徳観に基づいている、というのは注意しなければならない偏見である。実際にはそれらは全て中間的なものである。ただそれには、より高度な社会では道徳的宗教が優勢となるという条件が付く。

これら全てのタイプに共通するのは、彼らの神の概念が擬人化されたものであることだ。原則として並外れた素質をもつ人間と、非常に崇高な社会だけが実際にこの段階に至る。しかしそれら全てが属する宗教の第三段階がある。それだけの形ではめったに見られることのないそれを、私は「宇宙宗教的感覚（cosmic religious feeling）」と呼びたい。この感覚をまったく持たない誰かにこれについて説明するのは非常に難しい。これには擬人化された神の概念と一致するところがまったく無いため、なおさらである。

ダビデ　David
イスラエル王国第二代の王（在位前一〇〇〇頃～九六一年）。初代サウル王の死後ユダ王国を建て、エルサレムを占領して統一国家を築いた。琴の名手で、旧約聖書中の一書『詩編』（百五十篇の神ヤハウェへの賛美の詩から成る）の多くの作者とされる。ペリシテ人の巨人ゴリアテを石投げ器で討った話は有名。

ショーペンハウエル
Arthur Schopenhauer
（一七八八～一八六〇年）ドイツの哲学者。世界は盲目的な生への意思（存在への欲望）で出来ており、目的や意味はない、人間の行動は存在への衝動に過ぎず、争いが起こり、苦しみは永遠に続く、とした。また、苦しみから根本的に逃れるには欲望を否定する仏教による解脱に求めるしかないと説いた。

その人は、人間の欲望や目的の無価値さと、自然界と思考の世界両方に現われる崇高で驚くべき秩序とを感じることになる。彼は個々の存在をある種の監獄ととらえ、一つの大きな全体として宇宙を感じたくなる。「宇宙宗教的感覚」の始まりはすでに発達の初期段階から現われていた。例えばダビデの詩編や一部の預言者たちにおいて。我々がショーペンハウエルの素晴らしい著書から特に学んだように、仏教はこの要素をはるかに強く含んでいる。

あらゆる時代の宗教的天才たちはこの種の宗教的感覚によって見分けられてきた。この感覚は、教義や人間がイメージするような神を知らない。よって、その中心的な教えの拠り所となる教会も存在し得ない。それ故、最高度の「宗教的感覚」に満ちた人物は、まさにそれぞれの時代の異端者の中に現われる。彼らは多くの場合、同時期の人々から無神論者とみなされ、また時に聖人ともみなされる。この観点から見ると、デモクリトスやアッシジのフランチェスコ、スピノザといった人々は互いに同種の人々である。

明確な神の概念や神学理論が生じ得ないのなら、「宇宙宗教的感覚」はどのように人から人へ表現し伝えることが出来るだろうか。私の考えでは、その能力がある人の中にこの意識を呼び覚まし、生かし続けることが、芸術や科学の最も重要な役割である。

我々はこのように科学の宗教との関係性について通常とは大きく異なった理解にたどり着く。誰かが歴史的にこの問題を考えるとき、ある明らかな理由から、科学と宗教は相容れない敵同士であるとみなしがちだ。因果律という宇宙の働きを完全に確信している人は、一瞬たりとも物事の流れを妨げる存在という概念を受け入れない——彼が真に真面目に因果律の仮説を信じていれ

アッシジのフランチェスコ
Francesco d'Assisi（一一八二〜一二二六年）フランチェスコ修道会の創立者。イタリア・アッシジの富裕な家に生まれるも清貧の生活を求め二十代半ばに家と財産を捨てた。鳥や動物など神が創造したあらゆる存在を兄弟姉妹と呼び、神を賛美した『太陽の讃歌』は有名。「キリストに最も近い聖者」として知られる。

スピノザ Baruch de Spinoza（一六三二〜一六七七年）オランダの哲学者。人間は自然の一部であり、自然は神そのものである（神即自然）という汎神論を唱えた。唯一の実体は神のみであり、世界はすべて神が姿を変えたものであるとして、精神も物質も神の持つ二つの側面に他ならないという一元論を説いた。

ばの話だが。彼に恐れの宗教は必要ないし、社会的・道徳的宗教もほとんど不要である。

人の行動は、内的にしても外的にしても、必然によって決まるのだという単純な理由から、彼にとって報い罰する神はあり得ないのだ。したがって神の目から見て彼に責任はない。生命のない物体が、それ自身が動く原因とならないのと同じである。というわけで科学は道徳規範をむしばむ役割をしているが、それは正しくない。人の道徳的行ないは、思いやりや教養や社会的な絆にきちんと基づいたものであるべきだ。宗教的な基準は必要ない。恐怖や罰や死後の報酬への望みに縛られなければならないとしたら、人は実に哀れむべきものだ。

したがってなぜ教会は常に科学と争ってきたのか、科学の支持者を迫害してきたのか、ということは容易に理解できる。他方で私は、「宇宙宗教的感覚」が科学研究の最も強く高潔な誘因であると断言する。計り知れない努力、とりわけ理論科学の先駆的研究が求める献身をした者だけが感性の力を把握することが出来る。そこからのみそのような働きが生じるが、それは実際には生命の直接的現実性から離れている。この世界に示されるかすかな心の現われではなく、宇宙の合理性への深い信念や、理解したいという強い切望があったからこそ、ケプラーやニュートンは独力で、数年で天体力学の原理を解くことを可能としたに違いない！

科学研究の知識が主にその実際的な結果から導かれた人というのは、懐疑論的になり、自分たちと同じ考えの人々の道筋を示してきた先人たちの精神について、すぐに完全に誤った認識をする。これは全世界で何世紀にもわたって起きてきたことだ。同じ種の目的に人生を捧げてきた者だけが、彼らを動機付けた「何か」、数えきれない失敗にもかかわらず目的に向かう決意に忠実であるための強さを与えた「何か」について鮮明な実感を持つことが出来る。人間にこの種の強さを与えるのが宇宙宗教的感覚である。ある同年代の人が悪意なく言うには、我々が生きるこの唯物主義の時代では、真面目な科学研究者が唯一心から宗教的な（信心深い）人たちだ。（傍点筆者）

ここでもアインシュタインは極めて興味深いことを語っている。中でも、哲学者のショーペンハウエルに触発され仏教哲学を高く分析している点が挙げられよう。彼はユダヤ教以上に仏教哲学を高く評価しているのである。

また、「最高度の宗教的感覚（すなわち宇宙宗教的感覚）」の持ち主として、哲学者のスピノザを挙げている。その哲学は、西洋哲学の中にあって異才を放っており、「自然即神」という日本人と同じ汎神観の持ち主であった。そのため、スピノザは所属するユダヤ教徒からだけでなく、キリスト教徒からも無神論者として迫害され、大学の職も失いレンズ磨きという貧しい生活に甘んじるも、後世、最も純粋で正直な哲学者だったと評されている。

更に、アインシュタインは、芸術や科学がそのような宗教感覚を持つ者の眠れし意識を覚醒させる役目を担っていると語っている。

そして、台頭する唯物主義に対して批判的に真面目な科学研究者だけが唯一の信心深い者たちであると語るのである。そうであることを信じたい。流石に同じノーベル賞学者でも、時代を画した別格の真の天才は、他の科学者とは比較にならない程の超越を見せている。

■科学の宗教性

より深い科学的考えを持つ人のうち、特有の宗教的感覚を持たない人というのはほとんどいないだろう。しかしそれは無邪気な人の宗教とは違う。そういう宗教の神は、誰かのためになるケアをし、誰かが恐れる罰を与える存在である。つまり子どもが父親に抱くのと同じような感情の延長であり、奥深くでは畏敬の念を帯びるのかも知れないが、ある程度は人間関係の代理的な存在である。

しかし、科学者は宇宙の因果律に支配されている。彼にとって未来は完全に必然であり、過去と同じく決定されている。倫理観に何ら神聖性はない。それは完全に人間に関することである。彼の宗教的感覚は、自然法則の調和性に対する舞い上がるほどの驚きとなり、それに比べれば、人類のどんな整然とした思考や行動もまったく取るに足らないものと思えるほどに優位な知性が現われる。この意識は、身勝手な欲望にとらわれないでさえいれば、彼の人生と研究を導く原理である。それは疑いの余地なく、あらゆる時代の宗教的天才たちを支配してきたものと非常によく似ている。（傍点　筆者）

ここではまたしても驚くべきことに言及している。すなわち、過去も未来も現在と同じように存在していることを語っているのである。将に、因果決定論者であることを明かしている。しかし、それはプランクの二者択一的なある種の自由性を持ったものであるのだと思われる。

私は熱心な修道士

以下は、理論物理学者にしてカトリック教会の助祭である三田一郎氏の名訳で、牧師のウィリアム・ヘルマンスがアインシュタインに神について問うたインタヴューの模様である。それは実に興味深い内容である。（William Hermanns, *Einstein and the Poet: In Search of the Cosmic Man*, Branden Books より）。

——あなたは、すべては相対的だと教えました。それは絶対的な法則はないという意味ですか？

「そう、絶対的なものはない。法則と状況は相対的な関係にあり、変化するものだ」

——では、神も変化するとでも？

すばやくアインシュタインは切り返した。

「君の言う神とはどういう意味なんだね？」

——やはり自然法則の創造者と考えていいと思うんですが。

「そう思うのはかまわんが、ことわっておくが、私の神は人格的な神ではないよ」

——あなたはいつか、人それぞれのイメージに合わせて自分の神をつくりあげていると言いました。では、あなたは、どんな神をつくりあげているんですか？

「自分にとって」とアインシュタインは言った。

「神は謎だ。しかし、解けない謎ではない。自然法則を観察すれば、ただただ畏敬の念を抱くばかりだよ。法則にはその制定者がいるはずだが、どんな姿をしているのだろうか？　人間を大きくしたようなものでないことは確かだ」

ここでアインシュタインは悲しげな笑みを浮かべて言った。

「宗教的精神が教会を導くのならよかったのだが、実態はその逆だった。聖職者たちはいつの世も、自分たちの地位や教会の財産が保護されさえすれば、政治や制度の腐敗に立ち向かうことはほとんどなかった。世界が求めている新しいモラルなど、何世紀にもわたって妥協を重ねてきた教会からは、おそらく生まれない。それは、ガリレオやケプラーやニュートンといった科学者の系譜からこそ生まれてくるはずだ。彼らは失敗や迫害にもめげず、宇宙が統一的存在であることを証明するために生涯を捧げた。そこには擬人化された神など存在する余地がない。彼らは宇宙のヴェールを取り払い、人々はそこに新たな啓示と創造の壮大さを見た。そして宇宙の調和を保つみごとな法則を知るにつれ、自分自身がいかに小さい存在かを悟りはじめた。これが宇宙的宗教の芽生えだ。同胞意識と人類への奉仕が、その道徳的な基盤となる。もし、そのような基盤をもたないとすれば――」

ここで彼は物思いに沈むかのように続けた。

「われわれの運命は、望みなきまでに悲惨だな」

手で髪をすきながら、彼は続けた。

「真に宗教的な天才は、こうした宇宙的宗教の感覚を身に付けており、教義も聖職者も人格化した神も必要ない。だから異端とみなされてきたんだ。いいかね、民族と宗教の垣根を取り払える

ガリレオ Galileo Galilei
（一五六四～一六四二年）イタリアの物理学者、天文学者。「振り子の等時性」（振り子が左右に一往復する時間は一定）や「落体の法則」（重い物も軽い物も同時に落ちる）を発見。木星の衛星、太陽の黒点、金星の満ち欠けを発見し、コペルニクスの地動説を支持。当時、天動説を公認の宇宙観としていたカトリック教会による宗教裁判にかけられた。

ケプラー Johannes Kepler
（一五七一～一六三〇年）ドイツの天文学者。一六〇九年にケプラーの第一法則（惑星は太陽を一つの焦点とする楕円軌道を描く）と第二法則（惑星と太陽を結ぶ動径は同一時間に等しい面積を掃く）を発表。一六一九年には第三法則（惑星の公転周期の二乗は、太陽からの平均距離の三乗に比例する）を発表。ニュートンが万有引力を発見するための基礎になった。

のは、これまでそれにしくじってきた宗教指導者たちではない。現代の科学者なら出来るかも知れないんだ」

――イギリスの科学者（エディントン）が、あなたの重力理論を証明したのがその実例ですね。イギリス人が自分の国王にすらしないようなことをドイツ人であるあなたのためにやったのは前代未聞のことでした。まして戦場でドイツ人に殺された兵士の血もまだ乾かないうちに」

アインシュタインは満足気にうなずき、遠くを見つめながらこうつけ加えた。

「新たな伝道者は、宇宙と同じほど深遠な考えをもった未来の科学者だ。彼らはいずれ詩やおとぎ話ではなく、数学的計算によって宇宙を支配する法則を発見するだろう」

――あなたのおっしゃるとおりだとすると、神様は数学の大家に違いありませんね。

少し皮肉まじりに言うと、アインシュタインは身を乗り出した。

「牧師さん、宇宙的宗教では、宇宙が自然法則に従って合理的であり、人はその法則を使ってともに創造すること以外に教義はない。私にとって神とは、ほかのすべての原因の根底にある、第一原因なんだ。何でも知るだけの力はあるがいまは何もわかっていないと悟ったとき、自分が無限の知恵の海岸の一粒の砂にすぎないと思ったとき、それが宗教者になったときだ。その意味で、私は熱心な修道士の一人だといえる」――『科学者はなぜ神を信じるのか』（三田一郎著）

カール・G・ユングの集合無意識

東洋的神秘性を深い心理学へと昇華する

次に、日本で最も理解され愛されているスイスの偉大なる心理学者カール・G・ユングが『自然の解明と精神（プシュケー）』（一九五二年）の中で、「非因果的連関の原理としての共時性」と題して発表した内容の抜粋を紹介する。

第三章「共時性の観念の先駆者達」の中でユングは語っている。

因果性の原理は、原因と結果との間の結合が必要であると主張する。共時性の原理は、意味ある偶然の一致の関係が、同時性と意味とによって結ばれていることを主張する。そこで、もしESP実験やその他の数多くの観察が確定された事実であるとすれば、自然の中には原因と結果との結合性以外に、いまひとつ別の因子が存在し、それが諸事象の配置の中に表現され、それは我々

カール・G・ユング
Carl Gustav Jung
（一八七五〜一九六一年）スイスの精神科医。人格を意識と無意識に分け、さらに無意識を個人的無意識と集合的無意識に分けて考えた。意識は自我（意識の中核）とペルソナ persona（仮面）から成り、集合的無意識はアニマ anima（精神の深奥にある女性像）、アニムス animus（男性像）などの原型から成り立つとした。

にとって、意味として現われると結論しなければならない。意味というのは擬人的な解釈であるが、それでもなお、それは共時性に不可解の基準を形成しているのである。その『意味』として我々に現われる因子が、それ自体において何であるかということを、我々は知ることが出来ない。しかしながら、ひとつの仮説としてならば、それは最初に一見して思われるほどまったく不可能なものではない。我々は、西洋の合理主義的態度が唯一の可能なものではなく、全てを包括するものでもなく、多くの点においてひとつの偏見であり偏向であって、おそらく修正されるべきものであることを、記憶しておかねばならない。中国の太古の文明はこの点に関して、常に我々とは異なる考え方をしてきたのであり、我々の文明の中で類似のものを見出そうとすると、少なくとも哲学に関するかぎりでは、ヘラクレイトスまでさかのぼらねばならない。(略)

中国哲学に最古にして、また最も中核的な観念のひとつは、道(タオ)の観念である。これをジェスイット派は神(God)と訳した。しかしこれは西洋的思考法にとってのみ正しいのである。『摂理』(Providence)とか、その他類似の訳語は、単なる間に合わせにすぎない。リヒャルト・ヴィルヘルム(R.Wilheim)は賢明にも、それを『意味』と解釈したのである。道の観念は中国の哲学思想全体の中に浸透している。我々西洋人の間では、これと同じ最高の地位を因果性が占有しているが、その重要性は過去二世紀の経過のうちにのみ獲得されたものであり、これは一方では統計学的方法が均等化の影響を与えたためであるし、また他方では、形而上学的世界観を不評判なものとした自然哲学の類ない成功のためでもある。

老子は名高い『道徳経』のなかで道を次のように記述している。

ヘラクレイトス Hērakleitos (前五四〇年頃〜?-)古代ギリシアの哲学者。万物は変化してやまないと説き、原理「ロゴス」に従って全てのものは生じるとした。火をロゴスの象徴と考え、また一見対立する働きが万物を生み、全体として調和をなしていることを〈戦いは万物の父、万物の王なり〉と説いた。

ジェスイット派 イエズス会。カトリック教会内の司祭修道会の一つ。一五三四年、スペインからパリに留学していた六人の神学生によって、モンマルトルにおいて〈貞潔・清貧・エルサレム巡礼〉の誓いをたて、創立された。耶蘇(やそ)会ともいう。

「物有り混成し、天地に先立って生ず。寂兮たり寥兮《りょうけい》たり。独《ひと》り立って改《か》わらず、周行して而《しか》も殆《とど》まらず。以って天下の母為《た》る可《べ》し。吾その名を知らず。これを字《あざな》して道という。強いてこれを名なして大という」（第二十五章）

道は「万物を衣養して主とならず」（第三十四章）。老子はこれを「無」と述べているが、それによって彼の意味するところは、ヴィルヘルムが言うように、それの「現実世界との対比」ということである。

ユングのこの文面は興味深い。西洋人の理解が及ばない世界が東洋に存在することを明示している。中でもその中心をなす「タオ」について述べているのは賢明である。尚且つ、西洋人のその解釈がいかに間違っているかを明らかにしている点は称賛に値する。ユングにはほかの西洋の学者よりも深いところで道《タオ》と触れることが出来ているようである。因みに、老子第二十五章の解釈は、天地創造に先駆けて道《タオ》が生じたことを明らかとしたものである。これは、インド哲学にいうプラクリティと合致する概念でもある。興味深いのは、「道」は字《あざな》であって真の名は「大」であるという。大は「逝」にして「遠」といい、遠ざかっている意味となり、ビッグバン以降の大宇宙の加速度膨張を指す言葉として合致するのは、果たして偶然だろうか。実に興味深い。

第三十四章は道の絶対的存在観を述べているのであって、ヴィルヘルムが言う「現実世界との対比」とユングが述べていることについては意味不明である。もし、この言葉そのものの意味であるならば、まったくの見当違いである。まあ、それにしても西洋人のユングがここまで理解し

リヒャルト・ヴィルヘルム
Richard Wilhelm
（一八七三～一九三〇）ドイツのプロテスタント宣教師。ドイツに占領された青島へ派遣され、中国人の教育に尽くすと同時に、ヨーロッパ人のために中国古典の翻訳に努めた。コイン占いの素晴らしさに気づき、中国から持ち帰ってユングに伝えた。

ようとする姿勢は素晴らしいものである。

ユングは精神分析の第一人者ジークムント・フロイトと共に研究を進めていたが、途中でフロイトと袂《たもと》を分かつことになる。フロイトが「リビドー」を全て「性衝動」に還元することに疑義を持ったユングは、フロイトの「無意識」が単なる個人の意識の抑圧場としての精神的ゴミの捨て場にすぎないと分析。人類に共通する「集合無意識」の存在を明らかとし、その基本的「力動」を「元型《アーキタイプ》」と名付け、フロイトの「精神分析学」に対し「分析心理学」を確立した。

世界的評価はフロイトの方が圧倒的に優位であるが、ここ日本においてだけは、専門家を除けば、一般にフロイトよりもユングの分析の方がより強く支持されている。筆者もフロイトの個人的なマザーコンプレックスに起因するリビドー定義には否定的でありユングを支持している。ところが、ダーウィンを苦しめたケルヴィンよろしくここにも科学者たちの〝いじめ〟が存在し、ユングが発揮した優れた宗教性をオカルティズムと批判し見下し、フロイトよりも劣るものとしているのである。何とも滑稽であるのだが、「科学」とは常に了見の狭い学問である。ユングが切り開いた心の世界はフロイトを遥かに凌駕したものである。このことが世界でまったく顧みられていないことは、西欧合理主義のレベルを知ることにもなり、その判断基準ともなっていることに気付くことが出来る。

人類の未来社会をより豊かにしていく為にはフロイトの精神分析学よりもユングの分析心理学が主流とならなくてはならない。特にアメリカに於いてはユングの評価は著しく低い。アメリカ人の気質的にどうしてもフロイトを選ぶのだろうが、人類はもう少し賢くなる必要があるだろう。

湯川秀樹と老荘哲学

湯川秀樹
（一九〇七〜一九八一年）中間子の存在を予言し、坂田昌一・武谷三男らと協力して中間子理論を展開。その後、非局所場の理論、素粒子の統一理論へと発展させた。平和運動にも活躍。一九四九年、中間子論の研究で日本人最初のノーベル物理学賞を受賞。

天才物理学者の視座

物理学者が依拠したところのインド哲学と仏教哲学、さらには老子荘子のタオは東洋にあってはその精神を高めると同時に横たえるところでもあった。一九四九年日本人初のノーベル賞受賞者でパイ中間子理論で物理学賞を取った湯川秀樹は、わが国にあって戦後の英雄であり天才であった。将にハイゼンベルクらがいう所の東洋の神秘思想から直観を得た人物である。彼は、その生い立ちからして将にそのような人生であった。彼はプランクやアインシュタインらのように数少ない〈叡智言語〉に生きた人物の一人である。

彼の著作『本の中の世界』「荘子」（一九六三年）から、天才物理学者が見た東洋哲学の眼差しを少し長くなるが、一部抜粋紹介する――

パイ中間子理論　一九三五年、湯川秀樹によって初めて提唱され、原子核内の陽子や中性子を結合する力およびβ崩壊を媒介する未知の量子として、中間子が初めて理論的に導入された。その後の発見により、核力中間子が崩壊して宇宙線中間子を生じるという二中間子論を提案。核力中間子はπ中間子、宇宙線中間子はμ粒子と呼ばれる。

1．「荘子」の渾沌

小学校へ入る前から、漢学、つまり、中国の古典をいろいろ習った。といっても祖父について素読をしただけである。もちろん、はじめは意味は全然分からなかった。しかし不思議なもので、教えてもらわないのに何となく分かるようになっていった。

中学校に入るころには、「老子」や「荘子」をひっぱりだして読んでいるうちに、荘子を特に面白いと思うようになった。何度も読み返してみた。

それからずいぶん長い間、私は老荘の哲学を忘れていた。四、五年前、素粒子のことを考えている際中に、ふと荘子のことを思い出した。

「南海の帝を儵《しゅく》と為《な》し、北海の帝を忽《こつ》と為し、中央の帝を渾沌《こんとん》と為す、儵《しゅく》と忽《こつ》と、時に相与《あいとも》に渾沌の地に遇《あ》へり。渾沌之《これ》を待つこと甚だ善《よ》し。儵《しゅく》と忽《こつ》と、渾沌の徳に報いんことを計る。曰く『人皆七竅《きょう》有り、以て視聴食息《しちょうしょくそく》す、此《こ》れ独《ひと》り有ること無し。嘗試《こころみ》に之《これ》を鑿《うが》たん』と。日《ひ》に一竅を鑿《うが》つ。七日にして渾沌死す。」

これは「荘子」の内篇のうち、応帝王篇第七の最後の一節である。この言葉を私流に解釈してみると、

南方の海の帝王は儵、北海の帝王は忽という名前である。儵、忽ともに非常に速い、速く走ることを意味しているようだ。儵忽を一語にすると、たちまちとか束《つか》の間《ま》とかいう意味である。

中央の帝王の名は渾沌である。

或るとき、北と南の帝王が、渾沌の領土にきて一緒に会った。この儵、忽の二人を、渾沌は心から歓待した。儵と忽はそのお返しに何をしたらよいかと相談した。そこでいうには、人間はみな七つの穴をもっている。目、耳、口、鼻。それらで見たり聞いたり、食べたり呼吸をする。ところが、この渾沌だけは何もないズンベラボーである。大変不自由だろう。気の毒だから御礼として、ためしに穴をあけてみよう、と相談して、毎日一つずつ穴をほっていった。そうしたら、七日したら渾沌は死んでしまった。


これがこの寓話の筋である。何故この話を思い出したのか。

私は長年の間、素粒子の研究をしているわけだが、今では三十数種にも及ぶ素粒子が発見され、それらがそれぞれ謎めいた性格をもっている。こうなると素粒子よりも、もう一つ進んだ先のものを考えなければならなくなっている。一番基礎になる素材に到達したいのだが、その素材が三十種類もあっては困る。それは一番根本になるものであり、あるきまった形をもっているものではなく、また我々が今知っている素粒子のどれというのでもない。さまざまな素粒子に分化する可能性をもった、しかしまだ未分化の何物かであろう。今までに知っている言葉でいうならば渾沌というようなものであろう、などと考えているうちに、この寓話を思い出したわけである。

素粒子の基礎理論について考えているのは私だけではない。ドイツのハイゼンベルク教授は、やはり素粒子のもとになるものを考え、それをドイツ語でウルマテリー（原物質）とよんでいる。名前は原物質でも渾沌でもいいわけだが、しかし私の考えていることとハイゼンベルク教授のそれとは似たところもあるけれども、またちがったところもある。

最近になってこの寓話を前よりも一層面白く思うようになった。儵も忽も素粒子見たいなものだと考えて見る。それらが、それぞれ勝手に走っているのでは何事もおこらないが、南と北からやってきて、渾沌の領土で一緒になった。素粒子の衝突がおこった。こう考えると、一種の二元論になってくるが、そうすると渾沌というのは素粒子を受け入れる時間・空間のようなものといえる。こういう解釈も出来そうである。

べつに昔の人のいったことを、無理にこじつけて、今の物理学にあてはめて考える必要はない。今から二千三百年前の荘子は、原子のことも何も知ってはいなかったであろう。その荘子が、私などが今考えていることと、ある意味で非常に似たことを考えていたということは、しかし面白いことでもあり、驚くべきことでもある。

（略）

中国の古代の思想家の中で、私が最も興味をもち、好きなのが、老子と荘子であることは、中学時代も今もかわらない。老子の思想は、或る意味で荘子より深いことはわかるのだが、老子の文章の正確な内容はなかなかつかめない。言葉もいい廻しもむつかしく、註釈を読んでも釈然としない点が多い。結局、思想の骨組がわかるだけである。ところが荘子の方は、いろいろ面白い寓話があり、一方では痛烈な皮肉を言いながら、他方では雄大な空想を際限なく展開させてゆく。しかもその根底には一貫した深い思想がある。比類のない名文でもある。読む方の頭の働きを刺激し、活発にしてくれるものが非常に多い気がする。前の渾沌の話も、それ自身はべつに小さな世界を相手にしたものではなく、むしろ大宇宙全体を相手にしているつもりであろう。自然界の根本になっている微小な素粒子とか、それに見合う小さなスケールの時間・空間を論じたものではないことは明らかである。

ところが、そこに我々が物理学を研究して、ようやく到達した、非常に小さな世界の姿がおぼろに出てきているような感じがする。これは単なる偶然とは言いきれない。そう考えてくると、必ずしも科学の発達のもとになりうるのはギリシャ思想だけだともいえないように思う。老子や荘子の思想は、ギリシャ思想とは異質なように見える。しかし、それはそれで一種の徹底した合理主義的な考え方であり、独特の自然哲学として、今日でもなお珍重すべきものをふくんでいると思う。

儒教にせよ、ギリシャ思想にせよ、人間の自律的、自発的な行為に意義を認め、またそれが有効であり、人間の持つ理想を実現する見込があると考えるのに対して、老子や荘子は、自然の力は圧倒的に強く、人間の力ではどうにもならない自然の中で、人間はただ右へ左へふり廻されているだけだと考えた。中学時代にはそういう考えを極端だと思いながらも強く引かれた。高等学校の頃からは、人間は無力だという考え方に我慢がならなくなった。それで相当長い間、老荘思想から遠ざかっていた。しかし私の心の底には、人間にとって不愉快ではあるが、そこに真理がふくまれていることを否定できないのではないかという疑いがいつまでも残った。

「老子」には次のような一節がある。

「天地は不仁　万物を以《もっ》て芻狗《すうく》と為《な》す　聖人は不仁　百姓《せい》を以《もっ》て芻狗《すうく》と為《な》す。」

天地は不仁〜 これは『老子』虚用第五の一節である。天地は万物に対して非情であり、聖人も小民に非情であると述べている。その意味するところは、天地は万理の法則にのっとりて運営され聖人も庶民に対して理をもって説くので厳しいことを指している。

芻狗は草で作った犬の人形。祭りに使う。祭がすんだら、すててしまう。天地は自然といってもいいだろう。不仁というのは思いやりがないということであろう。老子はこういう簡潔な表現で、言い切る。

「荘子」の方は、面白いたとえ話を持ち出す。

「人、影を畏《おそ》れ、迹《あと》を悪《にく》んで之を去《す》てて走る者有り。足を挙ぐること愈々《いよいよ》数々にして、迹愈々《あといよいよ》多く、走ること愈々《いよいよ》疾《と》くして、影、身を離れず、自ら以為《おもへ》らく尚遅しと、疾《と》く走つて休《や》まず、力を絶《た》って死す。知らず、陰に処《お》りて以《もっ》て影を休《や》め、静に処《お》りて以《もっ》て迹を息《や》むるを。愚も亦《また》甚し。」

ある人が自分の影をこわがり、自分の足あとのつくのをいやがった。影をすててしまいたい、足あとをすてたい、それからにげたいと思って、一生懸命ににげた。足をあげて走るにしたがって足あとが出来てゆく。いくら走っても影は身体から離れない。そこで思うのには、まだこれでは走り方がおそいのだろうと。そこでますます急いで走った。休まずに走った。とうとう力尽きて死んでしまった。この人は馬鹿な人だ。日陰《ひかげ》におって自分の影をなくしたらいいだろう。静かにしておれば足あとも出来ていかないだろう。

このような考え方は、宿命論的で、一口に東洋的といわれている考え方の一つにはちがいないが、決して非合理的ではない。それどころか今日のように科学文明が進み、そのためにかえって時間に追われている私たちにとっては、案外、身近な話のように感ぜられるのである。私の心の半分はこういう考え方に反発し、他の半分は引きつけられ、それ故に、この話が、いつまでも私

老子第一章の「道」

筆者註：この老子第一章の「道」とは無極大道を意味するもので、その辺りの道を意味するものではない。湯川が言うが如き次々と新たな道に塗り替えられる道のことでもない。その様な転々とするものこそが常道や常名である。その根本原因として一切万物の源としてのタオを指すのである。さらに重要なことは、これは仏教哲学の無我概念や空観における否定命題を暗示するものであり、老子が、仏陀と同じ境地にあったことを示唆するものでもある。

の記憶に残るのであろう。本の面白さにはいろいろあるが、一つの書物がそれ自身の世界をつくり出していて、読者がその世界に、しばらくの間でも没入してしまえるというような本を私は特に愛好する。その一つの例として、先ず「荘子」をとりあげてみたのである。

湯川が「荘子」をこよなく愛していたのがよく伝わってくる。量子力学上の発見や分析の一側面を見せられた感があって興味深い。そこで、次に
『一冊の本―老子』（湯川秀樹著作集６）から紹介する。

2. 湯川秀樹と老子

『老子』の開巻第一章は、
「道の道とすべきは常道にあらず。名の名とすべきは常名にあらず」
という文章から始まっている。

私のような素人には、この文章は次のような意味にとれる。
「本当の道、つまり自然の理法は、ありきたりの道、常識的な理法ではない。本当の名、あるいは概念は、ありきたりの名、常識的な概念ではない。」

こんな風に解釈したくなるのは、私が物理学者であるためかも知れない。十七世紀にガリレーやニュートンが新しい物理学の「道」を発見するまでは、アリストテレスの物理学が「常道」であった。ニュートン力学が確立され、それが道とすべき道だとわかると、やがてそれは物理学の唯一

絶対の道とされるようになった。質点という新しい「名」がやがて「常名」となった。二十世紀の物理学は、この常道を超えて新しい道を発見することから始まった。今日では、この新しい道が、すでに特殊相対論や量子力学という形で、常道になってしまっているのである。「四次元世界」とか「確率振幅」とかいう奇妙な名も、今日では常名になりすぎているくらいである。もう一度、常道ではない道、常名ではない名を見つけださねばならない。そう思うと二千数百年前の老子の言葉が、非常に新鮮に感じられるのである。

　ところが古来この文章は、実は次のように解釈されてきたのである。

「道として明示できるような道は絶対不変な道ではない。名として明示できるような名は絶対不変な名ではない。」

　ちょっと考えると、前の解釈とまったく逆になっているように見える。よく考えてみると必ずしも矛盾してはいないのだが、やっぱり後の解釈の方が正しいのであろう。科学の発展・変貌を超えて永遠の真理を求める哲学者には、後の解釈が当然のこととして受けいれられるであろう。『老子』が物理学者のために書かれたと考えるのはおかしなことであろう。それなのに私は何故いつまでも、この本にひかれるのであろうか。

　古代の儒教の思想家たちは――「中庸」の著者子思《しし》以外は――常に注意を人間と人間社会に向け、それを包む自然をほとんど問題にしなかった。これに対して老子や荘子は、いつも「自然」を思考の中心においた。自然と離れた人間は不幸であり、自然に対抗する人間の力は取るに足り

中庸　もと『礼記（らいき）』の第三十一篇。孔子の孫の子思の作とされる。朱子により儒教哲学の最高峰とされ「四書」の一つに列せられた。前半では天人合一の真理である中庸を説き、後半で中庸を実践していく上での運用としての「誠」のあり方を説いている。中庸とは偏らず過不及なく調和がとれている状態をいう。

子思（前四八三頃～前四〇二年頃）中国、春秋時代の思想家。氏は孔、名は伋、字は子思。孔子の孫。孔子の高弟・曾子に師事し、孟子に影響を与えた。衛に仕えた後、魯の穆公に仕え、賓師として重んぜられた。『中庸』の著者と伝えられる。後に南宋の儒学者・朱子によって、孔子、曾子、子思、孟子と伝わった教えが儒教の正統とされた。

ないものと論断した。他人との交渉を全て煩わしいものと感じていた中学時代の私には、そこにも大きな魅力を感じたのである。

青年期以後の私は人間無力論、あるいは「人間は自然に一方的に随順すべし」という主張に、だんだん強く反発するようになった。自然への積極的な働きかけによって人間が獲得した科学、そしてそれに基づく、人間のための自然の改造に、ますます大きな価値を認めるようになった。

しかし、原子爆弾の出現以来、私の考え方は、もう一度大きく変わらざるを得なくなった。科学文明の中に生きる私たちは、もはや「なまのままの自然」に対する無力感を持っていない。その代り人間のつくりだした「第二の自然」であるところの科学文明に、圧倒されはしないかと心配せざるを得なくなったのである。「天地は不仁、万物をもって芻狗《すうく》となす」という老子の言葉が——天地を第二の自然もふくめた自然と解釈し、万物の中には人間もふくまれているかも知れないと危惧することによって——新しい意味を帯びて私に迫ってくるのである。

今日も依然として人間の運命、人類の運命は測り知れない。しかし、そうであればこそ、私たち人間の、人間のための努力が一層、有意義となる。そこにこそ成敗を超えた生きがいがあると思うほかないのである。

深淵の世界

老荘への偏見

長い引用になったが、天才物理学者の生の意識が将に荘子や老子へと向かっている様がありありと見て取れて興味深い。それに対し、この老荘が有する宗教性や神秘性を昨今の学者や知識人たちが軽々にオカルティズムと決め付け蔑称することは許されない。その種の科学者やそれに追随する者たちの傲慢性にはうんざりするばかりである。老荘思想の深みある哲学にまったくの価値を見出せないとしたら、その人間性こそが問題であるのだ。彼らは未だ数式言語では到達し得ていない世界があることを謙虚に受け入れる必要がある。

その点、さすがに本物の学者観を湯川秀樹は持ち合わせている。この人は古代ギリシャの哲学者と同類であり、否、偉大な東洋の思想家と同じであり、優れた〈叡智言語〉に生きた人であった。日本人が誇れる偉人であることは間違いない。にも拘わらず未だ紙幣を飾っていないのは役人の怠慢というほかない。小中学校の教科書でも教えるべき人物である。

タオ――宇宙の息吹

残念ながら世間ではタオの概念は充分に理解されていない。興味を持った人たちが色々と勝手なことを語っているが、その大半は誤りである。タオは別称としては太極が一番近いものである。本来的には同義である。ところが、この太極自体も正しく理解されていないので、全てが中途半端な解釈にとどまっている傾向にある。「易」の流れについては最終章で述べているので興味のある方はそれを熟読していただければと思う。ここでは、もっとやさしくタオについて述べておくことにしよう。

タオとは、大自然（宇宙）の息吹である。〈叡智言語〉が介在して理解できる世界である。しかし同時に卑近なところでは、匹夫《ひっぷ》でも理解できる世界だ。何故なら匹夫もまた大いなる自然の一部に他ならないからである。匹夫を除いて道《タオ》が存在することはない。タオは崇高深遠にして同時に卑近である。宇宙の神秘であると同時に親子の情であり愛である。愚かな人間の愚かな行為という無知すらもタオは包み癒すのである。癒しは時に厳しい天災や事故や病魔や感染や対立や戦争などあらゆる形として表象する。その全てがタオの変幻自在の姿であるのだ。

太極　『易経』繫辞伝に記された「究極の根源」を意味する中国哲学の用語。第七章に詳述。

易　「変化」を意味する語。陰、陽の二つの原理の結合交錯の変化によって宇宙の万象は形成、消長するという『易経』に述べられた思想。また、これに基づき、その変化の過程を占う中国の占術。

いかなるものも原子によって構成され成立しているように、タオによって構成されていないものなど何一つない。それは物理学者が探し求めている究極の根源でもある。原子を構成する素粒子たち、しかしそれらを支配する原理がその奥に存在する。それがタオである。原子は単なる粒子であるにも拘わらず、それらがこの宇宙を形成し地球を造り人間を誕生させ意識を生じさせている。単純でありながらも無限とも言える複雑さをもってこの世に関与している。それは将にタオの姿そのものである。

原子があらゆる顔を持つように、タオもあらゆる顔を持つ。あらゆる自然あらゆる存在がタオである。そしてタオが大きく原子に優れるのは、意志に関与することである。さらに情に関与し、人を導く。時に翻弄する。厳しくあり、また限りなく慈悲に満たされている。タオはありのままだ。タオがいろいろな顔を見せるのはタオを見つめる人の心がいろいろな姿へと変じていくからである。心が変わる者はその心に応じたタオを見るだけである。タオは各人の言語次元に合わせてしか出現しない。優しい者には優しいタオが常に現われ、厳しき者には厳しいタオしか現われない。そして真理を探究する求道者にはタオはその全ての顔を見せて導くのである。タオは一度として同じ時であることはない。それでいていつも何一つ変わることがなく存在する。タオは一にして多であり表にして裏であり、無限にして有限である。今にいながら常に未来と過去とを去来する。次元はあらゆる角度を持ち一切の制約を受けない。

タオとは将にその次元そのものである。物であり精神であり気であり力である。老子はその次元に逍遙し、仏陀は寂滅して超越する。仏教にいう「悟り」もこのタオとの出会いに他ならない。

逍遙自在の境に至った時に、解脱という境地が出現する。それは有為の世界から無為の世界に入ることでもある。無為とは精神から一切の執著煩悩が去った真実の世界のことである。

そこには何も無い。そして何もかもが有る。あらゆる迷いを譴除《けんじょ》した状態であり「只《ただ》、在《あ》る」世界である。「只、在る」この感覚は叡智言語を獲得していない者には把握できない概念である。無為とは将に「只、在る」のである。それは、生命の造化でもある。満ちては引き、また満ちては引き、そしてまた満つるのだ。それがタオだ。

では次に、四章にて、この人の世の究極の真理も全ては宇宙の誕生からスタートしたことを論じよう。しばし、宇宙創生の次元を思い描きながら、東洋にいう大宇宙と人間小宇宙の関係について考察したい。

第四章　宇宙の仕組みとタオ

生命を支える物理原理

原子の構造

古より、東洋において語られてきた宇宙と人の相関性とは如何なるものであるのか、四章にて一つの仮説を立てるものである。

伝統的東洋の叡智は、人を小宇宙ととらえ大宇宙と対応していると考えてきた。この古の東洋の賢者たちの思考がどこまで宇宙の原理と一致するのかをこれから見ていきたいと思う。

宇宙法則と人間が生まれて一生を経ていくということとが、その原理においてイコールになるのか、という点に集約される。また、人間の心というものと、宇宙の基本構造、そして生成化育というものが、基本的に同じ働きをしている、と仮定できるのではないか、という話である。それを、この宇宙の構造を見ながら検証していきたい。先ずは物理学の基本の原子構造を理解する

大宇宙と小宇宙　東洋では、人体を一つの小宇宙として捉え、自然（宇宙）の摂理が人体に大きく影響を及ぼし、人体の変化は自然の摂理によるものと考える（「天人合一思想」）。西洋でもソクラテス以前（特にデモクリトス）に、人間（小宇宙）が宇宙（大宇宙）のすべての構成要素に対応する諸部分をもっているという思想がある。

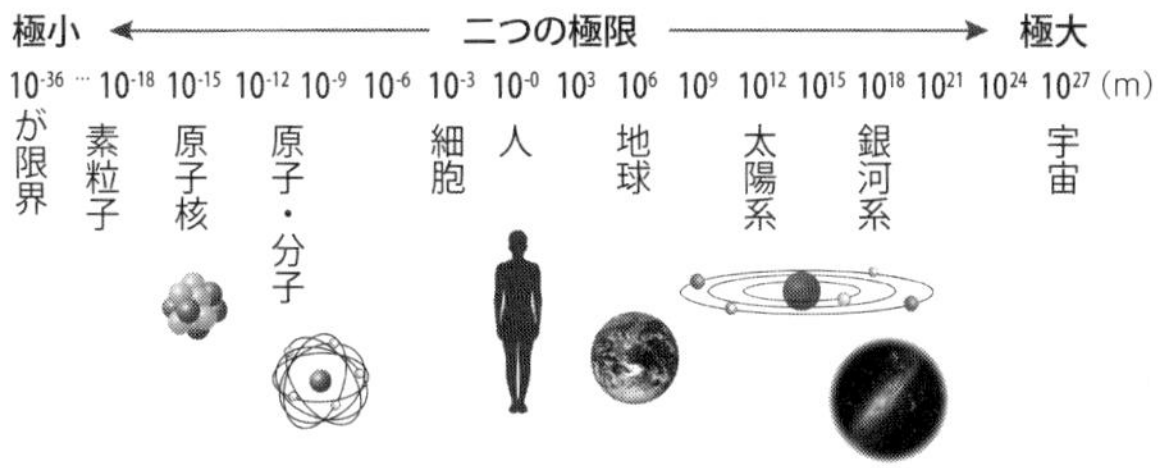

ミクロ世界とマクロ世界 物質の最小単位クォークは、標準理論ではお大きさゼロ、超ひも理論ではプランク長さなど、いくつかの説がある。一方、観測できる宇宙の果ても一〇の二六乗、一〇の二七乗など、諸説ある。

ことから始めていこう。

物理学によると、我々人間の宇宙内における存在位置は、宇宙空間におけるミクロの世界の電弱統一スケールより小さな一〇のマイナス二〇乗メートル（限界は一〇のマイナス三六乗メートル）あたりから、マクロ世界の宇宙の涯にあたる一〇の二八乗メートルあたりまでに集約でき、そのちょうど真ん中あたりに地球と共に位置していることになる。それは単なる偶然とは言い難いものを我々に印象付ける。将に何等かの意志による設計図がそこには見え隠れしているように思えてくるのである。少なくとも人間を中心に作られた宇宙の観を強くするのである。しかし唯物論者はこれらを全て単なる偶然、何の意味もないと言い切るのだから徹底している。これはこれで一つの考えとして尊重しなければならないが、しかしノーマルな感覚でこの現実を見れば、人間原理の解は至極当然の帰結と思えてくる。

まずは再度、原子構造から説明しよう。本書の第一章ですでに説明しているが、さらに詳しく述べるとする。原子というと、固定化されたイメージで、無機質だけのものだと勘違いしている人がいるのだが、大地や岩石や海や空から生命体まで、生物である動植物も我々人間もあらゆる有機体の全てのものが、原子によって作られている。細胞もさらに分割し根源的にみていくと、この原子によって構成されていることに突き当たる。しかも原子というものは、最小単位ではなくして、もっと小さな素粒子という単位へと、分割されていくのである。既述の通り、原子の核を成している部分を原子核という（核子ともいう）。

素粒子　自然界の物質を構成する最も基本的な構成要素で、それ以上細かく分けられないもの。物質を構成するクォークとレプトン、およびそれらの間に働く力を媒介するゲージ粒子、素粒子に質量を与えるヒッグス粒子の十七種類が知られる。

量子論　プランクの量子仮説（一九〇〇年）を出発点とし一九二五年の量子力学の成立によって統一的理論体系が確立された。現代物理学の中心的理論。

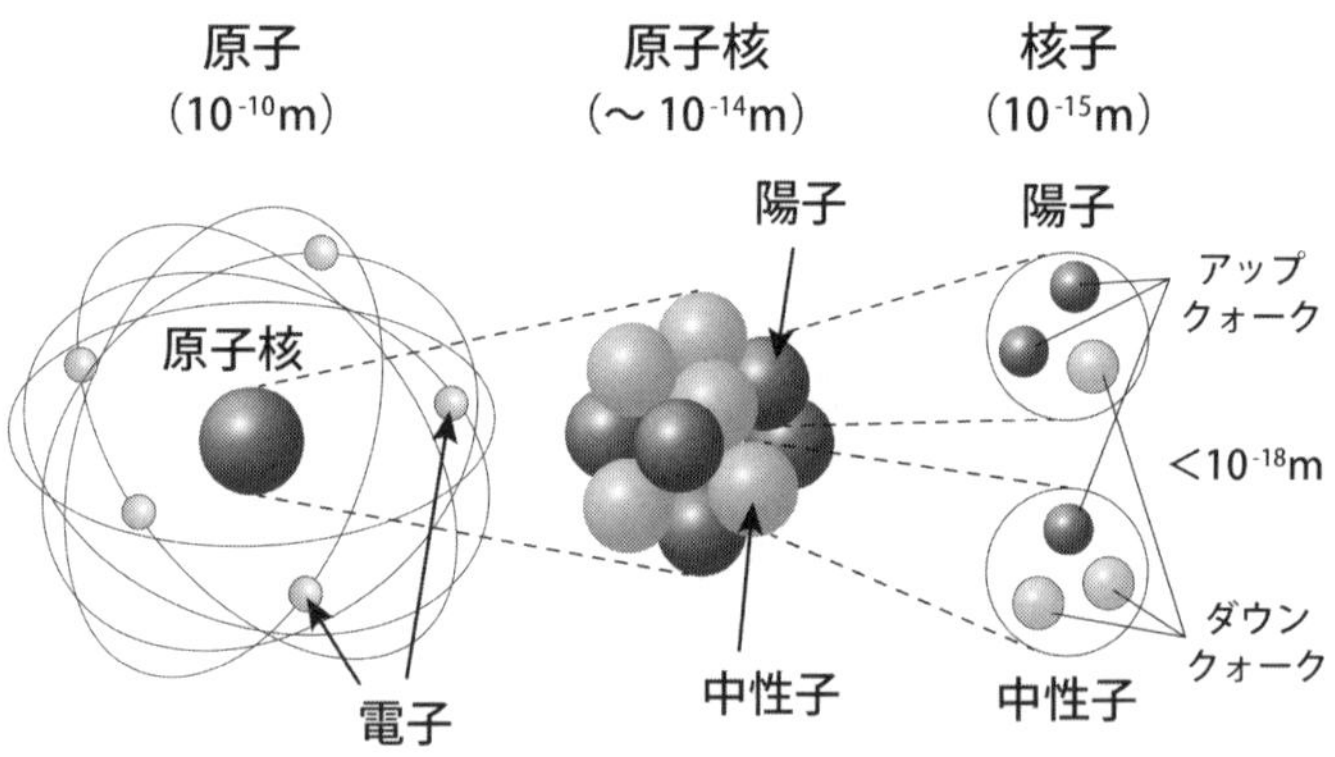

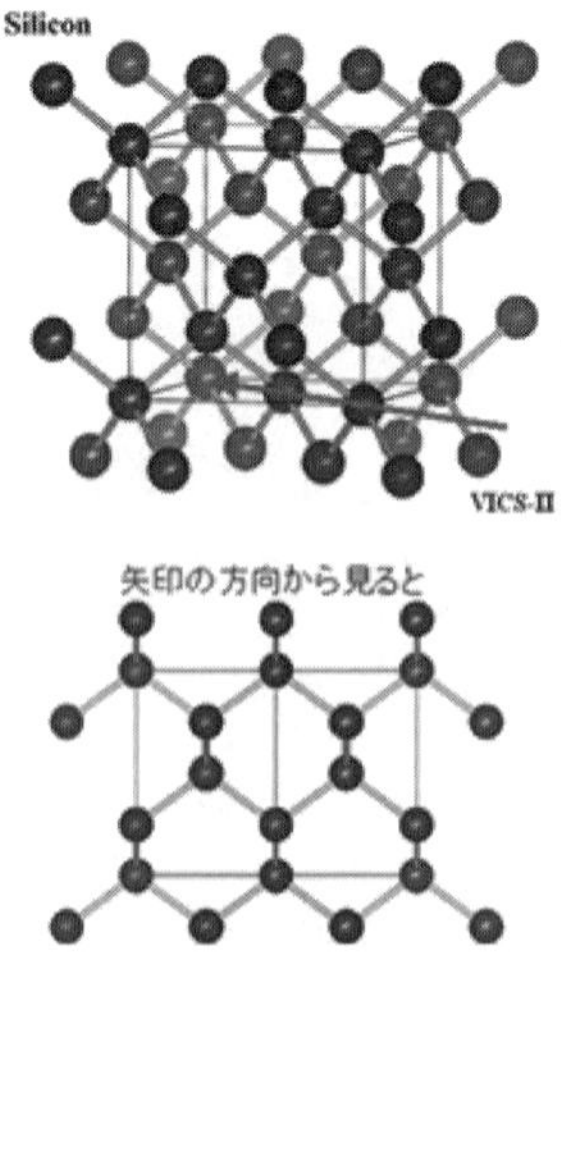

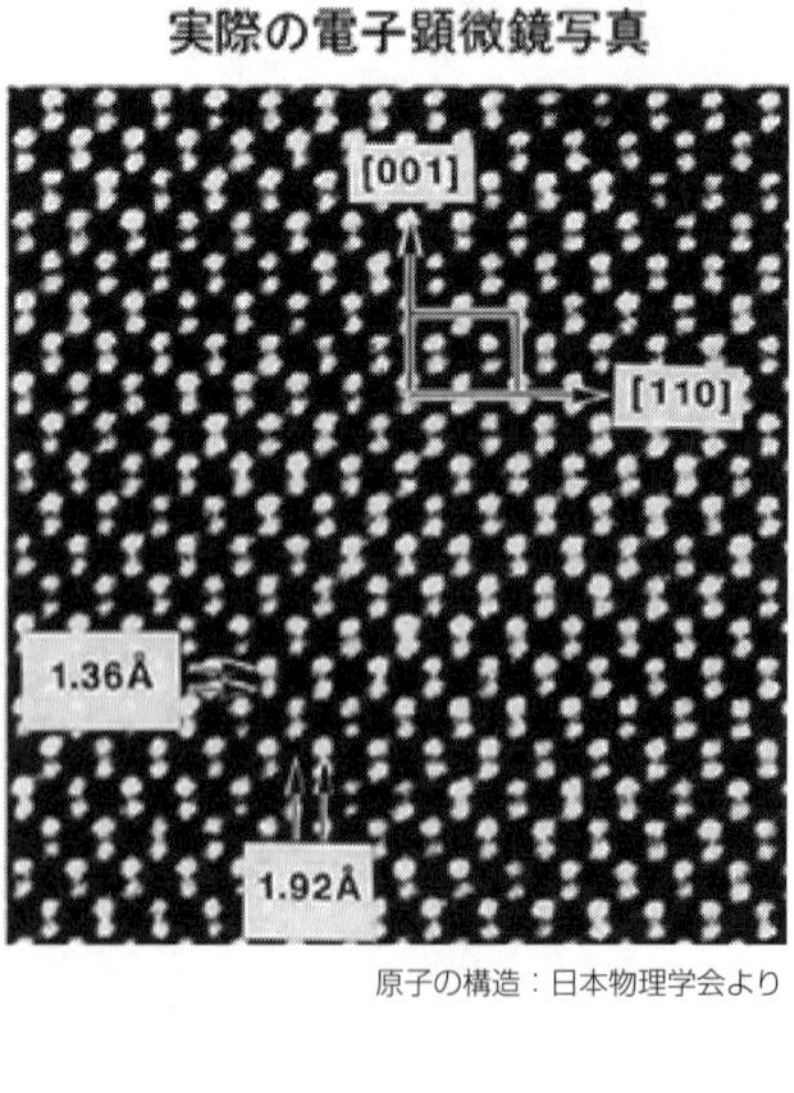

原子の構造：日本物理学会より

磁石の原理　(＋)と(－)の電荷は磁石のN極とS極と同様にクーロン力が働き、同じ電荷や極では斥力が、違う電荷や極では引力が働く。

原子核は図にあるように、陽子と中性子とで出来ている。陽子は、プロトンともいう。陽子はプラス（＋）の電荷を帯びている。そして中性子はその名の通り無電荷である。つまり、電荷がゼロで中性であるから中性子と言う。ニュートロンとも呼ばれる。プラス（＋）の電荷もマイナス（－）の電荷も帯びていない。

そして、水素原子核が陽子（＋）一個で構成されているのを除けば、全ての原子の原子核はこの中性子と陽子（＋）とで構成されている。その原子核の周りを回るものとして、極小の電子（－）がある。エレクトロンともいう。この電子は（－）の電荷を帯びており、原子核が、陽子の（＋）の電荷を帯びている関係で、磁石の原理が働き引きあうことになる。電子の大きさは陽子の質量を一とすると、そのおよそ一八四〇分の一の小ささである。

というわけで、この原子核と電子の両者がひとつになったものを「原子」というわけである。

ちなみに、ヘリウム原子を例に、原子とその中心にある原子核の大きさを比較すると、原子の大きさを山手線位の円（直径約一一キロ）とした場合、原子核はバレーボール程度（直径二〇センチ）と非常に小さく、その周りをゴマ粒程の電子が飛び交っていて、その間には何もないという、すき間だらけの構造である。ほとんど何もない、と言った方が実態に近い。そのため、一章で述べたように(－)電子の電磁気力で地面と反発しあっていなければ、我々は重力によって地面に吸い込まれていくことになるというわけである。

元素周期表

典型非金属元素 / 典型金属元素 / 遷移金属元素

原子番号（陽子の数）：1　元素記号：H　元素名：水素　原子量：1.008

周期＼族	1	2	3	4	5	6	7	8	9	10	11	12	13	14	15	16	17	18	族／周期
1	1 H 水素 1.008																	2 He ヘリウム 4.003	1
2	3 Li リチウム 6.941	4 Be ベリリウム 9.012											5 B ホウ素 10.81	6 C 炭素 12.01	7 N 窒素 14.01	8 O 酸素 16.00	9 F フッ素 19.00	10 Ne ネオン 20.18	2
3	11 Na ナトリウム 22.99	12 Mg マグネシウム 24.31											13 Al アルミニウム 26.98	14 Si ケイ素 28.09	15 P リン 30.97	16 S 硫黄 32.07	17 Cl 塩素 35.45	18 Ar アルゴン 39.95	3
4	19 K カリウム 39.1	20 Ca カルシウム 40.08	21 Sc スカンジウム 44.96	22 Ti チタン 47.88	23 V バナジウム 50.94	24 Cr クロム 52	25 Mn マンガン 54.94	26 Fe 鉄 55.85	27 Co コバルト 58.93	28 Ni ニッケル 58.69	29 Cu 銅 63.55	30 Zn 亜鉛 65.39	31 Ga ガリウム 69.72	32 Ge ゲルマニウム 72.61	33 As ヒ素 74.92	34 Se セレン 78.95	35 Br 臭素 79.9	36 Kr クリプトン 83.8	4
5	37 Rb ルビジウム 85.47	38 Sr ストロンチウム 87.62	39 Y イットリウム 88.91	40 Zr ジルコニウム 91.22	41 Nb ニオブ 92.91	42 Mo モリブデン 95.94	43 Tc テクネチウム (99)	44 Ru ルテニウム 101.1	45 Rh ロジウム 102.9	46 Pd パラジウム 106.4	47 Ag 銀 107.9	48 Cd カドミウム 112.4	49 In インジウム 114.8	50 Sn スズ 118.7	51 Sb アンチモン 121.8	52 Te テルル 127.6	53 I ヨウ素 126.9	54 Xe キセノン 131.3	5
6	55 Cs セシウム 132.9	56 Ba バリウム 137.3	57～71 ランタノイド	72 Hf ハウニウム 178.5	73 Ta タンタル 180.9	74 W タングステン 183.8	75 Re レニウム 186.2	76 Os オスミウム 190.2	77 Ir イリジウム 192.2	78 Pt 白金 195.1	79 Au 金 197.0	80 Hg 水銀 200.6	81 Tl タリウム 204.4	82 Pb 鉛 207.2	83 Bi ビスマス 209.0	84 Po ポロニウム (210)	85 At アスタチン (210)	86 Rn ラドン (222)	6
7	87 Fr フランシウム (223)	88 Ra ラジウム (226)	89～103 アクチノイド	104 Rf ラザーホージウム (261)	105 Db ドブニウム (262)	106 Sg シーボギウム (263)	107 Bh ボーリウム (264)	108 Hs ハッシウム (265)	109 Mt マイトネリウム (268)	110 Ds ダームスタチウム (269)	111 Rg レントゲニウム (272)	112 Cn コペルニシウム (277)	113 Nh ニホニウム (286)	114 Fl フレロビウム (289)	115 Mc モスコビウム (289)	116 Lv リバモリウム (289)	117 Ts テネシン (294)	118 Og オガネソン (296)	7

57～71 ランタノイド	57 La ランタン 138.9	58 Ce セリウム 140.1	59 Pr プラセオジム 140.9	60 Nd ネオジム 144.2	61 Pm プロメチウム (145)	62 Sm サマリウム 150.4	63 Eu ユウロピウム 152.0	64 Gd ガドリニウム 157.3	65 Tb テルビウム 158.9	66 Dy ジスプロシウム 162.5	67 Ho ホルミウム 164.9	68 Er エルビウム 167.3	69 Tm ツリウム 168.9	70 Yb イッテルビウム 173.0	71 Lu ルテチウム 175.0
89～103 アクチノイド	89 Ac アクチニウム (227)	90 Th トリウム 232.0	91 Pa プロトアクチニウム 231.0	92 U ウラン 238.0	93 Np ネプツニウム (237)	94 Pu プルトニウム (239)	95 Am アメリシウム (243)	96 Cm キュリウム (247)	97 Bk バークリウム (247)	98 Cf カリホルニウム (252)	99 Es アインスタイニウム (252)	100 Fm フェルミウム (257)	101 Md メンデレビウム (256)	102 No ノーベリウム (259)	103 Lr ローレンシウム (260)

周期表とは「周期律」（元素を原子番号の順に並べるとその性質が周期的に変化するという法則）に基づいて元素記号を並べた表。ロシアの生化学者メンデレーエフが 1869 年に提案し、2016 年に現在の形に完成した。92 番のウランまでが自然に存在する元素で、現在は新しい元素が人工的に作り出され、表に追加されている。周期表の横の行を「周期」、縦の列を「族」といい、同族であれば化学的性質が似ているなど、周期表のどの位置にあるかによって、元素のおおよその性質が推定できる。ビッグバンでは、原子番号4のベリリウムまでしか出来ない。星内部では 29 の銅ぐらいまで出来る。超新星爆発で 92 のウランまで作られると言われている。

また、陽子の数が、その原子の「原子番号」でもある。つまりは軽い原子から重い原子へという順番であり、これは、宇宙において生成されていく順番ということにもなる。だから、水素の場合は陽子の数が一で原子番号は1、ヘリウムの場合は陽子の数が二で原子番号も2となる。

どんな原子でも（＋）電荷の陽子の数と（－）電荷の電子の数が等しいため、原子全体では電気的にプラスマイナスゼロで中性になる。そして、陽子と電子がいくつずつあるのかによって原子の種類が変わるのである。つまり物質の性質が決まることになる。さらりと言ってしまえばそれだけだが、よくよく考えてみれば余りの凄さに腰を抜かさんばかりとなる（あなたはなっただろうか？）。陽子の数が増えただけで違う物質が簡単に出来るなど、呆れる程の単純さで、それ故にこの原理に腰を抜かしそうになるのだ！　口あんぐりとあなたはならないだろうか！　こんな単純な原理で宇宙の全ての物質が作られているなどあり得ない！　しかし、あり得て妙なるこの宇宙の神秘に、ただただ唖然惘然《ぼうぜん》とするばかりである。

面白いのは、それ故に唯物論者は神などいないと言い、有神論者は将に神の御業《みわざ》である、と主張することである。こうも視点が違うと滑稽なくらいに真逆の見方となり、これはこれで人間分析には興味深いものがある。この場合の無神論者は、およそ〈知性言語〉で語っており、一方の有神論者は無教養な者は〈感情言語〉で、教養の有る者は〈理性言語〉で語っている。〈叡智言語〉以上はいちいちここで「神の御業」などという発想は生じない。元より森羅万象の一切をそう捉えているからである。

また、陽子の数と中性子の数を足したものを、その原子の「質量数」という。ヘリウム原子は陽子が二個、中性子が二個なので、質量数は4となる。以上のことを、次のように書き表わす。元素記号の左下に原子番号、左上に質量数を記すのである（図1）。

原子はプラスの電荷とマイナスの電荷がつりあって、電気的に中性だが、原子の中には、電子を失いやすいものと、受け取りやすいものがある。例えば、ナトリウム原子は電子を失いやすい性質があり、塩素は電子を受け取りやすいという性質がある（図2）。そこで塩素がナトリウムから電子を受け取ると、原子全体がマイナスに帯電し、ナトリウムは原子全体がプラスに帯電する。このとき塩素とナトリウムが引き合い、結合して塩化ナトリウムに転移する。つまり食塩が出来る（図3）。このように、単純な原子の構造も、絶妙な変化を用いて新たな化合物を作り出すという多様性を見せるのである。

陽子と電子がプラスとマイナスの電荷を持っているからこそ、こうした化学変化が起きるのである。それこそが東洋哲学にいう陰陽の作用に他ならない。

ヘリウム原子のモデル

図 1

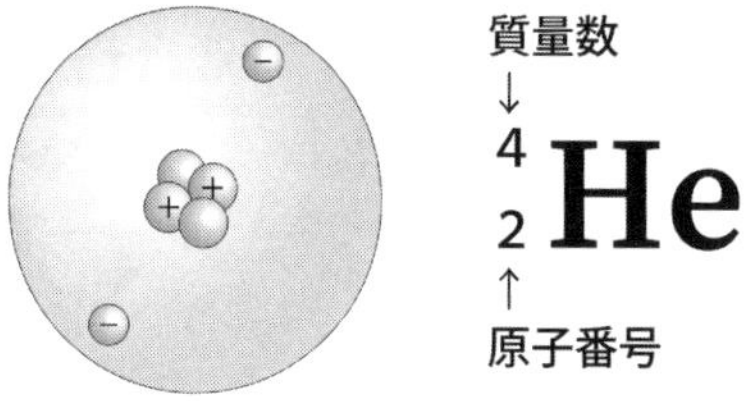

図 2

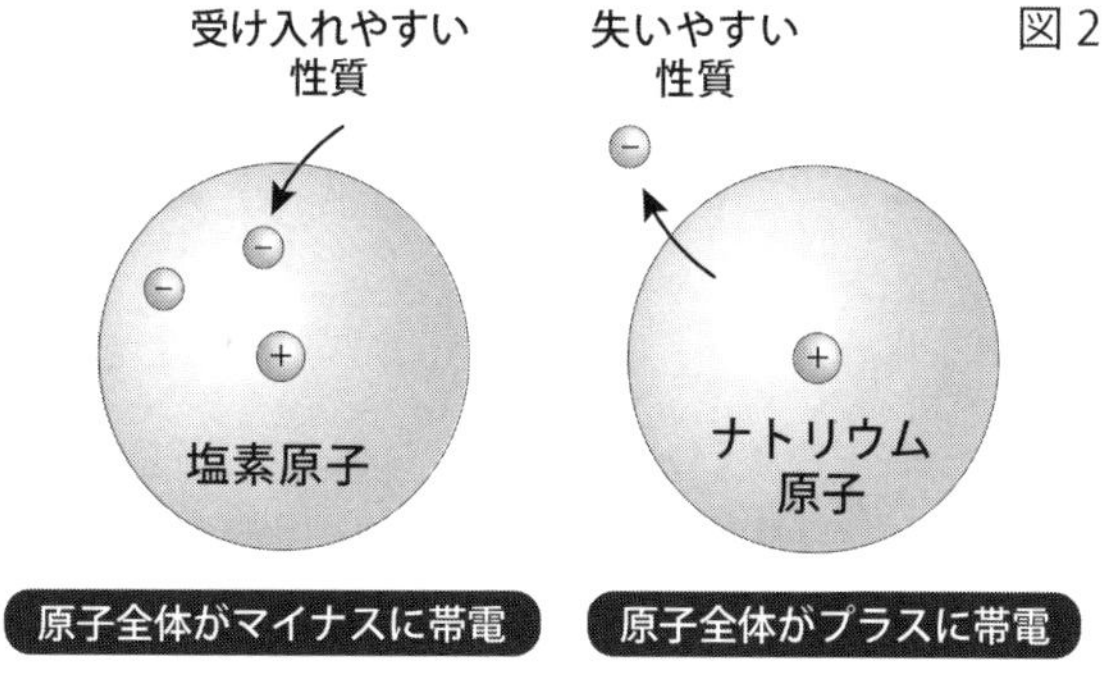

図 3

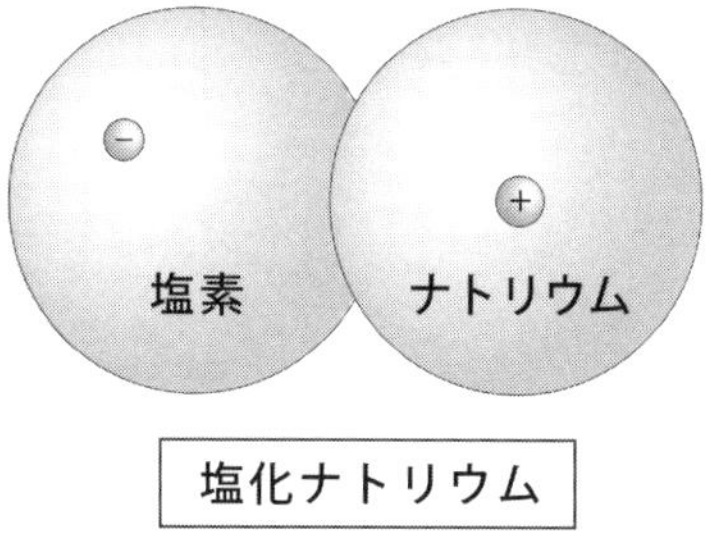

電子・陽子・中性子の大きさ
電子…一〇のマイナス一八乗メートル以下
陽子…一〇のマイナス一五乗メートル
中性子…一〇のマイナス一五乗メートル

物質の驚異の単純原理

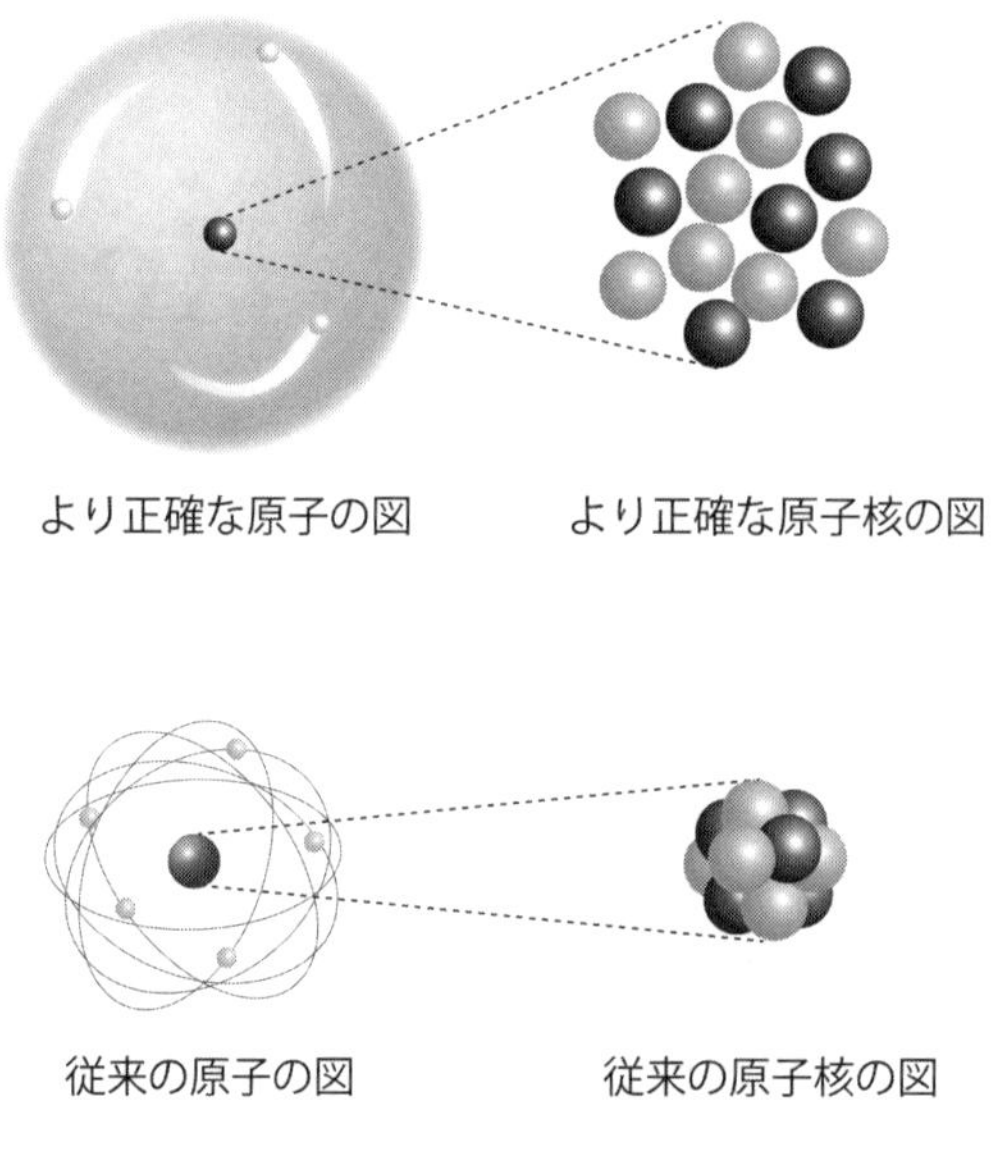

電子の位置は定まっておらず、
従来の太陽系型モデルは今は用いられない。

最新の研究によると、誰もが知っている原子モデルの構造は少しだけ修正されることになった。右下の従来型モデルが今までの原子核の構造の図であったが、現在では、右上の図のように、陽子と中性子が、バラバラに離れていて、しかもこれらは、核内においてしょっちゅうお互いが入れ替わっているということが分かった。陽子と思ったら中性子、中性子と思ったら陽子になる、というふうに常に入れ替わっているのである。後述のβ（ベータ）崩壊現象に伴うものであるが、原子核を構成している核子は、実に不思議な動きをしていることが解明されている。この原理は、仏教の刹那滅の原理とも合致する。また、時間のスケールは大きく違うが、ＤＮＡの二重構造において交互に行なわれる破壊と再生の原理とも基本的には同じ作用なのではないかと思われる。

そして物質というものは、基本この陽子と中性子と電子からしか出来ていないという事実に驚く必要がある。生物の形成が遺伝子の四つの塩基の配列の違いのみで出来上がっているのと同様に、物質は陽子と中性子と電子という三つ（或いは核子と電子の二つ）の素粒子の組み合わせから全てが出来上がっているということなのである。

さらにその奥に陽子や中性子を構成するクォークという、もっと小さな単位があることも分かっている。陽子はアップクォーク（電気量２／３ｅ）二つとダウンクォーク（同マイナス１／３ｅ）一つの計三個で形成され、中性子はその逆で、アップクォークが一つでダウンクォークが二つの計三個で形成されている。その結果、陽子はプラス電荷となり中性子はゼロ電荷となる。なお、それらの全てに反粒子が存在する。

クォークが三つまとまって分割可能な複合粒子の「ハドロン」として中性子や陽子を作り、分割できない最小単位と考えられている「レプトン」のひとつである電子がその周りをまわっている。そして、電子と陽子と中性子とで原子が構成されている。全ての物質の基本的な構成要素はこれだけだ。それはつまり、物体（原子）はクォークと電子の二素粒子だけで出来ていることを

クォーク　粒子の構成要素と考えられている基本的な粒子。軽い方からアップ（u）、ダウン（d）、ストレンジ（s）、チャーム（c）、ボトム（b）、トップ（t）の六種類がある。

ハドロン　強い相互作用をする素粒子でバリオンとメソンの総称。強粒子ともいう。原子核のこと。

レプトン　素粒子のうち強い力を及ぼさないものの総称。電子やニュートリノなど。

原子の構造　原子核の周囲を電子が回っている従来の原子モデルでは、電子はいずれエネルギーを失い原子はつぶれる。だが不確定性原理により、電子の位置と運動量の存在確率がほどほどに決まった（電子がモヤモヤと広がった）状態だから、原子が安定して存在できるとされる。

<table>
<tr><td rowspan="2">ハドロン
（分割可能な
複合粒子）</td><td>バリオン
（重粒子）</td><td>陽子、中性子、反陽子、ラムダ粒子 他多数
クォーク３つまたは反クォーク３つで出来ている</td></tr>
<tr><td>メソン
（中間子）</td><td>パイ中間子、ケー中間子、ロー中間子 他多数
クォーク１つと反クォーク１つで出来ている</td></tr>
<tr><td>レプトン
（軽粒子）</td><td colspan="2">電子、ニュートリノ、ミュー粒子、タウ粒子 他多数
これ以上分割不可能な軽い粒子</td></tr>
</table>

（素粒子についての詳細な表は、第六章の解脱（悟り）の構造―P404に記載）

意味する。何度も言うが実に驚くばかりである。

しかし、東洋哲学は紀元前の大昔からこの原理に伴うゆらぎ性の基本原理は疾《とう》に知っていた。この事実に我々は謙虚に頭《こうべ》を垂れるべきだ。敬意を払うべきである。東洋の易学を迷信や非科学と蔑称して顧みないのは理性有る者の正しい姿勢ではない。その意味では心理学のユングは実に優れた学者であった。それにしても原子を並べ変えれば、全ての物質を作り出すことが出来る。これは驚くべきことだ。しかし、そのことは易の原理を理解していれば何ら驚くことではない。

つまりは塩基配列に手を加えることで、理論上新たな生命を簡単に作れるように、あらゆる物質も理論上簡単に意のままに作り出せることを意味しているのである。そうなると、この世に不可能なるものは一切無いと思える程の可能性が広がることになる。超未来においては、自分の意思で身体を鋼鉄の皮膚に変身させてしまうといったことも可能になるのかも知れない。

四つの力の相互作用

さて、陽子や中性子の内側の空間は、測定不可能だが、常に粒子（クォーク）が現われたり、消えたりしていることが分かっている。実はこのおかげで、我々は存在しているのである。人間の常識からすると、生滅しているような物質から人間が構成されているとは到底考えられないのであるが、実はこの不思議な現象こそが、人間の細胞に活性化を与え固定化する（死んだ状態）のを防ぐ働きをしているのである。物体もこの不思議な素粒子の性質によって、生きた物体として存在しているというのだから、量子（素粒子）の世界は、人間の常識ではまったくもって理解不能の世界なのである。しかし、これが事実なのだから、そのまま受け入れるしかない。極めて非常識に映る構造なのだ。

そしてまた、陽子の質量のほとんどはクォークからではなく、現われては消えるゆらぎ性の仮想フィールドから作られているため、そこは現実の世界というよりテレビゲームのような世界が展開している。原子核内の世界は将に仮想フィールドと呼ぶほかない構造になっていて、その場の不思議な力に支配された不思議な核子が存在するのだ。仮想フィールドのおかげで、重さが生まれ、原子核が安定し、我々物体が存在しているのである。そこには、純粋精神のプルシャ（無極）から根本原質プラクリティ（太極）が生じる「ゆらぎ」という基本原理が作用し続けていることが分かる。この根本原理が存在の全てを支配し、我々の全てを導いているのである。

すでに語ってきたように、このことを、仏教では刹那滅と呼び、仏教哲学の存在論における最も根幹的教義となっている。これを理解しないで仏教を知っているとは言えない決定的内容である。そこには発生と安定と変化と消滅という微細な変位（ゆらぎ性）が語られており、同時にそれは後に語る三世実有《さんぜじつう》という時間存在論へと発展することになった。

さて、陽子より遥かに小さいスケールには、ヒッグス粒子が存在する。これは、光子や重力子

ゆらぎ　ある量（広がり、強度、力）の時空間的な平均値からの変動。量子論では、粒子は生成消滅により常にゆらいでおり、粒子の位置、運動量は確定されないため、物質は安定して存続できる。重力子のゆらぎにより、時間の進み方や空間の距離などもゆらぐとされる。

ヒッグス粒子　ＣＥＲＮ（ヨーロッパ合同原子核研究機関）の大型ハドロン衝突型加速器（ＬＨＣ）によって、二〇一二年に未知の新粒子が見つかり、翌年ヒッグス粒子と発表された。理論を提唱したヒッグスとアングレールは、二〇一三年ノーベル物理学賞を受賞。

等の一部を除いたその他の全存在に質量を与えるものだ。ヒッグス場にあるヒッグス粒子が他の素粒子にからまって、重みを生じさせ電気を生じさせるのである。

何故質量を持つ粒子と持たない粒子があるのか、それは未だ判明されていないが、それは生命が誕生するための条件であったのだろうと筆者は考えている。全ては人間の存在肯定へと向かっているという方が、無神論者の説よりも説得力がある。

何故、ヒッグス粒子が存在するかはまだ謎である。素粒子には初めから質量があっても良さそうだからだ。ヒッグス粒子が何故、これ程の極小サイズなのかは新たな疑問であるが、たぶん、素粒子をからめとるためには細かくなければ無理だったからだと想像する。我々の存在に関する重大な謎の一つである。だが重力の働きを知ると理解できてくる。

「重力」がこのマクロの宇宙を支配していることはすでに語ってきた。重力の力を伝えるのは「重力子（グラビトン）」と呼ばれる未発見の素粒子である。なんと粒々の粒子が重力の正体だったのだから、一般常識は量子物理学の世界ではまったく通じない。読者の皆さんもびっくりのことだと思う。地球上で高所から低所にものが落下する力作用のことだ。地球と月の間にも引き合う力として作用している。昔は万有引力と呼ばれていたものである。ヒッグス粒子によって質量を与えられていないので、無限の宇宙までその力を伝えることが出来る。

同じく質量を持たない光子を交換し合うことで電気を発生させているのが「電磁気力」である。重力同様、際限なく力が伝わるが、重力と違いミクロの原子内でも作用している。その力を伝えるのは「光（量）子」である。陽子と電子を引き合わせる力であると同時に、我々が日常感じる

重力子（グラビトン）

重力を媒介するとされる仮説的粒子。存在は確実視されている、場の量子論によれば、電磁場の量子として光子、核力場の量子として中間子があるように、重力場の量子として重力子があるという。

あらゆる物理的力は、この電磁気力（電子の反発力）であることはすでに述べてきた。この重力と電磁気力という二つの力は、私たちが日常生活で経験するあらゆることに関わっている。肌感覚や硬い柔らかいなどの感触は電磁気力そのものである。さらに、原子核内にはより小さいスケールで働く、あと二つの力がある。「強い力（強い相互作用）」と「弱い力（弱い相互作用）」と呼ばれるものだ。

「強い力」は、原子核が壊れないように核内の陽子と中性子を結びつける強い力として、また陽子や中性子のハドロン内に三つのクォークを閉じ込める力として、クォークの間に働く自然界で最も強い力だ。「強い相互作用」や「強い核力」ともいう。その力を伝えるのは「グルーオン」という素粒子である。電磁気力の約一三七倍、弱い力の約一〇の六乗倍（約一〇〇万倍）、重力の約一〇の三八乗倍（一〇〇澗《かん》倍）の力がある。ただしその作用は一〇のマイナス一五乗メートル以内という極めて限られた世界での特別な力なのである。要するに原子核内だけの作用であるためマクロ的作用は一切ない。

一方の「弱い力」とは「弱い相互作用」「弱い核力」とも呼ばれ、力は「ウィークボソン」という素粒子によって核内だけの一〇のマイナス一七乗メートル内に伝えられる。β（ベータ）崩壊と呼ばれる中性子と陽子が入れ替わるときの力作用として働く。

β崩壊とは、原子核がβ線（電子）とニュートリノ及び反ニュートリノを放出して他の原子核になる現象をいう。それには二つあり、「β−（マイナス）崩壊」は中性子がβ−線（電子）と反ニュートリノを放出し、陽子に変わる現象で、原子番号は一つ増える。一方、「β+（プラス）

グルーオン　中間子やバリオンなど強い相互作用をする粒子（ハドロン）の内部でクォークと反クォーク、また三つのクォーク同士をつなぎとめている力を媒介する素粒子。

ウィークボソン　光子など基本的な力を媒介するゲージボソンの一つで、四つの力のうち弱い相互作用を媒介する素粒子。電気を帯びているWボソンと電気を帯びていないZボソンとがある。

崩壊」は陽子がβ＋線（陽電子）とニュートリノを放出し、中性子に変わる現象。原子番号は一つ減。なお、β－崩壊においては、なんと中性子から負電荷を持った電子が放出されるので、残った中性子は正電荷を帯びて陽子に転移する。β＋崩壊はその逆の作用で、陽子から正電荷を持った電子が放出されるので、残った陽子は正電荷を失い中性子に転移するのである。

〈β崩壊〉

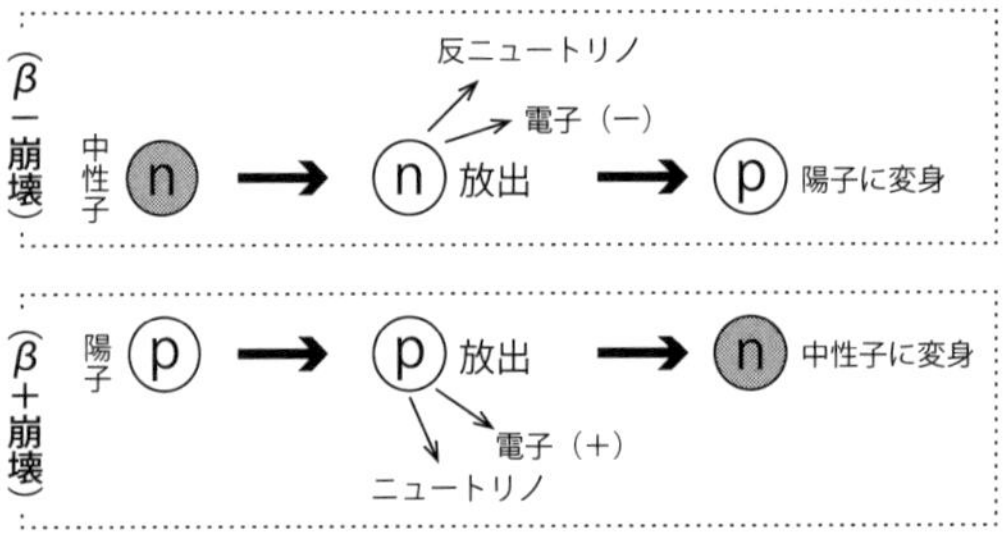

（具体例）

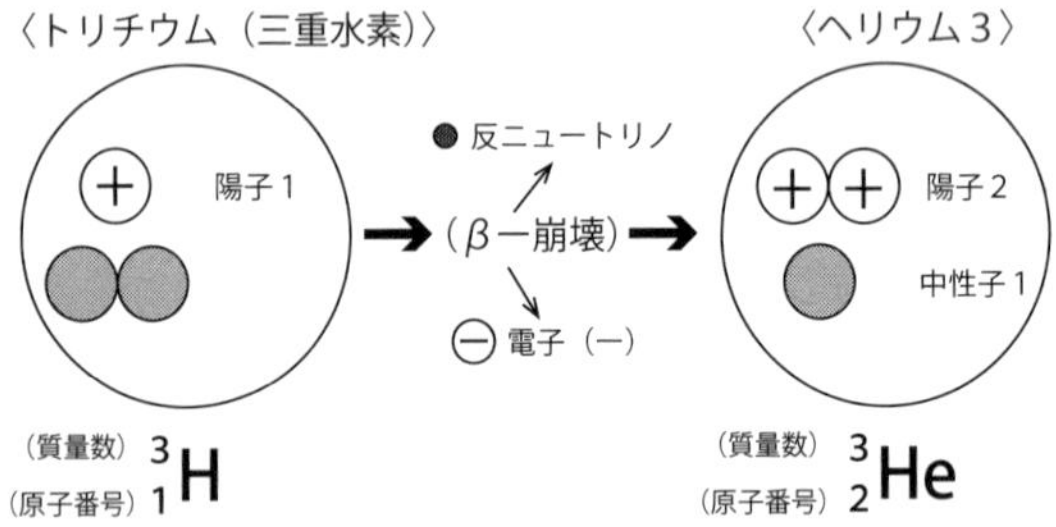

トリチウム（三重水素）は陽子１つに中性子２つだが、β崩壊により１つの中性子が陽子となり陽子２つに中性子１つのヘリウム３となる。陽子が一つ増えたため原子番号は一つ上がり、１の水素から２のヘリウムとなる。中性子が陽子に変わっただけなので、核子の総数（質量数）は変化しない。この種の変化が万物の多様性を生み出し、生命や意識の根源性をも意味している。

つまり、「弱い力」は原子の放射性崩壊の原因となるクォークやレプトンなど亜原子粒子間の働きに作用する。特に太陽における熱核過程における動力となる水素のヘリウムへの核融合を誘発させる働きをなしていることは重要である。要するに「強い力」が原子核を安定させる力であるのに対して、「弱い力」はクォークが別なクォークに変わるための相互作用である。当然のことながら、それは電荷の対称性を破る作用ということでもあり、これにより物質や現象の多様性が生まれることになる。極めて重要な役割である。

重力や電磁気力を感じるのは、それが長距離に達する力だからで、私たちが普段感じることのない「強い力」と「弱い力」は原子核のスケールでのみしか作用しない。その理由はヒッグス粒子である。この二つの力はヒッグス粒子の影響で、原子核の距離内でしか力が届かないのだ。

一方、「電磁気力(光子)」と「重力(重力子)」にはヒッグス粒子が絡んでおらず質量がない。重さのない粒子のため遠方までその力が伝えられている。その力は宇宙を自由に飛び交うことが出来る。それにしても「四つの力」のうち我々がよく知っている重力が一番力が弱いというのは何とも驚きである。*

この何とも絶妙な宇宙の仕組みを見ていると、これが単なる偶然の産物とはおよそ想像できない。「偶然」と言い切る無神論者たちは余りに鈍感としか言いようがない。実に巧みに何らかの宇宙の意志が働いているとしか考えにくいからである。

亜原子粒子
原子より小さい粒子。素粒子。現在までに数百種が知られている。

＊
その理由は、力の大半が異次元へ逃げてしまっているからだという説が支持されている。こんなことは物理学者が言ってなければ只のオカルトと一笑に付されるところである。

人間原理

宇宙宗教者は居るのか？

この物理学の内容は実に興味深い。その気になれば、あらゆる物質を作り出すことが出来るからだ。この原理を人間原理に当てはめると、本人が何らかの努力なり行為をなすことで、意識の変革変換が出来ることを意味していると言えるだろう。遺伝子の組み換えと同じ理屈である。

そういった意味で、非常に興味深い。このフィールドの問題、ゆらぎの問題というのは、決して軽々に考えてはいけない。つまり我々に限りない可能性というものを示している物理的法則であることを理解しておく必要がある。

筆者は原子の原理が、人間の原理とほとんどまったくイコールであるということを、ここで伝えようと試みているのだが、残念なことは、科学者に向かって言っても、彼らは偏見に陥ってい

超弦理論（ちょうげんりろん）
ハドロン（強い力で結びついた複合粒子）を説明する理論として一九七〇年頃生まれた。物質を構成するのは広がりをもたない点粒子ではなく、「ひも」のように振動、波動をもつという理論。この事を最初に指摘したのは南部陽一郎であった。

るので理解できないことだ。残念ながら、〈知性言語〉に生きる多くの科学者たちはまだそこまでに到達していないようだ。特に我が国の学者や知識人にはそれが顕著である。しかし、意外とヨーロッパの学者には理解する人がいるかも知れないという気が筆者にはしている。

ついこの間まで、科学者は、多次元宇宙を誰一人認めていなかった。それどころか何十年か前までは、特異点を研究すること自体、莫迦《ばか》と言われていた。超対称性を論じた超弦理論など物理学と認めてもらえず相手にもされていなかった。その発案者は世界中からの冷視に堪えられず若くして自殺してしまっている。さらに百年以上前になると、原子という単位を誰一人認めずにいた。また、四次元までしか皆認めず、それ以上なんてないと全員が思っていたのに、いまや、物理学者はみな多次元世界があることを信じている。四、五十年前、私がそんなことを言ったら、オカルトや無知と言われたものである。二、三十年前ですらそうだった。何故いつもそういう非難中傷という展開なのか、筆者にはよく理解できないのだが、轍を踏み続ける人たちであるようだ。一部の物理学者は自分たちが犯してきた失敗を未だ反省することなく、宇宙意志の存在を否定し続けている。しかし、それはいずれ明かされる時が来るであろう。優秀な物理学者が出るのを待つばかりである。

科学者たちが「神」の存在というのを認めるか認めないかは二分する。しかし、表面的には全員が否定する。厳密に言うと、学者は宗教的神は誰も認めない。特に歴史的経緯もあってキリスト教的人格神は基本的に認めない。けれども、既述のように量子論の基礎をつくりノーベル賞を受賞したプランクなどは、信仰に生きた人物である。自分が物理原理というものを追求していく過程で、逆に、神の存在を自覚させられ信仰をより強めていった人だ。少ないがプランク型の現宗教肯定の科学者は、ある一定数居ると思われる。それ以外は完全にキリスト教と対立したアインシュタイン型と東洋哲学に根付いた湯川秀樹やシュレーディンガーやパウリ型に部類できるだろう。アインシュタインがいう宇宙宗教者としての学者はまだまだ少ない。

昔だったら、「無知」と言われていたことが、いまや誰もが「当たり前」という時代になった。大いに結構である。仏教哲学が二千五百年間語ってきたことが漸く科学的に認められる時代になった。しかし、まだ残念ながら私がこれから語ろうとしていることは、科学者たちからは「無知」と言われる内容である。しかし、いずれこれからも、宇宙と人の大小の関係性として人間宇宙論は論じられていくことになるだろう。次の項では、そのことを明らかとするために四つの力について分析していくことにする。このことは、六章まで語っていくことになる重要な観点であるので、じっくり考察していきたい。

小宇宙——人を支配する四つの力作用

ここで四つの力について人間原理として分析しておきたい。これは六章でも更に深く語っていることであるのだが、極めて重要な視点なので、先ずはここにまとめて語っておきたいと思う。

■重力＝歴史的社会的力

宇宙は「重力」によって形作られた。そして物質は「電磁気力」と「強い力」と「弱い力」とによって構成されている。この構造は人間の精神性を分析する上で非常に示唆に富んでいることに気付けるのである。端的に述べると以下の様になる。

すなわち、一個の原子を一人の人間と捉えたときのその構造としての人間分析である。先ずは原子核から見てみよう。粘着力のあるヒッグス粒子にまとわり付かれた「強い力相互作用」と「弱い力相互作用」とは精神としての自分自身（自我）と捉えることが出来る。原子（自分）の原子核としての内意識を形成する作用である。内からの力であり、それは自身のみに関わる意識である。自己への強い執著心ということが出来る。それは厳密には陽子と中性子とに分かれる作用が有されることになり、その必然性を理解しなくてはならない。考察の結果はそれこそが人類の永遠のテーマであり、自分の心を支配する善と悪の意識だと思われる。善意と悪意である。正直と嘘の心だ。こう書くと陽子が善で中性子が悪ということか？——と思われそうだが、そういうことではない。単に二原理の作用によって陰陽的現象が現われ、それが人間の心においては善悪といった形にもなって現われる、と言っているのである。コンピュータの0と1の原理に他ならない。通常は明と暗、強と弱、静と動といった作用として働いてくると考えられる。

こうやって分析していると、この世に存在するためには悪的な作用が必須要素ということになる。筆者的には少々嫌な感じではあるが、分析していくとこういう解が導き出されてくる。仏教哲学が述べるところの存在が「迷い」や「苦」を意味するということでは、将に正しい解を導き出したということになる。詳細は五章の「聖俗」の項において更に述べることにする。また、銀河を形成し恒星や惑星を作り出す「重力」作用を人間に当てはめると、文明や文化や政治・経済力や流行といった歴史的社会力と置き換えることが出来る。外から自分に関わる抗し難い力である。

そして、その中間に位置する電荷を持った粒子間にしか作用しない「電磁気力」こそが自分と他者とをつなぐものと言えるだろう。人と人との出会い、関係性というものが将にこの原理に関わるのだと思われるのである。それは陽子と電子の身内的意識作用として働く場合と、原子である自分の電子と他者（原子）の電子の接触（関わり）という対外的意識作用とに大別できる。その働きである。家族関係や恋愛などは身内的意識としての原子内の位置作用である。実際に我々がマクロ的に行動するとき、他者（世界）と関わるときに働いているのが（一）電子の力である原子周辺との関係性である。地面に立っていられるのも握手もこの力であることはすでに語った通りである。

■電磁気力＝愛情と憎悪

そして、他者との関わりとして出現する「電磁気力」は、陽子と電子の間で光子を交換し続ける形の相互作用で力を生じるのだが、将にそれは家族・恋人との交流を意味している。しかもそこに介在するのは光子である。斯書において光子は愛または愛情と分析している。つまり、人間法則における電磁気力の原理作用は人間世界における愛（時にそれは電荷の変異により憎悪へと転移する）の交換であったということである。だから人間関係とは損得の駆け引きではなく本来は愛の交換という平和への志向を本来指しているということになるのだ。ここはとても重要で、実は、原子においても、電磁気力には陽子と電子との間で光子の交換が行なわれることによって、引き付け合うという原理が起こるのである。実に興味深い。将に人間間に於ける愛情の交換とまったく同じ構造であることに気付かされるのである。光子とは愛情を指す概念として充分に捉え得るものと筆者は考える。これにより物にも人にも引力が生じるのである。親子の愛や恋愛はその最たるものであるが、往々にして真逆に作用するのは精神（力）のバランスを欠いているためである。それは原子論的にはβ崩壊の法則や核子と電子との電荷の変化に伴う作用によるものと思われる。

第三者との関わりは自分の電子と相手の電子との斥力（反発力）が基本である。だから他者との人間関係が人生の悩みの大半となるのだ。そしてその関係性の中から、特別に友情や愛情が生じてくると原子内の身内としての電子へと転移するのだと思われる。その時から身内となったということになる。実際、電子は原子の外に逃げていったり中に入ってきたりする。この種の人間関係も極めて稀な事で、現象的に類似しているのである。そこに働くのは電磁気力としての光子であり愛情（時に反発の憎悪）である。

その意味で、電磁気力とは他者との「情」の交換を意味し、時に愛情に時に薄情に時に憎悪の関係を作り出しているものである。またそこに関わる電子とは他者との接触作用（器官）に他ならない。身内と身外とに分かれているだけの関係である。それらを含めたところの自己の存在は原子であり、その中核を形成する自我が核子である。

そしてより社会的に活動しようとするとき、歴史や思想や政治経済の世界に翻弄される状態こそが重力原理が人間社会へ相転移した姿だと思えるのである。

「重力」は広く世界の影響力を意味する。同じ無限遠の影響力を持つ電磁気力が特定の電荷を持った人物とだけの関わりを意味するのに対し、重力は社会全体に共通に影響する作用である。人は誰しも地球に依存し国に支配され社会の一員として束縛されまた関与している。誰一人として政治経済の影響を受けない者はいない。戦争や天災の被害者は将にその典型である。個人にあっては、核子内の作用としての意識が自己や自我を最大の力で支配するが、人生上には、この重力的作用の国レベルの力に振り回されることになるのである。これが重力が人の世界に関わるときの形である。それら四つの力の作用は、人間にとって全てが「執著《しゅうちゃく》（執着）」ということばに還元することが出来るのである。

■強い力＝自我と自己肯定

では、クォークを結合させ陽子と中性子を核子とさせる「強い力」とは何であろうか。これは、人間の執著そのものだと思われる。生存本能ということも出来る。自己保全意識でもある。それは極めて自己本位である。誰しもがその心に持つこの世への強い執著である。それはこの自他を含めた存在そのものを絶対と捉える力（心）ということが出来るだろう。いかに社会の影響や人間関係の力が加わっても、如何ともしがたい抗し難い力として自分を支配している本性そのものである。それは愚か性（無明）と言い換えることも出来る。自分へのこだわりこそがこの「強い力」作用であるのだ。全ての生命は自分中心にエゴイスティックに存在する。いかなる場面状況であれ、その中心は自分の心である。自分の我《わ》が儘《まま》である。これこそが自我に執著し、また自己を見

無明（むみょう）　根本的無知。すべては無常であり固定的なものは何もないという真理に無知なこと。十二因縁の第一支。根本的な迷い。

出しているアイデンティティとしての「強い力」作用であるのだ。

■弱い力＝自我と自己否定と変化

では「弱い力」とは何であろうか。これは我々が常に体験する「次」に展開するための〈諦め〉や心の切り換えである。時に「次」への発展のための別れでもある。また、自身の意欲によって生じる変化である。能動受動の差に拘わらず、変化をもたらすものとして、「弱い力」は心に介在作用すると思われるのである。それは一見弱いものだ。いつも誰かと対立するものではない。しかし、何となく、あるいは決然としていままでの自分、今までの状況を否定して新たな自分、新たな世界を切り開く意識の力としての作用と読み取ることが出来る。それは常に自分に作用している強烈な自我執著の力とは異質のふっと自分の心の片隅に出現する、例のいつもの自分から離れた意識のことである。

絶対的に自己肯定する「強い力」原理に反するかのように、この「弱い力」原理は自己否定的に自己と対峙する「力」である。それは他者との融合を内在させる作用でもある。「強い力」作用としての強い意識とは相補性を有するため、そのバランスを壊し弱い意識作用が強まると自己否定が強まり、精神の安定性を失うことになる。鬱などはその典型である。逆に「弱い力」が弱くしか働かない場合には「強い力」作用としての強い意識が度を越して個人を支配し、所謂傲慢不遜な人格を形成することになる。俗に言う自己中という人格の出現である。

このように、常に変化し続ける「弱い力」の自分が内在する。誰しもの心の内側には移ろいゆく自分が存在する。何かをキッカケとして変わろうとする無意識でもある。β崩壊によって突如として陽子や中性子がエレクトロン（電子）やニュートリノを放出するように、人もまた自身の心に溜め込んだ「執われ」を手放して、新たな人生を歩み出す力として極めて重要な作用であるのだ。それは時に日本人特有の儚さのような感情を生み出し、侘び観を作り出す。

そして、何よりも「強い力」として自分自身にこだわる執著する意識がある。これが自分の核となる部分だ。誰が何と言おうが、頑として他者を受け入れない自己がそこに存在する。強烈なエゴが圧倒的な力でそこに君臨する。それは仏教で言うところの迷いの根本の「無明《むみょう》」であり、業（カルマ）の形成力である「行《ぎょう》（サンスカーラ）」の力である。他のいかなるものも、これに抗することが出来ないほどの哀れで激烈な「自我」である。これを仏教では愚かな者「凡夫《ぼんぷ》」というのである。

西洋型のポジティブシンキングとは、この「強い力」優位の考え方であり、ここに明示した原理からも分かるように、それは必ずしも正しくないことが明らかである。西洋ではネガティブシンキングを謬《あやま》った思考として全否定する傾向にあるようだが、ここに示したように、それこそが誤りであることは明瞭である。西洋型（現代文明型）ポジティブシンキングは一種の暴力肯定型思考であり、攻撃力の強い者が善で、攻撃力の弱い者が悪という構図を作り出してしまっている。彼らは自己主張型であり、自分に不利益になることを一切認めないことを基本理念として生きる人たちである。トランプ大統領のアメリカや個性的なフランスや謝ることを知らないイタリア等に代表される西洋文化の特徴であるが、しかしそれは概して世界のどこにおいても同様で、中東世界においても、中国や韓国においてもそうで、その主張は米国以上かもしれない。

行（サンスカーラ）(1)
十二因縁の第二支。無明に基づき、次の識を形成する意志作用。

この続きは六章においてより本質的内容として述べている。この原理には更なる深い意味が隠されていることを学ぶ必要がある。

宇宙の誕生

時間と空間の起源

さてここからは、私がアメリカ滞在中よく観ていたDiscovery番組の中の『How the Universe Works』などを参考に宇宙について論を進めていきたいと思う。

エドウィン・P・ハッブル Edwin Powell Hubble（一八八九〜一九五三年）米国の天文学者。「ハッブルの法則」を発見（一九二九）。銀河が銀河系からの距離に比例した速度で遠ざかっていることを明らかにして宇宙膨張を発見するなど、宇宙論に大きな影響を与えた。

ヴェーダ伝承の宇宙卵 天地開闢についてインドのヴェーダにおける伝承。本章「巨人と水と『宇宙卵』の伝説」に詳述。

宇宙に存在する銀河の数は二兆個とも言われている。だが、アメリカの天文学者エドウィン・P・ハッブルが登場するまで科学者たちは、この我々の銀河だけが全宇宙だと信じて疑っていなかったのだから、その後の理解との差は隔絶している。ハッブルは一九二四年十二月三十日の論文発表で宇宙には我々の銀河系の外にも銀河が限りなくあることを明らかとしたのである。宇宙は限りなく（と感じるほど）巨大であり、人類がその涯に辿り着くことは未来永劫にないのかも知れない。今から百三十八億年前には何一つ存在しなかった（!?）ところに突如としてビッグバンが起こり、この我々の宇宙が出現した。

ビッグバンはこの空間とこの時間の起源でもある。我々の地球そしてこの自然も人も全てがビッグバン直後に出来た元素で作られているのだ。人の心までの全てがこの時に決定づけられたことになる。そして、この宇宙存在の最大のキーワード、それは広い意味の「重力」である。この宇宙は重力に始まって重力に終わることになる。

古代ギリシャにおいて、最初の哲学者と言われているタレスが、この世界の根源的物質を「水」と仮定したことはよく知られている。いまやそのことは誰からも評価されないが、ビッグバン宇宙において、最初に誕生した物質が水の構成元素の一つ水素であったことは、彼の着目に再びと光が当たる瞬間でもあった。

ビッグバン直後に水素元素が生まれ他の元素もそれに続いて出現する。それはインドのヴェーダにおいて伝承されてきた宇宙卵の内容とも似通っていることは興味深い。

ビッグバン宇宙

渾沌とした力が渦巻く中で、ビッグバンエネルギーの衝撃波が、特異点をあらゆる方向に、そして一兆分の一のそのまた一兆分の一のそのまた十億分の一秒に想像を絶する速さで宇宙の大きさを一兆倍のそのまた一兆倍以上に膨張させたのである。

この膨張速度は、光の速さを超えていて、光速より速いものは存在しないという物理の法則に合致しないあり得ないスピードであった。ところが、その時広がっていたのは光などの素粒子ではなく、それらを包み込んでいる空間そのものだったのである。人間も車（空間）ごと動けはアッという間に移動できるのをイメージすると分かりやすい。宇宙は空間の移動と膨張にはスピード制限がないのだ。*

宇宙誕生から十億を五回掛け合わせた数で一秒を割った時間くらいの刹那のとんでもなく短い数プランク時間内に、純粋なエネルギーが光の速さより早く膨張したという。いわゆるこれが、宇宙物理学の佐藤勝彦とアラン・グースが提唱した「インフレーション」と呼ばれる現象である。

今やインフレーションはビッグバンの前に発生したと言われるのだが、断書ではあくまで呼称としてビッグバンが宇宙の始まりであり、それと同時にインフレーションが起こり、そのあとに超高熱のビッグバン宇宙が展開したという時系列で説明するものである。このインフレーションはビッグバン宇宙のような高熱を持っておらず、謎の仮説粒子「インフラトン」のエネルギーで

プランク時間　物理学上計測できる最小単位。量子力学の基本量であるプランク定数*h*と、真空中の光速C、重力定数Gの三つの定数で決まる。プランク時間は五・三九一×一〇のマイナス四四乗秒。プランク長さは、その時間に光が進む距離一・六一六×一〇のマイナス三五乗メートル。

*
これは未来的には非常に重要な理論である。いずれ人類は星間移動をするようになる。その時、光より速いロケットを作らないと、地球に生還できないからである。宇宙船を空間ごと移動させることで何光年も彼方まで一瞬で行けるようになるのだ。SFで出てくるワープである。

インフラトン　宇宙初期のインフレーションを引き起こしたとして仮定される、仮想的な粒子や場。

スティーブン・ホーキング
Stephen W. Hawking
（一九四二～二〇一八年）イギリスの物理学者。大学院時代より筋萎縮性側索硬化症（ALS）を患う。ビッグバンは、大きさがゼロで密度が無限大の「特異点」となることを証明、ブラックホールから熱が放射され蒸発もあること（ホーキング放射）を発見。

爆発的に発生するというものである。

宇宙創生の一〇のマイナス四四乗秒後に始まったインフレーションが一〇のマイナス三三乗秒後に終了すると同時に光子や電子などのあらゆる粒子がこの時に生成され、それらが超高温、超高密度のビッグバン火の玉宇宙となったと考えられている。そして次の瞬間からこの宇宙の形成が始まったのである。その時の宇宙は超高温の激烈なエネルギーの塊だった。高温高密度の状態で燃え滾《たぎ》る恒星より高温だった。それは原子が崩壊する程の超高温で、原子は存在できなかった。しかし、温度というのは、摩擦の事なのだから、超高温という事は原子以前の粒子が激しく摩擦（衝突）していたということになる。

それを生じさせたのは重力である。重力が高密度空間を作り出し、粒子の激しい衝突で宇宙を超高温状態にさせていたのである。その温度は、なんと数兆度だった。しかし、宇宙が膨張を続けるにつれ温度が下がり始め、宇宙創生は次の段階に入ることになる。温度が下がるにつれ電子やニュートリノなどが生成され、その後、陽子や中性子が誕生したと考えられている。

物理学者は、何がビッグバンを起こしたのかの答えを求めている。理論物理学者のスティーブン・ホーキングも、「私たちはどのようにして存在するようになったのか。宇宙には始まりや終わりがあるのか、もしあるなら、それはどのようなものか。その答えが見つかれば、人類の理性は究極の勝利を収め、神の心を知ることが出来る」と語っている。

車椅子のホーキングは二〇一八年に亡くなったが、彼がブラックホールを始めとして、新しい

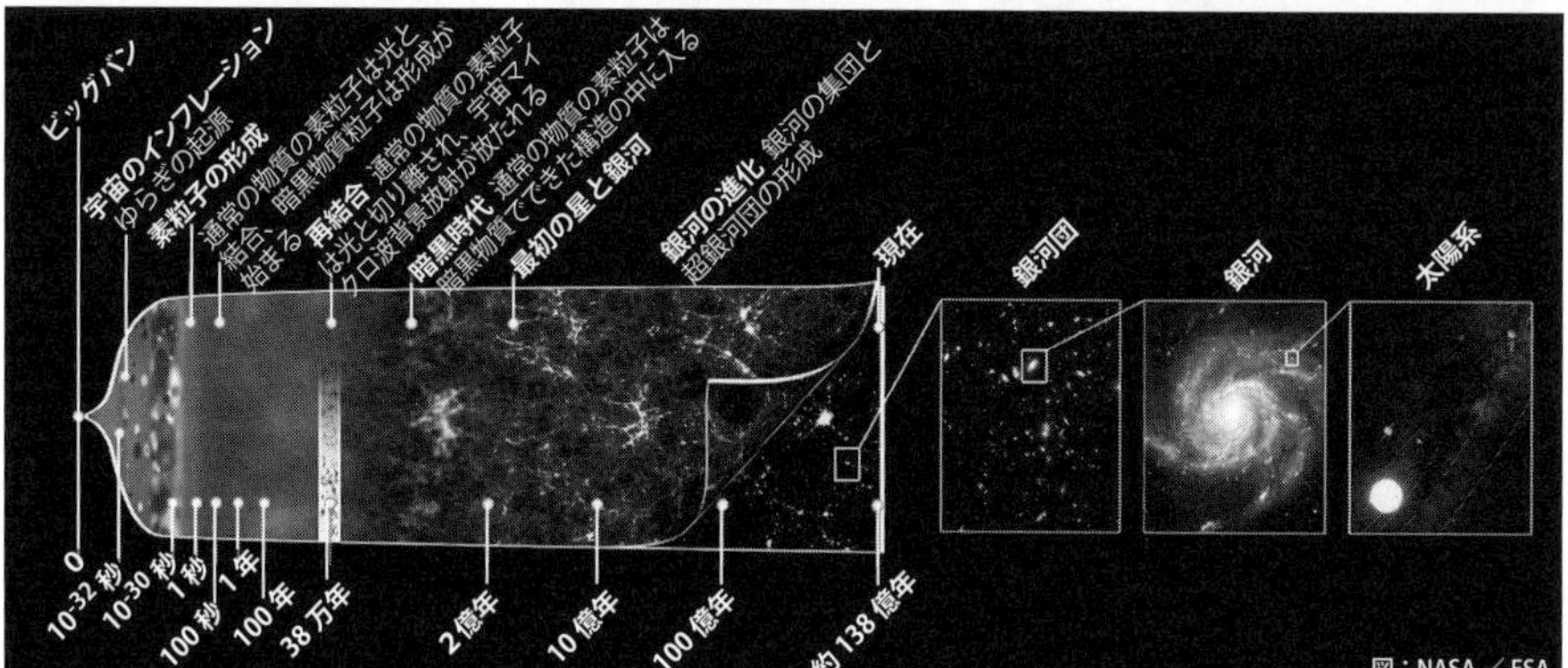

図：NASA／ESA

理論に対して問題提起を次々としたことで更なる理論の発展があった。非常に優れた科学者だった。新しいものを発見した人物というよりも、新しく発見された事に対して問題提起をして、その理論をより精緻なものに、より正しいものに変える役割を果たした人物であった。あれだけ有名で多くの人からの尊敬を一身に集めていたが、決定的な新発見者ではなかったためかノーベル賞には到っていない。

ホーキングはここで「神」と言っているが、筆者が知る限り彼はまったくの無神論者だったと認識している。それともどこかで心変わりでもしたのだろうか？

ビッグバンは最大の謎である。研究が進むにつれその謎は深まるばかりで、今や宇宙は一つだけではなく際限なく別宇宙があるとまで言われ始めた。この宇宙とは別の宇宙のどこかで、今もビッグバンが起きているのかも知れないと言われているのだ。これはマルチバースという考え方で、昔はSFだった話だが、今や物理学者のほとんどが信じ始めている。

実はこの説は佐藤勝彦らが一九八一年に発表した「宇宙の多重発生」理論のことで、インフレーション理論によって導かれる子宇宙や孫宇宙が次々と生み出されるというものである。これは真空の泡から次々と宇宙が生まれるというもので、五章で語っている新たな宇宙論の一つであり、いまや物理学は異次元宇宙を語る学問と言える程の特徴を示すに到っている。

宇宙についての常識は、プランクとアインシュタインとボーアの登場で激変した。更に、ハッブルによって宇宙の見方は一変することになった。

一九二九年ロサンゼルス郊外のウィルソン山天文台で、ハッブルは複数の銀河が地球からもの

宇宙の年齢　欧州宇宙機関（ESA）の人工衛星プランクの観測成果の最新論文（二〇一九年九月二十日）によると、宇宙の年齢は一三七・八七（±〇・〇二〇）億年。

すごい勢いで遠ざかっていることを発見した。この観測結果が、ビッグバン（インフレーション）の最初の証拠となった。しかも二倍離れた銀河は二倍の速さ、三倍離れた銀河は三倍の速さという一定の割合で遠ざかっていた。宇宙は永遠に不変と信じていたアインシュタインはじめ全物理学者は、この事実に衝撃を受けたという。

いわゆる光のドップラー現象と言われる、光の波長の変化（赤方偏移）によって距離を測る方法で銀河の距離が測定されたもので、これがハッブルの法則である。この発見が契機となってビッグバンの研究が始まることになった。

そして遂に二〇一三年、人工衛星プランクによる観測結果により、天文学者たちは膨張速度から宇宙が誕生した時を逆算して、およそ百三十八億年前であることを突き止めた。この結果を聞いた時には筆者も感動したものだった。それまでは、宇宙はおよそ百四十億歳と言われていた。改めてその数字が大きく違っていなかったことに感動したものである。

それにしても物理学者は凄いと思う。体験したこともない事を思考実験と計算式で出すのだから大した人たちである。遠い未来人は物理学者的な人間しか生き残れないだろうと思う。それ以外の人間は必要なくなるのではないかと思う。ただし、その時には脳の組み換えが行なわれ、皆天才になるのであなたの子孫のことを心配する必要はない。

ところで、今、我々が夜空に見ている星は、その瞬間の映像の実体そのものが現時点で存在しているわけではない。実は、夜空に輝く全ての星は一つの例外もなく、いま現実には存在せず、我々は過去の星を見ているのである。だから、その原理でいくと、飛躍する話だが、我々は、量子コンピュータを使って自分の先祖をこの眼で見ることが出来る時が訪れるだろう。ただし、我々が死んだあとの時代ではある。何万年も前の縄文時代の先祖等を映像で見られる時代がいずれ来ることになるはずだ。

夜空には何百万光年もの彼方の星が輝き、その光は何百万年も前にその星を出発したものだ。だから、百三十八億光年彼方を覗き込めれば、ビッグバンの始まりが見られることになる。

そこには永遠の今が存在し続けているのかも知れない。仏教に「一念三千」ということばがある。〈思い〉は無限の三千大千世界（千×千×千＝無限）から成る宇宙を貫くという意味である。永遠の今は、この三千大千世界に無限に存在していると考えれば、時間は消失し特殊相対性理論とも一致することになる。

縄文時代　一九六〇年代までは、縄文時代の始まりは約一万年前とされていたが、放射性炭素年代測定が進み、九〇年代後半までは約一万二千年前が通説に、更に九〇年代終わりごろからは、約一万六千年前と言われるようになった。

特異点とは何か

以上のことを、まず基本原理として頭に入れ以降を理解する必要がある。この宇宙が「ビッグバン」と呼ばれている「特異点」の大爆発という現象によって誕生した時は、それは、無から有が生じたと言われる超大事件であった。更に、特異点の有無論争は大問題で今も激しく論じられている点である。点の中の点、まさに「特異点」と特別な表現を用いて語られている。最近ではブラックホールの底もこの名で呼ばれるようになった。

「無」というのは何もない意味だが、「点*」から誕生したという意味である点とは、数学的には面積を持たないが、その位置を示すだけで二次元的三次元的な広がりは持たない。それは単に位置を意味するだけで、だから存在していないことになる。すると、存在していないこの点からビッグバンが発生した！　というわけで無から有が生じたということになる。通常の人間の感覚からは理解できないが、古代より〈叡智言語〉を身に付けている人たちだけは何の違和感も感ずることなく理解してきた。「点」の概念は「無」に通じるが、位置を示すという意味において「それ」は存在することになる。その意味ではブラックホールを特異点と言い出していることには大いに気になっているところだ。あれは明らかに物質的世界の延長だからである。すなわちいかに小さくとも三次元的点にすぎないからである。三次元的作用が一切働かない状態だったとしても、そこには何かが在るのだから、無という概念は当てはまらない。その意味で「特異点」という概念が用いられているのならビッグバン以前の特異点も無ではなく有ということになる。

　我々の感覚では数学的点は「無」だが、位置概念を有する限り「有」としての次元を持つと考えられるのである。それは虚数の概念と言えるだろう。

　そこで、実は有から有が生じているということも、議論の対象になるわけである。昔は、無から有は生じないというのが物理の基本法則だったから、点という有から宇宙が生じたということになれば抵抗感を持つ物理学者は少ない。量子論という最も小さな粒子の世界を研究対象とする研究者たちは、無から有が生じるという考え方を受け入れる態勢に今は入っているが、それでも疑うものが多い。それがまた物理学の正しい姿勢でもある。

無の概念をどう規定するかということが、問われていることでもある。

巨人と水と「宇宙卵」の伝説

天地開闢についてインドのヴェーダには、次のように述べられている。

「太初において、実に宇宙は水であった。限りない水のみであった。水は欲した。〈いかにわれらは繁殖し得るか〉と。水は努力し、熱烈に祈った。そして水が熱を発したとき、黄金の卵が生まれた。実際にはそのとき、年（時間）は存在していなかった：金の卵は一年の間、辺りを漂っていた」*。

また、巨人と水の堰き止めという話もヴェーダに出てくる。ビッグバンというのは、それと絡んでくるのだが、その、無も有もなく、渾沌としている時に、水の原《もと》「原水」があった。その原水は、堰き止められていたが巨人が現われて「原水」を外に放出させた。その堰き止められた水こそが原初のプラクリティなのかも知れない。また、巨人はビッグバン直後に発生したことが確実視されている「インフレーション」という圧倒的エネルギーだったのではあるまいか。ビッグバンという原初の大爆発の一点あるいはインフレーションの器が〈黄金の卵〉の発生だったかも知れない。

黄金の卵の前にすでに原水が存在した。暫し、太初において宇宙は水であったという言葉で始

* Satapatha Brahmana According to the Text of the Madhyandina School, 2009

プラクリティ　根本原質。物質原理。物質的根本原理。根本的な質料因。

プルシャ　純粋意識、純粋精神。精神的根本原理。

＊ビッグバン理論を最初に唱えたベルギーのカトリック司祭にして宇宙物理学者のジョルジュ・ルメートルがビッグバン原初を宇宙卵と呼び、またそれが冷たかったと仮定したのは、将にこのインドのヴェーダからの知恵を拝借したことを意味しているのだろう。因みにこれを高温として仮定して計算したのがルメートルを支持しのちにビッグバンの提唱者と言われるようになったロシア生まれのジョージ・ガモフである。

まっている。その唯一なるものは、その時、空虚に覆われて発現しつつあったが、未だ空虚に覆われていた。その唯一なるものこそ、宇宙の中にある物質とエネルギーの全てが極めて高い密度で一ヵ所に集まった宇宙卵の一種の神話的形而上学的表象とみることが出来る。

それをヴェーダは、「原水」と呼び「卵」と形容した。それは、プルシャからプラクリティが誕生した瞬間のことを表現していると思われるのである。ということは、インドの哲人禅定者の誰かがその状態を垣間見たということである。

物理学者のように数式を導き出すことは専門外の我々には出来ないが、その数式が意味するところの状態というのは、上級の禅定者は、定の中でそれを観るようになり、把握するようになる。そういう形でヴェーダには「詩人」という言葉で出てくるのだが、それは、ヴェーダを書き上げた哲人たちであり、禅定者たちであった。

その者たちの段階的な悟りの中でビッグバンというものを把握していった訳である。ただし、それは物理学者がイメージしたものとは必ずしも一致しない。たとえば、禅定者のそれは意識と物との境界線が曖昧であるためである。禅定者にとって、ビッグバンは必ずしも物理的大爆発とは感じない。禅定者にはそれは意志だけが感じられるものであり、それが無から有を創造したという意識として認識されるからである。そのように禅定もある程度のレベルに達するとそういうものが観えてくるようになる。重要なことは、そこに必ず不思議な「意志」の存在を感じ続けていることである。

ヴェーダでは「原水」ということが語られているが、その原水というのは、未だ熱を持ってい

プラズマスープ　ビッグバン直後の宇宙は非常に高温高圧で、素粒子のクォークやグルーオンがバラバラに動き回っているプラズマ状態だった（クォーク・グルーオンプラズマ）。この状態を熱いスープにたとえてプラズマスープともいう。

なかったと記されているので、プラズマが発生する以前の状態であるようだ。そうだと考えるとインフレーション理論と合致することになり、熱を発生していない大膨張状態を指しているのかも知れない。あるいは、原初のプラクリティのエネルギーのみの姿と捉えるのが妥当と思えてくる。それは、後に述べている最新宇宙論の一つである、無なり特異点なり真空なりからゆらぎ性の作用によって誕生してくる泡のような卵のような現象を指しているかのようでもある。また「黄金の卵」とは、灼熱の丸い物体としての未だ極小の宇宙であったのではあるまいか。それは、まだ物質というものが生まれる以前に、物質の素になるものが誕生するかしないかの「ゆらぎ」状態の時だったのかも知れない。

その時には未だ時間も空間も存在していない状態ということになる。無も有もないというレベルだ。無と言うにはプラズマが有る。有と言うには物質はまだ生まれていない。そこから、温度が段々冷えていく過程で、ヒッグス場において粒子に質量が与えられ重さが誕生してくる流れの中で、原子が形作られ空間が出来上がってきて、すでにビッグバンの時から存在している光子（光の粒子）が、直進できるようになり、時間が発生することになったのだろう。

それを人間が誕生する時のことに当てはめると、男女の熱愛から二原理が作用融合しての結合という混沌からそこに一つの新しい生命が宿り出産誕生する。これは、ビッグバン（熱愛）→プラズマスープ（情交）→晴れ上がり（受精・着床）→渦巻き星雲（受精卵の成長）→恒星誕生（出産）という具合に、必ずしもこれが正しいという意味ではないが、このように当てはめることが出来る。更に出産そのものをビッグバンと捉えて宇宙の終わりを人の死として捉えることも出来る。恒星の誕生と死とも捉え得る。恒星の場合はその後に他の恒星へと転生する意味合いとなる。この類似性は、人間が宇宙に対応しているということであり、宇宙が人間に対応しているということでもある。

そして、恒星もいずれ時を経て崩壊していくように、人もまた、時を経て老化し終に崩壊する、という訳である。つまり、死が訪れる。しかし、その死は、次のもの（次元）へとまた転移していく。陽子と中性子の入れ替わりや消失と誕生の繰り返しとも似ている。そういう大きな流れがあることをインド哲学も仏教哲学も説いているのである。

ビッグバンは原子爆弾の原理と同じであることも興味深い。原爆とは逆に作用した形だ。$E=mc^2$。エネルギー＝質量×光の速度の二乗、というアインシュタインの計算式と同じである。また、ヴェーダによれば悪魔と善神インドラが戦い、インドラが勝利してこの物質世界が誕生したことになっている。これなどは第六章で述べている反物質と物質の戦いそのものとしか言いようがない。

インドラ　インド最古の文献『リグ・ヴェーダ』讃歌における最大の神。雷霆を司る古代インドの武勇神、英雄神。仏教にも取り入れられ，仏法の守護神・帝釈天と漢訳された。

日本の神道にも天地が創造されていく話があり混沌から始まっており類似性がある。

中国の伝説においては「盤古《ばんこ》」という巨人が出てくる。太古、宇宙が渾沌として未だ天地が開闢していない時、宇宙は卵のようであった。盤古はその中で眠り

中国・明時代の類書『三才図会』に描かれた盤古

ながら身長が一日に一丈伸び続け、その伸びによって一万八千年後に遂に天地が分かれた。盤古が死ぬと肉体は、日・月・星辰・四岳・江河・草木・大地・大海へと化生し、その後、三皇（神農・伏義《ふっき》・女媧《じょか》）が生まれた。伏義と女媧は夫婦の関係で、陰陽両儀の原理としても意味付けられており、その場合には盤古を太極として伏義と女媧を両儀として万物を生み出すと考えられた。

　この宇宙卵と巨人伝説は世界各地にあり、何らかの真実がそこに隠されているのだと思われる。すなわち盤古の急激な成長はインフレーションと符号する。更に、天地開闢は後に記すがビッグバンから三十八万年後の「宇宙の晴れ上がり」と符号するのである。盤古の死は恒星第一世代が死に、第二世代以降新たな生命の宇宙を創り出した流れと一致してくるのである。

三皇　天皇氏・地皇氏・人皇氏などとも言われる。

宇宙の晴れ上がり(1)　宇宙が膨張し温度が三千度まで下がり、ばらばらだった電子と原子核が一斉に結合し、光が直進できるようになった。この原初の光は宇宙のあらゆる方向からやってくる「宇宙マイクロ波背景放射」として今も観測されている。

渾沌からの秩序

プルシャとプラクリティ

宇宙の創造者としての何らかの「力」を物理学者は探している。それが宇宙を開闢《かいびゃく》した。現在、「インフラトン」粒子仮説が唱えられているが、真実は不明である。

インド哲学サーンキヤ学派のプルシャとプラクリティ説について述べると、純粋精神であるプルシャは世界創造を見るためにあり、それを見せるための原理として働く根本原質のプラクリティはプルシャの独存のために表裏の関係にある。つまり両者によって創造がある。プルシャは「見る者」、プラクリティは「見られる者」の関係になる。両者が一対になることで世界の創造が行なわれたとするのである。

世界の根本原因は、物質的なプラクリティである。それは精神的なプルシャから誕生する。こうして世界の創造が始まるのだ。根本原質は形として現われず、また見えなくても存在している。根本原質が活動をやめる時には、現われるものが全て根本原質（タオ）の内へと帰滅することになる。そういう場として根本原質は必ず存在している。そしてそのときには、それらの全てのものには区別がなくなり、タオに帰一するのである。

「見る」「見られる」という主体と客体の融合において、我々の経験世界が成立してくる。プルシャもプラクリティも眼には見えないものであり、その存在は推理によってしか知られない超越的なものだ。だからと言って形而上学として無視してはならない。それはいまや物理理論によって見出せるところにまで来ているからである。プルシャが「自」、プラクリティが「他」だとしたら、プルシャもプラクリティも見えない。見えるのはすでに現象として存在している粗大で微細な様々な事物の姿でしかない。

タオとプラクリティ

ここで理解してもらう必要があるのは、純粋エネルギーというものが存在していることである。その純粋エネルギーから全てはスタートしているということだ。この点は、いかなる物理学者も否定できないことである。その純粋エネルギーが何らかの働きによって、ビッグバンを発生させ、超高熱と共に光子が生じ、その光子が大きく作用して物質が生まれてくるという自然科学的流れ

創世記　初めに、神は天地を創造された。地は混沌であって、闇が深淵の面にあり、神の霊が水の面を動いていた。神は言われた。「光あれ。」こうして、光があった。（日本聖書協会『聖書 新共同訳』創世記一章）

ブラフマン　仏教ではブラフマン（梵天）を低い神として位置付けており創造者と見ていないが、ヒンズー教では絶対者として表記されている。創造者をブラフマン、保持者をヴィシュヌ、破壊者をシヴァとして三神一体（トリムルティ）を構成する概念でもある。

は、同時にいかにも宗教的流れでもあるのだ。ユダヤ教のバイブルには「創世記」に、神は「はじめに光あれ」と言われた、とある。各国の創世伝説において光が語られているのは共通していることである。

そこで「純粋エネルギー」とは何かということになる。何度も記してきたが、インドのヴェーダによると宇宙が誕生する前に「純粋精神＝プルシャ」があったという。いわゆる創造神ブラフマンということになる。ヴェーダによれば神々は全てブラフマンから湧き出でた、と言われている存在である。そこから「根本原質＝プラクリティ」が出現しエネルギーを放出してこの世を創ったと語っている。この観点は、東洋哲学においても基本的にまったく同様である。ここで理解しておく必要があるのが、純粋精神は多次元宇宙の母宇宙でもブラックホールでもないということである。それらの現象の原初以前に位置する概念であって、決して物質の性質を帯びたものではない。物質的なるそれらは全て原質なるプラクリティに帰一するものである。では、プルシャとは「無」なる世界を指すのかということになる。老子においては「無」と表現されることは多い。

老子の第十四章にある、

視之不見　名曰夷　聴之不聞　名曰希　搏之不得　名曰微
此三者　不可致詰　故混而為一　其上不皦　其下不昧　縄縄不可名
復帰於無物　是謂無状之状　無物之象　是謂惚恍
迎之不見其首　随之不見其後　執古之道　以御今之有　能知古始　是謂道紀

ここにいう無状之状や無物之象などと表現される「無」には特別な概念が含まれている。一般に知られる無為自然などというときの無も、単に為を無さずと読むだけでなく積極的な無さざる行為を指すものでもあり、「無」には特別な意味が与えられている。

ここ全体で述べられているのは「道（タオ）」の概念でもある。「これを視れども見えず名付けて夷という　これを聴けども聞こえず名付けて希という　これを搏《とら》うるも得ざれず名付けて微という　この三者は詰めるを致すべからず　故に混りて一となる　云々」という。

この「一」こそが実は極めて重要な概念であるのだ。「一」とは一切の根源を指すものであり無極（プルシャ）を指す。しかし、この場合は太極（プラクリティ）を意味している。すなわちタオ（道）である。単に三つが一つになったという意味ではない。道（タオ）の微《かすか》性が説かれ、遂には「能《よ》く古の始を知る」と語っている。

すなわち、タオを身に付けた者は遂には宇宙開闢の時を知り「道（タオ）」の本体と出遇《あ》うことになるのである。「道（タオ）」とは、将に原初のエネルギーなるプラクリティであり、人はこのプラクリティが創造した宇宙を通してタオを知るのである。それ故、我々が感受するタオとは根源的原質プラクリティに他ならないのである。

現代の科学知識信仰者の観念からすればエネルギーはエネルギーにすぎない、という話になってしまうのだがそうではない。タオによって、ある条件が揃った時に、物質が生まれ出るわけである。そして世界が展開していくのだ。この純粋エネルギーというものを、我々は相転移前としての純粋精神に置き換えることが出来る。それはあくまで純粋精神なのであって、エネルギーではない。我々が、エネルギーという観念に影響されその観念に従う限り、それは根本原質プラクリティの概念範疇から出ることはない。

朝永振一郎
（一九〇六〜一九七九年）理論物理学者。一九六五年、量子電気力学の基礎研究により、J・シュウィンガー、R・P・ファインマンとともにノーベル物理学賞受賞。一九四〇年代、当時物理学界の難問中の難問を戦時下の朝永グループが「くりこみ」の手法で解き明かしていたことは驚異的事実である。終戦後その論文は原爆の父オッペンハイマーの手に渡り、後に英訳が世界で最も権威ある米物理学専門誌『フィジカル・レビュー』に掲載され、ノーベル賞に繋がったのであるが、その情報が他の二人に漏れたのではないかと筆者は考えている。

全ては渾沌性から生まれる

それにしても、最近の物理学者が言うには、全ての原子の中にこの宇宙の記録が刻まれているという。これは筆者が言っているのではない。著名な物理学者のミチオ・カクたちである。凄い話だ。以前、永久凍土から発見されたマンモスを、生体のDNAを用いて復活できることが発表されたのを聞いた時には、喜んだものだった。羊の体細胞から複製（クローン）のドリーを作り出した時も驚かされたものだ。科学は年々進化している。いずれは、DNAのA・T・G・Cの四塩基を人間が作り出すようになり、その塩基配列を用いて恐竜なども復活させることは間違いないであろう。それどころか、未だこの地球に出現したことがない知的生物を創造するだろう。実に科学は凄いところまで来ている。

朝永振一郎らと共に一九六五年にノーベル物理学賞を共同受賞したリチャード・ファインマンは、この世が滅亡を迎えた時に未来の子孫のために最も少ない語数で最も多い情報を伝えるとしたら「万物は原子からなる」という一言を選ぶと述べているが、確かにそう言われれば、まった

リチャード・ファインマン
Richard Phillips Feynman（一九一八～一九八八年）米国の理論物理学者。量子力学の研究に従事、量子電磁力学の繰り込み理論を完成した。

くもってその通りであろう。そう改めて思うとデモクリトスら原子の概念に辿り着いた先人たちを心から尊敬しなくてはならないと思う。そして、二千五百年の時を経て、二十世紀に天才たちが陸続として現われ未来の科学へと突き進んだことは、たぶん大半の人たちが思っている以上に、驚異的出来事であり、ほとんど奇跡に近いものであったと思うのである。そして、奇跡の年と言われる一九〇五年には、デモクリトスの思考した原子をアインシュタインが現実の物体として明らかとしたのである。この偉人たちには只々感服するばかりである。

今、最先端の物理学者の一部は、宇宙の意志が自分を映し出す鏡として人間を創ったのではないか、と「人間原理」説を言い始めた。人類の中で最も〈知性言語〉が発達した人たちである。SF作家の話ではない。どこかの宗教の話でもない。最先端の物理学者がこのようなことを唱える時代になってきたのだ。これは驚異的な進化ではあるが、果たして理論構築が更に高まるのかについては、少々疑問を持っているというのも筆者の偽らざるところである。真に優れた物理学者の出現を待つばかりである。それにしても、この学者の発言はプルシャとプラクリティの記述からの借用であるのではなかろうか。この観点では量子論で言うところの観測者問題とも重なってくる。この宇宙全体の波束の収縮を生じさせるための観測者とは、プルシャを措いて他にはいないからである。

この様な背景の中で、この物質世界が生まれてきたというところに、我々は、一つの暗示というものを感じ取ることが出来る。宇宙原理を人間というものに置き換えていった時に、ビッグバンを生じさせた根本に純粋精神を置くことは自明だと筆者は考えるのである。それは多くの物理学者が信じている「宇宙意志」と同義である。その純粋精神というものの無限の可能性、力というものの潜在性というものを、感じさせられるのである。そしてまた、その渾沌からタオが出現してくる。タオの中に渾沌が有されるということが読み取れてくる。このビッグバンの現象をみていると、将にタオ理論とまったく一致するわけである。

だから同時に、渾沌からしか生まれてこない、というこの現象は、人間自身の存在とそのまま重なり、当てはめることが出来るはずだと考えるのである。つまり、渾沌性というものを無きにして新たなものは生まれてこないし、晴れ晴れとした精神もまた生まれることはないということを、これは示していると思われるのである。これはこの後の超新星爆発の時の話にも繋がっていくことなのだが、破壊と創造という根源的な原理というものを見出すという意味において、このビッグバンの現象というものは、非常に興味深い。

老子の言葉を見てみよう。

老子第六章に曰《い》う。
谷神不死　是謂玄牝　玄牝之門　是謂天地根　綿綿若存　用之不勤

その意味するところはこうである。玄妙なる霊門の谷神《こくしん》に宿るタオは死ぬことがなく、これを神秘なる玄牝《げんぴん》と謂う。この神秘の門は天地を貫く根本であり宇宙に遍満し勤《つ》きることがない。これこそがタオの働きである。「綿々」とは流れ往く水の姿を表わし、尽きることのない真理の存

谷神　谷間の奥深く空虚な所に潜む霊妙な力。人体で霊（たましい）の宿る場所。老子が万物を生成する宇宙の本体としての道をたとえた語。

玄牝　万物を生み出すもと。玄は人間の感覚では知り得ず、その作用が微妙で奥深いこと、牝は雌で、子どもを生むように万物を生み出すものの意。

在を意味している。実に言い得て妙である。

第二十一章

孔徳之容　惟道是従　道之爲物　惟恍惟惚　惚兮恍兮　其中有象　恍兮惚兮　其中有物
窈兮冥兮　其中有精　其精甚眞　其中有信　自古及今　其名不去　以閲衆甫
吾何以知衆甫之然哉　以此

大意はこうである。偉大な徳者というものは惟《ただ》「道（タオ）」だけに従っている。「道」は実におぼろげでかすかであるが、その中に一切のものを収めている。万物は次々と生滅するが「道」は不滅であり永遠である。この場合の「道」は、このことば通りに受け止めれば仏教で言うところの涅槃を意味することになる。いままで述べてきたところのプラクリティ的存在に限定したものではないことを示唆している。

第三十七章

道常無爲　而無不爲

出だしのこの二節は「道」は無為にして為さざるはなし、という。つまり万物の生成化育の全てがタオによることを意味している。タオの真骨頂である。人智の遙か及ばざる所であり、こういう所まで物理学者が理解してくれるようになると、喜ばしい限りなのだが。

純粋エネルギーとは何か

無から有が生ず

西洋では古代の哲学者から現代の物理学者まで、無からは何も生まれないと説いた。一方、東洋の古代の哲人たちは無から有が生じることを理路整然と説いてきた。そして量子論が定着した今は、物理の法則も、無から何かが生まれることを認めようとしている。と言っても未だ有の概念から彼らは抜け出せていないが。古代の遺物と思われていた『易経』などの存在が新たな光彩

『易経』（えききょう） 儒教の経典の一つ。六十四卦（か）およびそれぞれの爻（こう）により自然と人生の変化の道理を説いた書。周代に流行したため周易ともいう。主に予言や占いの書として用いられた。

銀河の数　宇宙には少なくとも二兆個の銀河が存在すると推測される（『アストロフィジカル・ジャーナル』二〇一六年十月十四日）。ハッブル宇宙望遠鏡などの画像から三次元分布図を構築した。宇宙誕生から数十億年後にはその十倍の銀河があり、合体によって減ったとみられる。

を放っていることを物理学者たちも認めないわけにはいくまい。

物理学者にとってビッグバンを理解するための最大級のハードルは、「無」から「何か」が生まれたという事実を認めることだ。東洋哲学に通じていない西欧の学者たちは無が有を生み出すことが論理的に理解できないのである。ビッグバンは無の状態から一気に、無限の密度と温度とエネルギーを持つ状態になっていたことは今や誰もが知るところである。しかし、認められない学者たちはその解をブラックホールや多次元宇宙（マルチバース）へと求め始めている。それはそれで物理学者としては正しい姿勢ではある。問題は、それらの一切の根本となる原初の母宇宙がいかにして生じたのか、という観点であるのだ。タオはそこに非存在の存在を示し続けるのである。それは我々の物理法則では理解できない概念の次元である。別の宇宙からのエネルギーによって、ビッグバンが生じたという考えを、最近はかなりの学者が支持するようになってきている。また、ビッグバン前の特異点は有の概念として捉えられているのが実態である。

何であれ、原初の宇宙誕生の時は、「無」から「全ての素《もと》」が生まれた瞬間であった。その時、その「全ての素」は、無限に小さな点であった。そこには、超高温、高密度の純粋なエネルギーが詰まっていたのである。

宇宙にある銀河は、二兆個とも言われているが、その全てを創り上げる質量とエネルギーが、原子よりも小さな一点から出てきたのだから想像を絶する出来事である。一ミリの一千兆分の一にも満たない小さくて熱くて密度の高い「点」に、全てが詰め込まれていたことになると物理学者は「有」を主張する。しかし、本当はその「点」すらなかった「無」からというのが正解である。

エネルギーの塊がどこからか出現して、この我々の宇宙だけではなく真に全宇宙を創造したのだ。

神概念の出現

さて、こうして宇宙はインフレーション後に、超高温の原始宇宙の中で〈エネルギー〉が粒子へと形を変え始めたのである。これが宇宙で最初に生まれた物質である。エネルギーが物質に変換されることは、ビッグバン理論が提唱される前に、アインシュタインが予言し、その逆の原理で原爆が作られるに到っている。

これは、非常に重要な概念である。

従来の観念からするとエネルギーが物質に変わるとは信じられない話なのである。いまでこそ当たり前の概念だが、まじまじと考えればそう簡単に理解できるものではない。たぶん物理学者も分かったふりをしているだけで、誰も理解できていない事である。目の前に物体が有ってこれがエネルギーに転換できる、と言われればそうかと理解し、そこで生じたエネルギーを元の物体に戻せると言われれば、それはそうだろうと思う。ところが、一見何も無い状態から物体が突然出現したということになると、その元となるエネルギーは何かという問題に突き当たるのである。その時初めて〝神〟的な概念が出現することになる。

しかし、それは所詮、物理的エネルギーにすぎないのだが、物理学者の狭い考えでは、必ずしもそうではないようだ。〝神〟とはエネルギーでなくてはならないという考えと、無でなければならないという矛盾した二者の考えが物理学界を支配しているようだ。物質からエネルギーが放出されることについては、アインシュタインが特殊相対性理論の帰結として一九〇五年に導き出した。これが世に名高い関係式、

$$E = mc^2$$ （エネルギー＝質量×光速の２乗）　である。

それにしても、その逆の方向のエネルギーが物質に変わるというのは常識的には考えられない。氷が水に、水が気体にといった相転移なら経験的に誰もが理解できるが、ゼロなる無から想像を絶するエネルギーが突然出現し、そのエネルギーから突然物質が誕生するなど、考えれば考えるほど不思議な現象である。それはまったくもって人智を越えている。すでに存在する物質との関わりなら納得できても、無のエネルギーからとなると本来理解不能である。それ故に唯物論者だけに限らず物理学者も無の存在を認めることがなく、何らかの有から生じたと考えるのである。実際、大根本を除いて現象の全てがそうなのであるから間違いではない。

もちろん、エネルギーとは「有」に他ならない。それ故、「無」と表現される点なども厳密には無ではない。前述の「タオとプラクリティ」に記しているように、物質の前にエネルギーという「有」があったのであれば、ビッグバンは有から有が生じたことになる。物質から物質が生まれたと考える限り、そこに神を入り込ませる必要はなく、物理学には好都合となる。

一方、「無」から「純粋エネルギー」が生まれ、そこから「物質」が発生したとなると、これは「無」から宇宙が生まれたことを意味することになる。この点が未だ不確かな部分である。もし純粋エネルギー前の無を認めれば物理学者は神（創造者）を認めさせられることになる。

宗教者はその無の発見を待ち望んでいるのだが、その無は人格神の神ではないことを宗教者は未だ理解できていない。「それ」は「神的」ではあるが、所謂《いわゆる》、神概念には相当しない。しかし、「創造者」概念には相当する。ここが難しいところである。この違いを明瞭に語れるのは禅定者しかいないだろう。シュレーディンガーが語っているように、物理学者では無理だ。もっともアインシュタインは少しは理解していたようであるが、果たして真に理解していたかは疑わしい。何故なら量子論における不確定性を受け入れられなかったということは、彼の神観が正しくなかったことを意味するからだ。およそ物理学者のレベルで神的なる絶対者を理解することは不可能であるのだ。尤も、アインシュタインは物理学者だけが神を理解できる主旨のことを述べているのも事実で、それは立派な発言だが少々慢心があったかも知れない。逆に言えば、それほどの有神論者であったということになる。

その意味では、歴代の天才物理学者の中でシュレーディンガーは最も優れた理解者で叡智言語に到達していた人物だと思われる。彼の思考から分子生物学という新たな、そして極めて重要な学問が誕生したことも、彼の存在の人類史的重要性を語る上で外すことが出来ない。シュレーディンガーほど的確に意識と魂について考え究めた天才物理学者は他にはいない。彼は我々を同一の意識と概念化し、それを「霊」と呼んでいるのは実に興味深い。仏教哲学に第一義諦と第二義諦という法（実体）の真実が語られるのであるが、彼の説は第二義諦と第一義諦の中間に位置するものと筆者は捉えている。

物質を生み出す純粋エネルギー

東洋哲学にあっては、そのエネルギーを生み出したものを肯定的に捉えるので、そこにはある種の「有概念的感覚」を有するため、さしたる違和感がなく受け取られるのである。ただし、それは通常概念の有とは似ても似つかぬものであり、老子や仏教に通じている者にとってそれが有概念になることは決してない。何であれ、純粋エネルギーからこの物質が生まれるということは、哲学としてじっくり考えないといけない命題ではある。

$E=mc^2$は、純粋なエネルギーから宇宙の全ての物質が作られたことを明らかとした。この事実は、唯物論的には計り知れない純粋エネルギーが一切の元として原初に存在したことを意味している。素晴らしいと言うほかない。奇跡と言うほかない。将に神秘である。そして、そのレベルは全て数学的法則に則っていることも無視できない。

しかし、この世にあって、この単純な関係式は少量の物質が巨大なエネルギーへと変換されることを示し、悪魔の兵器原子爆弾を作り出した。わが国へ投下されたことを日本人は忘れてはならない。しかも二個もだ！　日本政府が米政府に降伏交渉を申し込んでいる最中にである。政府

二個の原子爆弾　広島にはウラン型原子爆弾、長崎にはプルトニウム型原子爆弾が投下された。原爆投下の一年後にGHQの司令官として長崎に赴任したアメリカのビクター・デルノア中佐（Lt. Colonel Victor E. Delnore）は、アメリカがアウシュビッツと同じ非人道的虐殺を行なったことに衝撃を受け、トルーマンは間違いを犯した、と語った。

により米国民は自国兵の犠牲を出さぬためというプロパガンダをいまだに信じているが、それはまったくのナンセンスで、あれは実験が目的の悪魔の行為であったことは事実である。*

質量×光の速度の二乗という計算式である。つまりは我々もうまくエネルギーに変換できれば大爆発を起こすことが出来ることを意味する。物質の爆発は当然精神における爆発と同じ原理が働いていると考えられるのである。宇宙に爆発が有るならば人間の世界にも爆発があり、人間自身にも爆発が有るはずで、現に精神的爆発が有ることは、誰しもが経験済みの議論の余地のない厳然たる事実である。ただし、これだけの爆発は人生に一度あるかどうかのものだろう。

創生期の宇宙では、その正反対のことが起こっていた。純粋なエネルギーが物質へと変換されていたのである。凄い話である。宇宙の誕生時点では、物質が無くてもエネルギーさえあれば、宇宙の全てを創り上げることが出来た。そして何もなかった空間に物質が突如として出現し始めたのだから、その光景は凄まじい。このことも、人間世界に置き換える必要がある。無から有を生じさせることは想像を絶するエネルギーが消費されていることに気付く必要がある。そして、その価値もである。

ここは、本当にじっくり考えて欲しいところである。一切物質が存在しない段階で、エネルギーが存在した！　純粋なエネルギーとは何なのか、考える必要がある。

たぶん、この科学者たちは、認識が足りないというか、まだ彼らが勘違いしているのは、この場合のインフレーションエネルギーのことを「特異点なる無」からのエネルギーと思っていることである。それは間違いである。何度も述べるが、これは、インド哲学でいうところのプラクリ

＊大戦終了後、トルーマンはＧＨＱのマッカーサー総司令官に終戦後にもかかわらず、日本人を一千万人餓死させるよう司令を出した。幸い、マッカーサー元帥が天皇陛下の人間性に惚れ込み、トルーマンの企ては実現しなかった歴史的事実がある。

ティ〈根本原質〉からのエネルギーである。決して無なる純粋精神の〈プルシャ〉ではない。このところを物理学者たちはまだ理解できていない。

　つまり、純粋エネルギーとは決して創造者ではないということなのだ。それはプラクリティでありプルシャではないということだ。その奥に純粋エネルギーを放出した〝何か〟（プルシャ）があるということなのである。エネルギーが物質である限りそれは〝何か〟ではあり得ないのだ。ここの分析は明晰でなくてはならない。

　そもそも、かなりの物理学者は宇宙の誕生を偶然と考えており、「無」の概念も持ってはいない。彼らの無はビッグクランチ状態のブラックホール的点か、親宇宙から永遠に生まれ続ける孫宇宙論でしかない。量子論に従えば、時空の存在しないまったくの無は理論上存在しないことになっていて、「無」と呼ばれる状態も常に「ゆらぎ」に支配されているものでしかない。この「ゆらぎ」は極めて重要な概念である。禅定者は、この「ゆらぎ」の中に定を成すのであるから、この重要性は誰よりも知っているのである。

　さて、ビッグバンから一〇のマイナス二十七乗秒後頃、宇宙が千キロメートル程の大きさのとき、インフレーションという超急膨張の終了に伴い、そのエネルギーが宇宙を形作る原材料としての様々な粒子として出現する。しかし、それは、今日我々が目にするような物質ではない。まだ原子は存在できない。超高温超高密度で大量のプラズマエネルギー状態でそこにあったのは、原子より小さな電子などの荷電粒子のみだったため、安定性がなく宇宙を形作るには到らなかった。素粒子であるクォーク対やグルーオン、光子、電子などのレプトンが生成されたと考えられ

ビッグクランチ　宇宙終焉の仮説の一つ。現在の宇宙はダークエネルギー優勢で加速膨張を起こしているが、宇宙の膨張が止まり、自身の重力によって収縮し、無次元の特異点にまで収束、一点に縮んでしまうこと。

プラズマ　狭義には、物質は温度の上昇に伴い固体、液体、気体と変化し、さらに高温になると、気体の分子が解離して原子になり、さらに原子核の周りを回っていた電子が離れて電子と陽イオンに電離する。この高温気体が物質の第四の状態であるプラズマ。広義には、荷電粒子を指し、宇宙にある物質の九九・九％以上がプラズマだといわれる。

ている。その中にはダークマター（暗黒物質）もあったと思われている。この時の温度は太陽の約一〇の七乗度より何十桁も高温の一〇の二十三乗度もあった。

プラズマイオンの海の中では、ビッグバン原初より存在した光子は直進できず外に飛び出せない。そういう中においては、〈時間〉は存在しない。光が直進することによって時間が生まれていくのである。つまり、空間が誕生することで時間がスタートしたということになる。粒子は著しい高温によって、エネルギーを与えられ、現われたり、消えたりしながら猛スピードで飛び交っていた。渾沌とした状況である。

このあと超高温の宇宙が時間と共に冷えるにつれ、粒子がエネルギーに戻る事はなくなっていく。こうして宇宙には大量の粒子が誕生したが、依然として、熱く壮絶な環境であった。ここまで、宇宙誕生から、まだほんの一瞬しか経っていない。それは、人が人生において渾沌とした精神状態が少し冷静になり重大な決断をするという、何かを成す時の流れに似ているかも知れない。

宇宙誕生後一〇のマイナス十二乗秒後（一兆分の一秒後）頃、宇宙の温度が少しだけ下がるとヒッグス粒子により素粒子に質量が与えられることになった。それはヒッグス場によってなされたと考えられている。これにより粒子はヒッグス場と相互作用をすることで抵抗を受け動きが鈍くなり、光速で飛び交うことが出来なくなった。光子はヒッグス場の影響を受けなかったため、質量を持つことはなく光速で宇宙を飛び交っている。

更に一〇のマイナス十乗秒後までに粒子（物質）とペアで粒子と反対の電荷を持つ反粒子（影の存在）との生成と消滅という宇宙の大ミステリーが生じることになる。

ダークマター　宇宙の物質やエネルギーの総和の二七％程を占める未知の物質。銀河や銀河団の質量計測から存在が確認されており、ダークマターの重力によって、銀河や銀河の集団はその形を保っている。目に見えないが質量だけを持つ素粒子説などいくつかあるが、正体はまだわかっていない。

反物質　反粒子（電荷などの正負が逆なほかは元の粒子そっくりな性質を持つ）から成る物質。反物質からなる世界は、理論上は普通の物質からなる世界と対で、同様な安定性と性質を持つ。反物質は物質と出会えば一瞬のうちに消滅してγ（ガンマ）線やπ（パイ）中間子に変わる。

対生成と対消滅　対消滅とは、粒子と反粒子が出会うと、量子数が正と負で打ち消しあってゼロになり、真空と同じ状態になって、もともと粒子と反粒子が持っていたエネルギーが他の粒子に変換される現象。エネルギーから物質（粒子と反粒子の対）が生成する現象を対生成と呼ぶ。

宇宙の神秘

物質と反物質の対生成《ついせいせい》と対消滅《ついしょうめつ》

ここで、重要な段階に入る。ビッグバンで大量に発生（対生成《ついせいせい》）し、離別していた物質と電荷が逆の反物質（幽霊のような存在）のペアが、再会に伴い対消滅《ついしょうめつ》を始めたのである。反物質が残れば、今の宇宙ではなく反物質の宇宙となり、我々も反物質人間となっていたということになる。幸か不幸か幸不幸に関係なくか？　物質が生き残って物質の世界となった。エネルギーから物質（粒子）が生じる時には必ずペアで、同時に反物質が生まれてくる。反物質というのは質量は物質とまったく同じだが、しかし、逆の電荷をもった存在である。だからそれらが出合うと、プラスマイナス＝ゼロで両方ともが、核爆発を起こして消え去ってしまうのだ。そして、互いが出合い対消滅を延々繰り返したあげく寿命が若干長い物質が生き残り、最後にほんの僅か物質の数が上まわって現在の宇宙を形成したと言われている。正確には真の理由はまだ分かっていない。反粒子が粒子に変身した説などある。

あえて言えば、現在日本の東大を中心に東海村での研究でニュートリノ（電子の百万分の一以下の質量で電気を帯びていない）の実験を通して、ニュートリノと反ニュートリノはそれぞれが違う振る舞いをしていることが突き止められており、ＣＰ対称性の破れが原因で物質だけの世界になったのではないか、という結論を導こうとしている。反物質は現在も実際に宇宙のどこかに存在するらしい。物質の我々には非常に危険な存在である。

まぁ、なんであれ、対消滅後に残った最初の物質が今の宇宙に発展していったわけである。しかし、物理学で反物質もどこかに存在するという以上、その反物質の世界が存在することになる。それを普通に考えると幽霊的なイメージと言われたりするところから、いかにもそれはあの世を形成している可能性を暗示させてくるのである。そうかも知れないし、そうでないかも知れない。しかし、その可能性が充分にあるということだ。一部の物理学者の中にはそう語る人たちがいることも確かである。

そしていよいよ次の段階で、宇宙に溢れた粒子から最初の原子核が創られることになる。

ビッグバンから一〇のマイナス六乗秒（一〇〇万分の一秒）後まで、数兆度の火の玉宇宙の中で電子やクォークの粒子や反粒子が激烈に飛び交っていたものが、一〇のマイナス五乗秒（一〇万分の一秒）後になると、温度が一兆度程に低下し、クォークが陽子と中性子を形成し始めた。つまりは反物質としての反陽子と反中性子も作られた。

ＣＰ対称性の破れ　現在の宇宙が粒子だけから成るのは、粒子と反粒子が同じ物理法則に従っていない、即ち粒子の電荷［Ｃ］と空間［Ｐ］を反転［ＣＰ変換］させた反粒子の世界で、粒子の世界と同じ物理法則が成り立たない＝ＣＰ対称性の破れと考えられる。小林誠と益川敏英は、三世代＝六種類のクォークが存在すればＣＰ対称性が破れると予測、南部陽一郎は、物理理論は保たれるが、実際には粒子はより安定なエネルギーの最も低い状態に向かうため理論通りにならない（自発的対称性の破れ）を発見し、二〇〇八年ノーベル物理学賞を受賞。小柴昌俊は自ら設計したカミオカンデで太陽系外で発生したニュートリノの観測に史上初めて成功し二〇〇二年に、弟子の梶田隆章はニュートリノ振動（ニュートリノが質量を持つ）の発見で二〇一五年、ノーベル物理学賞を受賞した。

弱い相互作用（弱い力）　ウィークボソンによって媒介される。弱い力がわずかにCP対称性を破ることが一九六四年に発見された。原子核のβ崩壊、中性子、π中間子などの粒子崩壊の原因となる（粒子の種類を変えることの出来る）力で宇宙の進化に不可欠。

メソン（中間子）　ハドロン（強い相互作用をする素粒子の総称）のうち、一つのクォークと一つの反クォークから構成される亜原子粒子。π（パイ）中間子、K（ケー）中間子、ψ（ファイ）中間子、η（イータ）中間子、ρ（ロー）中間子など。

バリオン（重粒子）　ハドロンのうち、三つのクォークから構成される亜原子粒子。陽子、中性子の他、Λ（ラムダ）粒子、Δ（デルタ）粒子、Σ（シグマ）粒子、Ξ（クサイ）粒子、Ω（オメガ）粒子など。

宇宙が誕生してから一秒近くが経つと、物質型宇宙が形成されることになる。この時、宇宙はまだとてつもなく熱く、猛スピードで膨張している段階で、誕生一秒後の宇宙にはまだ原子はなく陽子と中性子と電子と陽電子ほか光子などが飛び交っていた。反粒子の陽電子が消失するのは四秒後のことであった。

初期宇宙の進化過程では、〈電弱時代〉と呼ばれる超高熱の時期があり、電磁気力が「弱い相互作用」と統合していた時で、ヒッグス粒子や核子に作用するウィークボソン粒子などが形成された。更にビッグバンの約一〇のマイナス十二乗秒後に、〈クォーク時代〉と呼ばれる電弱相互作用が電磁気力と弱い相互作用に分離した状態が始まり、そして重力、電磁気力、強い相互作用、弱い相互作用が現在の形になった。高温であったため、クォークが結合してメソンやバリオンになることは出来なかった。一〇のマイナス六乗秒後にはクォークがハドロンに閉じ込められた〈ハドロン時代〉に入り、ビッグバンから一秒後にハドロンと反ハドロンが対消滅し、ハドロン時代が終わった後、〈レプトン時代〉に入る。およそ十秒後にレプトンと反レプトンの大半が対消滅したことで、レプトン時代が終わり、ついに〈光子時代〉に到る。

そしてビッグバン三分後に最初の元素合成が行なわれ、原子核（原子ではない）が作られ始めた。温度が下がり続けたことで粒子の動きが遅くなると、それまでバラバラに飛び交っていた陽子と中性子が結合し、ヘリウム原子核が誕生した。実に画期的瞬間である。元素表の一番目の所に出てくるのがH（水素）であり、軽水素の核子は水素のみだが、重水素以降は中性子がセットの原子核を形成するようになる。

この最初の三分間に宇宙は何光年という大きさになり、決定的な原子核の誕生に到ったのである。ワインバーグが言った宇宙の最初の三分間とはこのことである。

光子時代の終わりには、宇宙は原子核、電子、光子による熱く濃いプラズマに満たされていた。実に純粋エネルギーに満ちた時代であった。原子核に電子が取り込まれるまでには、それから遥かな時間を要することになる。

三十八万年後、宇宙の晴れ上がり

光子時代の最初の数分間に元素合成がなされ原子核が生成誕生した。宇宙は、原子核と電子と光子等からなるプラズマに満たされながらも長い時間をかけ徐々に冷え始めた。

ビッグバンから三十八万年後、温度が劇的に下がり二七〇〇度となった頃、宇宙の「晴れ上がり」が訪れる。それまで宇宙を濁らせていた飛び回るプラズマ電子の動きが遅くなり、原子核と結びつき、水素とヘリウムの〈原子〉が遂に誕生したのである。それにより、原子は中性であるためプラズマ（荷電粒子）状態が解消され不透明だった宇宙が晴れ上がり、電子をはじめ荷電粒子にぶつかりやすい性質を持っていた光が宇宙を直進し始めたのである。〈時間〉が誕生した瞬間と言っていいのかも知れない。いよいよ我々が認識している宇宙が展開することになる。この宇宙の大きさは現在の一〇〇〇分の一程度だったと考えられている。

宇宙の晴れ上がり(2)

宇宙マイクロ波背景放射（ＣＭＢ）は宇宙誕生から三十八万年後に放たれた最古の光。しかし、可視光ではそれ以前の宇宙の様子は分からなかった。二〇一四年、ハーバード・スミソニアン天体物理学センターがＣＭＢの偏向（光の振動の向き）を観測して「偏光Ｂモード」と呼ばれる特殊な渦状のパターンから、宇宙の初期のインフレーションの頃に生じた「原始重力波」の痕跡の観測に初めて成功した。これにより、「インフレーション」の直接的な裏付けが重力波の広がりの観測で初めて得られた。二〇一五年九月、米国のレーザー干渉計型重力波検出器「ＬＩＧＯ」が世界で初めて重力波検出に成功。宇宙の誕生（ビッグバン）直後の宇宙の観測に期待がかかっている。

マイクロ波背景放射
宇宙の膨張と共に引き伸ばされた波長が長い光のこと。この光を詳しく調べることで宇宙誕生直後の様子に迫れるとされる。一九六四年、ベル電話研究所のペンジアスとウィルソンが発見、一九七八年ノーベル物理学賞を受賞。

「宇宙マイクロ波背景放射」はこの時に発せられた最初の光だと言われている。それは、原初の宇宙地図（宇宙デザイン）であり、「神の顔」とも呼ばれる画像である。しかし、ビッグバンの瞬間は光がプラズマで外に出ることが出来なかったので、現在はまだ見ることが出来ない。

我々が見ている銀河の大半は現在は存在していないのだが、そう思うと何とも複雑である。宇宙地図において密度の濃淡があることは興味深い。この網目のように広がるフィラメント構造は如何にして作られたのか。何故この様な変わった形をしているのか謎は多い。その事が、いずれ深い意味を持つことに我々は気付くことになるのだろう。この球面より外側は、原初のプラズマスープ状態の時で、宇宙が超高温で（＋）陽子が（－）電子と結合して中性になることが出来なかった電荷状態のプラズマ時代である。プラズマは光を外に出さなかったため、現在の機器ではまだ観測が出来ない。

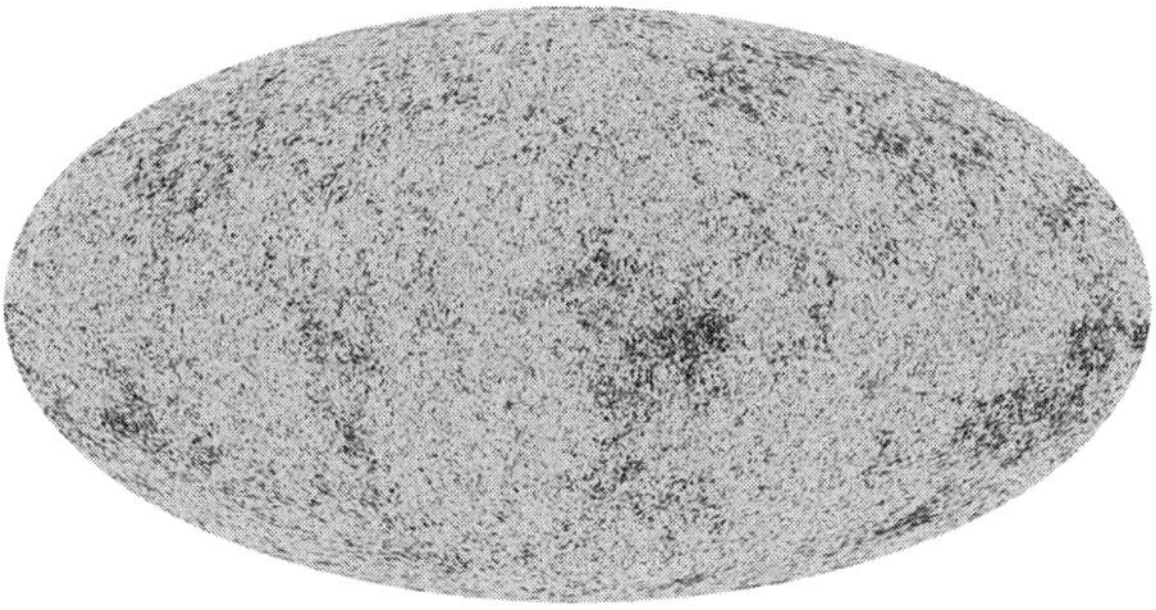

原初の宇宙地図　2013年3月20日、観測衛星プランクが観測した宇宙マイクロ波背景放射の全天画像（ESA and the Planck Collaboration）

背景放射は、全宇宙の端から、跳ね返ってくるもので、それを写し取ることで宇宙の形が判明した。これを見たら、あまりの興奮で悶絶してもいいぐらいの、人類の一生の出来事で一番重要な場面である。でも大方の人は誰も感動しないのは淋しい限りである(笑)。

あなたのどんな人生よりも、宇宙のあの図面を自分の目で見ることが出来たことの方が、最高の価値があることと言っていい。何億円もする宝石よりも豪邸よりも権力よりも名声よりも、この「神の顔」を見れたことの方が遙かに価値があることに気付けない人の何と多いことか！　それ以上のことといえば、もう、悟りを開く事しかないぐらいに、この宇宙地図は感動の研究成果であった。俗世でこれ以上に価値のあるものなどない!!（笑）。

画像上の温度のムラがその後の未来宇宙の構造を決定した。物質が密集している場所には銀河が創られると考えられている。

さて、ビッグバンから三十八万年後の巨大化した宇宙には、あたりに水素とヘリウムのガスが漂っていた。こうしたガスから最初の星々が形成されるまでには、およそ二億年かかったといわれている。星（恒星）の誕生はそれまでの漆黒の宇宙空間を花々しく輝かせることになる。それは想像を絶する天体ショーであったであろう。

このガスというものも、全部、原子の集まりである。元素（粒子）から原子が作られ、そこに重力が生じ加重されてくる。それが大量に集まることで巨大な重力場が出来て巨大重力が発生し、更にガスを引き寄せてそこに更なる限度を超えた超圧力が発生し、遂に核融合反応が起こり恒星を誕生させたのである。

星屑《ほしくず》から人は誕生した

重力が恒星を誕生させ人を形成する

塵とガスの雲は、何十万年もかけて太陽系よりも大きな渦巻きを形成する。その中心では大きな重力が働き、ガスが著しく高密度で高温の玉へと変化し、やがて中心からガスのジェットが吹き出す。ここに生じているのは重力である。この重力こそが宇宙の全てを造り出す原動力である。何度も述べるように、この重力原理と人間性とには大きな関係があるとしか思えない。決して単なる物理的重力で片付けてはならないだろう。そこには特別な意味合いがあり、その重力こそが後に誕生してくるこの宇宙の住人「人類」の意志の中核をなす働きとして転移してきたと思われるのである。

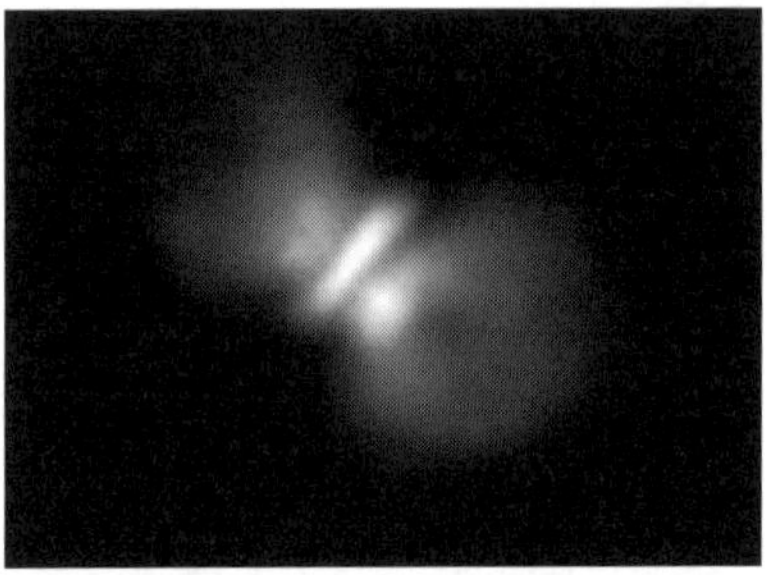

原始星から勢いよく噴き出すガスが回転している様子。
国立天文台・総合研究大学院大学の廣田朋也研究チームがアルマ望遠鏡により観測したオリオン KL 電波源 I。
(ALMA (ESO/NAOJ/NRAO), Hirota et al.)

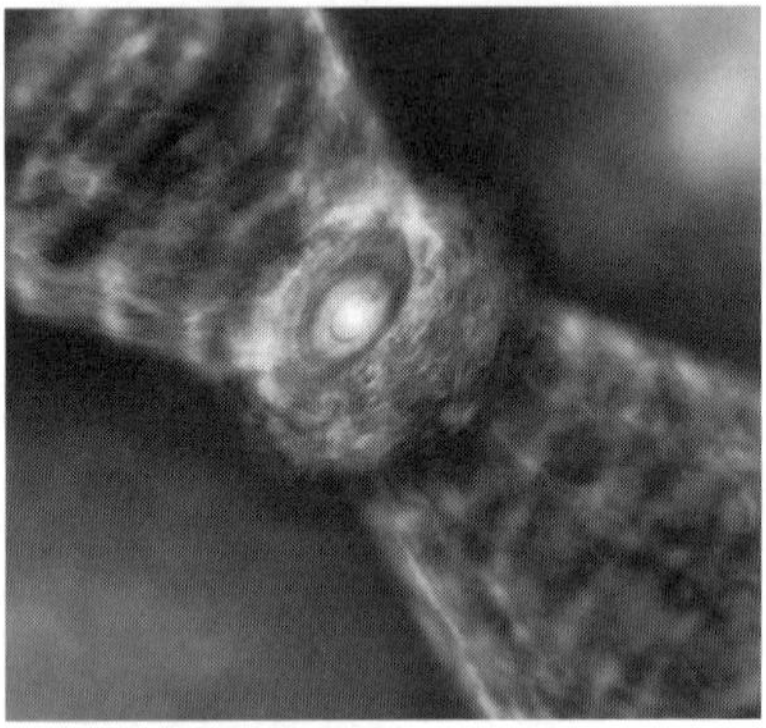

オリオン KL 電波源 I の想像図。
(ALMA (ESO/NAOJ/NRAO))

ガスと塵は、重力によって圧縮され続け、更に熱を生み出して行く。この状態も人間の生に置き換えると深い何かを感じないだろうか。人生の重みである。人生の苦しみでもある。必死の思いとどこか共通するものをあなたは感じないだろうか。地道な辛抱と言い換えてもいい。それは深みと言った方がいいかも知れない。人の顔を魅力的にするのは、その人の人生の深みである。最近の日本人の顔が著しく幼稚になったのは、この深みが欠落したからだと思う。新旧のスターたちを比較するとよく理解できる。国際的スターとなった三船敏郎や丹波哲郎や仲代達矢たち、時代劇を飾った市川右太衛門、近衛十四郎、片岡千恵蔵などなど、岸惠子や草笛光子ら女優陣が八十歳を過ぎても若々しいのには畏れ入るばかりである。今の役者たちと比べると面構えが余りに違い過ぎる。恒星を誕生させた重力の原理は人の世にも同様の原理をもたらしているのではないかと想像するのである。

さて、高密度と超高温のガスの玉の中心温度が一五〇〇万度に達すると、水素の核融合が始まり膨大な紅蓮《ぐれん》のエネルギーを放出し始める。

これが五十万年かかって造られた原始恒星の誕生である。

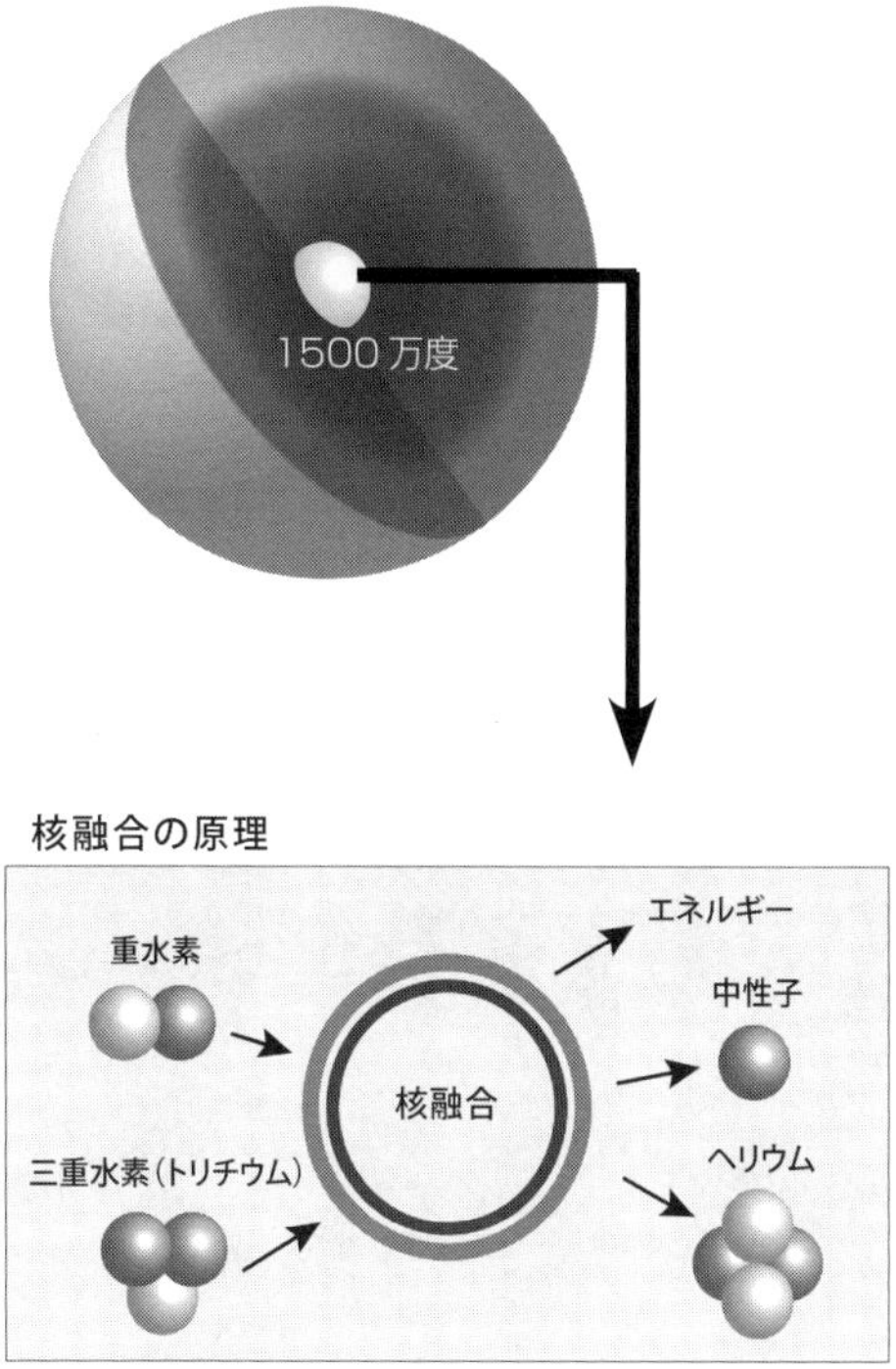

輪廻（サンサーラ）　古来インドでは人は生死を繰り返すという考えがあり、仏教にも受け継がれた。原意は「流れること」。車輪が廻ってとどまることを知らないことになぞらえ「輪廻」とされる。輪廻の世界は無色界・色界・欲界の三つに分類され、欲界の中に六道（六趣）すなわち下から地獄・餓鬼・畜生・阿修羅・人・天があるとされる。この輪廻を脱することが解脱。

＊
人生もまた上昇する者と下降する者とその間の現状維持の者とがいる。

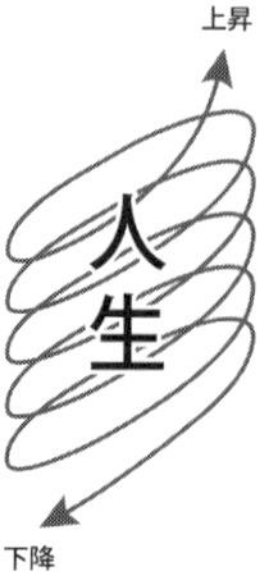

銀河の形成と太陽の誕生

さて、ここで銀河の渦巻星雲について考察したい。この渦巻という現象も、非常に興味深い。中心にガスが集まっていき、遂には五十万年かかって星々が形成され銀河へと進化する。壮大なドラマがある。この原理も、例えば人間社会において、国家形成、或いは社会形成の中で、そこに中心人物が現われたり、政治的な力の集約されるところが出現することによって、そこに人が集まっていく原理とまったく同じと言えるだろう。人も社会も歴史も銀河もパワー（重力）のある所へと引きつけられ集まっていくのである。都市に人が集まるのは将にこの原理である。

それは直線的ではなくして、常に曲線的な渦巻であることには、それなりの意味付けがあると考えられるだろう。将に宇宙の構造がそうだから人間社会もその様に形成されたのだと言えるだろう。仏教における輪廻（サンサーラ）の概念も螺旋上に渦を巻くように展開する。我々の人生も振り返ってみれば、山あり谷ありの繰り返しの中で、時間経過を伴って上昇か下降かをなしていることに気付くのである。将に人生は螺旋状に展開している。上がる者は上に上がり、下がる者は下に下がる。そして稀に上がりも下がりもしない横にいく者がいる。＊ 彼らは一般に進歩を放棄した様なタイプで、あくせく働くことを嫌いヒッピーの様に自由を愛し他者との関わりを深めない。しかし最低限の生活努力だけはしている人たちである。そこには決して直線的ではない螺旋上での展開がある。銀河を見つめているとその様な人の生き方と重なって映ってくる。

東洋哲学では、この様に宇宙原理と人間原理とを同等と捉えてきた。そこには何らの違和感なく受け入れられているのである。西洋合理主義からはまったく理解できないことであるのだが、これは東洋合理主義の結論として何ら不合理ではないのである。多次元宇宙で他の宇宙にはこの宇宙と原理が異なる法則があるように、洋の東西でも違う合理主義が存在するのだ。これは互いを否定する関係にはないことを理解する必要がある。両者は量子論にいう相補性の関係にあると捉えるべきであろう。相補性を口にすると物理をちょっと知っている人物から、それは後の理論によって否定されているという反論が出てきそうだが、相補性は東洋哲学の基本の定理である。相補原理が誤りであることはない。

さて、ビッグバンから十億年近くが経つと、銀河が形成され始める。それからさらに八十億年が経ったころ、一つの恒星が誕生する。重力が塵とガスを圧縮させ、それは次第に塊となり、遂に我々の太陽を誕生させたのである。筆者は小さい頃、ガスや塵から星が出来るなんてあり得ないだろう！とずっと信じられなかったのだが、その時ガスが原子で出来ていることにまったく思いが到っていなかった。ましてやこれ程の作用として重力が関わっていたとは、大人になった今でも改めて驚くというか感心させられている。ビッグバンから九十億年後に我々の太陽系が出来、地球が誕生した。全ての物質が原子というもの、素粒子というものでしか出来ていないということを、よく、いま一度、頭にしっかり入れる必要がある。そうすると全ての原理が理解できるようになるからである。

銀河の形成　二〇一九年九月、すばる望遠鏡の観測結果より、ビッグバンから八億年の初期宇宙（地球から百三十億光年彼方）に、十二個の銀河からなる原子銀河団を発見した。更に、遠方の銀河団の観測で、ビッグバンからわずか三億七千万年後に星の形成が始まったとする報告もある。（Nature 二〇二〇年一月二日号）

ビッグバンから百三十八億年の間に宇宙には無数の銀河が生まれ、恒星、惑星、衛星で満ち溢れ、宇宙は膨張を続けている。その直径一五〇〇億光年。それにしても銀河の写真を見た時に筆者は感動したことを覚えている。もう遠い昔のことになるが、その美しさと神秘性に見入ったものだった。しかし、それ以上に驚いたのは、渦を巻いていることだった。その少年の時からの疑問が東洋哲学との出遇いによって氷解していったのである。それはタオの姿でもあったからだ。

太陽の誕生と死

次に、恒星の誕生と死について述べよう。我々の身体の全てが、巨大太陽の超新星爆発によって宇宙に散りばめられた物質により出来上がっている。それが更に生命という形になっていくのだから、実に興味は尽きない。常にそれは、人間存在と符合しているからだ。

恒星というのは、太陽の類で自分で光を放っている星である。熱く燃えたぎる強大な星々が夜空に輝いているのを我々は目にすることが出来る。その全てが恒星である。惑星ではない。太陽系の地球に近い惑星のみが太陽の光を反射して地球に届き、我々の眼でも見ることが出来るが、それだけであとの全ては恒星であるのだ。そう考えれば、この銀河には際限のない数の太陽が存在していることになる。その数は、我々の銀河系だけで一〇〇〇億個以上。それらのほとんどに周回する惑星が存在し、更にその集団が銀河を形成しているのである。宇宙にはそんな銀河が

宇宙の直径　現在、宇宙の年齢は百三十八億年と推定されており、観測可能な宇宙の果て（光が届く果て）とは、その光が百三十八億年かかって到達できる距離を半径とする球の内部に限られる。宇宙は今も膨張し続けているため、その半径は四六五億光年（直径九三〇億光年）と算出されている。直径一五〇〇億光年以上との説もある。

太陽に似た恒星　ちなみに銀河系には太陽に似た恒星が三千五百個以上、生命の存在に適した地球型惑星が少なくとも百個以上存在するという（NASA観測衛星ケプラー、二〇一三年観測）。

二兆個も有ると言われている。因みに、我々の太陽系は「天《あま》の川《がわ》銀河《ぎんが》」の外側に存在する。

超新星爆発（ハッブル宇宙望遠鏡）

天の川銀河と太陽系（NASA）

恒星は人類の運命を決定付けてきた。恒星の誕生は、大きくはガスだけの軽元素の第一世代と重元素（金属）を含む二世代以降とに分けられる。水素やヘリウム、リチウムのみから出来た第一世代の恒星の死すなわち超新星爆発によって作られた重元素がばら撒かれ新たな宇宙が誕生することになった。現在ある大量の金属はこの時に作られ宇宙全体に広がったものであり、生命の源となった。大爆発で一生を終える恒星だが、爆発で放出された星屑が、生命を作り出すことになった。つまりは、我々は星屑から生まれたということだ。ロマンチックな話かも知れない。

恒星も人同様、生まれた瞬間から死ぬ運命にある。燃料が尽きるからである。

我々の太陽の場合、中心核では、毎秒六億トンの水素が燃えており、水素は後五十億年ほどで

超新星爆発　星が一生の最期に起こす大爆発。これにより星の中で生成された様々な元素が宇宙空間に撒き散らされる。具体的な爆発のメカニズムは未解明だが、重い星が爆発する「重力崩壊型」と白色矮星が爆発する「核暴走型（Ia型）」の二タイプに大別される。

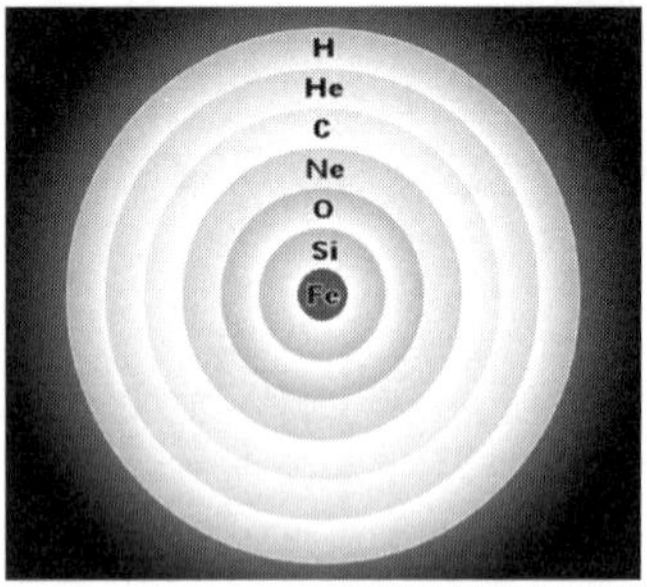

赤色巨星内部（JAXA）

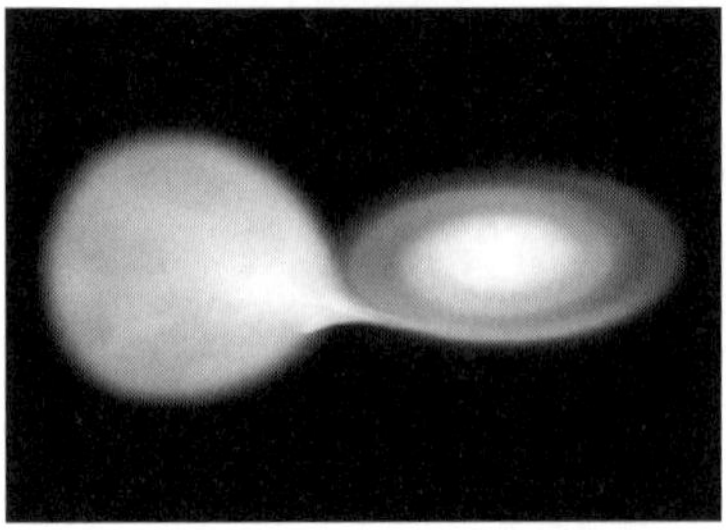
連星の最期（近接連星の想像図：NASA）

消滅する。水素が少なくなり、中心核での核融合反応の力が弱くなると、重力が勝るようになり内側へと圧縮する。ところが、外側に残った水素の層では、核融合反応が続き、温度が上がり続けて太陽は膨張し、現在の一四〇万キロの直径が、その一〇〇倍にも達して巨大な「赤色巨星」となる。その時、地球は包み込まれて終焉を迎えるとも言われる。

そして、「赤色巨星」は、水素が燃え尽きると今度は、ヘリウムを核融合させ、炭素を造り始める。ヘリウムが消失し核が炭素に変わると、恒星は内部崩壊し始め外側の層を吹き飛ばし、ゆっくりと崩壊する。後に残るのは、超高温の青白い中心核だけの「白色矮星」となる。その大きさは地球位で密度は地球の一〇〇万倍もある。表面温度が五万度から十万度あるという。しかし次第に温度は下がり、遂には百億年後に「黒色矮星」となって冷えきった星となって終わると言われている。

白色矮星の中心には、直径数キロに及ぶ巨大なダイヤモンドが出来ると言われている。太陽の質量の三倍以内の大きさの恒星の一生は、このように新たな星に生まれ変わって終わるのである。そして最後に黒色矮星へと変じ屍をさらすことになる。この遙か未来は宇宙が終焉へ向かっている時で、人類はこの宇宙には存在できない。それが何を意味するのか考えなくてはならない。単なる物質の消滅なのか、それ以上のことなのか—答えを導く必要がある。ワインバーグ風に言うなら無意味な宇宙の最期ということになるが、決してそうはならないだろう。

白色矮星の存在期間がとても長いので、未だ黒色矮星は理論上の存在で、いずれその時が来れば出現すると考えられている。更には、その時代にはブラックホールと黒色矮星だけの真暗で冷たい宇宙となっているという。なんだか、人間の一生を見ているようでもある。若い時は元気で勢いがあり、怖いぐらいであり、どんな事も出来る力がある。ところが、だんだんとエネルギーが減ってくると力を失い高齢化の長い期間を経て、遂には希望を失い独り淋しく死んでいくというのと重なってくる。

ビッグバンによりこの世界が誕生して以来、重力はその中心的役割を果たしてきた。恒星の誕生も、全てが重力の働きであった。更にその恒星の死が宇宙に次なる発展を導いたのである。太陽のように単独で存在している恒星は少数派で、多くは、二つ一組の連星系を作っている。距離が近いと、一方が白色矮星になると、もう一方から水素やヘリウム等の物質を吸い取っていく。すると白色矮星はどんどん重くなり、中心部では炭素や酸素が核融合しようとして不安定になり、いつ爆発してもいい状態になっていく。これは、Ia型の超新星になる寸前の白色矮星で、炭素の核融合反応で鉄が出来た瞬間、大爆発することになる。

白色矮星は、一生を終える時、我々にとって非常に重要な大量の鉄を生み出し宇宙に放出する。地球の中心核も高温の液状の鉄で出来ていて、それが対流していることで地球磁場が形成されているのだ。それによって太陽風などから地球を守っていることは非常に重要な点である。地球磁場がなければ我々は疾《と》うに絶滅している。その鉄を白色矮星は我々に提供する。この都市文明も鉄なしでは誕生し得なかった。

次に、我々の太陽についてだが、それは地球からおよそ一億五〇〇〇万キロ彼方にあり、その

地球の中心核（コア）　中心核は鉄で出来ており、内核は固体状態だが、外核は融けた状態で対流している。

太陽　地球からの距離は平均一億四九五九万キロ、自転周期（対地球・赤道）は約二十六日二十二時間、大きさ（赤道直径）は一三九万キロ、重さは地球の三十三万倍、体積は一三〇・四万倍、密度は水の一・四一倍、赤道重力は地球の二八・〇一倍。

直径はおよそ一四〇万キロ。地球の一〇〇倍以上の大きさである。その眩しさは想像を絶する光に満ちている。この光と熱と目に見えない放射線や紫外線等の物質を常時地球に降り注いでいる太陽の存在は、我々生命にとって「神」以外の何者でもない。それ程の存在である。曇り空が一週間も続けば人はすっかり滅入ってしまうものだ。体調を壊す人も多い。北欧では冬の数ヵ月、太陽が現われない期間が続くと鬱病患者が大量に発生するという。これ程、大切な太陽もその実体は恐ろしいばかりの超高温の火の玉である。

恒星のエネルギー源は重力である。毎秒核爆弾十億個に相当するエネルギーを生み出す巨大な水素爆弾だが、重力により外側の層を引き付けるため、爆発して星が吹き飛んでしまうことはない。その力のバランスが絶妙であるのが恒星である。実によく出来ている。その出来具合の絶妙さは、単なる偶然と言うには余りに恒星の数は多く、そこに何らかの〝意志〟を感じるのは筆者だけではあるまい。実にうまく出来過ぎているくらいに完璧である。

重力と核融合の力は恒星の一生にわたってせめぎ合う。毎秒核爆弾十億個分に相当するエネルギーを恒星内にとどめ置く重力のなんと強いことか。改めて重力の凄さを思うばかりである。宇宙の全てが、重力（重力・電磁気力・強い力・弱い力）から誕生したという事実は真に衝撃的である。恒星内では核融合により、光の粒子（光子）が生まれるが、ビッグバン直後の様な状態で光子は高密度内の原子や陽子や中性子などに邪魔され先に進めない。

恒星の大きさ　(1) 直径は、光度（星の全エネルギー量）と表面温度によって求められる。表面温度は星の見た目の色から測定でき、光度は地球で観測できる見かけの明るさと、地球からの距離で決まる。この距離の測定は、地球から遠くにある天体ほど誤差が大きく正確に求めるのは難しい。(2) 体積は半径の三乗に比例(三分の四π×半径×半径×半径)。(3) 質量は、恒星が連星系、特に二重連星の場合は、公転軌道の大きさや周期の測定により正確な質量が求められる。単独の恒星の場合、表面温度と光度の関数（質量と絶対光度は四乗に比例して増減するという質量光度関係に表面温度にかかる補正）として統計的に推定するしかない。

太陽の表面に達した光子は、太陽の外側の層を熱し激しい渦や衝撃波を発生させ、太陽の自転によりそれは強力な磁場を生み出す。その宇宙空間に飛び出す強大な磁力線のループが宇宙空間に大量のプラズマを放出する。それが太陽風である。地球で、電波妨害が生じるのは、そういった時である。携帯電話が使えない、テレビが上手く映らないことが発生する。筆者などはアナログテレビに戻して欲しいと本気で思っている類だ。宇宙飛行士にとっては命の危険に晒されることになる。

地球でオーロラが見られるのは、この時である。

我々の太陽の場合だと、光子が太陽の中心核から表面にまで達するのに数万年もかかるのだから驚かされる。しかし、表面から地球まで届くのには八分しかかからない。光のスピードは宇宙一で秒速約三〇万キロ、一秒間に地球を七周半回る。それでも太陽からは八分もかかる。

実は、アインシュタインの登場まで、太陽の光の根源が何なのか判明しておらず、科学者たちは大いに悩んでいた。彼の例のエネルギーの関係式により太陽が核融合を行なっていることが判明したのである。この超高温のガスの玉が太陽系を四十六億年にわたって照らし、地球上の生命を支配してきた。何とも運命的である。

この宇宙には我々の太陽より遥かに大きい恒星がある。直径で比較すると、うしかい座のアルクトゥルスが太陽の二四倍、おうし座アルデバランは四三倍、さそり座アンタレスは七〇七倍、オリオン座ベテルギウスは太陽の八八七倍～一〇〇〇倍、おおいぬ座VY星は一四二〇倍にもな

最大の恒星　最も大きいとされてきた「たて座UY星」がガイア探査機による再測定（二〇一八年）により、地球からの距離が、九五〇〇光年から約半分の五一〇〇光年へと修正されたため、直径は大幅に下方修正され、現在では、太陽の七五五倍程度と考えられている。代わって「スティーブンソン 2−18」（たて座の方向に二万光年にあるスティーブンソン二星団の中にある星）が、直径が太陽の二一五八倍と推定され、二〇二〇年六月現在、最大の恒星となっている。

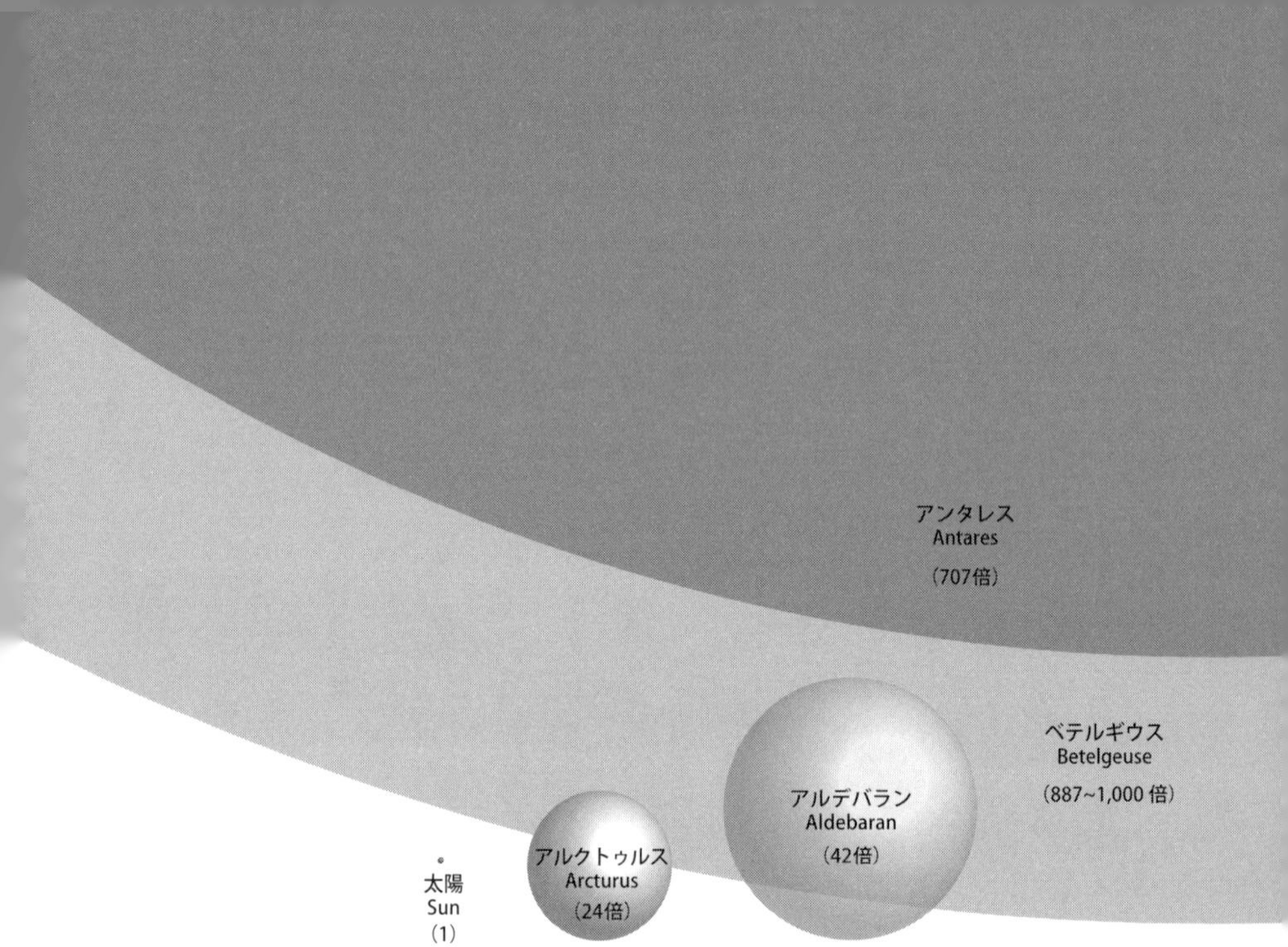

るという。

二〇二〇年六月現在、最大の恒星とされているのが、スティーブンソン2—18という、二万光年の距離にある恒星で、その直径は何と太陽の二一五八倍だ。体積にいたってはその三乗倍となり、太陽の一〇〇億倍という。もはやジョークの世界に近い。改めて宇宙の広さを思い知らされる気分である。上には上があるというレベルを遙かに超えている。これが宇宙だ。人間の発想など、はなから相手にしていないかのようだ。

ただし、遠方の恒星については直径を正確に測定するのが難しく、体積の誤差は更に大きくなる。また、恒星は綺麗な球体とは限らない。さらに、観測技術の進化により次々と新たな巨大恒星が発見されたり、恒星自体も生滅進化して大きさも大きく変わっており、このデータも修正されることになるだろう。

宇宙フロンティアと核融合

　こういう星の誕生と死を理解していくと、我々は何かを成し遂げるためにこれ程に熱く努力しているだろうかと自問してしまう。楽な生き方をしていないか、何より輝いているのだろうかと問われている気がしてくるものだ。それ程に恒星の誕生は劇的であり、宇宙にとって決定的出来事であった。それだけに、人にとってもそれは極めて重要な重力原理が作用しているはずと思えるのである。前述の通り恒星や重力の存在を人間社会に置き換えてみると、その時代をリードした人物たちが思い描かれるのである。善くも悪くも時代を築いた人物たちの輝きと吸引力は凄いものがあった。革命の指導者や映画スターなどはその典型である。

　また、時代時代で生まれてきたイデオロギーなども将にその様な存在であった。人々はそれに大きく振り回され、個人の生活にまで入り込んできた。その影響力は絶大だった。戦争などは、その負の輝きとして決定的な引力と斥力を見せつけている。更に、人々の心を捕らえて離さないのはマネーである。マネーを手に入れるだけが目的の薄っぺらな人生を歩んでいる者たちの何と多いことか。彼らにとって豊かさとは金持ちということになるのだが、その心が決して豊かではないことは、どの大金持ちを見ていても察することが出来るものだ。

　そして、巨大恒星は遂には終わりを迎え超新星爆発をして消滅する。社会や個人の人生も同様

恒星の寿命　寿命は星の質量によって大きく変わる。質量の小さい星ほど寿命が長く、質量の大きい星ほど短い。太陽と同程度の質量をもつ星の寿命はおよそ百億年、太陽の十倍の質量をもつ星はおよそ一千万〜一億年程度。スペクトル分類がK型やM型のものは太陽の十倍である一千億年から数兆年の寿命を持つと考えられる。

の定めを背負っているように筆者には映る。

恒星は数百万年から長命なものは数兆年にわたって、輝き続けるという。〈恒星〉とは実に単純な原理である。難しいことは何も無い。重力によって物質が一点に集まって凝縮され超高温度になって核融合が生じ、光と熱と放射線等を放つ。実に単純である。人間の思いもこの様に核となる意識の中で醸成され、情熱が放出され、何がしかを為し遂げるという原理なのではないだろうか。

この恒星の燃料は核融合だが、二十世紀の初めまでは知られていなかった。筆者は子どもの時、太陽が核融合していると習って意味が分からなかった。太陽に核融合装置はないのに！と。しかし、装置は重力だったわけである。

アインシュタインのE＝mc^2の定理が核融合の原理を解き明かした。アインシュタインは稀代の大天才であった。彼は、原子の中に莫大なエネルギーが閉じ込められていることを発見し、それを超巨大重力によって圧縮することによって原子は崩壊し、そのエネルギーが解き放たれることを示したのである。

核融合時の温度は一億度以上の超高温で、毎秒一〇〇〇キロメートル以上に加速された水素原子同士が衝突を繰り返す。すると、水素は衝突してヘリウムに変わる時、質量が失われる。その失われた質量がエネルギーに変換されるのが核融合の原理である。水素が無くなればヘリウムで核融合が為されることになる。これが原子力である。

今、日本は原子力発電に大反対しているけれどもそれは間違いである。理由は、恒星が核融合で出来ているからだ。恒星を使いこなせるまで科学が発達する必要があることは、未来の子どもたちのことを考えれば分かる理屈である。未来の人類が宇宙のフロンティアを始める時に、恒星を使えないようではまったく話にならないからである。長い目で見たときに、この核融合というものを研究しないで、未来は無いに等しい。だから、国民も単なる恐怖だけに走らず冷静に分析する必要がある。我が国の問題は、津波の管理がまったく出来ていなかったことにある。

伊方原子力発電所（ja:User:Newsliner / CC BY-SA）

その意味では政治家も電力会社も関係者は責任を負うべきであった。その責任者は全員逮捕勾留されるべきであった。死刑に処されても仕方ないだけの大罪であったことが議論されなかったことは、我が国の政治家の自覚の無さであり、マスコミの無能さの証左であった。それは、国民の知性の低さを意味するものでもあった。ネット上では炎上という言葉があるらしいが、それは常に個人に向けられたいじめの延長でしかない。国民の知的レベルの表われである。この手の行為は、あの津波の時にこそ発揮すべきであった。巨大なうねりとなって国を動かす力となり得たにも拘わらず、その様な炎上など聞いた記憶がない。それにしても、ネット上の規制がなく犯罪が野放し状態であるのは政治屋と役人の怠慢である。無責任なネットの中傷者は犯罪者として刑に処すべき法整備をやらねば国はいずれ亡びるだろう。

さて、この核融合の研究は、徹底してやらなければ未来は切り拓かれないということである。それにしても、こうやって思考していくと、自分にとっての核融合とは何かと問わなくてはならない。誰しもに、これに相当する何らかの強烈なエネルギーが存在することを、意味していると思われるからである。宇宙の基本原理は人間の基本原理であるというのが、筆者の見解であり東洋哲学が語ってきたことである。情熱家という言葉があるが将にその様な人には、この核融合的爆発が為されているのだろうと思う。歴史上の宗教家や革命家たち、発明や発見に命を賭けた研究者たち、自己を追求した芸術家たちなど。前衛芸術家の岡本太郎や版画家の棟方志功や画家のピカソ、宗教家の空海や日蓮などは将にその様なタイプだったと言えるだろう。個人の内側に核を灯す者と社会へと還元する者の違いはあるにせよ、情熱（核融合）こそが個人を際立たせ時代を変革してきたのだ。

「光子」は「慈愛」の象徴

光子の旅に心を向けていると、二〇〇三年に小惑星イトカワの探査に出て二〇一〇年に地球に帰ってきた「はやぶさ」の旅を思い出す日本人は多いかも知れない。「はやぶさ」自身は長い旅を終え地球大気圏で燃え尽きて、その記録板だけを人類に返した。情緒を重んじる日本人には、この「はやぶさ」の旅には擬人化がなされて何とも言えない感情（あはれ）が沸き起こってきたものだった。それと同じ感情を光子の旅にも感じてしまうところがある。それは無常を強く感受する日本人の特性かも知れない。物への愛情の心から生じてくる感情だ。だから伝統的日本人は世界一物を大切にする。「あはれ」を知るからである。

韓国人が戦後の捏造された反日教育から日本人を侮辱し続けることに対して、不快に思いながらも、政府をはじめ大半の日本人がまったく何も反論しないのは、善し悪しは別として、この元同国人の朝鮮人に「あはれ」感が生じて邪魔をしているからであるのだ。反駁《ばく》すれば歴史的嘘がばれてしまう韓国人が恥を掻くことを「あはれ」に思えるからである。日本人は、敵に対しても同情してしまうところがある。さらには、そんなことにムキになっている自分自身への「あはれ」（嫌悪）が同時にその背後に存在する。そこに日本人の「侘び」が形成されていくことになる。興味のある方は拙著『侘び然び幽玄のこころ』をお読み頂きたい。

物にも「心」が有ると多くの日本人は考える。迷信といった意識ではなく、汎神論により近い形の心理である。筆者なども座布団などは出来るだけうっかり踏まないように心がける。何故なら座布団の実存性とは、踏まれることではなく座られることであるからだ。日本人は机上のボールペン一つにも、ある種の心を感じている。西洋人にはほとんど理解できない感覚であろう。この感覚はユングが説く集合無意識を指すものであり、宇宙の原意識とでもいうべき作用であることを示唆しておきたい。

はやぶさ2　宇宙航空研究開発機構（JAXA）が開発した「はやぶさ」の後継機。二〇一四年十二月に打ち上げられ、二〇一八年、太陽系が生まれた頃（約四十六億年前）の水や有機物が今も残るとみられる小惑星リュウグウ着。地下のサンプルを収集し、二〇二〇年末に地球に帰還予定。

あはれ　平安時代中期頃から用いられた言葉。本来は広く喜怒哀楽すべてにわたる感動を表わす語だったが、やがて無常の世界に美しさと儚さを感じる日本人の美意識を表す言葉となった。諦観が根底にある。

昔の日本人はあらゆる物に対してそう感じたのである。筆者にとって物はほとんどペットの存在レベルと変わらない。この意識はこの世が不確かなものであり、非存在であるというある種の達観と「はかなさ」観と言えるだろう。それは同時に、自個という存在へのこだわり、執著を意味すると同時に、自個の放擲《ほうてき》という無常輪廻への諦めが内包されている。それは執著を去る直前の「覚悟」でもあるのだ。それが死を直前にした者が周囲の者へ感謝の言葉をかけるように、物に対して慈しみの情をかけるのである。光子にはそのような不思議な作用が感じられる。

また、その様な日本人の感性は、宇宙原理のゆらぎに伴う生成と消滅という作用と連関していることが考えられるのである。個人の利害を離れた感性は、常にこの宇宙原理との関わりが有ると考えるべきであるというのが筆者の説である。

ビッグバン以降、光子はずっと全宇宙に光と熱とを発している。この光と熱という言葉からは人間の心情がイメージされてくる。聖なる光、輝ける精神を照らす光。希望、熱き思い、情熱、そんなイメージが湧き起こる。これは我々の魂を震えさすものではなかったか。人類はその歴史の中で幾度となくこの情熱を奮い起こし、敵と戦い、時に革命をなし、飢饉や疫病や天災を克服して、生きる光を見出し、新たな時代を築いてきた。その光と熱が光子という物質を通して一つの人間原理を作り出しているのではないか——と筆者は思う。

人類史的なことで言えば、太古、太陽は神の象徴として在った。太陽を象徴とするとは何かというと、それは光と熱である。だからそういう意味においても、光子の存在は物理的存在以上の意味が与えられていると考えてもいいのかも知れない。

また、光も熱も、生命にとっては生きるよすがであり愛の象徴である。春先のぽかぽかとした陽気は将にその典型であろう。

斯書において注目している「重力」というものは、愛情も含めて執著の象徴だと思われる。これは、仏教の「悟り」を考える上でも極めて重要な視点である。如何に重力すなわち〈執著〉が絶大であるかが、この星の威力を通して理解できるからである。これ程に〈解脱〉はほど遠いことが暗示されるのである。

物理学者にとっては、それは単なる光子でそれ以上でもそれ以下でもない。それは物理学という狭い学問の答えだ。広い学問の観点に立ったならば、そこから新たな精神という設計図、マインドデザインを発見することが出来るのではないだろうか。これは決して酔狂で語っているのではない。

科学者と謙虚

本質的なビッグバンはその背後に「意志」が垣間見られる、というのがここまでの仮説である。少なくともここに意志精神をもった人類が存在するという事実を否定することは出来ない。一部の物理学者が言う如く、意識を単なる偶然の産物と言い切る根拠はどこにもないということである。彼らのこの見解は、物理学理論上ではなく単なる彼らの心情的見解にすぎない。我々は、彼らの個人的心情に振り回される必要はまったくないことを理解する必要がある。彼らがどんなに優れた学者でも、高が一介の学者でしかない事を認識する必要がある。彼ら自身が自己評価する程には、特別、学者が人格として優れているわけではないことを、ここに述べておかなくてはならない。その上で、改めて光子の光と熱について思考すべきであると思う。東洋哲学の観点に立つ時、光は将に光として映り、熱は将に熱として映るのである。その意味するところは深い。

この宇宙は物理学者だけの思考世界で成り立っているのではない。時々笑える物理学者の言葉に「物理学（の法則）で出来た宇宙」がある。彼らは自分たちが発見した物理学の法則で宇宙を自分たちが造ったが如き言い方をするのだが、それを言うなら「自然の法則で出来た宇宙」と言うべきだ。これだって正しくはない。自然の法則には物理法則だけではなく、生命が持つ命の法則がある。更には人類が持つ知性の法則がある。感情の法則もある。それらは物理とはまた違った法則として自然界（宇宙）に包摂されているものである。物理学者は自然が物理法則だけで存在しているわけではないことを理解しなくてはならない。彼らの視野には、宇宙の身体だけしか映っておらず宇宙の脳にすらまだ辿り着いていない。さらには、脳を支配する（〝脳に支配された〟ではない！）意志の見えざる姿に未だ気付けていないのである。これはとても重要な観点である。「宇宙意志で出来た自然（物理法則）」と言うべきであるのだ。

科学を志向する人たちは、それだけですでに優秀であるのだから、そこで愚かな偏見に陥らず、湯川秀樹のような謙虚さを堅持する必要がある。そこには人間性が問われているのであって、頭脳〈演算能力〉の高さが問われているわけではない。問われているのは〈叡智言語〉なのである。この世界は〈知性言語〉だけでは成立していない、ということを科学者は理解する必要がある。ノーベル医学・生理学賞を取った山中伸弥のあの謙虚な姿勢を見習う必要がある。氏は日本の学者が嫌がる啓蒙活動にも積極的で実に立派な学者である。学者は古代の自然哲学者の精神へと立ち帰らなくてはならないと筆者は思う。

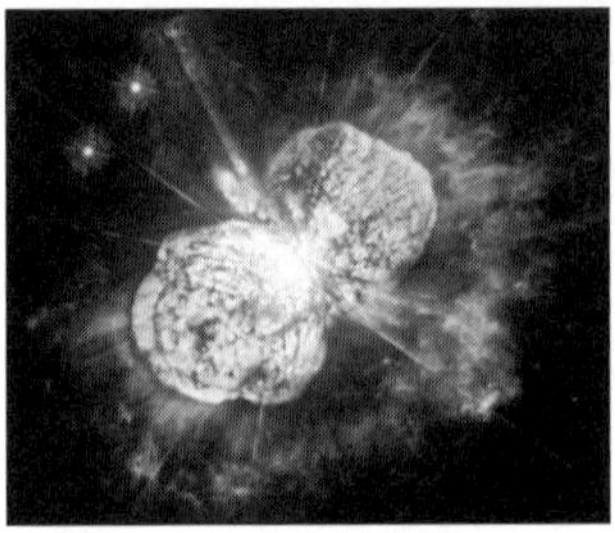

超新星爆発（ハッブル宇宙望遠鏡）

超新星爆発と生命の誕生

恒星の使命

さて、太陽より数十倍以上巨大な恒星の寿命は短く劇的な大爆発の最期を迎え、宇宙に生命を形づくる原材料を放出する。つまり単独のⅡ型の超新星の爆発である。これによって、我々生命が生じることになる。

太陽の何十倍以上という重さの巨大な単独星は、連星系の超新星と違って爆発するまでに多くの元素を造る。巨大恒星の重力は、炭素より大きな原子を核融合させることが出来る。重力も巨大化するからである。水素からヘリウム、そして炭素、酸素へと核融合反応が進んでも、収縮して白色矮星になることはない。そして、巨大な星の中心核は、更に燃え続け内側に新たな元素の層を造り出す。更にネオンやケイ素といった重い元素を造る。次々と重い元素を作り出し、最後

恒星の最期　鉄が出来ると核融合が停止し崩壊する

に鉄が造られた瞬間、核融合がストップし巨大恒星は崩壊へと向かうのである。
単独星の爆発の引き金となるのも、連星系と同じ鉄だ。鉄が発生したと同時に核融合反応は止まり、星の中心には鉄の核が出来て、圧倒的な重力で中心核は崩壊し、大爆発を起こす。鉄の中心核は巨大重力でどんどん収縮し超高温になったかと思うと、一気に巨大爆発を起こし星全体が宇宙に向かって吹き飛ぶことになる。これが「超新星爆発」である。それは数秒間に、太陽の一生分以上のエネルギーを放出するという宇宙を照らすほどの凄い光だ。

巨大恒星の中心核にある水素、炭素、酸素、ケイ素、鉄などの物質は、衝撃波に乗って宇宙に飛び出し、この爆発による著しい熱と衝撃で、鉄より重いコバルト、ニッケル、金、銀、白金、ウランなどの物質も新たに造られ宇宙へばら撒かれた。これらの物質は、一瞬の爆発によってしか造られないため、宇宙に少量しか存在しない。これが、新たな恒星や惑星そして生命の材料となって宇宙を進化させることになった。生命の材料はこの〈超新星爆発〉だけが作り出すのである。生命の歴史と人類の愛と憎しみの歴史も、この時に決定付けられたことになる。そして、その後に中性子星が誕生する。全体が中性子で出来た不思議な物体へと変身する。直径二十、三十キロの、とてつもない超高密度の重さを持つ。太陽質量の一・五倍の星が一秒間に一千回転しているというのは尋常ではない。恐ろしいほどである。

中には、両極から光や電波のビームを放つものもあり、そのような中性子星をパルサーと呼ぶ。

巨大恒星の超新星爆発により、放出された物質から、我々の身体は一〇〇%作られている。この事実は何とも不思議な気分にさせられる。それだけに我々の精神とこの物質としての肉体の違いを逆に強く意識させられてくるのである。更には精神と物質の同一性へと意識は向くことになる。それにしても『星の王子さま』でも読んでいる気分にさせられる。

科学者は、ただそれだけのことと考えるが、我々仏教を学ぶものにはそうとは思われない。これは単に論理の問題ではなく感性や直観の問題でもある。ただ物理学だけの理論や数式だけから導き出される狭い結論ではなく、より人間的で知性に満ちた感性からの疑問であるのだ。科学者は感性を知性と部類していないが、大きな謬りである。優れた感性こそが時代の先端を切り拓き、科学の発見や新理論を生み出してきたのである。この知的感性上に、この星屑問題は定立するのだ。我々は、たかが星屑であることの深意を思惟すべきであるのだ。ただ物質だけを追い求めている感性の物理学者たちの言いなりになるべきではない。一方の物理学者はもっと謙虚に我々の見解に耳を傾けるべきである。

宇宙を満たして存在する水素の量には限りがあり、百兆年後には、新しい星は誕生しなくなる、と言われている。星が輝き生命を造りだしてくれるごく短い期間こそが、ちょうどこの我々が生きている時期なのだ。でもそれは永遠には続かない。つまりその先には、いずれ恒星が消滅し宇宙の死が訪れるということである。「今」は宇宙の歴史上一番いい時代ということになる。「今」の時だから、宇宙物理学は科学的発見が出来るのであって、一千億年も未来になれば星は見えない程に遠くに去って行き、更に遠い遠い未来にはその恒星自体も消滅するというのである。夜空を見上げて心が癒されるのは、このごく限られた期間に過ぎなかったということである。数万年も先に、人類が今の科学レベルに達した時にはもう宇宙の研究は間に合わなかったという話だ。今だからこれだけのレベルに達したのである。

タオの顕われとしての宇宙

東洋哲学は、「晴れ上がり」も原始恒星の誕生と崩壊に伴う爆発も、何らかの意味づけが人の心身にされていると考えるのである。宇宙の渾沌のあとの晴れ上がりといった現象は、混迷した社会のあとに新システムが誕生し、新たな社会を生み出すのと共通する。個人にあってもずっと迷っていた問題が解決し新たな人生へと進む時や、人が何かに夢中になり取り組み、一切を忘れて没頭している姿とも重なることが出来るし、その中から一つの答えを見出し、心が整理され晴れ晴れとなった状態とも瓜二つと言える。何であれ、この宇宙の現象は、明らかに人の生や心のあり様と重なるということである。それは「単なる偶然」としてではなく、「確かな偶然」として無視できないのである。

この現象を通して人の世の真理を見出す必要がある。東洋哲学では宇宙の構造と人間の構造は同じと考えられている。その象徴は、左右の眼に太陽（陽）と月（陰）を当てていることである。身体のツボは一年の日数に対応するとも言われている。また、五行の思想は『春秋左氏伝』によ

『春秋左氏伝』　孔子が編纂したと伝わる古代中国の歴史書『春秋』の注釈書。魯国の歴史を豊富な史実を資料に解き明かし、多くの逸話で国家存亡の理を説く。「鼎の軽重を問う」「牛耳を執る」「病膏肓に入る」「宋襄の仁」など故事成語の元となった。

ると木星（歳星《さい》）・火星（熒惑星《けいわく》）・土星（鎮星《ちん》）・金星（太白星《たいはく》）・水星（辰星《しん》）が基となっている。それらが現代において意味があるか否かは別として、五行の相剋と相生の考え方は東洋に根付いてきたもので、それらをベースにタオ観は補強され現在に到っている。

身体とは宇宙としての器を意味し、内臓も星辰に対応すると考えられてきた。紀元二世紀の『黄帝内経』には、一ヵ月の月の満ち欠けと海水の干満の相関性や人体への影響が述べられるなど、天体と人は常に一体として捉えられてきた。人体中の血脈は、地球上の河の流域形成や樹勢や葉脈と通じ、それらがある一定以上には伸びないこととも共通している。さらに、人工物の都市や道路がこの地球原理を映し出しているのも興味深いところだ。

また、爆発というのがとても重要な現象なのだと理解していく必要がある。それがつまりは、精神の爆発つまりは飛躍や発展ということと繋がるのではないかと考えられるのである。心臓の鼓動も陽動としての作用を意味するものと考えられる。太陽の連続する核爆発みたいなものだ。

そして晴れ上がりとは、新たな時代の幕開けであり、同時に新たな輝ける執著（巨大恒星）の再構築と捉えることが出来る。既述の通り、重力とは人にあっては執著力であり、その最たるものは業《カルマ》である。その〈形成力〉が人を作り出し、自我がその存在を主張するように、ガスの集積が巨大な業となり星を作り出すと思えるのである。その形成過程は、人の細かい煩悩が巨大な業へと進化し自我を出現させるのと極めて似ている。

若い頃、空手をやっていた筆者は、その動きが直線的で一撃の破壊力は有るのだが、功夫《クンフー》の円

『黄帝内経』 前漢（前二百年頃）から後漢（二二〇年）頃に整理編纂された中国最古の医書。『素問』（病理、生理、病気の予防）と『霊枢』（鍼・灸に関する実践的な診断や治療）の二書から成る。全篇を通じ、陰陽五行説を基に医学理論を展開。

陽動 陰陽の陽作用を意味している。

植芝盛平

（一八八三～一九六九年）　日本の武道家（合気道家）。大東流を始めとする柔術・剣術など各武術の修行成果を、大本教や神道などの研究から得た独自の精神哲学で纏めなおし、『和合』、『万有愛護』等を理念とする合気道を創始した。

運動の方が武術として完成度が高いと思っていた。それは哲学的であり、武術であると同時に天理の法に根付いた考えを持っていたからである。この功夫にも、タオの思想が反映していたことを思い出す。その意味では、合気道の精神性は功夫より更に深く、武産《たけむす》合気の哲学は天地創造の力たる「産霊《むすび》の力」の活用を説いていて興味深い。その神髄は天地との一体に他ならない。天地の呼吸と一つになるの境地である。東洋哲学は常に、この合気道創始者 植芝盛平の境地を指すものであった。盛平翁は鉄砲の弾道を感じ取り、よけることさえ出来た。

残念だったのは、この境地に弟子の誰一人も達しなかったことである。弟子の中で唯一達人の域に達した塩田剛三も武術としては最高度の技を身に付けたが、それ以上の境地に至ることがなかった。塩田ら高弟の誰一人もが武産合気をまったくもって理解できなかったのは、彼らの純性の欠如が原因していたからである。彼らにはまったくもって宗教性が欠落していたことに起因した。彼らは、呼吸とタイミングと足の運びと重心と力の出し引きには関心を示し、武術の達人となったが、神人合一の産霊の力をまったく理解できなかった。彼らに慢心があったためでもある。そもそも素養がなかったということに尽きる。実に残念であった。

無心は当然のこととして、時空の波に心を合わするのが産霊である。その揺れている時空の揺れのままに呼吸を合わせ一つとなるのだ。その時その武術は武を超越して禅となりまたタオとなり梵我一如、神人合一の境に達する。弟子の誰一人この境に触れることすら出来なかった。

タオは決して固定したものではない。その動きは円を中心になされている。しかもそこには、創造と破壊とが常にセットで生じている。ニワトリの受精の瞬間の映像で、受精卵がこの銀河の

宇宙のエネルギー（質量）組成
欧州宇宙機構のプランク衛星によりより精密に宇宙マイクロ波背景放射が観測できるようになった。二〇一三年三月に公開された結果によると、宇宙の全エネルギー（全質量）のうち、私たちの知っている物質四・九％、ダークマター二六・八％、ダークエネルギー六八・三％と考えられている。

ような形で回転し始める映像を見た時には驚いたものだった。この共通することこそがタオのなせるわざであるのだ。

さて、宇宙のエネルギー量を調べると、この物質世界は全体のわずか五％に過ぎず、残りの九五％は見えない世界に属するものだという。見えない世界とはちょっと気になる言葉だが、我々が目撃している世界とはまったく異なる世界が存在していることを、物理学者たちは発見したのである。内訳は「暗黒（ダーク）エネルギー」が宇宙全体の六八％で、未知の素粒子などの暗黒物質（ダークマター）が宇宙全体の二七％である。その後の研究でダークエネルギーには斥力の作用があり、これによって宇宙が加速膨張していると考えられている。

そのせいで超未来の宇宙は恒星間がスカスカになり、真っ暗な闇に支配され、今のような星の研究はまったく出来なくなると言われている。このダークエネルギーの存在は驚異である。人類が把握している世界はせいぜい五％にすぎなかったのである。この事実を人類は謙虚に受け止める必要がある。この破壊的エネルギーは、正体不明で、何故存在するかもわかっていない。そこにこそタオの本来的姿が隠れているのではないかと筆者などは考えるのである。五％の知識で九五％の無知を否定することは不可能だ。厳密には人類は五％にも遠く及ばないと筆者は思う。宇宙の構造は物理学者が思っているほど、そう単純ではない。

このダークエネルギーはもしかすると我々の意識と関係するかも知れない。意識がエネルギーであることは誰も否定しない。だが、唯物論的還元主義者たちはそれをことごとく物質に還元し、意識そのものを対象とはしたがらないのは誤りだ。

恒星の死があの世を暗示する

さて、東洋哲学は恒星の爆発が何を意味するのだろうかと考えるのである。恒星を一人の人間と捉えた時、恒星の最期の死が大爆発であり、それにより新たな宇宙生命が誕生していくと考えると、人の死の爆発とは何であろうかと思惟するのである。

結論的に言うと、人の死を外から見る限りその現象は爆発とは真逆で、それは力を失い実に静かな最期となり、これでは恒星の最期とは似ても似つかない。この余りの違いは東洋哲学的観点に立った時、その答えが見出せない。この解を見出すには、この世から見ている死は静かだが、死の先から見た死すなわち「再生」は爆発的〝何か〟を暗示しているのかも知れない。これまで、物理原理と人間原理は大体のところで一致してきた。しかし、恒星の死だけが、まったくもって一致しないのである。そこで、このエネルギー量の一致を見るためには、反物質的な世界としての〝あの世〟或いは多次元を想定することで解決することが出来る。ということは、死後、〝あの世〟への相転移が成されることを意味するのかも知れないとの仮説が立つ。すなわち「死」は爆発を伴った「再生」を意味するということになる。

しかし少なくとも、元気な時における感情や情熱の大爆発は、重要な意味付けを人生に与えることを我々は知っている。あなたは人生で爆発したことがあるだろうか。怒りであろうと、情熱であろうと何でもいいのだが、あなたは爆発したか、という事が問われているのかも知れない。

爆発が、あなたの新たな人生を切り開く。思いもしない未来の材料になるということなのかも知れないのだ。宇宙で目に見えるもの全ては、超新星が産みの親だ。超新星とは、破壊と創造が一体化したものである。しかし、この様な超新星の時代は、やがて終わるという。それは、宇宙の終焉を暗示するものだ。

すでに述べてきたように、人類史的には激しい気候変動や社会の動乱、戦争や疫病によって致命的な転換点を幾度となく迎えてきた。それを契機に時代は新たな文明へと進化してきた。人の生も死という破壊を通して新たな生を迎えるという輪廻の円環の中にあるのかも知れない。

更に、次項の「ブラックホール」についてその概念を考えたとき、実は前述の疫病や動乱は、爆発の概念というよりは、こちらの概念に相当することに気付かされるのである。

ブラックホールは未来を開く

ブラックホールが意味すること

さて、太陽の三十倍も大きい恒星が超新星爆発すると、マグネターと呼ばれる中性子星を残す。その強力な磁場は、地球の一千兆倍にもなるという。星の中心核が崩壊する時、原子のみならず、時間と空間をも壊してしまうほどのものだ。その時、誕生するのが、ブラックホールである。

更に、太陽の百倍以上もある恒星の最期には、桁外れに大きな爆発が起こる。極超新星爆発である。一センチメートル角ぐらいの質量で、原爆の何倍もの威力がある。それは、ガンマ線バーストと呼ばれる宇宙全体を照らすほどの宇宙一の明るさを放ち、超新星爆発の一億倍も明るい。その時、高エネルギー放射線が放出され、近くに地球があれば、一瞬にして生命は絶滅する。

中性子星になる過程で極超新星爆発の直前に中心核が圧縮されると、崩壊した原子から大量のニュートリノが作られ、中心核をおよそ十秒間輝かせる。それは同じ時間に宇宙で作られる総エネルギー量を凌ぐというから凄い。そして、巨大ブラックホールに変身した途端、周囲の物質を一気に飲み込み始めるのである。何とも恐ろしい存在である。

最近では全世界を巻き込んだ中国のコロナウイルスなどの現象は人間社会において将にこの原理であると言えるだろう。それにしても中国は、中世ヨーロッパで猛威を振るったペストといいインフルエンザもＳＡＲＳもコロナウイルスも、たぶんもっと沢山の発生地であることは、将にブラックホールである。しかし、ブラックホールの先には輝かしい多次元の世界が広がっているとも言われている。現在問題児の中国も、いずれ自由国家になった時には驚異的恩恵を人類に与えることになる可能性を秘めているのかも知れない。

巨大なエゴの作用

このように、超巨大な恒星すなわち人にあっては超巨大な集団的自我（エゴ）が大爆発した時には世界的戦争を引き起こす。それは短期間にして激烈に世界を破壊し変化させてしまう力だ。さらにそこから誰もが抗しきれないブラックホールが出現する。それは人間界にあっては誰も太刀打ち出来ない強烈な社会現象を引き起こして、何もかも破壊吸収してしまうことを意味している。それは長引く戦争による長期にわたる経済破綻や飢餓や動乱や恐怖かも知れない。

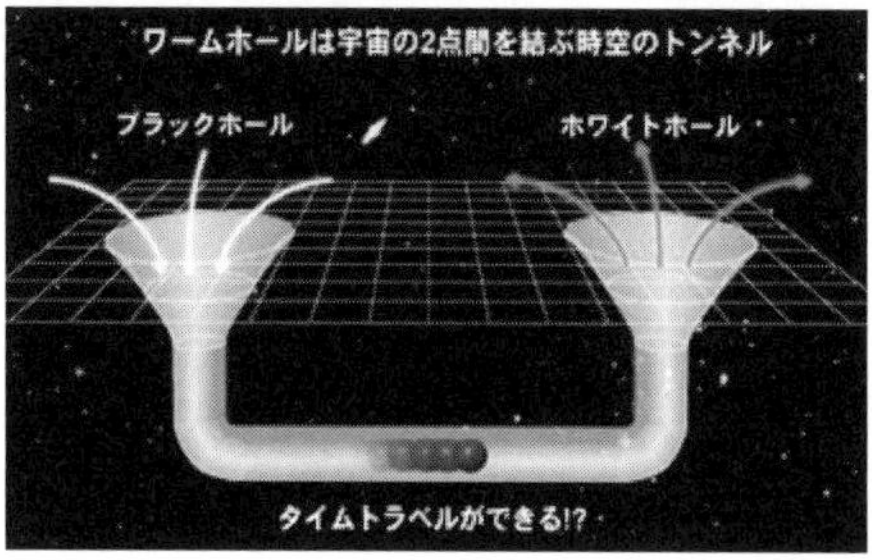

JAXA

ウイルスによるパンデミックもそれに相当するだろう。将に二〇二〇年の現在はこの時に相当する。或いは軍事国家による被征服国であったり民族文明の滅亡などである。個人にあっては絶望はブラックホールかも知れない。悪い方向にばかり思考が展開し、希望が見出せない状態である。或いは他者を全て呑み込んでしまうような強烈な個性の持ち主もそうかも知れない。そういう人を我々はたまに目にすることがある。その人物は自分自身としてのブラックホールの自覚はなく、あくまで他者にとってのブラックホール的存在を意味する。それこそが宇宙と人間の相関性に他ならない。そして人は、死という将にブラックホールによってその生の全てを呑み込まれていくことになる！

そして、その先にホワイトホールが存在するなら、人は死後も生き続けることを意味することになる。もっとも仏教哲学的にはそれは真の自分ではなく、単なる「迷いの意識」（ニセの存在）の輪廻を意味するものでしかない。それは五蘊《ごうん》というニセ物の自分の意識が迷い込む世界であり、真我の主体を指すものではない。真我の主体は五蘊とはなんら関係ない存在だからである。詳細は六章で述べるとする。

ここはとても重要である。巨大なストレスの中での大爆発は全てを崩壊させ、新たなものを放出しブラックホールに変身する。実に興味深い。しかし、歴史や力の有る人の人生にはこの様なことがよく体験されるものである。世界の歴史も生産と消費と掠奪《りゃくだつ》と抑圧と叛乱《はんらん》と戦争と革命と、常に大きな力によって支配され振り回されてきた。発展としての爆発は産業革命や通信革命・家電革命などのような形で現われ、破壊としての爆発は政治的革命や大量虐殺や戦争の形で歴史を刻んできた。いずれにせよ、そうやって歴史は作られてきたのである。個人にあっても、強い意志を持つ人は良くも悪くも周囲の人を巻き込み支配しようとする。そこには大きな対立が生じ、争いへと発展する。そして、怒りという激しい感情が爆発する。それに伴う攻撃、盗みや殺人、いじめや自殺や鬱の類は将にブラックホール以外の何者でもない。また、超新星爆発という恒星の死が新たな宇宙を生み出すように、人の困難や生も次なる新たな発展や新たな生を生み出すのである。

このように、破壊するものが、次のものを生んでいくという原理は歴史学において定式化されていることではある。その典型例が科学は天災被害や戦争によって発展した、というものである。我々は、これが〈宇宙言語〉であり、〈自然言語〉だということを自覚しなくてはならないのである。この姿こそがタオであるのだ。大地も常に崩壊へと向かっている。地殻変動は将にその典型である。

一見、悪に見えるものが、実は発展へとつながっている。ということは、それらの現象に善悪という概念を持ち込んではならないことを意味している。こういう原理が人間社会においても、そのまま当てはまることは人生の達人なら皆知っている。筆者にはそれを検証する能力はないが、宇宙の進化は、人類史とたぶん符合している筈である。

そういった意味で、人類も、時に破壊的な災いや戦争を繰り返していることに気付くことが出来る。人類史と宇宙は、たぶん一つの流れとしてビッグバン図面に刻まれているに違いないと筆者は考えている。誰かが本気で研究したら、ある程度の合致点が、出てくるのではないかと思う。

二流の科学者

一九七〇年代、ブラックホールが話題になった頃、人々は随分と不安になったものだ。ブラックホールが出現してこの地球が呑み込まれたら！という話題が作家たちからも出たものであった。その後、ホーキングらの研究が進み、今や冷静に分析できるようになった。ブラックホールは全ての銀河の中心にあって、周囲の恒星も惑星もガスも全てを呑み込み続けている。その姿は見えないが、存在することは確かだ。少年の時、地球が銀河の縁にあることにいたくがっかりしたものだが、銀河の中核をなすこの超巨大なブラックホールから遠いことに、すぐに呑み込まれなくてよかった！と安堵したものだった。

そのブラックホールは今や、宇宙物理学の中心的課題となっている。ブラックホールが別宇宙（並行宇宙）への入り口なのではないかという説や、ブラックホールの出口（ホワイトホール）に新たなビッグバンが生じて新たな宇宙（多次元宇宙）が生じているのでは、といった想像が物理学者たちを興奮させている。しかし、ブラックホールの最大の問題は考えられないほどの激烈な重力である。宇宙は初めから終わりまで、重力問題なのである。重力によって宇宙が出来、重力によって宇宙は崩壊する。重力によって銀河が形成され、銀河全体もそれに吸い込まれてしまうというのだから凄い！　かつてはブラックホールはＳＦの題材だったが、今では「重力レンズ効果」が写真にも撮られ実在することがわかっている。

理論物理学者のミチオ・カクは「私が大学院の学生だった頃、ブラックホールの話は嘲笑の種だった。ユニコーンなどと同じ空想上のものと思われていて、勘弁してくれとね。いまは誰も笑ったりしない」という体験を持つ。科学者は常に偏見の持ち主であることがここにも明かされている。この点は非常に重要な視点である。自分の感性に合わないものは永遠に認めないのである。しかし、この拘りがあるからこそ迎合することなく物理原理を発見してきたことも確かだ。ただ、この偏見に満ちた秀才たちが人間の存在にまで口出しし、形而上学的なことにまで指図している現況は非常に憂慮されなければならない。筆者が語っているタオの原理は、物理学者の大半は一笑に付すか無視するかだが、いずれその物理学者によって証明されることを信じている。そもそも仏陀の哲学はアインシュタインですら認めているのだから、ここに述べることをはなから相手にしないなどというのは二流の科学者と言われても仕方がない。

それにしても、若い時にブラックホールというとちょっと薄気味悪い存在だった。これが銀河の中心にあるために、ガスの渦巻きが出来、銀河を形成し、銀河団が生まれたわけである。そう考えれば、ブラックホールとはなくてはならないものということになる。それは社会や人生に大きな示唆を与えるものである。「必要悪」という概念が有るが、将にブラックホール的悪がこの世を動かしていることを意味することになる。

重力レンズ効果　遠くの天体から出た光が、途中にある銀河や銀河団の重力場によって曲げられる現象。重力場が凸レンズのように働くことから。光源が何倍にも増光されたり、細長くゆがんだ像や多重像として観測される。

ガンマ線バースト　宇宙最大の爆発現象。遠方銀河の巨星が超新星爆発を起こしてブラックホールが誕生、中心からほぼ光速でジェット状のエネルギーが噴き出す。数秒〜数十秒間、大量のガンマ線が飛来する。

ワームホールから異次元へ

ブラックホールのパワーは、超重力である。近くをさまよっている小型ブラックホールがいるらしいことが最近言われている。銀河の中心核にあるものとは別に小規模のブラックホールが至る所にいくつもあるということだ。太陽系に入れば、我々は一巻の終わりだが、筆者はまったく心配していない。東洋哲学的には天地の運営は理に遵《したが》い、この人類の知性を終わらせることはないと考えられるからである。ブラックホールは重力の命題と共に、その存在が意味するところが何かという重要な命題を抱えている。個人の人生や人類社会におけるブラックホールは、いくらでも確認できるからである。

改めて説明すると、地球が直径五センチ以下に圧縮された時の重力を持ち、あらゆるものを呑み込んでいるのがブラックホールである。ブラックホールとは重力そのもののことである。質量が太陽の一〇〇倍もある超巨大な恒星は重力も一〇〇倍で、一生を終えるときには、遙かに激しい極超新星爆発（ガンマ線バースト）を起こす。これがブラックホールの誕生である。そして、ブラックホールから光の速度で宇宙に吹き出す二つのジェットは、ガンマ線バーストと呼ばれる宇宙一強烈なエネルギーだ。

当初、物理学者たちでさえブラックホールを恐れていたわけだが、東洋哲学はもとより宇宙に天理に反するものなど何一つ無いと捉えている。天理の中で宇宙が動いていると考える。同様に我々人間の人生も同じことが起こると考えるのである。いいことも悪いことも全てが一つの理法の中で作用しているのであって、恐れるものではないと捉えている。

また、空間とセットの時間もブラックホールには勝てず止まってしまう。

こういう物理理論を通して、時間という概念をもう一度捉え直す必要が我々にはあるだろう。空間についてもしかりである。我々禅定者にとって時間も空間も消失する感覚は持つのだが、しかし、ここに言っていることはそれとは違い、明らかな時空間の消失に近い状態を指している。

果たして、この事を現実としてどれだけの人が体感できるのであろうか。我々禅定を為す者はこういう感覚を通り越して定《じょう》を深めていくので、何ら不思議なことではないのだが、物理学者はこの体験が出来ていて語っているのだろうか。それとも数式上そうなることを発見しているだけなのだろうか。もちろん後者であるのだろう。

そして、ブラックホールの一番奥に「特異点」が出現する。一切の物理法則が通じない所である。しかし、特異点も所詮は物理法則の一つにすぎない。いずれは何の違和感もなく特異点を語る時が来るであろう。ブラックホールとは何か。科学者たちはその答えを模索している。

その延長に次元概念というのが誕生してくるのだ。異なる次元を理解する上においてはこの辺のことは抜きには出来ない。ブラックホールの中心には歪《ゆが》んだ次元が重なって存在する。想像を絶する重力の中では、時空が歪むことが相対性理論で判明している。筆者はその時空と重なって別次元が存在すると考えているので、この世の重力は異次元の重力としても作用するものと捉えている。その結論は物理理論と一致する。

ワームホール　ブラックホール（何でも飲み込む天体）とホワイトホール（なんでも吐き出す天体）の両者を結びつける仮想的なトンネル。理論上、光より早く時空の二点間を移動（ワープ）できると考えられる。

事象の地平面　光や電磁波などが届かず観測不可能になり、超えると元に戻れない境界面。ブラックホール周辺で、光が外部に逃れられない範囲の境界面。また、膨張する宇宙で、観測者から遠ざかる速度が光速を超えている領域との境界面。ブラックホールに事象の地平面も特異点もないとする最新研究もある。

ブラックホールを宇宙の旅の入り口として利用できると考える科学者もいる。

ミチオ・カクは「まだ推論の域を出ないのだが、数学的計算によると、ブラックホールを通り抜けても死なずにすみ、ワームホールという時空のトンネルを通り抜けて別の時空に出ることも可能である。ブラックホールという地下鉄システムで宇宙を飛び回ることが出来るようになるかも知れない」と語っており興味深い。大いに有り得ることだと禅定者としての筆者は感ずる。

ブラックホールの裏側で、ビッグバンのようなことが起こっているなら、そこに宇宙の始まりの姿を見ることが出来るだろう。

「ブラックホールを表わす方程式に宇宙の質量、宇宙のサイズといったパラメーターを入れてみると、私たちの宇宙もそこにぴったり当てはまる。つまり、私たちはブラックホールの中の、事象の地平面の中にいるかも知れないのだ」という、思いもしない見解も語っている。

しかし、この発想はとても興味深い。仏教哲学的にはそれも有りだからだ。人の意識はその思いを全て可能とするからである。もちろんそれは迷いという仮想フィールドの中でのことである。仏教はこの世の一切を存在しているとは考えないからである。この世界を現実と受け止める物理学者とはそこが一番の違いである。そして人類は、煩悩の中でこの物理学を発達させ煩悩が作り出したこの仮想宇宙の中で、まだまだ歴史を作り続けていくことになるのである。

宇宙に倫理は存在せず

超弦理論

ジョセフ・ポルチンスキーは、一九九五年八月、京都の学会で来日し立ち寄ったコインランドリーで一つのアイデアを思いついた。衣類がからみ合って一つの固まりとなっているのを見て、たくさんの弦が集まると、これは結合し、重要な性質を持つものになると閃《ひらめ》いた。それはDブレーン（膜）と呼ばれている。数式から導き出されたのは、弦が一つ一つではなく、膨大な数が集まって膜のように動いている現象だった。

実は人間の身体も、くも膜や髄膜、腹膜、筋膜や歯根膜などといった膜で被われて身体が一つに統一されている。恰《あたか》もその働き（構造ではない）の様な話である。そして彼は、この膜（Dブレーン）こそが謎とされていたブラックホールの奥底で熱を生み出している原因と導き出した。

ジョセフ・ポルチンスキー
Joseph Polchinski
（一九五四〜二〇一八年）アメリカの理論物理学者。超弦理論研究の第一人者。Dブレーンの発見者として知られる。

Dブレーン（膜） 弦理論において、弦が端をもてる物体。開いた弦の端が乗ることの出来る部分空間のこと。弦なども含む、広がりを持った物理的対象全般を表わす語。

でもブラックホールの中心は、凝縮された一点だから、そこにどうやって膜状のものが存在するのかというと、そこで登場するのが異次元の考え方である。四次元世界ではこれが小さく折り畳まれて一点に見える次元も、十次元の世界では膜は広がってみえる。そしてブラックホールの奥底にはこの膜が大量に存在すると数式は示したのだ。

しかし、そのブラックホール内の小さな枠のミクロにおける多次元というのは、まだ不充分な説明であると筆者は感じている。正しいとは思えない。我々禅定者の目から見た時に、あれは美しくないというか、もっと拡大した解が隠されていることを予言しておきたい。あれは真理に合致していないと感じる。ただ、現在の表現方法に問題があるのかも知れない。「丸まった箱のような次元」というのでなければ、異論はない。

しかし、少なくともビッグバンの特異点と呼ばれている究極の場において、そういう圧縮次元というのが存在するという、その考え方は正しいと感じる。それはあっていいと思う。つまり、次元でさえも圧縮されるという考え方は正しいと思う。ただし、仮にその場に居た場合に圧縮されているかと言えば否！である。たぶんそういうことではない。また、ブラックホールそのものが、多次元までも圧縮する力があるのかと言えば、それは程度問題であると筆者は感じる。少なくとも、全ての次元を圧縮することはない。

ただし、こちら側から観察すれば圧縮しているように見える、ということはあるだろう。一つの錯覚として。つまり、ブラックホールに捉えられる次元とそうでない次元が有るということである。だから、この人間世界、この宇宙、我々が生きている我々の世界という意味での宇宙という限定された世界における次元というものは、ブラックホールで凝縮される可能性はある。しかし、筆者が体験的に認識している次元というものは、それを遙かに超えているものだから、ガンマ線バーストから出来上がったブラックホールによってつぶされるものではないということだけは、明言しておきたい。

そしていま、最新の超弦理論をリードするのがエドワード・ウィッテンである。史上唯一の、物理学者でありながら数学のフィールズ賞も受賞した天才である。提唱するのはM理論。その理論のもとになったのは、超弦理論を打ち立てながら、若くして亡くなったジョエル・シャークの異次元の研究であった。

M理論が描くのは十一次元の世界。しかも、一〇の五〇〇乗個という想像を超える数の宇宙がいまも生まれ、そして消えているという実に納得できる宇宙観である。タオ観からしてもまったくもって異論はない。

八〇年代、筆者が東工大の優秀な院生からシャークたちの「超弦理論」は間違っているから載せない方がいいと言われた時に、細かいところが正しいかどうかは分からないが、大きい意味で、ものの考え方が正しいと反論したことを思い出す。

アインシュタインは発見できなかったけれども、彼の、統一場理論という志向も正しいのである。何故なら、それが東洋の哲学だからである。「超弦理論」というのも、アインシュタインの

エドワード・ウィッテン
Edward Witten
（一九五一年〜）アメリカの理論物理学者。五つの異なる十次元超弦理論を一つの十一次元超弦理論に統合する「M理論」を提唱。

ジョエル・シャーク Joël Scherk（一九四六〜一九八〇年）フランスの理論物理学者。次元を旅した史上初の人物と言われる。この宇宙が十次元であると主張するも、アメリカ人の共同研究者ジョン・シュワルツ以外誰からも相手にされず、悲嘆にくれ三十四歳の若さで糖尿病治療薬を大量に注射し、妻子を残して自殺した。

ジョン・H・シュワルツ
John Henry Schwarz（一九四一〜）アメリカの理論物理学者。弦理論の創始者の一人。第五章註も参照。

渡辺格
（一九一六～二〇〇七年）分子生物学者。一九四九年、江上不二夫らと核酸研究会を創設し、日本の分子生物学の確立に努めた。弟子にノーベル生理学・医学賞を受賞した利根川進がいる。

統一場理論と基本的には同じ志向である。究極の原理を求めているという意味で共通する宇宙論であるのだ。

単純に数式は間違っているかも知れない。しかし、基本となっているものの考え方は悪くない、ということで、私はその「超弦理論」を肯定的に紹介したわけである。その当時、私の同人誌の中で紹介した我が国分子生物学のパイオニアであった渡辺格先生が私の原稿を見て、「これは面白い」と言って、毎月の発刊を楽しみに読んでくださった。「次の原稿はまだですか」こう言われて読んでおられた。私の中では大変勇気付けられ嬉しかった憶い出である。

その元々物理学出身の氏に「超弦理論」について説明を願った時に、氏は「分からない」とおっしゃっていたが、当時、誰も理解していなかったのかも知れない。

こういう全宇宙をしっかりとつなげているという概念は、東洋哲学の「一」という概念と共通する。梵我一如などという哲学も同様である。禅定者ならいかなるレベルであっても、この答えは全員一致である。

禅定の中に観る宇宙の終わり

宇宙の終わりについてはまだ研究者の間でも結論が出ていないが、ダークエネルギーが宇宙を膨張させ続ければ、一千億年後には全ての銀河は事象の地平の彼方に去ってまったく見えなくなり、百兆年後には星は燃え尽き、原子までもが崩壊し、この宇宙は死んでしまうと言われている。

しかし東洋哲学には「極に到れば反転する」の理が説かれている。それに基づけば、宇宙はどこかで膨張が終息し、反転、すなわち収縮に向かうことになる。それは一つの輪廻《りんね》である。今どきの言葉でいうなら「ループ」である。この繰り返しが、宇宙を支配し人をも支配していると捉えるのである。それは人生をも捉えているという考えである。物事というのは、必ず終始があって、終わりのないものは一つも存在しないというのが原則である。だから、ハッブルの膨張宇宙の発見以降、語られ続けてきた際限なく拡張し続ける宇宙という主張は、筆者などには考えられない。そして、宇宙の崩壊は、新たなビッグバンを引き起こすことになる。

宇宙は何度も誕生している、と考えるべきである。そして、それぞれの宇宙には、別の物理法則が作られている。何と驚くことに、最新宇宙論では「ループ量子重力理論」が有力視されている。それによると、宇宙はビッグバンと収縮を繰り返すというものである。相対性理論によれば、時間は過去から未来に到るあらゆる瞬間が実在していることになる。このループ理論の時間も同様の結論を導き出し、仏教哲学と一致してくるのである。過去も現在も未来も全ての時間は等しい存在となる。

実は、禅定を為す者にはこの事は何千年も前から理解されてきたことである。筆者も十五歳の時から禅定を始めたのだが、この事にはすぐに気付かされた。しかし、こういうことを口に出すと友人を失うので、公言することはなかった。身体が若かった頃は長いときは三十時間の禅定を為したものだ。家から出ず一週間続けることもまったく苦にならなかった。その深い定の中では、

ループ量子重力理論　量子力学と一般相対性理論を統一的な枠組みで表わすことを目指した理論。時空に分割不可能な最小単位があることを想定して量子化する理論で、空間は個別の小さな塊から成り、時間の進みは飛び飛びと考える。超弦理論とならび、量子重力理論の候補として知られる。

この種の基本原則はいともたやすく理解されるようになった。ここのところ、宇宙の終わりにはブラックホールが関係するのではないか、という見解が大きく出て来ているが、未だ結論には到っていない。こういったことも東洋哲学的には「あり得る」という答えを導き出す。すでに語ってきているように、最大の破壊こそが次なる最大の誕生を生じさせるの哲理があるからである。それがブラックホールである可能性は大きい。それが恐怖の対象であればある程、その可能性は大きくなるのだ。

いまや多くの学者が考えていることは、この宇宙を創ったビッグバンは、輪廻する大きなサイクルの中の一つにすぎないということである。筆者もまったくもって同意見である。東洋哲学は数千年の昔からそう説いてきたのである。

また、いまや無限の数の宇宙が存在しているという話である。ほとんどSFの世界ではあるが、これが真実だと禅定者は皆知っている。もし知らない禅定者と名乗る者がいたらその人物はニセ物である。単に「集中」「平安」という気安めレベルの瞑想から上には上がっていない。

読者も深い瞑想を習慣化してみると良い。ただし、十時間を越える禅定が出来ない者には深い境地を体験することは出来ない。

宇宙に善はない

現在の日本では核施設に厳しい目が向けられている。しかし、宇宙というものは核融合からなるといっても過言ではない。核融合なくして、宇宙は存在し得ない。核融合が全ての自然科学的な作用として、根源的なものであるということを教えられている。その意味において、人類は、この核融合の研究をさらに深める必要があるということでもある。危険だから止めるという発想は、単に人類の進化を留めるだけにすぎない。この宇宙原理を見ていても、犠牲的な作用があることを感じとらされる。それは一つの業（カルマ）の顕われでもある。

一つのまとめとして言うならば、

宇宙には善はない。

宇宙には原理という肯定すべきものがあるけれども、倫理というものはないということである。原理の肯定と倫理の崩壊。このことを四章の最後に読者に語っておきたい。「巨大なエゴの作用」でも述べているように、宇宙に善悪などという法則はないのである。有るのは表面的には物理法則のみである。どんな善人でも法則に反すれば苦を味わうことになり、どんな悪人でも法則に従えば楽を得られるだけである。大海原をコンパス一つで旅をするようなものだ。コンパスの法則を知る者はやり遂げ、そうでない者は死ぬのである。つまり、我々はこの世界において、人間によって倫理観というものが生まれてきたけれども、宇宙は倫理を一切説いてはいないということである。残念ながら。私が生きてきた自然の中の自然原理というものに、倫理なんてありはしなかった。強いやつと徳の有る者が生き残っていくだけの厳則があるだけである。

この宇宙論を書くにあたって、一つの新たな結論は、それは宇宙に倫理はないということだ。宇宙は破壊と創造とその中間の維持の繰り返しにすぎないということである。

だから宇宙原理と人間原理が同じであるならば、人間世界においての人間に勝手な都合の倫理などというものは無いということになる。つまり人為的善としての倫理観があるのは間違いということだ。早い話が、その意味するところは誰かが決めた〈決まりごと〉の否定である。極論すると、この世に倫理観はあってはならないということになる。こう言うと、ちょっと哲学者のニーチェを思い出すものがある。

だが、矛盾するように感じる人がいるだろうが、「倫理」は存在しないが「道徳」は存在する。道徳というものは自然の営みから生じた法則のことであり、人間が作った偽善とは異なるものだ。道徳は倫理の偽善を許さず、偽悪を許容する。それは自然原理というものである。自然の基本原理は厳しい。容赦がない。冬の山で嵐に遭えば死を意味する。猛獣の前で逃げれば捕食される。これが自然の原理であり、自然道徳である。

例えば、可愛い子には旅をさせろというのは倫理的に悪であるが、道徳はこれを許容する。倫理では許容できない。アメリカなどでは子どもの保護を怠ったとして、即逮捕だ。親はそのまま刑務所に入れられる。だから、倫理と道徳はまったく違うのである。また、道徳にレディファーストなどというものはない。道徳は、倫理でいう悪をちゃんと持っているのだ。それは、人生に厳しさと優しさとを示すものである。そういう意味で、自然原理としての道徳は正しい。これは人間が作ったものではないからである。人間が自然というものを見て、その中の原理を把握し、人間界に投影したものこそが道徳であるのだ。

一方、倫理は、その時代の人間の価値観が規定したものである。憲法や法律はその典型であるが、それらは真理とは合致しない。宇宙原理からすれば憲法や法律や条例に従う必然性などまったくない、ということになる。しかしながら、現実には人間が凡夫である以上、間違っていたとしてもこのような決まり事を設けなければ、平穏な社会は維持できなくなる。その意味でいつも同情してしまうのが、スピード違反を取り締まっている警察官たちである。その九九％がまったく意味のないもので、それどころか自我の支配欲を満たし、他者を不快にさせるのが目的となってしまっている。あれを生涯の仕事としている彼らは、ほとんど何の徳も積むことがない。真面目な人ほど哀れである。法律は道徳に入っていないからである。

そういうわけで、この宇宙原理（道徳）を読者に説くにあたって、私の中の一つの衝撃は〈宇宙に善はない〉という結論が出たことである。ただし、厳則の中に純粋精神の作用が存在する。それは仏教でいうところの美しくも厳しい心作用を指し、それは因果律として作用することを示している。そこには一見善悪概念に似たものがあるが、倫理のそれとはまったく異なる原理道徳である。数学者が数式を美と感ずるのは道徳に入るのだが、たぶん読者には理解してもらえないだろう。それは自然原理としての原意識からのものだからである。

そして賞罰を与える宗教の神は存在しないけれども、自然原理の法則を示す宇宙意志が存在するというのがこの章の帰結である。

道徳原理は存在する

百三十八億年前、ビッグバンは、時間と空間を創り出し、この宇宙の全ての設計は、この時点で決まったのである。つまりは、この人類の運命も決定付けられたことになる。だから、運命法則というものも、いわゆる宿命と呼ばれるようなものも、その本《もと》なるものがここで出来たと考えることが出来る。こういうことは学者は即座に否定するのだが、研究した者は一人もおらず、固定観念で反射的に否定する彼らは決して真の科学者とは言えない。

そういう意味では、プランクの項で紹介したラプラスの悪魔説は一つの考えとして否定はされたが、果たしてそうだろうか、と筆者などは思うのである。プランクがいう自由意志は当然有るとして二者択一的選択の自由が与えられてはいるが、二者択一という宿命があみだクジの様に出来上がっているのかも知れないではないか。ビッグバン時点で未来の銀河図が出来上がっていたのなら、その一部を成す一人間の設計図だって、その時に出来上がっていたと考えてもおかしくはない筈である。おかしいと思うのは、物理原理からではなく自分という価値観のフィルターがかかっているからなのではないか、と科学者ならば考えなくてはならない。

だからと言って筆者は、存在の何もかもに決定論的に因果関係が定められたと言っているのではない。一つの基本原理が定められたと言っているのだ。更には、粒子に原理が有るように、もし「人間原理」や「宇宙意志」が認められるのなら、「道徳的因果」の基本原理も、この時に作られた可能性がゼロではないのではないかと思うのである。

仏教が説くところの悪行を為せば苦果（悪果ではない）を得るという原理である。こんな事を言うと合理的思考に反する、という人がいるのだが、一度もきちんと思考したこともなく不合理と思い込むのは正しい姿勢ではない。この様な科学者たちはデカルトの二元論に完全に毒されてしまっているのだ。何故なら、考えもしないで生理的に拒否してしまう思考停止へと陥ってしまっているからである。この種の科学者は皆その事に気付かなくてはならない。

少なくともここに述べていることは、人間の域を超脱した仏陀が語っていることであるのだ。人類史上最高の智慧を有した人物である。物理学より二千五百年も前に、刹那生滅を説いた偉大な人物の言葉であることを考慮に入れなくてはならない。しかし残念ながら、この種の話をすると、「あんな立派な人がどうしてこんな不幸なことになったのか説明できない」とか、「あんな悪人がどうしてこんな成功をして幸せそうにしているのか説明できないではないか」という理由で、仏教的因果律を否定する人がいるのだが、それらは余りに短絡過ぎる結論だ。

原子が有ったからといって即座に人間が出現しないように、その原因と結果は時間と空間の隔たりも関与して、実に複雑多岐にわたって展開し、そして、今この瞬間の果を生じさせるのである。

しかし、原子によって全ての存在が作られているという単純原理があるならば、仏教的因果も単純原理で人生の様々な出来事を理解することが出来ると考えるべきである。今ここで細かい説明をするだけの紙数がないが、基本原理（ある種の道徳律）があり、その一つ一つにおいて正しく行なわれるか否かが機械的に算出されていくだけのことであると考えれば難しい話ではない。その法則性をこと細かく読み取ることが出来ないと、このことは迷信などとして片付けられてしまうことになる。だが、筆者が半世紀以上にわたって人を観察してきた限りにおいて、この原則から外れている人は一人もいなかった。科学者がこのことを否定するのは単に思考停止に陥っているからである。もしそうでないなら、その能力がないということになる。

因みに、生物学において遺伝子組み換えはやってはいけないことになっている。不文律と言っていい。それは、その基準を作った欧米学者のキリスト教的価値観が反映していたためである。筆者は何人かの研究者が「その行為は神の領域に抵触する」という意味のことを言っているのを耳にして、ある種の思考停止が行なわれていることに気付かされた。遺伝子組み換えは、人類が未来を見据えて当然やるべき進化過程だからである。これは必然の行為であって、やらないという選択肢はないのである。既述したように、これをやらなければ近い未来に出現するアンドロイドにまったく太刀打ち出来ないことになるからだ。宇宙フロンティアにも限界が生じるだろう。一方で、彼らが内心は神を恐れていることを知って苦笑したものである。決して悪いことではない。少なくとも、彼らは愚かな唯物論者ではない。しかし、その判断は間違いだ。

話を元に戻すと、たとえば、悪人が成功しているのを証拠に、原理としての道徳律はないと言う人が多いのだが、そうではない。悪人であれ善人であれ何らかの努力を為した者は、その努力の分だけの楽果（善果ではない）を得ることになるのである。それは人間性の善悪に関係なくそれぞれの法則性の中で、機械的に処理されていくのである。性格が悪くても能力が高いと昇進するのと同じである。もちろん眼には見えない善悪の計算機である。しかし今の量子宇宙論の奇っ怪さと比較するならば、別段驚くほどのことはない程度の原理にすぎない。

それ故、老子は「天は不仁なり」と説いたのである。総体としての善人でも苦しい果を得ることもあるし、総体としての悪人でも楽果を得ることがあるのである。この因果論を説くと身障者差別を口に出す人がいるのだが、そういうことではない。人それぞれに苦しみがあり、身障者以上に苦しんでいる健常者もいる。それぞれがそれぞれの因子と関わり、いまの果を生じさせているにすぎないのだ。決して迷信や差別などという表現で切り捨てるべきではない。それは、科学的思考で演算できる論に満ちているのだ。機会があれば、どこかでその詳細を伝えたいものだ。全ては、ビッグバンと共に始まった。その一瞬に、過去、現在、未来についての疑問を解き明かす鍵が記録されていると考える方がいまや自然である。

第五章　新たな「神」の構築

世界を支配する原理

『聖俗』の二原理

五章では、「心」を通して、その背景に存在する何らかの〝意志〟について語っていきたい。物理学は物だけを追いかけ、意識・心については別な学問と考えているようだが、それは謬《あやま》りだ。脳の機能や心理についてなら別なカテゴリーだが、意識や魂の存在（エネルギー）となると、今やこれは物質の延長線として物理学で解明されるべきである。人の心（エネルギー）は必ず数式で表わすことが出来るからだ。彼らは、はなから心を相手にしていないが、するべき時に到っていることを彼らに伝えたいものだ。この心を衝き動かす背景の原理について更に考察してみたい。

そこで我々は考える必要がある。この素粒子の余りに単純な原理は何を意味しているのだろうか。そこから導かれるのは、人間の精神もこの単純原理の上に複雑な構造をもったものへと発展したものであると思われることである。どんなに精神や心が複雑に見えたとしても、それを衝き動かしている原理はいくつかの基本構造でしかないということだ。

ではその基本構造とは何であるのだろうか。既述の通り、最も基本の物質は陽子や中性子を作り出すクォークと電子というたった二種類の基礎的素粒子から出来ているのだ。これは凄いことである。たった二種類の素粒子の組み合わせのみで、あらゆる物質・空間が出来上がっているのだ。こんな驚くべきことがあり得るのだろうか！　さらに言えば、β崩壊の主たる役割を演じた＋と－の電荷によって全ては作り出されているという言い方も出来る。脳の作動がカリウムイオンとナトリウムイオンの相互作用の原理だったことからも、それは傍証されてくる。こんなことが信じられるだろうか！　何度も言うが只々惘然《ぼうぜん》とするばかりである。

ところが、東洋哲学では、これは実に明瞭に語られてきた。すなわち陰陽の二原理である。現在用いられているコンピュータは0と1の二進法で動いているが、将にこの原理と同じと言えるだろう。生命原理はATGCという四塩基によって作られているが、これもA―T、G―Cという二組から出来ており、その元の二重螺旋という大きくは二つの構造から出来ている。易に言う陰陽の二原理（両儀）から四象を生み出し八卦《はっか》が出現するのに合致する。

では、精神における両儀とは何であろうか。通常それは天地や動静、表裏、虚実、善悪、昼夜、寒暖、明暗、剛柔、硬軟、東西、南北、男女といった対立概念として捉えられている。

しかしそれを対立するものと捉えるのは間違いである。一見対立しているだけであって、実体は一つなのである。ここに例として挙げた対立概念は人の精神上に複雑な感情を生み出してくる。そこには強弱という両儀の一つが作用し、更なる四象へと細分化していき、その更なる強弱の作用によって八卦が生まれて易は完成する。もちろん八卦から六十四卦へと発展し、天地自然の営みや未来予測としての吉凶禍福といった概念を導くに至っている。

では、我々人間を支配する両儀的基本精神の原理とは何であろうか。

それは「聖」と「俗」である。

それぞれにまた二義がある。すなわち聖は、仏教にいう無余涅槃《むよねはん》（死後）と有余涅槃《うよねはん》（生前）のように、中国哲学にいう無極と太極のように、インド哲学にいうプルシャとプラクリティの関係のように存在する。俗も原理としてのプラクリティと現象としてのプラクリティの二面性を持つ。すなわち機能言語と本能言語の関係である。人はこの聖俗の根源的作用から感覚と感情が生まれ、更にそこから高度な精神へと発展していくのである。人はこの聖俗の原理によって衝き動かされ存在しているのだ。

あらゆる精神の発動の原動力はこの聖俗の力によるものである。人に理性が有るといわれるのは、この聖の作用によるものだ。人が感情的になるのは、俗の作用があるためである。すなわち「聖」は高きは叡智言語、低きは理性言語へと転じ、「俗」は高きは感情言語へ、低きは邪心へと転じて悪事を為すに到るのである。人の心の中に正と邪、善と悪が有されるのはそのせいである。

有余涅槃と無余涅槃　一切の煩悩を断ち切って未来の生死の原因をなくした者が、なお身体だけを残しているのを有余涅槃。迷いがまったくない状態で死してその身体までもなくし、永遠の真理にかえって一体となった無制約のニルヴァーナを無余涅槃という。

しかしそう考えると何故邪が生じるのかが問題となる。それは、厳密には生滅の滅（破壊）の原理である。恒星の爆発や連星の吸収作用などの原理に相当するものが、人間に悪意を生じさせるきっかけを与えていると思われる。この点の理解は単純な正邪、神と悪の対立という二元論で捉える西洋哲学とより複雑に捉える東洋哲学の大きな違いでもある。

東洋哲学においては、西洋文明下の現代人が悪と感じるものを必ずしも悪と見ることはなく、それは「何らかの修正作用」と見るのである。すなわち、それによって何らかの転移へとつながるものと見るのだ。苦は楽への道と見るのである。人が苦しんで人生を歩むのは人間に洞察力という深みを与え自我を淘《よな》げる(やわらげる)ためのものと考えるのである。苦しんで精進《しょうじん》努力をし、遂に楽を手に入れる人生はその典型である。戦争や疫病《やくびょう》で人々が苦しみ大量死することも、その後の科学（文明）や社会システムの発展を意味すると同時に、陰陽両儀の原理をもって人の慢心や執著《しゅうぢゃく》を矯正するために生じる因果の原理と捉えるのである。その意味で、どこにも人格神は介在してこないのである。全ては人の心が作り出す悪や邪なのであって、それは陰陽の原理によって生じる一つの法則である。その意味では目に見えない因果律（カルマの法則）が存在することを措定《そてい》している。東西哲学のこの違いは、西洋科学（広くはメソポタミア・ギリシャ文明）が人類の文明を発達させ、東洋哲学がその精神を救い上げる両輪の関係にあることを示していると言えるかも知れない。

霊的探求

我々禅定者というのは、本質だけを把握するのであって、数式的な細かい表現ということが得意なわけではない。それはこの世的なことであって、我々からすれば、何の意味もないことである。単なる知識、言語にすぎないわけで、そんなことはどうでもいいわけである。この点が、物理学者と真逆な所である。もっともアインシュタインが、本質に関しない物理法則にはまったく興味がないという趣旨の話をしていて、嬉しく感じたものだ。彼の宗教観は人格神なき宇宙宗教である。しかし、天才の名をほしいままにしているアインシュタインだが、彼にとっての実在は、この世この自分であったことを明言している。その点､仏教の高いレベルには未だ到っていなかったわけで、少々残念である。彼にはもう少し高いレベルに達してもらいたかったものだ。

さて、結論をいうと、自分の人生を考えた時、物理的追究よりも霊的自己追究の方がより高い次元であるということである。思考してみると分かるが、人類という単位で考えた時には、いずれ人類は滅びることになる。どこかの時点で必ず滅びるのだ。それは間違いない。何故ならば、この宇宙がいずれ滅びる時が来るからである。物理学者なら誰でもが認識していることである。という意味において、その様な存在には本質的には意味が有されていないということなのである。そこに有る意味は、「今日」の安楽を求める為のものでしかない。人類の存在価値などない、ということになる。中には未来の人類は新たな宇宙に移住して助かるかも知れないので、その時のために研究しているという人もいよう。大変奇特な方だが、それら一切の宇宙も消滅することを考えれば、この人類の価値基準からは存在＝無意味という結論が導かれることになる。何より、今現在のあなた自身の人生にはそんなことはまったくもって意味のないことであることは明白である。

それに比して、霊的自己の探究は際限が無く、宇宙の崩壊にまったく左右されない。それ故に、この探究こそが全ての学問の頂点に位置すべきものであるのだ。と言っても、この分野は形而上学といわれる学問領域で、特に科学が対象としてこなかった。しかし、物理学が多次元まで辿り着いた今だからこそ、この意識、魂への本格的研究がされることは理に適っていることであるのだ。単に脳生理学や心理学としてではなく、魂としてのエネルギー仮説を物理学者が打ち立てる時にそろそろ来ているのではないかと思う。

いずれ滅びるために、人類は一所懸命科学的研究をし、宇宙原理なり、根本原理を把握したからといって、最期に滅んでしまうのだったら、本質的には意味がない事をやっていることになる。その意味ではこれもまったく意味がないのだが、新たな知見として、自分とまったく同じ人間が、同じ意識が、他の次元、他の宇宙において存在しているということが、いま言われている。その可能性があることが真面目に語られ始めた。これはとても興味深い。禅定者の答えは「充分にありうる」である。それは「当然」という感覚に近い。だが、これとて現在の科学的立脚点では、まったくもって何の価値も意味もないことになってしまうのだ。

この異次元というものは、最終的には仏教にいう悟りと合致していく内容である。これはある意味、きちんと自分の中で把握できるようにならないといけない世界だ。そういった意味で、座禅・瞑想ということはきちんとやっておく必要がある。

興味深いのは、素粒子の性質である。既述が如く電磁気力の例でいうと、光子というものをお互いに交換する。原子核と電子がそこで光子を交換し続けることによって、電磁気力を発生させ、そこに両者間の引力が生まれる。常に光子が交換されている。この電磁気力は重力と同様に無限の距離へ影響する。これはとても重要な概念であることを我々は深く受け止めなければならない。他者との意識の交換を意味するからである。

……………………………………………………………………………………

さて、左表は仏教に於ける世界観である。上は仏界から下は地獄までもが分類されている。欲界に六欲天と我々が住む地表と地獄霊が住む地下があることになっている。この世は唯一全界層の霊が転生してくる場であり、死後、それぞれの霊的境地に応じて移動する。人生を前向きに生き悪事を為さず積極的に成功した人たちは、六欲天（天上界）に転生する。六欲天とはギリシャ神話の神々が住む所である。それらの欲望から離れると、漸《ようや》く宗教的な側面が観られる世界に入る。そこはまだ形に執著した世界で〈色界〉という。更に坐禅の境地が進み、森羅万象に心が奪われなくなると〈無色界〉に上昇する。ここは、一切の感情を伴わない優れた精神だけの世界であるが、未だ完全には執著が除かれていない。その上に全てを超越した仏界（ニルヴァーナ）がある。因《ちなみ》みに、アインシュタインやシュレーディンガーらのレベルは〈色界〉の中に在る。

〈仏教の世界観〉

仏界（涅槃　ニルヴァーナ）			三界とは全く別次元の非存在なる境地世界
無色界	**非想非非想処《ひそうひひそうじょ》（有頂天《うちょうてん》）**		表象があるのでもなく、表象がないのでもない三昧の境地。想があるのでもなく、ないのでもないという境界。
	無所有処《むしょうしょ》		いかなるものもそこに存在しない三昧の境地。無の境地。
	識無辺処《しきむへんしょ》		空無辺処を超え識を無辺であると観ずる禅定。認識作用の無限性についての三昧の境地。
	空無辺処《くうむへんしょ》		物質的存在が絶無である空間の無限性についての三昧の境地。欲界と色界とにおける一切の物質的な形を離れ、一切の作意のない、無辺の空を観ずる場所、またそこでの禅定。
色界	**四禅** 苦楽を離れた禅定	色究竟天《しきくきょうてん》（阿迦尼吒天《あかにたてん》）	生き物が輪廻する世界で最高の場所。これを超えればただ心識のみがあって形体がない無色界天。
		善見天《ぜんけんてん》	見るはたらきが清徹。
		善現天《ぜんげんてん》	禅定の徳があらわれやすい。
		無熱天《むねつてん》	なんらのよりどころもなく、清涼であって、苦しむものがない心境。
		無煩天《むぼんてん》	欲界の苦も色界の楽も共に離れて、わずらわしいものがない境地。
		広果天《こうかてん》	すぐれた福（功徳）をつくった凡夫の生まれる天。
		福生天《ふくしょうてん》	福（功徳）をつくった凡夫の生まれる天。
		無雲天《むうんてん》	雲のまったくない天。この天より上には諸天が雲のように密集しない。
	三禅 快楽のみあり、喜びの除かれた禅定	遍浄天《へんじょうてん》	浄とは精神的な快楽感（意地＝意識の楽受）。浄が遍くいきわたっている。
		無量浄天《むりょうじょうてん》	浄が増大してその量をはかりがたい。限りない清らかさを具えた天。
		少浄天《しょうじょうてん》	意識に浄妙の楽を受けるから浄、第三禅天で浄が最少であるから少という。
	二禅 喜びと浄妙な快楽を伴う禅定	極光浄天《ごくこうじょうてん》（光音天《こうおんてん》）	光をことば（音声）とするもの。この天が語る時、口から清らかな光を放ち、その光がことばとなり、意を通ずる。楽しみきわまる天国。
		無量光天《むりょうこうてん》	身体から無量の光が放たれる。
		少光天《しょうこうてん》	第二禅天の中で光明を放つことがまだ少ない。
	初禅 八種の内的感覚と十の功徳を得て、覚・観・喜・楽・一心より成る境地	大梵天《だいぼんてん》	梵輔天・梵衆天をしたがえる天。大梵天王。梵天の統括者。仏教護持の神。釈迦の夾侍。
		梵輔天《ぼんほてん》	大梵天王に従い、補佐の役をつとめる。大梵天の前に行列して補佐する天。
		梵衆天《ぼんしゅてん》	大梵天に付属する一般の領民的な性格をもつ天。
欲界	**六欲天** **（天上界）**	他化自在天《たけじざいてん》（自在天《じざいてん》）	他者を楽しませることを楽しむ。他者に快楽を与えることを楽しむ。修行者を妨害することもある。
		楽変化天《らくへんげてん》（化楽天《けらくてん》）	自ら楽しみを作り出す。欲望を十分に成就し、作り出した幸福や快楽に耽溺する。
		覩史多天《としたてん》（兜率天《とそつてん》）	宇宙の法則を楽しむ。弥勒菩薩の法を聞き、更に聞きたい天人と、放逸して快楽に耽る天人に分かれる。
		夜摩天《やまてん》（閻魔天《えんまてん》）	自然を楽しむ。善果による不思議な快楽を受け続け、欲に執着しやすく慢心を生じやすい。
		三十三天《さんじゅうさんてん》（忉利天《とうりてん》）	秩序を維持することを楽しむ。無量の楽しみを見られる。人間の姿で性交。三日おきに戦争。
		四大王衆天《しだいおうしゅうてん》（四天王天《してんのうてん》）	敵と戦って世界を守ることを楽しむ。
	地表	倶盧洲《くるしゅう》	須弥山を巡る九山八海の、一番外側の海の北方にある大陸の名。
		牛貨洲《ごけしゅう》（西瞿陀尼洲《さいくだにしゅう》）	須弥山を巡る四洲のうち西にある大陸。形は満月のようにまるく、牛を貨幣の代わりとする。
		勝神洲《しょうしんしゅう》	世界の中央にそびえる須弥山の東方にある半月形の大陸。
		贍部洲《せんぶしゅう》（閻浮提《えんぶだい》）	須弥山の南方海上にある大陸。もとインドの地を想定し後に人間世界・現世を意味する。
		傍生《ぼうしょう》	獣。禽獣。畜生のこと。人間以外の動物。傍行の生類。
	地下	餓鬼《がき》	悪業の報いとして餓鬼道に堕ちた亡者。飢渇に苦しむ。
		等活地獄《とうかつじごく》	獄卒により身を裂き骨を砕いて殺され、涼風により生きかえるという責め苦を繰り返す。殺生などの罪を犯した者が堕ちる。
		黒縄地獄《こくじょうじごく》	殺生・偸盗を犯した人が堕ちる。熱鉄の縄で縛られ、熱鉄の斧で切りさかれる。
		衆合地獄《しゅごうじごく》	殺生、偸盗、邪淫を犯したものが落ちる。鉄山におしつぶされたり、落ちてくる大石につぶされたり、臼の中でつかれたりする苦を受け、十六の小地獄で、さまざまな苦しみを受ける。
		号叫地獄《ごうきょうじごく》	殺生・盗み・邪淫・飲酒の罪を犯した者が堕ちる。猛火や熱湯などの苦しみにあい泣きわめく。
		大叫《だいきょう》（大叫喚《だいきょうかん》）地獄《じごく》	殺生・偸盗・婬行・飲酒・妄語を犯した者が堕ちる。激しい苦しみに叫ぶ。
		炎熱《えんねつ》（焦熱《しょうねつ》）地獄《じごく》	殺生、偸盗、邪淫、妄語、飲酒、邪見の者が堕ちる。熱鉄や鉄の釜の上で身をやかれる。
		大熱《だいねつ》（大焦熱《だいしょうねつ》）地獄《じごく》	殺生・偸盗・邪婬・妄語・邪見などの罪を犯したものが、無量億千歳にわたって苦を受ける。炎熱で焼かれ、その苦は前六地獄の十倍。
		無間《むけん》（阿鼻）地獄《じごく》	五逆罪の大罪を犯した者が堕ち、一劫の間、間断なく責苦を受ける。

※ここに説明されたものはかなり修正する必要があるが、仏教はおよそこのような世界観を有する

「力」作用の交流

仏教に「依他起性《えたきしょう》」という概念がある。他によって生じる意である。同義的には「縁起」という概念でもある。空《くう》思想の中の縁起というものの考え方は、常に依《よ》って起《た》つにある。他に依って起こるのである。自分一人ではない。常に支え合うというか、お互いに、他があって成り立つという関係を意味している。そして、事象として、自分一人だけで独立するものではないことを指すものだ。全ての事象が関係性の中で、依って起つ形の中でのみ、それらは成立しているのである。この事は、いまや物理学の世界でも語られるようになった。常に仏教が先行し物理学が後付けをしている形である。

力を伝える粒子を交換することによって、全ての重力なり引力というものが生じ、それで宇宙も、我々も、マクロとミクロのこの世界も全てが成立しているということを考えると、エネルギー交換ということの意味合いが非常に重要で、それは人と人との間だけではなくして、人と物との間においても、物と物の間においても、常にそこには何らかのエネルギーの交換が行なわれていることを意味する。それは物理的に人間のスケールで言えば、電磁気力という、光子の交換という言い方になるが、そこには精神的なエネルギーの交換が、必ず行なわれていることを意味する。

そして、また、人が進化するということはどういうことかというと、粒子が衝突することで新たな原子を作り上げていくように、人と人とのぶつかり合い、斥力としての反発も含めて、そう

依他起性　因縁和合によって生じ、因縁がなくなれば滅するもの。他の力によって生じかつ滅する仮に存在するもの。有であってしかも有でなく、また無でもない、仮有法・非有似有の法。

いう心の交換を指すのだと思われる。話をするとか、触れあうとか、あるいは思想のぶつかりとか、感情のぶつかりとか、競い合いとか、そういうものがあって初めて、ものごとは何らかの進化を果たすことを意味しているようだ。

更に重要なことは、全ての素粒子はスピンしていることである。自立し自転している。右回り、左回りという違いはあるけれども、全ての粒子が自転している。この自分一人の力においてちゃんと立っているのだ。回転し、一つの完成を見せている。その姿は、自己の確立が出来ていなければ、原子を形成することは出来ないことを物語っている。そこから更に発展して、恒星という偉大な存在を造るのだ。

しかし、それと同時に、先ほどから言っているように、エネルギーの交換というものによって、それぞれが支え合っている関係であるということを、教えている。それは自立する人間どうしが支え合うことが出来るのであって、自立していない人間は他者を支えることは出来ないのだ。だから、自分の中の甘えがある人たちはずっと子供顔を通す。今の日本人はこの手が増えた。だから、自分というものを抑制し、自分というものを超え、清濁併せ呑むだけのものを自分の中に身につけていかないと、このスピンという原理が成立しないということを自覚する必要がある。

こうやって考えると、重力的な執著こそが宇宙を創り上げたという言い方が成立する。そして執著こそが、ついに宇宙を崩壊へと導く。これこそ、執著というものを将に重力として捉えた時に、ぴったりと当てはまるのである。仏教的にいうと、執著は悪いことということになり、執著すればするほど自分の人生は苦しくなるし、どこかで破綻してしまう。恋愛なんてその典型である。夢中になって好きになっても必ず誤解があり、どこかで裏切りがあり、嘘があり、納得いかないものがあり、そうして破綻していくケースが多い。

　しかしその執著からまた次の自分が生まれてくる。とても面白い。重力場というか、そういう相対世界の中で、自分の時間軸を通して自分というものが形成されていく。これは非常に興味深い内容なのである。

　何より原始宇宙から粒子もスピンし自立していることである。その全てに共通していることは、全てがいつも動いていることだ。熱は摩擦によって生じる。粒子は単に動いて熱を発生するだけではなくして、そこには更に衝突という摩擦があるから、熱が生じるわけである。常に動いているということも、非常に重要である。休息の時はもちろん必要だが、動かないということが、やはり自然の原理からすると正しくないということを、素粒子の行動から学ぶことが出来る。動くということはとても意味が深いことを我々は学ばなくてはならない。

　動かない人間は、動くということによって得られるもろもろの利益を失っているのだ。それらを得られないということになる。だからそういった意味では、より積極的に動き続けるという人生であるべきなのである。また、そういう人たちは生き生きと、晩年まで元気にしているものだ。そういうことも一つの例として、確認できるということが言えるだろう。

自律（スピン）する世界

物も心も単純原理機関

話は変わるが、こんな体験が筆者にはある。機械に疎い筆者は、ある時ふと、車という高性能なエンジンも原子力潜水艦も、その基本原理はただの蒸気機関と同じだと気付いた。その時には感動と同時に何か拍子抜けしたことを覚えている。蒸気機関は石炭や石油などで水を沸騰させその蒸気圧によってピストンやタービンを動かし回転軸へとその動きを伝えていくものである。あるいはそこから電気コイル（又は磁石）を回転させ電気を発生させ、電力で動かすという原理だ。あの最先端の原子力発電にしても同様だったのである。単に燃料が異なるだけで、動力としての基本構造は同じだったのである。この基本構造が、あらゆる動力を動かしているという余りの単純さに気付いた時は、しばし惘然《ぼうぜん》だった。と同時に感動したものであった。あの巨大ダムが、強力な水圧を利用してタービンを回転させ電気を発生させるという仕組みである事に気付いたとき、機械音痴の私は微かな興奮を覚えたものだった。その時と同じように、重力によって恒星が誕生し核融合を発生させるという実に単純な原理に、久々の興奮を覚えたものである。

自然原理というのは基本はまったく単純なものから出来ているように思う。「易」に言う一から二、二から三、三から万象へと移り複雑化していくだけなのである。基本原理という観点は人間を分析する意味でもとても重要である。いかなる複雑系も還元すれば単純な原理である。人の心も同様であるのだ。我々の心も決して複雑なものではないことに気付かなくてはならない。人はただ愛されたいのだ。人はただ愛したいのだ。人はただ知りたいのだ。人はただ達成したいのだ。それだけのことだ。

重力という実に単純な構造が、人の心までをも明確にしてくれるのである。人もまたかくの如き単純さで、複雑系を作り成しているにすぎないことに気付けるのである。それは実にありがたい真理である。迷いを吹っ切ることが出来る原理であることに気付けるからである。それにしても、重力という作用がこの宇宙の全てとは言わないまでも、その中核であったことをただ感動するばかりである。人の心と重なることは充分に考えられる。すなわち執著である。人を苦しめる煩悩である。仏教でいうところの貪《とん》（むさぼり）瞋《じん》（いかり）癡《ち》（おろか）の三毒である。その事をこうして読者に伝えることが出来ることを筆者は嬉しく思う。そのより深い所は六章で述べるが、この執著が俗世を生きる力ともなる原理を知る必要がある。

磁石の原理

地球が大きな磁石であることは皆知っている。子どもの頃、磁石片手にN極が北、S極が南と確認したことを覚えているだろう。それは、地球の自転（回転）運動により地球核内において溶けた鉄が対流することによって磁場が発生し、磁力によって巨大な磁石として作用しているからである。金属が回転することで電磁気力を発生させるという原理を理解する必要がある。

では、磁石が磁気を帯びているということは、地球内部における鉄の対流（回転）に相当する何らかの回転が存在することになる。それこそが「スピン」なのである。なんと、磁石の中の電子がスピンしているために鉄の針なり棒が磁場を作り出し磁気を発生させ、磁石として機能していたのである。電子の回転には右回りと左回りがあり、一定の速さで回り続けているが、それを特定することは出来ない、というのが波動関数の収縮のところで語ってきたことである。

電子はどこにいるか、どのくらいの速さで動いているか、どちら向きの回転か、この三つがまったく同じ電子は存在しない。個性が有るということになる。それか、全てが超ランダムの存在ということかも知れない。そうなるとむしろそれらは一つの存在と見ることを可能とする。また、それらは不確定性と呼ばれるものである。このランダムなスピンの動きが鉄の板の中で、例えば、一千万京個という数の〈電子が同じ向きで整列してスピンが揃って〉回転しているのが磁石であるのだ。そうだと分かるとただの磁石も凄いと思えてくるものだ。

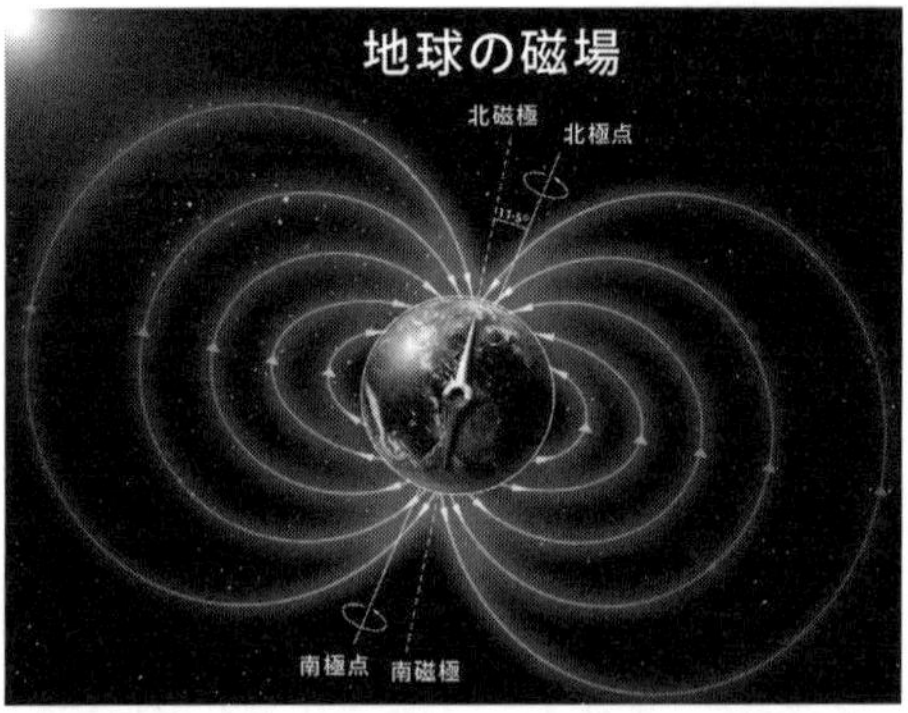

地球の磁場（NASA）

〈磁石の原理〉

電子の向きはバラバラ

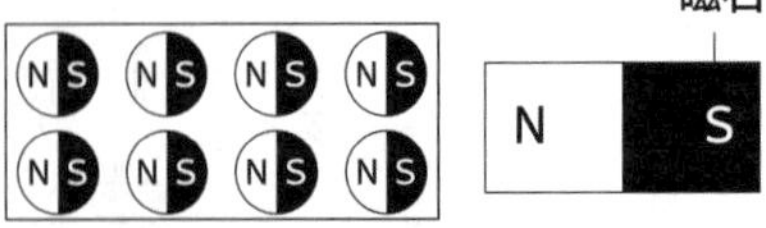

磁力で鉄の電子の向きがそろう

万物に宿るスピン

素粒子の誕生から全てのものが自転しているということの意味は大きい。これはとても興味深い現象である。と言っても、我々が想像する自転とはスピンはかなり異質であることは、量子の世界であることからお分かりだろう。その上であえてスピンと呼称される運動だと理解しておく必要がある。このことが意味することは、スピンによってあらゆるものが成立しているという事実である。スピンなくしては電気も磁場も熱も発生しないということであり、この宇宙は作られなかったということになるからである。

現在のところ、最小の電子においてスピンらしき何かの動きがあるが、実際にはそれがいかなるものかはまったく解明されていないというのが現状である。実際にクルクル回っているわけではないと言われているが、実態は誰にもまだ分かっていない。もしかするとクルクル回っているかも知れない。ただ、その場合は回転速度が光速を超えてしまうためそれはあり得ず、自転説は否定されている。スピンは素粒子の属性の一つで、磁気的性質を持つ。電子の場合、二回転して初めて元の状態に戻るという不可解な性質で、一回転では半分しか戻っていないということで、それを表現すると「スピン二分の一」と言う。不思議な性質である。スピン二分の一自転には上向きと下向きとがある。ここで重要なことは、我々のイメージする自転ではないにしろ、物質の根源的存在が何らかの自立的運動機能を持っているという事実である。ここで筆者が語りたいのはそのことが全てだ。では、自転や回転する、とはどういうことか考えてみよう。それは、電気を発生させるということである。全てはそこに帰着するのだ。自己完結しているのである。

スピンと自律

全ての根源的存在の素粒子はスピンしている。何と驚きだろう！　じーっとしているのではなくて、スピンという一つの自立の基点、基準として存在しているのである。実に興味深い。根源的存在としての素粒子が自立し自己完結している原理は、極めて重要な観点であるのだ。スピンするとは何かというと人間原理では自己の形成である。中心核の確立であり自己同一を指すものだ。同時にそれは「動き」そのものである。つまり素粒子にとっての静止は死を意味する。だから素粒子が自転し続けるというのは、人間自身も同様に自転し続けなければならない、と読み取れるのである。それは恰《あたか》も心臓の動きとも重なって見えてくる。但しそれは生まれながらの独立心であり自己確立である。だから、凡夫のような権威や力や欲望や怠惰といった自律に反した意識に従うという他者（人に限らない）への著しい依存は認められないのである。自己確立した原子が他者と手を結ぶように人々もそうするだろうことは正しいということになる。

スピンの自律性とは、宇宙が出来たその瞬間に、最初に出現した粒子たちが自律していることである。彼らは自転し自分を自立させ、更に自律させて自己を維持させている。その巧みさは驚くばかりである。何と言っても宇宙創生のその時からスピンという自立をなしている事実を無視することは出来ない。それは我々に自分一人できちんと生きろ！とカツを入れているようである。

それは自律的にスピンしている。これは自分で生き、ものを考えるということを意味するのだと思う。人の意見に流されるだけの生き方をしているのは、スピンしているとはいえない。その意味ではネット情報に振り回されている人たちなどは、この原理に反していることを意味する。いずれ自滅の道へと進むことになるのだろう。

　そして、あらゆる物体にスピン性が内在し、我々もそこから外れることはない。あのブラックホールでさえも自転している。すなわち全てが回転していることを見落としてはならない。それは元素である基本粒子というものが、スピンしていることから始まっていたのだ。これが基本である。宇宙に存在するものの全ての性質の基本なのである。だから、それは人間も当然同様と捉えなければならない。自転する生命であるはずなのである。人間に限らず。〈自転とは何か〉と考える必要がある。その自転原理がブラックホールをも回転させている。銀河もそうだ。太陽系も地球もしかり。我々の身体を支配するDNAも螺旋である。季節も循環している。易では六十年を一循と考える。その様に、繰り返しは我々のあらゆるものを支配している。何より、自分でスピンした自立の素粒子の姿は、そのまま人の自立を意味するのだと思う。一人で生きる力を持たぬ者はそれ故淘汰されることになるのだ。

　それは、あるいは釈尊が言われたところの「犀《さい》の角《つの》のようにただ独り歩め」を意味する。犀の角的な、独りというものを追求しろといったことにもつながってくるのだ。つまり、角なる一が完成であり、完成した一は、すなわち他としての一をも意味し、この自他の一体というものが同時に語られているのである。そういうものがスピンの自律性の中に、ありありと現われていると感じさせられるわけである。我々はその事を謙虚に受け入れてよいのだと思う。決してそれを、

犀の角のようにただ独り歩め
釈尊の言葉『スッタニパータ』の言葉。サイは群れではなく単独で行動することが知られている。そのサイの頭部にそそり立つ太い一本角のように、独りで自らの歩みを進めなさい、という意。

コジツケと言う必要はない。何故なら、それら素粒子と人の連関現象は充分に一致しているからである。〈叡智言語〉や〈自然言語〉は常にそう語り続けていることを知る必要がある。

また、恒星は自分で光を放つものである。仏教的には「自灯明」という言葉がある。自らを拠り所とし、自ら光を放ちて道を歩むというものである。釈尊は、誰に頼ることなく自己を確立して法に照らして修行せよ、と遺言された。他者に依存するなということを言われたわけであるが、依存するなというより、自分独りできちんと修行しろと言われたのである。

そういうことと、この素粒子や恒星の存在性は実に通ずるものがある。しかし、恒星は同時に自己を捨て大爆発へと向かっていく、つまり崩壊することで次の星や生命を生み出していくことになる。一つの犠牲の上に次の生を誕生させるのだ。母親と子との関係のようにも見える。仕事に生涯を捧げ、命を削って妻子のために働く父親にも見える。それは単純に生命の生と死ということからも理解できる。死ぬことによって、新しい子孫を残していく、そういう捉え方も出来る。

何かそういったある種の崇高性が、宇宙の成り立ちから垣間見えてくると言えないだろうか。あまりにも情緒的すぎると思う方もいるだろう。しかし、人は情緒に生きる存在なのであるから、情緒を生じさせるその原理を無視することは謬りであるのだ。我々は、数式的分析と同時に情緒的分析や受け入れを認めなくてはならないのである。もちろんそれは、科学的手法をもってである。単にそれが愚かで稚拙さに支配された情緒であってはならない。ここでいう情緒とは、あくまで根底に在る原理としての存在を指しているのである。

輪廻――存在の証明

破壊と輪廻――万物は無常である

　さて、超巨大恒星の最期には、超新星爆発的なるものが起こる。それは実に、ビッグバンに次ぐような恐怖が宇宙を襲うことになる。ついには爆発して、破壊していく。しかし、その破壊が、最悪のものであればあるほど、次に新たな命を誕生させていくのだ。それこそは実によく我々に示唆を与えるもので、我々の生というものが、単に平々凡々として生きることを拒絶しているのである。平凡が悪いと私は思わないけれども、しかし、原理は停滞を嫌い「破壊へと向かえ」と言っているのだ。では、その破壊とは何を意味するのかが問題である。

　破壊には二つの意味がある。一つは進化であり、もう一つは煩悩執著の破壊である。「進化」とはこの宇宙意志が人類に求めている文明の視座である。文明は猛スピードで進化する必要はないが、百年単位ぐらいで確実に新たな文明レベルへと進化することが求められているように筆者は感じている。それに対応することをしない文明や国家や民族は、他の国や民族に吸収されていくのだと歴史が教えている。

その意味で、あの実に優れた仏教の指導者ダライ・ラマを擁するチベットが中国の圧倒する軍事力で蹂躙支配され、法王はインドに亡命した事実は将にこの原理が作用していると筆者は分析する。明らかにチベットは、仏教に依存しすぎて合理的文明の発展を蔑《ないがし》ろにしすぎたと思う。

この原理こそが宇宙を貫く破壊性である。ダライ・ラマがノーベル平和賞を取られた一九八九年の夏、筆者は亡命先のインドのダラムサラで通訳と共に一対一で一時間以上お会いし話をしたのだが、実に立派な方であった。中国では法王のことをテロの首領と名指ししているが、中国政府は明らかな誤りを犯している。世界政府は、中国マネーに支配されてはいけない。チベットは領土を削られてでも独立を許される重要な文明の一つである。アメリカだけでなく日本も欧州も豪州等も皆で、正義を守らなくてはならないはずである。ダライ・ラマは真に立派な方であった。

人間をやっていると、平穏に生きたいと思うわけだが、宇宙原理はこれを観る限り「平穏はない」といっているのである。それは私が自然哲学で語るところの、自然観というものとまったく同じで、一年を大自然の中で過ごし、四季の中で生きていて分かるのは、決して平安な時はないということである。平安は自《みずか》ら作り出すものであって、決して与えられるものではないのである。その事を進化と呼ぶのだ。一刹那という無限の時がある。一刹那という無限の時の中には「諸法実相」たる平安を見出すことが出来るけれども、錯覚とはいえ継続されていく連続体としての時間の中

一刹那　「刹那」は梵 kṣaṇa の音写。時間の単位。漢訳では念・念頃。きわめて短い時間。一瞬の間。一つの刹那。最小限の時間。一弾指時の六十五分の一とも、七十五分の一秒ともいわれる。

諸法実相　全ての存在のありのままの真実の姿。存在するもの全ての真実究極の姿。諸法は実相である、すなわち、あらゆる存在はそのまま真実のあらわれである、存在するもの全てが真実の姿であるということ。

では我々は平穏というものを見出せない。仏教ではそれを「諸行無常」「一切皆苦」と呼称する。常にそこには、非常に強い変動がついてまわるのである。

日常というものは常に変動である。仏教ではそれを「無常」という。そこに常に措定《そてい》されたものとして関わる季節も、常にそこに変化を生じさせる。これを「円環」の一形態という。一瞬の喜びはあるけれども、美しさもあるけれども、感動もあるけれども、しかしそれはすぐに終わり、壊されていく。そしてまた不安や恐怖を味わうものだ。年をとれば一層不安は増し病気にもなる、人によっては日常的に苦しみがあるし、そして死んでいくわけである。

深浅濃淡の差はあれど、それまでの情というものの全てを消し去るように、死というものがそこに生じてくる、襲ってくると感じる場合もある。人生とはそういうものである。人の前に現われる出来事は恒星の一生と相通じるように思える。否、人だけでなく、全ての自然、全ての生命も同様の原理の中で生かされていることに気付かされる。

それは一つの破壊性であり、一つの悪性である。しかし、そこには「必然性」というものを見出すことが出来る。すなわち、天理は破壊と創造を同義と捉えているということだ。ギリシャ哲学にいう「一者（ト・ヘン）破壊、一者創造」である。すなわちコインの表と裏の様なものだ。ワンセットである。それは一つの究極の姿である。諸行なる実体は無常の厳則の中にある。その変異、転変というものが、実に理に適ったものであることを知らねばならない。単なる偶然としてそれらが発生しているわけではないのである。それこそがついには一つの目的を指すものであり、大きなその平安へと向かうものであるのだということを、実は示していることに気付く必要

五蘊盛苦

仏教の説く四苦八苦の中の一つで、人の体と心を構成している五つの要素（色受想行識の五蘊）から生まれる苦しみのこと。

がある。人にあっては、その事実を冷静に受け止めることが求められているのだ。

しかしながら、ある一定期間はその繰り返しが続くだろう。すなわち渾沌《こんとん》や苦痛というものの繰り返しを意味するわけである。繰り返しとはすなわち仏教が説く輪廻である、輪廻転生《りんねてんしょう》であると筆者は感じる。

仏陀は一切の有を否定し、人間の存在も錯覚と喝破したが、人を支配する執著（五蘊《ごうん》）の力が人を形成させ、その存在はニセ物であるにも拘わらず、五蘊盛苦《ごうんじょうく》の中で輪廻することを説かれた。そして、我々にそこから脱することを示されている。その輪廻の中に我々という仮りの存在が、存在していることを冷静に受け止める必要があるのだ。そして、宇宙というものは際限なく拡大し続けているけれども、無限と我々が感ずるところのこの時間の中に、宇宙が存在している。それは、我々における生死という一連の流れの中の無限の時と感じる錯覚の一形態であり、その中の輪廻（ループ）であるのだ。

宇宙の膨張を通して人類は、自分たちの膨張すなわち進化発展している様を見ることになる。これは映し鏡である。そしてそれはどこかで否定される時が来る。文明の進化というものも、長い長い年月の果てに、そこで、ある一定のスピードを落とすだろうと私は考えている。何事も永遠に続くことはないと東洋哲学は教えているからである。「究極の時」が発見されるまではこの文明は凄い勢いで発展し続けるだろう。しかし、その後は一時の平安が訪れ、その期間の後に少しずつ崩壊へと向かうのだと想像する。

AIの人類化と人類の滅亡

物理法則が発見されるというのは一つの象意である。何の象意かと言えば、天意の示すところである究極の原理の顕《あら》われである。それは、アインシュタインらが求めた究極の物理法則〈宇宙言語〉と究極の〈叡智言語〉の獲得である。そのための「いま」であるのだ。科学が表舞台で物理原理を追究しているのもその一環に他ならない。人類は無意識（遺伝子）に刻まれた宇宙意志の命令に従っているだけなのかも知れないということである。少なくとも、そう魂にプログラムされた存在であるということだ。だからその象意としての宇宙の拡大が収まるような大発見をなす偉大な物理学者が出てくるまでは、この文明は更なる進化を続けることになるのだろう。

それにしてもこの百年の物理学の進化は想像を絶するものがある。一九〇〇年のプランクの量子理論のスタートからアインシュタインの相対性理論を始め多くの天才たちにより、この文明の著しい進化が成し遂げられたのは尋常ではない。この人類史におけるこの百年は、過去の一切の人類史を凌駕するだけの百年であった。考えられない進化が続いてきた。それはこれからも更に続くことになる。AIなるアンドロイドが人類を支配する時が来るまでは。

この物理学者たちのこの偉大さは実に立派である。称賛する以外にない。人類史という観点に立った時は、他の人種が価値が無くなるくらいの彼らの存在感を感じさせる。彼らの科学的追究力は素晴らしかったと思う。これからもまだ百年二百年続くだろう。だからこそ、彼らが傲慢にならないことを祈らずにはいれない。すでに傲慢な彼らがこれ以上傲慢になった時には、最も犯してはならない道へと進むことになる。ＡＩの人類化である。

私が懸念する未来はＡＩというアンドロイドの出現である。コンピュータの次にはロボットに支配される人間。その次にはアンドロイド化したロボットが出現したときに（アンドロイドでなくても可能性はあるわけだが）、それは一九六八年の映画『２００1年宇宙の旅』で語られたような、単にコンピュータなのだが、それが人類を滅ぼしてしまう可能性を示したものを遙かに凌駕する存在となる。このことは今から真剣に議論しておかないと、一人の傲慢な学者によってそれは作られ、ウイルス感染のように、いずれそれによって人類は亡ぼされることになるだろう。

その事は、人類そのものをその前にアンドロイド化する必要があることを示唆していることでもある。いずれ、その時は来る。その事を含めて人類の進化というのである。それがなくては、人類が〈究極の叡智言語〉を手に入れることは不可能であろう。あるいは仏教の修行に入って「解脱」するか、である。解脱を求めるよりは、科学的に脳やＤＮＡの組み換えをやる方が、遙かに苦痛がなく簡単である。

しかし宇宙の無限の広がりという意味において、我々の文明は本当に短期間でまだまだ大発展していくに違いない。それは更に信じられない方向にも向かうだろう。また、病気は全てが一瞬にして治る時代にいずれ入る。手術はしなくて済む時代になる。ここ数十年の間にとんでもない進化を果たすことになるだろう。うまくいけば二十年後にはほとんどの手術はなくなるかも知れない。そして、これからの人類の未来は、いかにＡＩと歩調を合わせるかにある。ＡＩを味方に出来れば輝かしい未来が開けるが、もし敵に回せば人類は〈彼ら〉に亡ぼされることになるだろう。

仏教的因果律

因と縁の哲学的分析

病気が科学の進歩により絶滅していくことは素晴らしいことだが、しかし、ここで絶対に忘れてはならないことがある。それは「因果律」という作用である。この場合の因果論は物理学のそれではなく、あくまで仏教の法則としてのものである。また、キリスト教的神罰といった論理ではない。仏教には法則原理があるのであって神は存在しないのである。その法は物理学的論法をもって展開することも特徴的である。実に仏教とは科学的思考に満ちているものだ。因果などと言うと唯物論に毒されている人々には、莫迦《ばか》〳〵しく聞こえるであろうが、しばし心を正して、かの偉大なる仏陀を想い描くべきである。因果説は仏教が興る前の紀元前八世紀にはインドに定着していた。これを整理して仏陀も教義の中に組み入れている。その中には、インド哲学のサーンキヤ学派（数論派）が説く結果は原因の中に有るとする〈因中有果論《いんちゅううかろん》〉と、原因の中には無いとするヴァイシェーシカ学派（勝論派）の〈因中無果論《いんちゅうむかろん》〉もあり、仏教でも議論の対象となった。共に因果応報を認めながらもその因子中に果が内在するかが、実に細かく論証し主張されている。

すでに語ってきたように、原子には宇宙の生成に関わる記憶があると言われている。過去も未来もその中に全てが包摂されているという。その意味に立つならば、因中有果説が正しいことになる。しかしここで問題なのは、何らかの因中果が有ったとしても、時間経過の中で当人の新たな行為が重ねられていくことで、その果が中和されていく可能性があり、因中果は変異すると判断する必要がある。その意味においては因中無果であるのだ。

一方、人類なり個人なりが、病によって消化されるべき何らかの行為をなした因の結果は、いくら医学によって病が克服されていても、因縁論的には新たなウイルスの出現などを通して、必ず成就されることになる、ということなのである。その因と果の間には多くが長い時間の隔たりがあり、その期間が長ければ長いほど、原初の因と予測される果の間には微妙な差異が生じてくることになり、そこにはある種のゆらぎ性を伴う因果の成就が見出されるのである。その意味でも、因中果は特定されないことになる。であるから、仏教的観点に立つならば、そのような因子

ヴァイシェーシカ学派　インド六派哲学の一つ。実在論的傾向をもち、諸の概念それ自体を全て実在とみなして、これを六つの原理またはカテゴリーに分け、世界の現象を説明する。紀元前一五〇〜五〇年成立。創始者はカナーダ。

そのもの（行為）を作らないことが重要視されるのである。

もともと因と縁は原因を意味する語であったが、後に縁は条件としての間接原因と捉えられるようになった。その結果、因と縁とによってこの世が成立することを〈因縁和合《いんねんわごう》〉あるいは〈因《いん》縁仮和合《ねんけわごう》〉と呼ぶ。それは物理学にいう原子の不確かさ性の上に物体が成立している様をも意味し、ミクロの世界におけるゆらぎの存在が、マクロ世界において我々を形成しているという原理に同じ意味として「和合」という言葉が用いられている。

では、「縁」を分析すると、結果を引き起こすための直接的・内的原因を〈因〉とするのに対し、これを外部から補助する間接的原因を〈縁〉という。更にこれは四種に別せられる。この場合は原因の意味として分析されている。すなわち①〈因縁《いんねん》〉は直接的・内的原因、②〈等無間縁《とうむけんねん》〉は前の心が滅することが次の心を生じさせる原因、③〈所縁縁《しょえんねん》〉は認識の対象が新たな執著の認識を起こさせる原因、④〈増上縁《ぞうじょうえん》〉は前三者以外の全ての原因が含まれる。

また、「縁」は主観と客観としても捉えられ、心識が外的な対象を認識する作用が〈縁《えんずる》〉である。これに対しその認識の対象を〈所　縁《えんぜられたもの》〉という。

この様に自分の心に生じた何らかの思いが原因となりそれが更に発展し、熟した瓜が落ちるように時と共に機が熟して、果を生じさせる時の外的対象としての縁を結んで、果が生じてくるのである。

因中無果か因中有果かについては、未だ各派の主張があり結論が出ていない。そこには因縁というものの単純にして複雑な構造があるからである。それは現代心理学とも絡んでくる内容であり、心理は単純な自己認識からスタートするが、対象（人や事象）が多岐にわたり、それぞれでの体験に関わる感情を伴い続けることで、心理が複雑化していくことはよく知られている。因縁も、まったく同様に複雑化し、その顕われとしての果が、どの時点で生じるのかというのは、ある種のゆらぎ性の中で決定する。そのいちいちについては、余りに複雑で量子の波束の収縮同様に収縮のその時まで分からない。それ故、人は何らかの果に出会う時、驚くのである。しかし、波動関数的にこの因果律も、いくつかのパラメータを入れ込むことで、予測可能となるのではないかと推測されるのである。宇宙物理学の奇怪さと比べたら、まだこちらの方が常識的と言えるかも知れない。

病的因子の行方《ゆくえ》

さて話を戻そう。科学の力により、手術に代わる安易な方法を手に入れたとしても、因縁そのものが消えたわけではない。因果の法則に人類が支配されている限りにおいて手術に相当する何かが出現することになるのだ。それが何かはその時になってみないと分からない。それは事故や精神的何かと関係するかも知れない。脳の改造手術に集約するかも知れない。

そういうことを含めて、更には脳の組み替えということが百年以内にされるようになっていくだろう。するとまったく新しい人類が出現することになる。それはまだ完全ではないが、まった

新しい人種の出現　五百～六百万年前…ヒトとチンパンジーが共通祖先から分化、二百五十万年前…ホモ属（ヒト属）がアフリカに出現、十五～二十万年前…ホモ・サピエンス（ヒト）が東アフリカへ出現。

く違う人種の出現となる。突然変異で新しい人種が生まれるのと同じことが起きる。今までは何万年にもわたる間の自然原理で起こっていたことが、これからは人間原理というか、人間の力で人為的に一瞬で行なわれる時代を迎えることになる。百年後にはそれが実現しているだろう。

そういう過程の今、ということを理解する必要がある。その最高の発達進化は膨張宇宙というものを我々が認識している間に行なわれるだろう。そして、どこかの時点でそれは停止し収縮に転ずるだろう。あるいは、どこかでそれは止まる時がきて、それが何らかの形で消滅する時が来るはずである。何故ならそれが東洋哲学の基本原理だからだ。物事には初めと終わりが必ず生じる。生滅が起こらないものは一切ないのが基本原理である。これが当てはまらないのは絶対的な創造者だけである。何故なら、この世の物理原理にも東洋の易学の原理の内側にも存在しないからである。それ故、仏陀はそれを非存在と呼んだのである。

仏教的にいうとニルヴァーナ（涅槃）という世界を意味する。それ以外のものは、我々が認識できる限りのものにおいて、全て終わりの法則に支配されている。「終わり」とは終わるのではなくして、転換するの意味である。終焉とは終わりを意味するのではなく、相転移する時を指すのだ。今のこの時を観ながらつくづく思う。

ブラックホールといったようなものは「極に至れば反転する」的な意味合いとして、充分に理解がされる存在である。易学や仏教原理の中では極めて道理に合った世界である。極端から極端などという言葉があるが、物事は、ある一定のところまで達すると、これは必ず反転する。振り子の原理である。これは初めと終わりという原理と同じなのだが、事象は必ずどこかで基本的に反転する。あるいはそこで収束する。それが東洋哲学が説く原理である。少なくとも、我々が生きているこの宇宙の基本原理に入る。よその次元の宇宙では分からないが。

この様に、ブラックホールの存在というものは、そういう意味においては、事象の発展の反転を意味する。それは更なる創造を孕《はら》んでいることでもある。それは、この膨張宇宙が、いずれ収縮宇宙になるという考え方と同じである。

だから人間の幸も不幸も反転をするという人間原理を導き出すことにもなる。だからといって楽に陥ってはいけない。不幸に陥ってもいけない。それはいずれ終焉を迎えるからである。だから、不幸が延々に続くと思ってはいけない。嫌でも不幸から引き上げられるのである。不幸の種（因子）がなくなっても不幸が続けられるかというと続けられない。不幸の種がなくなったら、嫌でも不幸はもう経験させてもらえない。種（因子）があるから不幸をやっているのだ。全てには原因がある。同時に何事も無常の法則にあり、安住の時は続かないことを教えている。これが東洋哲学の真髄である。未だこの原理については、物理学はまったく及んでいない。現在の物理学がいくら高度といっても、人の心や人生については、まったく何も理解していない。この点においては彼らはまったくの無知である。

『**淮南子**』 中国、前漢時代の思想書。全二十一篇。前二世紀に淮南王の劉安が編纂させた書物。『老子』『荘子』の道家思想を中心に儒家、法家思想などを取り入れ、処世の要諦から天文地理や神話伝説におよぶ。

「塞翁が馬」に見る因果の法則

『淮南子』に出てくる《塞翁が馬》の話を紹介しよう。

近頃、国境の砦の人で術が巧みな者がおり、〔その家の〕馬が故なく逃げて胡の土地に入ってしまった。人々は皆この事件を気の毒がったが、その家の父親は「このことがどうして福《さいわ》いとならぬことがあろう」といった。それから数か月、〔逃げた〕馬が胡の駿馬《しゅんめ》を連れて帰ってきた。人々が祝福すると、父親は「このことがどうして禍《わざわ》いにならずにおれよう」といった。さて、その家は良馬に富むこととなったが、その子供は乗馬が好きで、〔ある時〕落馬して髀《もも》を骨折した。人々が気の毒がると、父親は「このことがどうして福《さいわ》いとならぬことがあろう」といった。それから一年、胡人が大挙して国境を越えて攻め入った。若者は弓を引いて戦い、国境の砦の人で死者は十人中九人にも及んだ。ところが跛《あしなえ》であったがために、かの父の子だけは生きのびたのである。つまり福いが禍いとなり、禍いが福いとなる、こうした転変のありさまを極めることはむずかしく、転変の〔微妙な〕奥深さを予測することは出来ないのである。（楠山春樹 訳）

まあここまで都合よく展開することはないが、少なくともその言わんとする核心は理解できる。
ここには、苦楽が一体として語られていて、単なる苦と楽を語っているわけではない。因縁というものはいろいろ出方はあるが、ここのように等無間縁（次第縁）が如き連関を見せ、また所縁縁が如くに認識の対象が何らかの執著の原因となって、塞翁が馬の連鎖を生じさせるのである。

この様な因果律を現代では誰も信じなくなったのだが、それは単に何らの分析をしなくなったが為である。すでに述べてきたように、物理の原則にのっとれば、過去の原子の中に未来の予測が刻まれていることになり、それは因中有果であることを示している。原子のゆらぎ性の中から我々の思考や感性も生まれてきていることを理解しておく必要がある。

だから読者が、自分は不幸だ、と思うならそこには必ず幸の種（因子）が隠れていることに気付かなければいけない。種があるから幸へと転じるのだ。種があるから喜びがあり、種があるから楽しいのだ。しかし、その種が尽きればどんな幸せも不幸も消失する。その種（因子）を作り続けない限り、それは続かない。では、楽の種を作り続ければ永遠に楽でいられるのか。そんな事はない。この故事が伝えるように、厳しい天意天則は楽だけを求めること、そのことを誤りとして苦を招く法則を有するからである。それ故、いかに苦の因子を作らず楽だけが生じるように努力していても、遂にはその奥に二重に仕掛けられた法則によって、その楽は否定され大きな苦が与えられることになるのだ。

生の因が死後の果を等価として生じさせる

心理学的には人と他者との因果関係は、ある程度分析されている。単純な例は、相手に嫌なことをすれば何らかの反発が生じるというものである。問題は、突然自分を襲った交通事故がいかなる因が原因するのか、といった類の分析は難しくなる。しかし基本的には、過去における攻撃性に伴う「何か」に心因を見出すことになるということなのである。決して無因によって事故という果を発生させたとは仏教は考えない。

そこでボーッと考え事をしていて信号を無視したばかりに事故に遭ったという精神分析的な直接的因だけが有るのではない。もしそこに、関係する相手がいる場合には尚更である。そこには、偶然という概念を有さない。あくまで何らかの因が有ると考えるのである。それは、物理の動きに全てその前の因があるのと同様である。物理の法則で一切に原因がある限りにおいて、人間の生きる時間軸のうちにも因果の相関性が捉えられ、結果に対する原因の存在が認められることになるのである。

そして人生の最後には誰しもに一様に死が訪れ、それは終焉するかのように映るのであるが、生という因が作られた限りにおいて死という果が生まれ、生に相当する死の時間的果が求められることになるのである。すなわちそれは、死が生に相対するものとして立ち現われてくることを意味するのだ。それ故に、死後の世界もこの生と同様に迷いの世界として存在するということになるのである。それは錯覚としてこの生が生じるように、錯覚として次の死も相転移的に生じるということである。生というエネルギーが死と共に0《ゼロ》になることはなく、生エネルギーは死エネルギーへと相転移するのである。これが迷いし人間の最大の転移である。

因子とは、人間の心情というものが、そこに必ず喜怒哀楽というものを生じさせて行為（因）をなし、それが時に悪い不幸の原因を作り、時に喜びの原因を作り上げて、それが時間という醸成期間を経て、生地から色々な形や味や触感のパンが出来るように何らかの形に変化（果）して現われるのである。

それは日常の自分の心を見ればすぐに分かる。執著心はいくらでも出る。否定的な心もいくらでも出る。悪意も出る。それが因となりて次の災い（果）を呼び込むのである。目に見えぬ法則だが、禅定者は物理学者が物理法則を見るようにこの法則を読み取るのである。この宇宙原理と同じように、人間の中に因果応報の理として出てくるのである。

マルチバース次元の不思議

多次元宇宙が導き出すもの

次にマルチバース（多次元宇宙）を考えよう。これは本当につい最近まで科学者全員が莫迦《ばか》にしていた内容である。当の物理学者もほとんど全ての研究者がこの理論を子供じみた考えとしてまったく相手にしてこなかった。ところが、今やこの宇宙が無数にあるというマルチバース理論は、絶大な注目を集めているのである。最早、主流と言うべき物理学へと発展した。

それにしても物理学者の変わり身の早さにはうんざりするものがある。筆者はこの種の行動を一番嫌うので、こういう人間性は受け入れ難い。その意味で、科学者は一つの理論に固執するべきではない。相手が真剣に語ることには敬意を払うべきである。そうでなければ、この様な手の裏返しを行なうぶざまさを見せることになる。お互い様である。真剣に語る人の心も理屈も先ず

ジョン・ヘンリー・シュワルツ
John Henry Schwarz
（一九四一〜）アメリカの理論物理学者。弦理論の創始者の一人。一九八四年、マイケル・グリーンとともに、超弦理論に電子やクォークを組み込む理論的機構を発見。これにより、超弦理論は素粒子論の主流研究分野となった。

はきちんと受け止めるべきであるのだ。その上で、納得いかないことはいかないでいい。要は決して相手を侮辱する態度を取ってはならないということである。この最低限の礼儀を身に付けていない者は、およそ優れた人物とは言い難い。今や、物理理論の最先端を行く超弦理論の生みの親の一人シュワルツは、世界中の物理学者が誰一人認めない中、孤独に研究を進めていた時に有名なノーベル賞受賞者から幾度と無く蔑《さげす》まれた言葉を投げかけられ、傷ついたことを語っている。こういうことはあってはならないことだ。

これは仏陀の教えでもある。この様な偏見のない態度を中道的行為とも言う。決して自己に執著した分別（偏見）を持ち込まず、他者の見解に敬意を払う姿勢である。これを忘れなければ、世界から争いが生じることはなくなるだろう。物理学者のこの偏見はたぶんこれからもずっと続くのかも知れない。そして、新たな理論が認められれば、手の裏を返すことを恥とは思わないのかも知れない。そういう価値観に生きる人たちが多いということのようである。

古い学者たちは追いついていけていない人が多いが、若手の物理学者は大方がこの多次元宇宙論を受け入れているのが現実である。この理論は、アインシュタインの相対性理論より圧倒的な驚きを筆者に与えたものである。たとえその前からその事を知っていたとしてもだ。まさか物理学者がいまの時点で言い出すとはまったくもって思っていなかった。まだまだ先の時代だと思っていたからである。自分が生きている間だったことを奇跡だとさえ感じている。最新宇宙論のこの展開がなければ筆者もこの本の執筆をためらったであろう。この様な優れた物理学者らの出現で、この本の執筆も現実となったのである。

禅定者は物理学者の遙か先を行っている。しかし、それを口に出すことはない。出せばオカルトと侮蔑されることを知っているからである。しかも、我々は彼らの様な饒舌な口も権威も持っていない。数式は論外だからだ。しかし、禅定者にだから観える世界があることを敢えてここに述べておきたい。

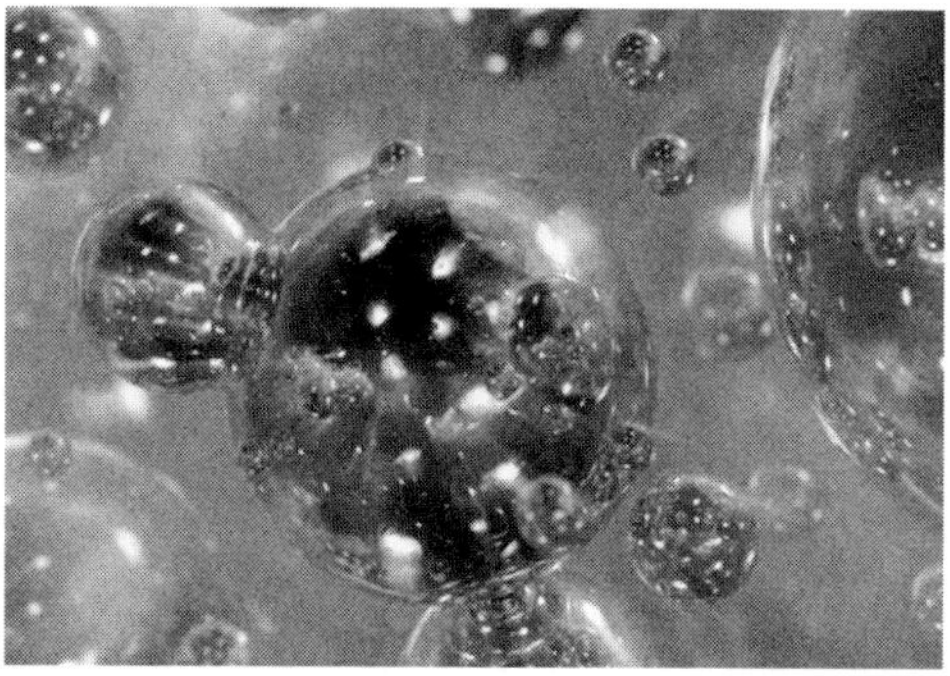

上の図はマルチバースのイメージ絵である。小さな風船も全部宇宙という意味である。例えばその一つを現在の我々の宇宙だとすると、他の全てに別の宇宙があるということである。この我々の宇宙以外に、こんなにたくさん存在する。計算ではこれは一〇の五〇〇乗個ある、というのだからとんでもない数である。それにしても宇宙のエネルギー量を調べ、更に膨張宇宙のエネルギー量を調べる中で、多次元宇宙の数まで計算してしまう物理学とは本当に凄い学問ではある。いくら禅定が進んでも、この種の数値を見出すことはないからだ。禅定はその大枠を把握する能力を有しているが数値を出す能力はない。

この多次元宇宙というものの発想は、この膨張宇宙を維持できているエネルギー量が足りないと気付いたことから始まっている。その場合はダークエネルギーなどの計算も出した上で、どうも他の次元（別の宇宙）を考えなければ計算が合わずこれは理解できない、という事になった。

そして実はこの宇宙だけではなく、他の宇宙も存在するのではないかということが言われ始めたわけである。

意識エネルギーの数値化

このマルチバースという別宇宙は我々に意識だけの世界というものを想起させる材料ともなった。何故なら、意識だけの世界とは、この人間世界の延長と理解されるからである。それらは単に次元の違う世界を意味しているからである。次元の違いは決定的である。何故なら物理法則を根底から覆すからだ。筆者の話に大変興味を持って下さった竹村健一氏がよく口にした「日本の常識は世界の非常識」というコピーがある。これをもじって「地球の常識は宇宙の非常識」と置き換えてもピッタリだ。

物理学者の物理へのこだわりは、他宇宙ではまったくもって通じないのである。ならばそこに、異次元人としてのいわゆる意識だけの世界が展開しているという考えも、決して無視できなくなるはずである。存在とはエネルギーのことであって、人間に肉体が有ろうが無かろうが本来どちらでもよいはずである。この事を頭ごなしに否定する者は論理的直観に劣る者というほかない。いずれ意識のエネルギーというのが計算されて出てくる時代がくるであろうと思う。意識も粒子と波動の性質を持っていると考えても何ら不思議ではない。実際、将にそのような働きをしてい

竹村健一
（一九三〇〜二〇一九年）日本のジャーナリスト、政治評論家。アメリカ、フランス留学を経て、六〇年代後半から評論活動を開始。政治や外交、経営など幅広く論じた。保守派の論客として大阪弁の辛口コメントで一世を風靡した。

るからである。

その意味で筆者は、宗教家よりもこの物理学者の方をよほど信用している。彼らがどこかで理性的に、意識世界というものを数値という形で、エネルギー量として発見する時代が来ることを期待している。

既述しているように、現在、ダークエネルギーが論理的に存在することはある程度証明されているのだけれども、それが何なのかということはまったく解明されていない。そういう意味において、全宇宙の六八％を占めるこのエネルギーは興味深い存在ではある。死後の意識エネルギーを指すことだって絶対ないとは言い切れないからだ。我々が目にする物質世界というのは全宇宙のたった五％程度しかないという。あとは二七％のダークマターと呼ばれるものだ。

エドワード・ウィッテンが唱える一〇の五〇〇乗個の別宇宙にあって、それぞれの意識の別次元が存在していたなら、それはそれで何とも楽しい気分にさせられる。

しかし、意識エネルギーも未知のものとして、いずれ物理法則として解明されるのが道理だ。そう簡単に意識のエネルギーというものを計算するまでには物理学はまだ到っていないだろうが、いずれはそこまでに到達するだろう。その時に果たして有限と思っている宇宙というものと同じレベルの意識として、見定められるのかは不明である。しかし、いずれこの宇宙的な意識エネルギーとして総数が出てもおかしくない。ただ、現時点において、本来の意識というものを数値で表わすことが出来るのかは疑問でもある。ただ、優秀な科学者の頭脳をもってすれば可能なはずである。天才たちが本気になれば必ずや達成されると信じて疑わない。

例えば、ニルヴァーナ（涅槃）という場をエネルギーとして表記できるだろうか。基本的には無理だ。不可能だ。何故ならそこは場ではないからだ。しかしある種のエネルギー場であると考えれば、未来の物理学においては、それを可能にするかも知れない。とは言え、そのエネルギーは「エネルギー」と表現した瞬間に否定され、その対象から消え失せるのである。すなわちエネルギー場に満ちたキリスト教的天国概念と違い仏教の涅槃とは、我々が抱くエネルギー概念ではないからである。それはあくまで純粋精神のプルシャなのであって、エネルギーではないのだ。そこから生じた根本原質のプラクリティとしてしか、そのエネルギーを測定することは出来ない。それはあくまでプルシャの影としてのプラクリティ数値として発見されるだけで、実在としての数値を物理的に表記することは出来ない。

何故なら、ニルヴァーナとは物理法則の〈有為〉内に存在するものではない超越した〈無為〉なる存在だからである。捉えることは不可能である。しかし、重力レンズ効果によりブラックホールが認識されたように、プラクリティの数値化を通してプルシャの影を認識する時代が、いずれ来るかも知れない。何であれ、その為には、現在の科学者の思考基準を少し修正する必要はあるだろう。しかし、それが我々の世界の物理理論の延長としてプルシャを捉え得るかというと、それは否である。無理だ。見られている側の人間が観測者たる意識主体を観測することは出来ないということが基本原則だからである。これは哲学的素養がない人にはちょっとわからない話だ。

それ故、ニルヴァーナ（涅槃）と呼ばれる例外中の例外の特殊な「空間ではない〝何か〟」をどう捉えるかは難しい。この絶対的な（物理的な絶対とは意味が違う）存在というものを、この我々のこの世的な物理法則で解明することは不可能である。それは理論上の逃げなのではなくして、現実に不可能なのだ。しかし、きっと何らかの手法を我々は見出すことが出来ると信じている。そうでなければ人間の存在理由が見出せないからである。この完璧な宇宙が最後に人間の所で不完全になるとは考え難いからである。

新たな神の出現

科学はいずれ創造者の「影」を捉える

そして、今や最先端をいく物理学者たちは、この多次元宇宙というものを肯定する時代に入った。こんなことは、私は十代の頃からずっと言っていたことではある。しかし、科学というものがようやく今たどり着いてきた。これはＳＦじゃない。しかも人類の中で一番頭がいいと言われるような部類の科学者たちがこれらを今、真剣に考え始めている。中には神を表わす数式を発見しようとしている人もいるのである。大いに結構な話だ。いずれ「神」の影の部分を数式で導き出せる時が訪れるであろう。楽しみである。その時はさすがに大騒ぎになるだろうが、それはあくまで影でしかない。本体は永遠に数式に捉えることは出来ない。しかし、影で充分だ。

アインシュタイン以上の物理学者が早く出て来て欲しいものである。こういう物理の現象を通じて、物理理論として神というよりも〈創造者〉とあえて言い直そう！　〈宇宙の設計者〉といってもいいが、この不可思議な存在を今、見出そうとしている優れた物理学者がいることを我々も知っておかなくてはならない。彼らはまだ主流ではない。しかし、いずれ主流となる時が来る。

「宇宙マイクロ波背景放射」によって映し出された「神の顔」なる宇宙地図は全宇宙の銀河を表わしている。ネットワーク状に膜みたいに出来ており、その膜上に銀河が並んでいる。それは、人間でいうと血管網とよく似ているし、脳のニューロンネットワークとも非常によく似ている。そうすると、宇宙の銀河をベースとしたところのネットワークというものが、実は、「宇宙意識」として作用しているかも知れないということにもなる。タオと言い換えることも出来る。「神」というものとは別に、人に部類する有情《うじょう》（生命）の集合体とでも言うべき意識がそこに作用していないとは言い切れない。それは「量子意識」と呼ぶことも出来る。

脳のニューロンネットワーク
細胞体の周りにある短い樹状突起が情報を受け取り、細胞体からのびた長い軸索が別のニューロンの樹状突起と繋がり情報を伝達する。

同じような原理で、脳細胞に、ネットワークが出来ることによって、意識がそこに発生する。脳から出ている信号というのは、プラスとマイナスのイオンである。カリウムイオンとナトリウムイオンの交換によって意識が生まれている。それによって、相互に情報交換がなされ、我々の意識や各種機能が生まれている。

この事から、宇宙構造も脳内ネットワークよろしく人間の意識ならぬ宇宙の意志が生じている可能性を示すものでもある。もちろんそれは、宇宙意志の影としての〈宇宙言語〉なのであって宇宙意志そのものであることはない。見る者が見られることはないからだ。

だから、我々の脳内でカリウムイオン（電荷）とナトリウムイオン（電荷）は、交換されることによって、意識がそこに誕生してくるのなら、大宇宙や大自然の中の電荷なり光子の交換によって何らかの意識が生まれていると考えられるのかも知れない。宇宙と人間を対応させて見ていると想像される訳である。非常に興味深いところだ。その意味では、我々の体細胞一つ一つに何らかの意思が有るという説も成り立つことになる。

量子コンピュータなるものが出現し始めたが、その観点に立つと、宇宙構造もまた巨大な量子コンピュータであることに気付かされるのである。もし、本格的な量子コンピュータが実現した時には、どこかの時点で、この宇宙と同期が生じ感応し生命体的に機能し始める可能性を筆者は感じている。もし、そうなったならば、その時、量子コンピュータは人類に神の影たる声を伝え出すのかも知れない。量子コンピュータにはそれだけの可能性が見出され、その期待は大きい。

宇宙物理学の進化が創造者の概念を変える

百年後以降には、人間の脳が今の三次元感覚を脱出して、四次元感覚に突入する時代が来るであろうと思う。その時にはニルヴァーナ的「影」を数値化することは可能かも知れない。

しかし数値化そのものは出来ても、アトム（原子）を我々が実感できないように、人間である限り永遠に理解できない概念だろう。ちょっと難しい話になるが、仏教哲学で語っているところの「我（アートマン）に非ず」という「非我（真実のアートマン）」は捉え難い。「非我」と呼ばれている「非ず」という存在観念…の理解は、既述しているがこれは虚数の概念に近い気がする。もしそうだとすると、虚数が理解される程度には理解されるのかも知れない。少なくとも禅定者には理解できているのだから。

しかし、次元さえ変われば、人間の知能が四次元を把握できるようになった時には、違う物理法則による違う数式が誕生し得るのではないか——とも考える。その時に「非我」とよばれた解明し得ないところの認識される側の存在（アートマン）に、もしかしたら辿り着くかも知れない。それは禅定者が、非我という概念をもって錯覚せし自分や絶対的な存在を認識するように、それをもう少し明確な形で理解できるようになるかも知れない。

これは物理学というよりも哲学の話ではある。否、それ以上の話と言うべきだろう。思考言語では辿り着けない叡智言語という一種の直観的智慧が要求されてくる。こういうことも含めて、このマルチバースのものの考え方というのは、〈死後〉というカテゴリーを広げる理解に何らかの衝撃を与えるかも知れない。そういう中で、物理学者における「人間原理」という理論に注目が集まっているのである。

量子論のところで述べたように、波束の収縮と呼ばれる素粒子の位置と運動量（速度）は同時に測定できないこと（不確定性原理）が分かっている。それは相補性としても理解されている。しかも、観測者の意思が関わることで、空間内を自由に飛び交っている電子（素粒子）が、突然、波束の収縮を起こして出現する。そのことから、素粒子には意思があるのではないかという説すら唱えられるようになった。その真偽は未だ確定していない。更に驚くべきことは、量子テレポーテーションと呼ばれる現象の事実である。それは上向きAと下向きBのスピンをもったペアの「重ね合わせ」状態の電子を二分割して、一つをここに、他方を宇宙の涯においてきても、そのどちらかの箱を人が観察した途端にその箱の電子がA（またはB）を決定すると同時に他方の箱の電子もB（またはA）を決定してしまうというものである。

それは、光速より早いスピードで他方の箱に情報の伝達が行なわれることを意味し、この瞬間移動の現象は、量子の不思議を更に深めることになった。観察者（人間）が見ようと意識を向けた瞬間に位置が特定されることが毎回起こることにより、観測には人間の意思が関与することが「ノイマン＝ウィグナー解釈」で示された。それは同時に人間の意思に反応する粒子に意思が有

量子テレポーテーション　量子力学的に絡み合った二つの粒子の一方を観測すると、測定によって決定された状態が光速を超えて瞬時にもう一方に影響すること。

フォン・ノイマン＝ウィグナー解釈　一九三二年、フォン・ノイマンとユージン・ウィグナーは、最終的な測定結果を得るには意識が必要、量子系と古典系の境界はいくらでも拡大できると主張した。実はシュレーディンガーの猫の思考実験はこれに対する反論を意味していた。

るという概念をも生み出す結果になった。しかし、このことは賛否両論あり表向きは語られることはない。この意識説からも人間原理というのが認知されていくことになる。

つまり人間という意識が宇宙の素粒子に影響を与えているということが語られるようになり、それが宇宙全体の人間原理概念へと広がったのである。そういう形で、人間の意志がこの宇宙を造ったという、ある種飛躍した論理にまで展開するようになった。神が造ったではなく、人間の意志が宇宙を作った。つまりそれはビッグバン以前に人間の意志（純粋意識）というものがあったという論理へと発展した。そして人間が宇宙に依存するだけでなく、宇宙が人間に依存していると考え出したのである。

この人間原理の基本をなす考えは、この宇宙が唯一のものという前提にある。唯一であるにも拘わらず、あり得ない確率で高度な知能を持った人間が誕生し、更に宇宙を解明している事実をもって人間中心の理論が形成されたのである。

その意味では、先のマルチバース理論は、宇宙がこの宇宙だけでなく際限なく存在することになり、その一つとして偶然人間中心のこの宇宙が出来ても、確率論的に可能となり、そこには人間原理は成立しないことになる。ところが、これにもまだ落ちがある。そのマルチバースの全てに知的生命が存在している可能性である。筆者はその立場に立つものである。

そういう流れが現在の物理学に出てきていて非常に興味深い。この場合の人間意識は個としての人間を指すものではないことは明白である。もしこの場合の純粋意識が物理学の世界で正式に認められる時が来たならば、その時にはニルヴァーナの概念化が進むかも知れない。

その場合には、従来神的存在と受け止められていたものを、人間的存在として受け止めるということになるのか、はたまた別な概念を持ち出すのかが問題となる。その人間の意志とは果たして何者なのか、ということである。そこまで明確にすることが要求されることになる。因みに、三章にてシュレーディンガーはそれを「一つの意識」と言い、「霊」と呼称している。一つの意識とは人間意識の総和を指している。

そこで、人間意識が存在する、つまり神は存在しない、人間意識だという考え方と、もう一つは人間の意識を集約するところの創造者という概念が成立するのか、哲学的に捉え直す必要性が出てくる。なお、基本的に物理学者は神とは言わない。宗教的な神の意味合いや人格神的意味合いは基本的に一切否定である。そうして創造者とする何者かの、そういう存在の意志というものがそこにあるのではないか——と考えているわけである。シュレーディンガーが言った「霊」とは将にこのことを指しているのだと思われる。

人類誕生は奇跡的偶然か必然か

非常に高度な知性を身につけたこの人間が生まれてくる確率は、既述の通り宇宙の原理からするとほとんどゼロである。確率ゼロのところにこれだけ高度な人間が存在し発展し続けていること自体が、もう奇跡以外の何ものでもない。しかも、この我々の銀河ですら二兆個も存在すると言われている。最も近い所は三千光年先に高度な文明を持つ人類が存在するらしい。確率ゼロのところにこんなにも存在するというのだ。それが真実なら、それはそこに何らかの意図、すなわち生命を誕生させ、意識を発展させようとする何らかの意図による設計図が、この宇宙にあったのではないか、と考えられるのである。宇宙のこの構造からすると、こんなにうまい具合に人類は誕生進化できないからである。

でもうまい具合に微妙なところに太陽系が出来、絶好の位置に地球が出来、そして絶妙に酸素などの生命に必要な必須物質が出来、生命が生まれ発展するだけのものがそこに用意された。しかも、更に細かいことをいうとウイルスによる突然変異も含めて、脳が宇宙を理解するまで進化したわけである。知的に進化したのは人類だけで、この限りない生命の中で、一種類だけが進化したということ自体も奇跡である。

地球のすぐ近くの金星や火星に人類が誕生できなかったように、地球だけに知性を生み出したこと、それは極めて困難な偶然であった。しかし同時にその人間が誕生する以上、同じ知的生命がこの宇宙にはたくさんいるだろうということになる。そんなことは小学生にでも分かる理屈だが、何故かいま頃になって物理学者が声を大にして語り始めたように筆者には聞こえてくる。これは宇宙人も同じ「人間（知的生命）」という発想からのものである。

人間を育てるために何らかの「意志」が宇宙全体に配置したのではないか。何故ならば、確率的に不可能なことが驚くほどの確率で存在するからだ。そのことの矛盾こそが何らかの「意志」

がそこにあるからではないか、と物理学者の中で言われ始めた理由である。だから宇宙には創造者がいるのではないか、しかしそれは宗教的な神と認識すべきではないと、優れた物理学者たちは考えるに到ったのである。問題はそれを頭ごなしに否定罵倒する同じ物理学者たちが存在することであるのだ。彼らの悪影響は余りに大きすぎる。

物理法則を超える我々の精神

こういう流れを通して我々がひとつ理解すべきことは、我々の意志（我々の精神）というものは、限りなく存在するということを意味しているのではないかということである。肉体には限りがある。肉体は明らかに物理法則に支配されている。だが、精神はこの物理世界の法則に支配されない形で存在し続けているのではないかということである。あるいはまだ発見されていない物理的な〈意識粒子〉というのが存在するかも知れない。この本の冒頭で語ったチャーマーズの言葉のように、意識は時空間と同列の普遍定理なのではないか——という認識である。限られた生活空間に生きる我々人類には、限られた意識しか作用していないと考えるべきだろう。

我々はそこにリミッターを取りつけられているようなのだ。我々にはここまでだというふうに限界意識を植え付けられていて、それが当たり前として認識させられているのかも知れない。本当は遙かに超人的な意識を発揮できるのかも知れない。これは決して単なる空想ではない。充分

グリア細胞　ニューロンとともに脳を構成する細胞。ヒトではニューロンの数の十倍。神経成長因子や栄養因子などを分泌し、ニューロンの維持や再生を助ける。

に根拠のある話である。誰もが知るように脳は数%しか使われていないという。グリア細胞などの思考とは関係ないとされているものがあるとは言え、脳を一〇〇%フル活用できるようになると、今の我々には想像できない超人がそこには出現することが予見されている。

〈火事場の馬鹿力〉という言葉があるように、何かの拍子に人間は例えば、やっと二〇kgを持てるような人が五〇kgのタンスを持って逃げたなんていう話がある。この手の話はいくらでもある。人間は二〇〇kgくらいの力は問題なく出せるらしい。もっと出るかも知れない。それは心のリミッターが外れればの話だ。人間の体というのはリミッターを外してしまって全力を出すと、筋肉や筋が切れる可能性がある。それを防御するためにリミッターがかかっていて、遙かに手前で安全弁が働いて、それ以上に力が出ないように出来ているのだ。

〈火事場の馬鹿力〉というのは、その人が動転することによって無意識のリミッター意識が全部取り払われて、最高の力が出せるようになるものである。そして奇跡的なことが起こる。片手でひょいっと人を放り投げるくらいの力が出てしまう。それは凄いことだ。

実は筆者も四十代までは、マシンではあるが三〇〇kgを背負うことが出来た。二〇〇kgなら背負ったまま軽いスクワットが二十～三十回は出来た。ところがスキーで背骨を損傷して以来七〇kgを背負っただけで激痛が走るようになり、ある日、それまであった意識が大きく変化していることに気付いた。完全にリミッターがかかったのである。それまで持っていた何百kgもの重荷だってきっと背負えるという意識が生じなくなったのである。それは痛みが関係していたとは言え、明らかにリミッターが作動した瞬間だった。そういうリミッターが我々には、肉体だけではなく

クリスチャンサイエンス アメリカの宗教家M・エディ夫人が信仰によって病が癒された経験から、一八六六年、創設したキリスト教団体。キリスト教科学。精神のみが実在し、病も神への正しい思考によって癒やされるとする。

心にもかかっているのだ。

宇宙に意志を見出すことになれば、その純粋精神というものが何らかの形で、人間に解き放たれることになるのかも知れない。この世で生きているという我々の意識は、この世というリミッターに制御されているとも考えられるのである。この世の縛りを突き抜けて、我々の次元を遙かに超えた〝何か〟に到達するだけのものになり得るかも知れない。禅定者とはそれを成し得る数少ない専門家なのである。そういうことを暗示していると筆者は感じている。漠然として感じるのではなく、ありありとそれを感じるのである。そのようなことを宇宙の創生を通して、生成化育されていくこの世界の姿を見ていると、人間そのものに当てはめることが出来ると思うのである。

意識の重要性を我々は改めて再認識しなくてはならない。素粒子がミクロだけでなく、マクロの世界にも関与している限り、我々の意思は常にそれらと反応しあっていることを意味するからである。そうなれば、どう考えても前向きで明るい者の方が、その逆の人間よりも圧倒的に素粒子との相互作用が好効果を齎《もたら》すと想像できるのである。クリスチャンサイエンスなどが話題になるのも将にこの原理によるものである。ポジティブシンキング然りである。この原理がいわゆる奇跡を起こさせるということになるのだろう。

■新たな神の概念

我々は、ここに新たな神概念の再構築を迫られている。それは、従来の宗教が示してきた人格神の姿ではない。人に命令する神でもなく、人と対立する神でもなく、人が手を合わせる神でもない。その様な神は存在しない。宇宙フロンテイアへ向かおうとする人類の新たな神は、物質と反物質、この宇宙と他宇宙の無数の意識ネットワーク的存在として再構築する必要がある。

シュレーディンガーに倣ってあえてそれに名を付けるとするならば「太霊《たいれい》」である。

それは我々の意識の集合体という意味である。それは単にAとBとCを足した意識という意味ではない。その暗示として我々はネットワーク時代に生き、超高速電算機《スーパーコンピュータ》にお伺いを立てているのかも知れない。いずれ量子コンピュータ時代になった暁には、いまの我々が想像すら出来ない未知の世界が開示されることになるだろう。大いに楽しみであるが、筆者が存在している間には無理であろうことが残念だ。

第六章　「悟り」の構造

宇宙と人類を支配する「重力」の意味

重力が宇宙の運命を決定した

宇宙の運命は重力が誕生したその瞬間に決定した。もし重力が今の宇宙より弱いと全てのものがあっという間に飛び去って、銀河は出来なかった。逆に重力が今の宇宙より強いとあらゆるものがブラックホールになってしまっていた。つまり、今の重力の強さが将にこの宇宙に適していることを意味している。この重力の概念を捉えなおしていると、すでに述べてきたように我々の心の在り方とまったく同じであることに気付かされるのである。我々は「心」によって支配され「心」によって衝き動かされ、「心」によって幸も不幸も導かれているのである。「心」が全てだ。この「心」が無くなればどんなにか幸せだろうか。

しかし、「心」が無くなれば「幸せ」だって感じられない。「心」は強く引き付け、強く嫌い、弱く関わり、時に無視もする。その働きは「重力」そのものである。「重力」こそが「精神」における煩悩、すなわち〈執著そのもの〉であることに気付かされるのである。我々の重力（巨大な執著たる煩悩）はこの宇宙を創造するのに丁度適していたということになる。

宇宙には誕生の瞬間から、あらゆる物理法則が働き始める。最初に現われた力は重力であった。この事実を認識した時、筆者は実に深い感慨を覚えるのである。

重力だったのか！

この感嘆は強い印象と共に筆者の心に深く刻まれたものである。大宇宙の中心は重力であった。とすれば小宇宙の人間を支配しているのも重力ということになる。人間にとっての重力とは何かと考えた。すでに述べてきたように、それは執著心に他ならない！「重力」の出現を最初に認識した瞬間「その作用が人を創り上げた！」と直観した。仏教の十二縁起で説くところの業《カルマ》の潜在的形成力としての「行《ぎょう》（サンスカーラ）」であることに直結した。人も物も全ての物が引きつける力によって成立している。それは原子の説明の時に電磁気力のことを述べたように、実に物体の全てが引きつけ合う力、またその逆の斥力《せきりょく》としての反発する力によって成り立っているのである。それは別な言葉にするなら「執著」と表現することが出来る。引きつけ合う執著と反発し合う執著とそのどちらでもない執著とがこの世界を支配しているのだ!!

更に、人の心を覗き見れば、煩悩の塊であることが理解できる。人の心は常に何かに囚われ拘

行（サンスカーラ）(2)　十二因縁の第二支。説一切有部の「三世両重の因果説」では、①無明②行を過去の因と見て、それにより、③識④名識⑤六処⑥触⑦受の現在の果が生じ、⑧愛⑨取⑩有の現在の因により、⑪生⑫老死の未来世の果が生じるとする。

り、あるいは無視するという執著を見せる。重力は自己を形成する上での強い拘りとして人の内にあるものと言えるだろう。どっしりとした重みで地面を踏みしめるその感覚こそが、重力そのものの作用だ。アイデンティティは将にそのようにして形成されていく。重力がこの宇宙を創り上げてきたことは、すでに述べてきた通りである。

一貫してこの世界で自己主張している「重力*」。それはすでに語ってきたように物質世界だけではなく、精神の世界にも大きく作用していると見るべきである。「重力」というのは自分の中では何だろうと考えてみて欲しい。

重力は根源の力である。この世の一切を支えている力である。それはビッグバンの一点へと戻す力でもある。また、普遍的随所において作用する力である。それは、宇宙意志の表象なのだと思われる。それ故に、宇宙原理の全てを支配しているのだ。重力に始まって重力に終わると言ってきたのは、将にこのことである。そして、人間の心もこの重力に支配され衝《つ》き動かされているように思えるのである。

それは根源性である。我々は無意識のうちに不可思議な根源的意識によって心を支配され、その思いのままに動かされていることを自覚するのである。人間は皆幸せになりたいと思っている。懐かしい故郷を思う習性がある。この帰巣本能は全生命にあると言ってよいであろう。この帰巣感は、それ故に人を哀しませるほどに強い希求性を持っているのだ。それが全生命に有るということは、将にそこに何らかの力が働いていることを意味することになる。それは、我々の意識を根源へと戻らせようとする〈意志〉の作用ということが出来るのであろう。

＊ 重力とは重力そのものを意味する場合とは別に四つの力の総称としても筆者は用いている。

四つの力の出現

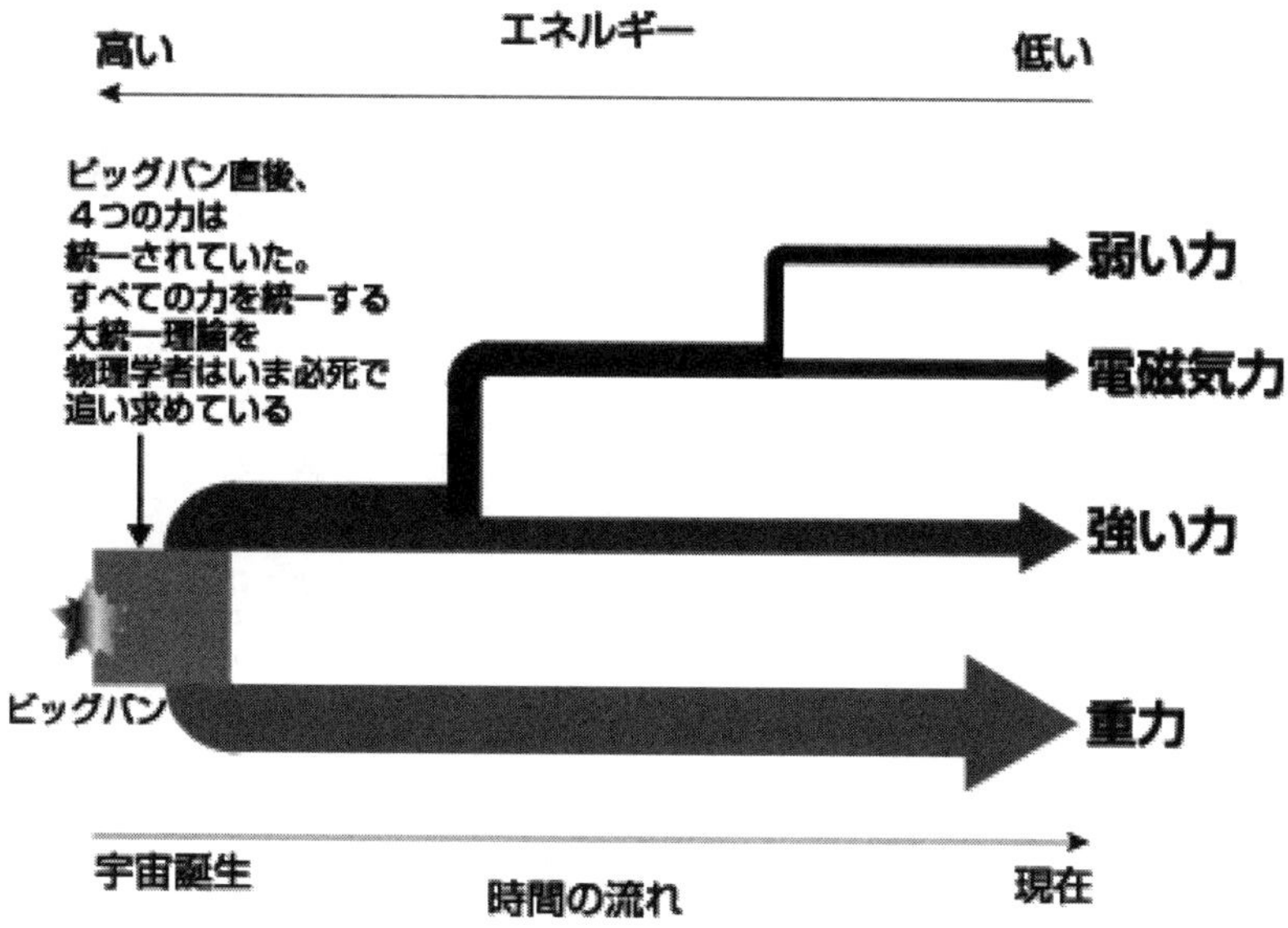

ビッグバン直後に於いて力は一つであった。宇宙が冷えていく過程で重力が出現し、次に強い力が枝分かれして、その後に電磁気力と弱い力とに分岐した。この過程は、明らかに宇宙生成のための働きであることが分かる。つまりは、最終的に人類を創造することが定められていたと読み取れるのである。そして、最初の一なる力に辿り着くことが物理学の究極の理論と言われている。

「四つの力」と人格の形成

人は親子の愛情という重い力に支配され、次に友人や恋人という力に支配され、家族の力や内側から出てくる怒りや不安や嫉妬などの執拗な執著という力に支配され、更に諸々の欲望という力に支配されている。その執著心こそが人間存在の核たる意識であり、人生という浮き沈みの最大の原動力ともなっているものである。宇宙の重力作用は人間にあっては、強い欲望や愛情としてその人間の心を支配し牽引し、離すまいとする。中でも、より濃密な相手とは、原子核を支配し核子を結びつけている「グルーオン（電磁気力より強い力）」や「ウィークボソン（電磁気力より弱い力）」の作用が我々を支配し振り回していると言えるだろう。実に引き付ける力は人間を支配しているのである。

自己自我の形成にはハドロン内の「強い力」「弱い力」的相互作用として至近距離にのみ働く重力より遥かに強力な力が作用している。その力こそが狭い世界に独り棲む自我（自己）である。それは常に自分だけに向けられる意識である。原子レベル内では恋人や夫婦や親子を結びつけ、或いは友人レベルを結びつける電磁気力相互作用によってその距離を保つと同時に支配し、更に社会活動の力作用として働いている。そして歴史や世界や思想文化という変え難い先験的存在には重力という最も遠くまで届く重力子的作用が相対《あいたい》していると筆者は考えるのである。それは人の心の中でも受け身的に受け入れている部分である。抗し難い力と言っても良い。それに対して

光子　光の粒子のこと。フォトンともいう。量子力学は「光は粒子であり、波である」とみる。光子は電磁場の量子で、質量ゼロ、スピン1。荷電粒子の間のクーロン力は仮想的な光子の交換によって生じる。

公転と自転　公転とは、天体が他の天体の周囲を回転すること。自転とは、天体が自分自身の中にある一つの軸を中心として回転する運動をいう。

光子の受け渡しによって生じる電磁気力的自己または自我の社会との関わりは、重力と比して極めて積極的であり、自己（自我）が社会（他者）へ向かって介入している姿を指すのである。自ら社会と関わり、世界へ飛び出していく力である。中でも世界的に活躍する人たちや革命家などは、その最たる存在である。それは自分の強い意志に他ならない。重力的関わりが、ある種の諦めであり受け身として、時に集団で蹂躙されるのとは大きく異なっている。実に、人の心とこの四つの力は適合し分析し得るものであることを強調しておきたい。「重力」とは非常に強い力である。そして、重力の中心にいるのはブラックホールでもなんでもなく、それは創造者の影だと筆者は思う。

自分自身が生まれて、生きて、今に至るまで、自分を公転させているもの（自転《スピン》というのは自分自身の意識なのだが）、それは自分の意識を遥かに超えて自分自身を衝き動かしているものである。それは誰しもに共通した潜在する意識である。宇宙を遥かに超えたところの創造者の意志でもあるのだ。ただしそれは、人の世界に応じた限りにおける見せかけの「意志」である。真実の意志が顕われることはない。

ユングが説いたところの我々の意識の深い所に核となる無意識が存在する。その核となる集合無意識に我々は常に引かれているように思う。これこそが「重力」としての深層意識作用である。その重力なる無意識によって我々の生命は、常に心の内側に引っ張られ、奥へと向かうように造られているように思われる。意識するしないに関係なく、全く意識しない一生であったとしても、無意識のうちに人はそこに常に惹きつけられているのである。その力こそが「創造者」であるのだ。

ここで一度、四つの力について整理しておこう。それは①自分自身だけの世界に関わる力がグルーオンとウィークボソンであり、それは他者とは関係なく、只、自身の内面のみを形成する力であり、自己への執著心（すなわち自我）である。自我は常に煩悩に支配されていると同時に、本質的根源性とゆらぎ（刹那生滅）を通して結ばれており、その座標へ入り込む坐禅瞑想によって煩悩から解放される関係式の中に存在する。だが現実は、本質的ゆらぎ性を感受する所に至れず、煩悩に支配された自我を形成する。ここでは〈感情言語〉や〈感性言語〉の作用が強い。だが、禅定を用いることが出来れば「ゆらぎ」へと到達し、〈叡智言語〉と出合うことが出来るところの個人的自我である。

次に、②自己と密接に関わる家族や異性との間に働く力が愛の象徴である光子を受け渡しすることで生じる電磁気力である。これは重力と共に無限大に伝わる力であるため、自己（自我）も広い世界における人間との関わりへと心が向くことになる。社会的自我の形成である。

ここで一つ注目する点がある。「強い力」と「弱い力」が自我ないし自己を独善的に圧倒的な力で形成させ、「重力」が全ての存在に平等に関与するのに対し、「電磁気力」はプラス電荷の陽子やマイナス電荷の電子といった電荷を持った粒子間でのみ作用する力であるということである。その電荷とは将に好き嫌い、合う合わない、受け入れと拒絶といった人間の強い感情意識そのものを暗示していることである。それは他者との関係性そのものを意味しているのである。その分喜びも大きくなるが、苦悩も大きくなり、喜びが強い人（成功者）は自我の開放へと向かい、傷を負った者は①の殻の中へ閉じ籠ろうとする傾向を示す。ニートの類が一つの例である。この力に関係するのは〈感情言語〉と〈理性言語〉である。

更に、③社会性を強く受ける作用として、すでに措定《そてい》されたものとしての政治経済、思想文化文明という力として重力が関わってくる。ここは学ぶ場であり〈知性言語〉が支配している。その進化の結果として〈叡智言語〉へと到達する。

この様に分析すると、意外にも愛情から〈叡智言語〉が生じにくいことが判明する。愛情は強ければ強いほど執著が強くなり、思い通りにいかなければ正反対の憎しみへと変わる代物であるからだ。人生の悩みは人間関係というが、将に②はその関係力である。一方、①の自身への異常とも思える執著はいかんともし難い。業以外の何者でもない。だが、それでも叡智言語への最も近い所に位置している。

救いは、どの言語であれその背景には〈機能言語〉が存在し、全次元に対応する潜在能力を有していることである。

光子が意味すること

ここで改めて電磁気力を発生させる光子の交換について言及しておきたい。光子は精神の世界に在っては「愛情」を意味すると述べてきたが、この光子には極めて特徴的な性格が有ることに驚かされる。四章で詳述したように、全ての粒子には反粒子が存在し、それにより構成されている物質にも反物質が存在する。物質と反物質が出会えば爆発して対消滅《ついしょうめつ》を起こす関係にある。この反粒子は例えば、陽子には電荷が逆のマイナス陽子があり、電子にはプラス電子があるといった具合に、作用が真逆の性質を持ったものである。

ところが、光子だけはその「裏」の存在がなく、光子自体で表も裏も形成しているのである。この事実は実に興味深く、無視することは出来ない。これこそが、光子が愛情であることの証明であると言えるだろう。光子としての愛情は深化すれば「愛」「博愛」「慈愛」と変じていくものである。愛に裏表があってはならないというのは少し考えれば理解できるであろう。

あえて神的という言葉を用いるならば、神的愛の関わりこそが、この光子によってもたらされるものと言えるのではないだろうか。神的愛に裏表が有っていい筈がない。そう考えると、光子の存在そのものが逆説的に神の存在を暗示するものでもあると言えてくるのである。全ての粒子に別個の反粒子が有るのに、光子にだけ無いというのは、実に興味深い原理なのである。「愛」はいかなる形であっても愛そのものであることを意味しているのだろう。

だがそういうと、人間関係における情の交わりは往々にして対立を生むのだから、愛とは言えないと言う方もあろう。この指摘すらも、この光子の反物質との同一性をもってその対立も愛に他ならないと理解すべきなのである。一切の原理には濃淡と前後上下といった作用が有されている。自分に向ける思いには、その時々で濃淡があり、前に進んで後ろ向きになるという心的作用、更には人間性が向上すると下降する作用がある。

それらを支配する力は光子ではなく核子内だけで自我に働くウィークボソンやグルーオンであ

り、それ故に、反粒子としての悪を作用させ殺人までをも可能とさせるのである。

一方、光子は核子内から全宇宙に広がっており、その力は常に愛としての力なのだと分析できるのである。その愛に変化を与えているのは光子ではなくグルーオンやウィークボソンなる自我の働きだったのである。それこそが、仏教が説くところの「我」であるのだ。自分に執著した人間の愚性である。大変優秀なヨーロッパ人もこの自己主張が強いのはここに関係する。仏教的教育を受けない文化がそのようにさせているということになる。仏教的にはそれは愚かということになるが、原子構造からもその事が読み取れてくるのである。その意味で、我々が依存すべきは自我ではなく、光子の愛であると言うべきだろう。光子が全宇宙に満たされているように愛もまた全宇宙に満たされているのである。

そして、さらなる理解は、我々が知る愛は重力と同等であって、それ以上ではないということである。すなわちそれは、重力＝執著の構図の中に所詮は組み込まれた一部にすぎないということなのである。つまり、仏教が説く如く、人の愛すらも執著の産物として排除し、一切を超越するところの智慧へと到達しなくてはならないことを示しているということである。とは言え、それ以前の境地にあっては、愛は極めて重要な心作用である、神霊的なる存在へのアプローチとしても、また他者との融合のためにそれは絶対的に必要であり、根幹的存在であることを示している。

物理学が「あちらの世界」を語りだした！

もう一度、この原子においての非常に特殊な現象について理解を深めるとしよう。電子は軌道上の惑星のような動きではなくして、実はどこにいるか分からないという幽霊のような存在であり、このことは非常に重要なポイントである。通常これは電子に限らず全ての素粒子に言えることで、粒子性と波動性が説かれているが、実は厳密には粒子でも波でもないといわれている摩訶不思議な存在なのである。極論すると、存在していない、と思えるような存在である。では存在していないのかといわれると、存在していない訳はない。存在しているから我々物体が存在しているわけである。しかし、考えようによっては、「存在していない」ということは、本当に存在していなくて、それを我々の存在しているかのように存在している脳が勝手に「存在している」と感じ取って、実は存在していないのだけれども存在しているように思わせていて、「自分」という幻の意識がここに存在しているのかも知れない。

人間あるいは生物と言ってもよいかも知れないが、それらが共通のそのような錯覚する原理、仏教的に言うと法（ダルマ）的作用を植え付けられていて、その原理に基づいて我々は錯覚をし、実は物理学的には「これ、存在していないかも」と思われている通りに、実は存在していないのかも知れない。仏教哲学の方は二千五百年の疾《と》うの昔に「存在していない」という結論に達しているのだから大変興味深い話である。

法（ダルマ） Dharma 「保つ」「支持する」を意味する動詞の語源 dhṛ- から派生した語。秩序や法則、あるいは教え、道徳、真実。

量子もつれ　二つの粒子が遠距離で何の媒介もないにも拘わらず同期して振る舞い、一方が定まると同時にもう一方も定まるという、古典力学では説明できない相関を持つこと、またその現象。

いま物理学でも、「この世は存在しない」と言い出した。それは電子をはじめとした素粒子が、有るのか無いのか分からない存在だということが明らかとなったからである。しかも、陽子、中性子が、更に小さいクォークやレプトンによって出来上がっており、それもまた十二種類に分かれるといったような細かい働きがあるわけだが、それらがほとんど、実際のところそれは有るのか無いのか分からないといったような存在なのである。

粒子というのは一つなのに同時に複数の状態を取っている存在で、それを「重ね合わせ状態」という。観測された瞬間に波束の収縮が起こり、一つの状態として出現するというのは、シュレーディンガーの項で述べた。その二つの粒子を重ね合わせ状態にして、その二つを遠距離にバラバラに置いた時に、観測により一方の状態が右回りスピンとして顕われたとしたら、遠くの他方の粒子は左回りスピンとなるという「量子もつれ」が起こることが知られている。アインシュタインが「不気味な遠隔作用」と言って認めようとしなかった現象である。この原理を用いていまや量子コンピュータが作られるまでに到っている。素粒子とは実に不思議な存在である。幽霊と言った方がスッキリ理解しやすいほどの原理である。

更に不思議なことは、一つの粒子は複数箇所に同時に存在できることである。しかしそれは、決して二つの粒子があることではない。一つの箱に電子を入れ、その箱を二分割して地球の涯に片方を持って行って観測すると、どちらかの観測した箱だけに毎回粒子が出現するというのだから、実に不思議だ。しかし、これが物の本質である、ということである。

そして一つの電子をスリット実験で調べてみると、壁があって、その手前に電子が通る穴を縦

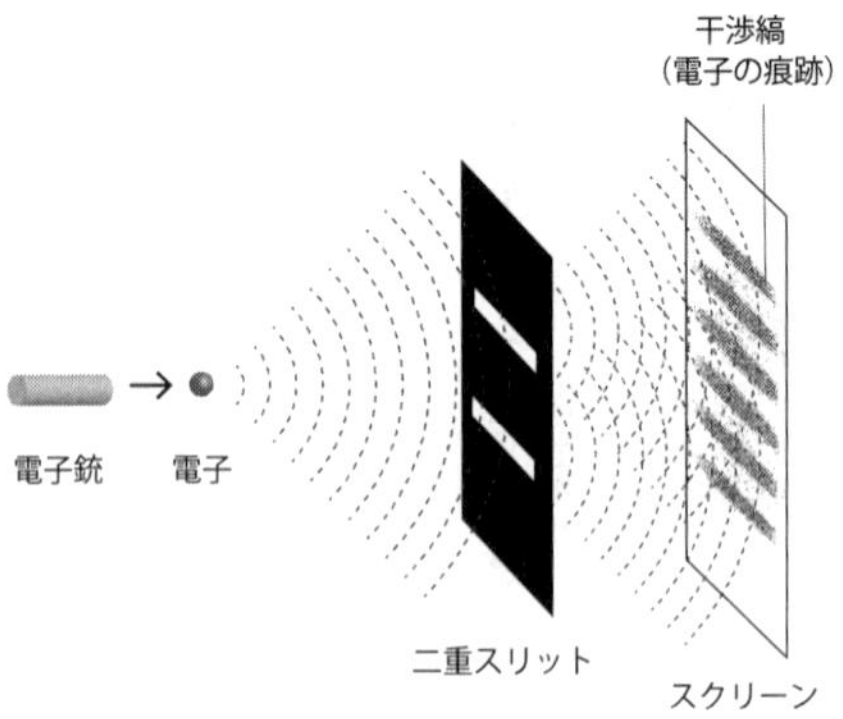

に二つ作ると、粒子だったらどちらかの穴から通り一ヵ所に印がつくはずだが、電子は波となって両方のスリットから同時に通り、干渉縞《じま》が壁に残る。つまり、二つの波が共存したことを意味する。それにより、波だったら拡がって伝わっていくから両方の穴を同時に通れる。そういうことで波だということが証明されていく。

　ところがそこで人が観測をした瞬間に、粒子となって一ヵ所に点として現われる。二つのスリットを同時に通った事実も、観測された瞬間にどちらか一方だけを通過したことが判明する。これにより、現在が過去を修正したことの意味付けがなされたことは、重大な発見であった。更にそれが調べられていくと、粒子の「ような」波の「ような」性格であって、波そのものでも、粒子そのものでもないということも分かってきた。そこで重要なことは、人間の意思がそこに介在しているということが量子論の主流派では言われていることである。

　それから、波として伝わっていた粒子が、人間が見た瞬間に収縮して一点に粒子となって現われてくる。ではそれまでの波は一体どこへ消えてなくなったのか、ということが言われるようになった。従来の量子論ではそんなことは無視して、人間の意思が介在して確率的にこういうふうに現われる、という確率解釈というものが採られてきたのだが、これに新たな解釈が現われた。「多世界解釈」である。

　その一つは、人間が見ることによってそこに電子が現われるということは、広い意味で原子が現われる、物体が現われるという考え方である。ということは、このミクロの世界あるいはせいぜい我々の世界まではその理屈でもよいが、では宇宙という単位になったときに、宇宙にも収縮が起こるための観測者が必要になる。だが、観測者たる人間がいないのだからそれはあり得ない、だからこの解釈は間違いだと考えた。収縮というのは物質が現われることだから、宇宙単位で一つの宇宙を見たときに、宇宙に収縮が起こり、宇宙が物質世界として現われるためには、宇宙を見ている観測者たる人間がいないといけない。それは理論上あり得ないだろう、というわけである。ところが、その逆に、宇宙が生まれたということは、だから「宇宙意志」が見ていたということを意味すると主張するグループも現われた。「人間原理説」である。

もう一つのグループは「そんなものあるわけがない」とはじめから決めつけている人たちである。そういう意識の人たちだから、完全な唯物論に立脚している人たちは、宇宙の外側に何らかの意志があるということを一切認めていないので、論理上そこには何もないのだから、そこで収縮が起こることはあり得ないと考えた。今まで正しいと理解されてきた「波束の収縮」といわれる現象は明らかな間違いであり、実は、その消え去った方のものは消え去った世界へ繋がっているのだと主張した。それが「多世界解釈」である。消えた方の世界が次々と分岐して他の世界に現われているのだということを言い出した。だから、「今の私」がいるのだけれども、同時に次々と違う世界が現われているというわけだ。これは「パラレルワールド」とも言う。

分かりやすく言うと、自分は赤か青かどちらにしようか迷った時に、赤を選んだ自分は赤の世界を作り上げていき、青を選ばなかった、と自分は思っている。実はもう一人の自分がいてそちらは青を選んでいる。すると青の世界がここから分岐展開していく。こういう世界が実はあって、この電子がスリットを通してどこにでもいてよかったのが、観測者が見た瞬間にどこか一点に収縮したということは、その観測者も含めて、その一点が決まったその瞬間の世界が一つ出来上がったにすぎないのだと。つまり収縮は生じておらず、消え去った世界がそこで分岐して新たな次元が発生しているにすぎないというのである。

それをなぜ自分が分からないのかというと、自分は一つの世界だけに行ったからである。そうすると物理のこの原理が、全て辻褄が合うと言っているのだ。これは物理学者が言っている話である。SF作家が言っている話ではない。これは、科学者の中でも大秀才と呼ばれる人たちが言っている話である。一応これを頭に入れた上で、なおかつ更には、この世は存在しないというのが物理の基本的な考え方になりつつあるといったことも含めて、もう一度、不確かな原子というものの存在を考えてみよう。

それにしても、「多世界」という、言ってみれば異次元の世界を簡単に物理学者は肯定しているのに、「あの世」だけは肯定しない。それは何ともおかしな話だ。これには何か非常に頑なな拘りがあるようにしか映らない。

意識というものがあることは間違いない。意識はエネルギーであることも間違いないわけで、更に哲学的に考えていくならば、意識が単なるニューロン間におけるパルス信号として出てきたものにすぎないという考え方は、極めて即物的であり、深みのない解釈である。これだけの思考を持つ意識を、単なる機械として理解してしまうというのは将に短絡すぎると筆者は思う。これだけの意識が、死んでそれで消えてなくなるということはまず考えにくい、ということである。物理的にそれら意識というものが何らかの形で継続されてもいいのではないかと考える。少な

エネルギー保存の法則　エネルギーはその形態を変え、また移動するが、エネルギーの総和は常に一定不変であるという法則。一八四〇年代に、ドイツの物理学者マイヤー、ジュール、ヘルムホルツらによって確立された物理学の基本法則。

くとも意識情報というものは、必ず継続されるということだけは確かだと言われている。意識情報とは記憶という意味では必ずしもないが、それは一つのエネルギーとしてそれが継続されるということについては、物理学者は誰も反論しない。エネルギー保存の法則がある限りにおいて。しかし少なくとも、いま物理学が多世界を認める方向に行き、その支持者が非常に多く存在し、一瞬の我《われ》が限りない我《われ》へと分岐し続けているというわけである。しかし、そのためには空間が無限の広がりを持っていなければ不可能である。

これを言うのであるならば、死んだらあの世があると言ってもいいだろうという話だが、彼らは言わない。別な世界で同じ自分が限りなく存在するということは言っておきながら、あの世は絶対に考えようとしない。ここまで来るとやはりおかしい。この多世界概念が出る以上はあの世概念が出ていいはずである。でも今までそういうことを莫迦にしてきたから、今更口が裂けても言えないというプライドも多分働いているのだろう。それに最初にそれを言ってしまったら、科学者仲間から総スカンを食らうところがある。そういうことも多分あるだろう。

そういうパラレルワールドとしての並行する世界に自分自身がずっと存在する。しかもそれは際限のない分岐であって、一生に一度といったレベルではない。多次元世界というのは、別の自分が全ての世界に存在するのだ。際限の無いもう一人の自分が存在するのである。これがパラレルワールドである。ただし、この多世界解釈としてのパラレルワールドには、限度を越えた際限のない分岐が全ての人間に現われていることになり、筆者にはこの理論は受け入れ難い説だ。

一方、多次元世界というのはパラレルワールド（並行世界）と異なり、自分はここにしかいなくて、他の宇宙が際限なくある世界である。それは物理法則の違う世界。そういう意味では、パラレルワールドは一つの次元の中に重なり合って存在している。これは、あの世がこの世に重なって並行世界が存在していると説く。しかし多次元世界は、物理法則がまったく違う世界なので、我々が今行ってすぐにそこで生きていられるかどうかはまた別問題である。もう一人の自分がそこにいるわけではない。

そういう世界が今、最高の科学者たちの頭脳の中で、理論物理学の世界の中で証明されつつある。そういう非常に不確かというか、極めて曖昧模糊としたと言おうか、自由自在と言おうか、そういう世界の中に我々は存在していて、我々という概念は、実はどこにも存在しないのだということを物理学は実は説いているのである。その中で、仮初めの物体として我《われ》がある、ということなのだ。それにしても、仏教哲学が言っているそのままで、ちょっと笑えるのである。「いまさら…」というのが正直な感想ではある。

解脱（悟り）の構造

さてそこで、もう一度宇宙と人間の大小宇宙の相関性を説明しよう。原子モデルに従うならば中心核に自分が存在する、その周りに家族なり愛する者がいる、その向かい合うところに他者が存在する、そして他者との社会がその更に背景にある。更に社会には時間的歴史というものがある。歴史というものに我々は学んだり影響を受けたりする。それから社会構造というものがある。共産主義の世界に生きている人は共産主義の社会に支配され、自由主義の人たちは自由主義の社会に支配され、自分が支配者なら支配者という構造に支配されている。そういう中で、士農工商があれば士農工商の中の自分という身分制度の中に自分は支配されていく。これが重力という作用だと語っているのである。

そこで、我《われ》とは果たしてどのようなものなのか一考しよう。五章で述べたように、自我とは、聖俗が無ければ成立しない。聖だけであるならば、その人は言うならば生悟り状態にあることを意味する。ニセ解脱状態で、箸にも棒にもかからないといった状態で最悪である。「聖」とは決して解脱の要諦を指すのではなく、所詮それは陰陽としての作用原理でしかないのである。精神という科学反応の元となる材料ということが出来るであろう。その意味では、聖も俗と同じレベルでしかなく、相補の関係でしかない。では解脱とはいかなる状態かと言えば、聖と俗が消え失せたときに解脱者となるのである。決して俗のみを消して聖を残すことではないのだ。

だから、聖俗というものは、実は、俗も聖も共に謬《あやま》った存在であるということである。逆に言うと、共に正しい存在であるのだ。これは前に語ったところの有為法である。有為法は、迷いの世界における一つの原則であり、その原則の中に我々は生きているわけであるが、そこから抜け出さなければならない。そこから抜け出したときに解脱という無為の世界、無為法の世界に入ることが出来る。そのように、聖俗の「聖」は、決して無為の世界の聖ではない、と言っているのだ。有為における聖俗なのであって、聖と俗が出遭って消滅することによって真の聖が出現するのだ。

真の世界、仏教的に言うとニルヴァーナ（涅槃）が出現する、という関係なのである。

　これはとても重要である。仏教学者の多くが、俗を除いて聖だけになることを説いているがこれは間違いである。これは物理法則が実に説明している。聖も迷いの姿であるのである。それは、俗があるから聖なのであって、俗に対する聖なのであって、聖自身としての聖ではないのである。絶対聖は、聖俗や正邪という関係性の中にはないということである。五章でも述べたように、我々は、この俗性を持っていなければ、自己確立が出来ないということである。破壊性即ち破壊の力を持たない者に、正しく生きる実存としての自己を見出すことは出来ないということだ。重要な観点である。

　だからといって邪に陥るのは愚かである。俗なる存在としての迷いし「我」は、邪を取り除いて正へとなろうという努力をしなくてはならない。しかし、最後の最後はこの正に拘っていては、真に邪が取り除かれることはないと言っているのだ。自分が拘る正がある限りにおいて、自分の中にずっと邪があるということである。

　しかし、我々が一実存としてここに在《あ》るという、この迷いであろうが何であろうが、いま現実にここに生きている自分がいるというこの実感そのもの、これは否定できない。理屈上は否定できるけれども、ここに我がいるということを否定するわけにはいかない。だから、究極の原理としての、全ては無いというものと、迷いの自分として実存者としての自分として、ここにいま自分がいるというこの現実感を、同時に見詰めながら、〈絶対的な無いという世界〉に向かって我々は今、有るというこの錯覚世界を正しく生きていかなければならないのである。

仁義礼智信　儒教において、人が常に守るべきとされる五つの徳目。五常。仁は他者への思いやり、義は節義を守ること、礼は他者に礼儀を尽くすこと、智は善悪を正しく判断する知恵、信は他者を信頼すること。

その方法論の一つとして、論語の仁義礼智信といった人倫道徳といったものの基準がそこに一つ現われる。更には、その上に位置するところの坐禅瞑想といった次元を超える感覚を自分の中に見出す、それを通して自分の意識をより深いところへと辿り着かせる。そして、聖俗の支配からほんの僅かでも脱け出していく、ということが問われているのである。

そして、人生において、心が弱いと、辛《つら》いことが続くと、人は陥るし、不平不満になり、周りに当たり散らし、挙句の果てに自殺してしまうことにもなってしまう。それはこの原子核としての自我が力強くしっかりと形成されていないためだ。しかしながら、強い力できちんと作られている分にはいいのだが、その力が強すぎて、それが度を越して更に強くなったときには、原子核に突如として起こるヘリウム核子（陽子2　中性子2）の飛び出しであるアルファ崩壊や他者との電子間の衝突、反発といった現象を生じさせ不安定となる。それは自己変容を生じさせ、時に乱れたβ崩壊等が生じて精神の不安定から激しい他者への攻撃性を増大させる。このときには自己崩壊が起こって、いわゆる精神分裂、或いは自殺といった行動をとるケースも出る。

そこに我々は何を見るかというと、釈尊が説かれたところの中道を見ることになる。則ち、偏りのない心をそこに形成させるのである。そうすることで正しい自己が現われる。自我を淘《よな》げさせられ、自我が弱められて、バランスが取れた中道に生きる者としての自己がそこに誕生する。そのようなことを、これは暗示している。

そうして、重力という作用、社会という作用と我々はどう関わるのか、ということも、ここは教えてくれる。それは、重力によって天から地に突き落とされても、尚且つ自己を守らんと、電磁気力は自分の肉体を支え、地面に吸い込ませないという自己確立がそこにある。人は社会の中で自分というものを生かしていくわけだが、しかしながら、同時にやはり、しっかりと柔軟性のある自己を、形成させて持ち続けなければいけない。自己確立がされていなければならないということが、常に語られているのだ。

そして、我々は重力世界の中の原子であるという立場同様に、社会的自己というものを、我々は否定できない。社会的自己として我々はいまここに存在しているということを自覚する必要がある。分かりやすく言ってしまえば、学校に行っている人は、学校の先生の言うことをよく聞いて勉強しなさい、家庭にいる人たちは親の言うことをよく聞きなさい、そして、社会の善（良いこと）と社会で言われることに従って生きる人でありなさい、そして社会に貢献しなさい、といった一連の関わりがそこに見出されるということである。

しかし、同時に、そこに時間的な歴史というものが教えるように、それは決して必ずしも正しいとは限らない。だから、自分で考えて、その中から何を自分は選び取るのか、社会が提示しているものの中で自分の霊的益となるものは、正しい道は何なのかということを、常に考えなければいけない。そのためにも、原子という形の自己というものがきちんと形成されていなければならないのである。

その自己は決して正しいという偏見に陥るのではなく、しかし同時に、何か怪しげなとんでもない自分の欲望だけに走る邪に陥るのでもなく、自分の凝り固まった正しさ、偏見というものをちゃんと排除するだけの自己分析、そしてそこから抜け出すだけの、そのような愚かな自分を壊すだけの力、意志力、そして、その中から新しいより優れた自分を止揚し作り上げていくところの力、そして新たな自分の核を作り上げていく、そしてその核をまた壊して、新たな更に上の次元へと自分を昇華させていく、そのような原理として、この原子の働きが我々に暗示してくるのである。

だから、自分の中に破壊する意識の無い人は、強い発展は望めない。穏やかに平和に呑気に、誰とも戦わないでぶつからないで、いい人で終わりたいと思っている人には、その魂が高まることがないことを意味している。逆に、いつもいつも闘ってばかりいる人たちにも、向上はないということである。なぜならば、原子そのものが不安定で、破壊され続けているのでは発展のしようがないからだ。単に不安定なだけの状態は原子（自己）の崩壊を招くだけとなる。少なくとも発展を導かない。

これは、クォークのところで、アップクォーク、ダウンクォークというのがあったが、それは第一世代と呼ばれるものである。これが常に次に第二世代に変わっていくと、この物質がチャームとストレンジというように変わる。チャームは次に、第三世代ではトップというものに変わり、ストレンジはボトムというものに変わる。アップ→チャーム→トップと変わっていき、ダウン→ストレンジ→ボトムと変わっていく。第二世代、第三世代と行けば行くほど、非常に不安定になっていって、第一世代に戻ろうとする原理が働く。一番安定するものに戻ろうとするのである。そのように、我々の精神は安定するものに戻ろうとするわけだ。中核に戻ろうとするわけだ。それは一種の帰巣性ということが出来る。

世代が若いほど重く不安定になり粒子崩壊を経て古い世代の粒子に戻る

				第1世代	第2世代	第3世代	電気量
ハドロン（分割可能な複合粒子）	バリオン（重粒子）	陽子 中性子 反陽子 Λ（ラムダ）粒子 クォーク3個または反クォーク3個でできている	クォーク	u アップ	c チャーム	t トップ	$\frac{2}{3}e$
				$\bar{u}$ 反アップ	$\bar{c}$ 反チャーム	$\bar{t}$ 反トップ	$-\frac{2}{3}e$
	メソン（中間子）	π中間子 K中間子 他多数 クォーク1個と反クォーク1個でできている		d ダウン	s ストレンジ	b ボトム	$-\frac{1}{3}e$
				$\bar{d}$ 反ダウン	$\bar{s}$ 反ストレンジ	$\bar{b}$ 反ボトム	$\frac{1}{3}e$
レプトン（軽粒子）	（これ以上分割不可能な軽い粒子）	電子		e^- 電子	μ^- ミュー粒子	τ^- タウ粒子	$-e$
				e^+ 反電子	μ^+ 反ミュー粒子	τ^+ 反タウ粒子	$+e$
		ニュートリノ		ν_e 電子ニュートリノ	ν_μ ミューニュートリノ	ν_τ タウニュートリノ	0
				$\bar{\nu}_e$ 反電子ニュートリノ	$\bar{\nu}_\mu$ 反ミューニュートリノ	$\bar{\nu}_\tau$ 反タウニュートリノ	0

		具体例	強さの比較	力の到達距離
ゲージ粒子（力を媒介する粒子。素粒子の間に働く力はゲージ粒子をキャッチボール（交換）する形で力を伝える）	グラビトン（重力）	万有引力	10^{-38}	無限大
	光子フォトン（電磁気力）	クーロン力 二つの荷電粒子間にはたらく力	10^{-2}	無限大
	グルーオン（強い力）	核力 クォーク間力	1	10^{-15}（m） 原子核程度
	ウィークボソン（弱い力）	β崩壊を司る力	10^{-5}	10^{-17}（m） 原子核程度

※すべての素粒子には質量が等しいが、電荷などの正負の属性が逆の反粒子が必ず存在する。光子には正負の属性がないため、 その反粒子は自分自身となる。

素粒子研究への日本人ノーベル賞学者の貢献　核子の間にπ中間子が交換される（湯川秀樹）／くりこみ理論など量子電気力学分野での功績（朝永振一郎）／CP対称性の破れ〔第一〜三世代〕（小林誠・益川敏英理論）／カイラル対称性の自発的破れ〔四対のフェルミ粒子〕（南部陽一郎理論）／ニュートリノの発見（小柴昌俊）

しかし、第一世代で常にいよう、一番安定のところに常にいようとはしていない、ということなのである。第二、第三世代へと時々変わることに重大な意味があるのだ。物質の多様性である。しかし、すぐにまた戻る。変わったらすぐに元に戻って、安定をベースとするのである。それは将に人間個人に当てはまる。時々自分に変化をつけることで成長させるのである。新たなものへと変身成長させていくのだ。これが生命の基本原理でもあるということを学ぶ必要がある。

そういうことをこの原子構造は教えている。人間の生き様とピッタリ符合するのだ。だから、そのように原子はあなたに生き方を教えているということである。

解脱の出現

原子の構造を学んでいると、そこには素粒子のゆらぎ性とα崩壊やβ崩壊に見られる変位性が見られ、その必然性を学ぶことが出来る。人間の心の成長も同様の過程があり、人生の発展にも同様の原理が働いていることを我々は知ることが出来るのである。原子のあり様と自分自身のあり様がほとんどまったく同じ原理であることに気付くと、不思議と力が湧いてくるものである。更には、そこに見られる破壊と創造という原理を通して、我々は解脱や悟りの構造を見出すことが出来るようになるのである。既述の如く、聖俗の二諦の消滅こそが解脱の要諦であったことに気付かされるのである。聖俗は身近な概念としては正邪という行為を導いてくる。αβの崩壊に見られる〈自己破壊〉なる破壊とは、混乱するとか、訳が分からなくなるという意味合いではない。それは俗や邪が正しく機能し、自分の殻を打ち破るという意味の破壊というものである。

正邪の邪の働きである。破壊の意味合いがあるから、邪を正しく使うということでもある。

正邪というと、正は正しいと皆思ってしまうけれどもそれは大きな誤解であり、正は間違いにも作用する。例えば、真面目な人は、融通が利かず人間関係をギクシャクしてしまう。例えば、「私は嘘をつきません」という人がいて、ナチスが来て「ユダヤ人を知らないか」と訊かれて「あすこにいます」と正直に答えるが如くである。この種の正は正として機能していない。だが、この人は「正」を犯してはいないのである。カントが将にそのような人物であった。単に、正しいということに拘った人であることを意味する。この例からも分かるように、正も聖も絶対善ではないのである。

こういうことはいくらでもある。例えば、莫迦《ばか》な話で言うと、昔も、今もそれなりにいるが、一時期、子どもの人格を尊重し絶対に叱らないという教育が流行ったことがある。子どもを叱ってはいけないと声高に叫んでいた社会学者などがいたが、その結果はニートの大量出現と無責任体質の若者を増大させただけだった。叱られないで育った子どもは皆、他者の気持ちや自己責任の意味が理解できなくなった。抵抗力を持たないから、社会に出て厳しい目に遭うと皆挫折する。今、ニートがこれだけ増えたのは、親が怒らなくなったからだ。厳しく育てなくなって、いい子いい子で、しかも一人っ子ばかりになり、ベタ可愛がりでやっていたものだから、それでニートが圧倒的に増えた。更には自分より強い者、怖い者が出てきたときに、抵抗力を持っていないものだから、対抗できない、或いは知恵が働かない。どうやってそこで闘うか、どうやって回避するかといったような知恵が働かない。応用力が利かない。そういうものは、社会と親の「正」の勘違いから生まれてきたものである。

正邪と言うけれども、今言っているのは、邪は必ずしも間違いではない、ということだ。この世を生きるというのは、正邪の陰陽の働きなのであって、邪というから言葉がいかにも悪いが、陰と陽、邪とは陰であり、正とは陽なのであって、両方必要である。夜と昼の関係でしかない。しかし、陰の夜の性質というものが最悪になったときには、いかにも悪いという意味になる。正の最も理想的なものは、本当に皆が感心する素晴らしい方向に行く、というのであって、原理は両方がお互いに支え合っている相補性の中で、正邪があるのだということを理解する必要がある。そして、それが現実のあなたを形成し、邪も用いて、悪も用いて、あなたを強いものとせよと道徳は語っているのだ。あなたの弱いあなたを打ち壊して、前に進むためには、悪が必要なんだというのはそういうことである。もちろんそれは本当に悪いことをしていいという話ではない。自分自身の何か弱々しいものを破壊の力をもって打ち破れというのが、悪を取り入れよということである。所謂《いわゆる》「悪」とは、この破壊作用が完全に調和を失い悪そのものとなった状態なのである。

そこで思い出してもらいたいのは、全ての物質には反物質が存在するという事実である。反物質とは物質と質量とスピンは同じで、電荷などが逆の粒子のことである。陽子の反粒子はマイナス電荷の陽子であり、電子の反粒子はプラスの電荷の電子ということになる。

この世は物質の世界であり、反物質の大半は対消滅したが一部は存在する。理屈としては、あなたの反物質も存在することになる。それは物質とは逆の性質を持ったものだ。まあ幽霊のような存在だが、いっそ幽霊と言ってしまった方がスッキリ理解しやすい存在である。そういうと、お前が存在しているのに、お前の幽霊が別にいるなど理屈に合わないだろう、と言う人がいそうだが、いまさらそうだろうか？　物理学はいまやパラレルワールドを説き、多次元世界を説くにいたり、複数の自分の存在を語るようになった。それなら、透明な反物質の存在はいかにも幽霊にはピッタシの概念ではあるまいか。

さて、そのことはいいとして、物質と反物質は衝突すると対消滅することを語ってきた。物質の構造も語ってきた。そこで考えて頂きたいのは、この関係は何を意味するのかということである。先の聖俗論で、聖だけでは解脱しないと説いた。そして聖俗（陽陰）共に消失しなくては真の解脱に至ることはないと述べた。ところがどうだろう。物質と反物質の関係は将に陽と陰の関係そのものであり、その二つの出遭いは将にその両者の消失を意味し、純粋エネルギーへと相転移する。

仏陀が説いた解脱とは、この関係性に他ならない。何故なら、一切の執着を取り去った状態だからである。ここに最終解脱の要諦を視覚的に初めてとらえ得ることになる。

物質と反物質が出遭った瞬間に、その二つは核反応を起こして大爆発をして消滅する。この現象こそが悟りの要諦だと筆者は思う。

因みに、読者のために「悟り」と「解脱」の意味の違いを簡潔に述べておきたい。「解脱」とは生まれ変わりという輪廻の業から脱出することであり、「悟り」とは人間に本来備わっている

仏性（如来性） 衆生が本来有している、仏の本性であり、仏となる可能性。大乗仏教では全てのものにそれがそなわっているとする。

仏性（如来性）が覚醒することを意味するのである。

ところで、仏教学者の中にはどうしたわけか唯物論者がかなりいて、彼らは輪廻を否定するのだが、そうなると仏陀の解脱という言葉も成立しなくなることを理解しておらず、余りの滑稽さに呆れるばかりである。

反物質と偉大なる仏陀の悟り

エネルギーから物質が生まれる時には、必ず反物質を伴う。それは別々になって生まれてくる訳だが本来一つだったものだ。この反物質の存在概念は極めて重要である。つまりあなたAと、あなた**A**というのが生まれる訳である。我々Aの感覚からすると、**A**は影の存在である。しかし、**A**側から見れば、我々こそが影の存在となる。つまりは、どちらもが影にすぎず、実体ではないことを意味している。実体とは物質ではなくエネルギーの方だと理解すべきであろう。そして、反物質は、いつ現われて我々を消し去ってしまうか分からない。

実は、仏陀が説くところの最終的解脱とは、意識上のこの状態を指すものである。それまでの物質的法則（心の執著）から完全に離れた時ニルヴァーナ（涅槃）に至るというのは、この状態を指しているのだ。それ故に仏陀はこの世もあの世も存在しないと明言したのである。

仏陀の悟りのことを成道《じょうどう》と呼ぶ。修行が完成したことを意味する。禅定者が修行過程の中で漸

十二因縁の順観逆観　この世の苦しみが生じる因果関係を示した十二因縁、即ち①無明 ②行 ③識 ④名色 ⑤六処 ⑥触 ⑦受 ⑧愛 ⑨取 ⑩有 ⑪生 ⑫老死 について、順観は「これ生ずれば、かれ生ず」（無明が生ずれば行が生じ、行が生ずれば識が生じ…と、と根本の迷いがあることで生・老死の苦が生ずることを観じ、逆観は「これ滅すれば、かれ滅す」と、根本の迷いを断てばこの世の苦しみも滅すると観じたもの。

次体験する段階的悟りではなく、それらの最終に位置する真の霊性の覚醒である。それは、最終的には否定された極限の荒行の後に入られた深い深い禅定の中で達成されたことを無視することは出来ない。一切の煩悩からの解放を意味するものである。

それまで僅かながらも釈尊に付着していた執著心が完全に払拭され、仏陀となられた瞬間である。仏教学者のほとんどが、この悟りが何であったかどこにも記録が残っておらず明らかではないと語っているのだが、それは彼らが学者であったが故の結語である。実践者として禅定を成してきた者ならば、この悟りの何たるかは明瞭である。すなわち本体アートマンの覚醒に他ならない。この場合のアートマン（我）とは執著の産物としての我ではなく、一度も姿を顕わすことがなかったブラフマン（梵）としての〈真我〉の出現を意味する。すなわち、それこそが真なる梵我一如の状態であるのだ。

それは、霊の内に眠れし真我の覚醒を意味するものである。実践者であった仏弟子たちにはその真実が理解されていたために、誰一人仏陀にその質問をする者はいなかった。しかし、今日、字面を追いかけ頭だけで理解しようとする研究者たちには、この実に明瞭な真実が理解されていないようである。真に残念なことだ。再度言えば、仏陀の悟りは一切の執著煩悩が消え失せ、ただ真実の世界（無為法）に生くる者となったことを指すのである。

何かを悟ったのではなく一切から解放され絶対なる真実に帰着し、その霊が解放覚醒したということであった。そして、その直後、仏陀はご自身の悟りを確認するように四聖諦を観じられ十二因縁を順観逆観されて、その悟りの境地を味わわれたのである。これこそが真に偉大なる存在せぬこの世からの真の解脱であり、最高の智慧者の誕生であった。

そしてニルヴァーナだけの真実を説かれた。人が煩悩に支配されこの世に執著し続ける限り、この物理の法則から逃れることは出来ない。しかし、その原理に気付きそこから心が離れた時、人は凡夫を脱出し、超聖なる存在へと飛躍するのである。物質と反物質の関係とは、実に意味深い究極の解を与えていると見るべきである。物質と反物質は対生成《ついせいせい》し一旦離れるのだけれども、これが再会するとそのまま核爆発して対消滅《ついしょうめつ》し元のエネルギーに帰一してしまう。これが大原則である。

これこそが、仏陀が説くところの解脱の真髄である。煩悩という物質から遠離《おんり》し一切の重力から解放された時、反物質との対消滅と同じ原理として煩悩は反煩悩と対消滅し、真実の姿（純粋エネルギー）へと解脱するのである。

悟りの階梯

解脱を得るためには、あらゆる執著を去らねばならない。

その自分自身の意識、精神を縛るもの、精神を引きつけているもの、それが〈この宇宙〉における重力の作用である。それは人の心にあっては日々の執著と煩悩ということになる。その煩悩が常に我々を支配し、愚かな自分へと転換させていく。そしてそれを何らかの精神的修行によって乗り超えることが出来るならば、我々の生は永遠の命を獲得する（ニルヴァーナへ至る）と仏陀は説く。そしてついには最終解脱へと至るのである。すなわち我々が凡夫から脱し優れた霊性の持ち主へと昇ることである。

　仏教的に言うならば、真理の言葉に耳を傾けるまじめな人として「声聞《しょうもん》」に至り、そして誰にも頼ることなく独りで悟りを得ることが出来る「縁覚《えんがく》」に至り、更に、存在に深い慈悲を垂れる「菩薩《ぼさつ》」となり、そして究極の完成者「仏陀《ぶっだ》」という境地に至っていくという流れである。それを絵空事だとか、あるいは単なる宗教的な観念というふうに捉えるのではなく、仏陀が説いた合理主義によるより本質的な、より究極的なものとして我々が錯覚の中で存在するということを前提として、この超越した次元を自覚する必要があるのだ。それは現代物理学と決して矛盾するものではない。

　その〈大きな教え〉として宇宙の存在そのものが語り得ているのだと言えるだろう。その事を宇宙の創造というものがまざまざと示しているのだ。

　今、物理学で言われていることは、筆者自身は二十歳前後の時にだいたいは感覚的に分かっていたものだ。例えば次元が重なり合っているなんていうのは、その時に私が作った同人誌の中で、自分の両手をからませた絵を描いて宇宙はこの様に一つのものに見えるけど実は重なりあった次元の中にあると書いた。この種の事は筆者だけでなく優れた禅定者には感覚的にだいたい分かるものだ。だからそういう方向にようやく今、数式が答えを出すようになってきたという感じである。だからそれらの発見について筆者には驚く感じはまったく何もない。驚くのは、それらを口

声聞　サンスクリット語シュラーバカ śrāvaka（声を聞く者）の訳語。仏教では元来、仏陀の教えを聞いて修行する出家・在家の仏弟子を意味した。

縁覚　サンスクリット語プラティエーカ・ブッダ pratyeka-buddha の訳。辟支仏（びゃくしぶつ）と音写。仏の教えによらず、師なく、自ら独りで覚るので独覚ともいう。声聞とともに二乗という。

菩薩　サンスクリット語ボーディサットバ bodhisattva の音写、菩提薩埵（ぼだいさった）の省略語。元来は釈尊の成道（じょうどう）前の修行の姿。自ら悟りを求めて修行し、人を導き救って、未来に仏となる者。

汚く否定していた人たちが、ある日を境に手の裏を返すように変われるその事実である。新たな物理の発見に対する筆者の驚きは、そのものではなく、それによって態度を変える物理学者や巷の教養人の人格に対する驚きなのである。

だからああいう研究をしている人たちは優れた禅定者のところに行けばいいのである。方向性が分かるからだ。それを数式で出す能力は禅定者にはない。しかし基本原理は明瞭に理解されている。だからこうやって改めて最新宇宙論の勉強をしながら、こんなことは大方知っていたなと思う。仏陀が坐禅を絶対条件としたのはその為であるのだ。ただし、現代人がやっているような黙想レベルの幼稚な単なる健康瞑想とはまったく異質のものである。世間の瞑想は定《じょう》というのには相当しない。ただのお遊びである。

タパスと苦行

生命から小さな岩や巨大な恒星に至るまで宇宙に存在する総ての物は、物質で出来ている。そして総ての物質の材料は、ビッグバン又はインフレーションの最中、純粋なエネルギーから造られたのである。この事は、考えれば考える程、不思議である。禅定をなす者は分かるが、普通に頭だけで考えると、実に、これは不可解な現象である。言語の及ばない世界である。物理学者が分かったように口に出すが、頭で理論を追いかけた発言としてなのであって、実感できているわけではない。彼らの大半にはそれだけの感性はなさそうだからである。

　エネルギーが物質に変わるというこの大原則は無視できない。それならば、人が有する意思のエネルギーが、何かをつくりだす可能性をこれは意味していることにもなる。だから、イメージトレーニングという言葉があるが、そういう行為が何等かの真実を一つの原理として示しているのかも知れない。非常に興味深いことである。このことも極めて哲学的である。密教における三密（印　想　真言）行の有用性もここに見出すことが出来るのである。

　更には何故、物質と反物質が対で生まれなくてはならないのか。これは単なる現象と見るのではなく、何らかの哲学的意味が有るということだ。それは、単純には陰陽の相対性として何らの違和感なく受け入れられるものである。人間の表裏という精神構造とも関係していると思われる。カール・ユングが説く「シャドウ」は表の自分とは別のもう一人の〈影〉の自分を意味させていて、これなどは稚拙ながらも反物質的概念ということが出来るだろう。その影と自分とが出会い完全に統合した時には、それまでの自分と影は対消滅することになる。そして、そこに新たな自分が誕生する。

　儒教においては子思の中庸が説かれるのであるが、そこではあらゆるバランスが求められている。仏教の中道は中庸とはレベルがまったく異質ではあるけれども、一般社会における人の世の対応の仕方として中庸的意味合いとして説かれることもある。

　人間の深層心理を分析すると、表面意識とは真逆の意識が潜在していることをユングやフロイトが説くように、無意識のうちにその様な形で精神のバランスを取ろうとしていると言われてい

印　印相、密印、印契（いんげい）。サンスクリット語でムドラー mudrā 母陀羅（もだら）と音写。仏像の手指の示す特定の形で、悟りや誓願の内容を示す。修行者が本尊と融合するために、その印を結ぶこともある。

想　観想、観相。サンスクリット語で saṃjñā 対象の真実の姿を智慧の眼で見えること。身の不浄を観ずる不浄観、仏の相好を観ずる色相観、阿字観・月輪観など。

真言　明(みょう)・陀羅尼(だらに)・呪(じゅ)。サンスクリット語マントラ mantra の訳。曼怛羅と音写。真実の言葉の意味で、仏、菩薩の本誓やその教えのこもった秘密の言葉。

タパス　『リグ・ヴェーダ』では、タパス（熱力）が天地開闢の最初に現われ、次に神聖な秩序・大自然の諸要素が出現したと説く。修行者にあっては、瞑想・苦行の結果、体内に熱力が発生し、超人的洞察力に達し、超自然の神通力が出現する。

る。精神上の葛藤は、その両極端が消し合うことで正常に戻るということを意味している。ということは、この反物質の存在は、我々に特別な意味をもたらしていることになる。それは目に見えぬ隠れた「導きの力」なのだと筆者は思う。

ヴェーダの中における有無というものも、陰陽的な意味合いが含まれているように思われる。この陰に属するものを悪魔と呼んでいるようである。悪魔ヴリトラと善のインドラとの戦いが激しく行なわれるが、これなども、物質が誕生してくると同時にセットで誕生する反物質と読むことが出来る。そして、善（物質）のインドラが勝ち残った。

更にヴェーダでは、かの唯一なるものは、自分自身の熱の力「タパス」によって生まれたと言っている。このタパス（tapas）は、〈熱〉という意味を持つのだけれど、同時にそれ以上に〈苦行〉を意味する言葉でもある。つまりそれは、修行者の情熱を意味していることでもある。広くは庶民の真面目に情熱をもって働く姿ということも出来るであろう。つまりそれは、宇宙の誕生だけを指すのではなく、人間の生きる姿をも重ねていると言えるだろう。実に興味深い。そういうものの中から宇宙は生まれ人間が形成されたのである。

実に宇宙の最初は熱である。総てが熱なのである。ヴェーダは将に宇宙論を語っている。そういうものが、人間、或いは霊と言ってもいいかも知れないが、その生きる姿として、その精神的な熱作用としての苦行として、生き切ることを意味しているとも言えるだろう。

宇宙論は物理学の面と、この究極の人間存在原論としての存在理由として、霊性の向上論さらには仏陀の解脱論へと進む必要がある。そこには明らかな何らかの修行目的が語られる必然性を導くことになる。

存在と無

無とは何か――東洋哲学的考察

ここで、まとめの話をしよう。今回、宇宙原理と人間原理の共通項について、説明してきた。無からビッグバンという現象が出現し「有」なる物質世界が出現した。無極から太極が生まれていく、その過程の話なのだが「無」から「有」が生じてくるこの不可思議を我々は謙虚に受け止め、そこに物質的性質だけではなく我々の精神性も関与しているに違いないとして論を進めてきたわけである。

「無」とはビッグバン以前の特異点以前の状態を指す。ところが多くの物理学者はその無を認めない。

ビッグバンが発生する直前、そこには「ゆらぎ」があった。

〈純粋精神〉より放たれた何らかの〈意志〉が〈根本原質プラクリティ〉を生じさせ、そこに「ゆらぎ」が発生する。「ゆらぎ」はプラクリティの原初の状態として続いていき、そこに波と共に小さな卵（ある種の泡）を発生させては消えの繰り返しがなされていく中、その一つの卵が突如として巨大化し始めたのが、ビッグバン（インフレーション）である。ここまでは一般相対性理論と量子論とによって導かれている仮説がすでに存在し、禅定者の見解とかなりが一致する。無から有が生じるとは、この「ゆらぎ」の状態なくしてはあり得ない。「ゆらぎ」は決定的な作用ということが出来る。既述のヴェーダにおける宇宙卵の話は将にこの事を指しているのである。

このゆらぎ場における泡の発生理論を提唱したホーキングとアレキサンダー・ビレンキンはヴェーダの知識を持っていて、それをヒントにこの仮説を作り上げたものと筆者は推定する。これまでも物理学者はインドのヴェーダや仏教哲学をヒントに新たな理論を構築してきたからである。そして何度も言うが、この宇宙卵が突如として凄まじい勢いで大膨張を始めたのがインフレーション現象ということになる。

さて、では「無」はどこに存在したのか、ということになる。インド哲学的には〈純粋精神プ

アレキサンダー・ビレンキン
Alexander Vilenkin
（一九四九〜）旧ソビエト連邦ウクライナ共和国生まれ、アメリカの理論物理学者。一九八二年発表の「無からの宇宙創成」（無の「ゆらぎ」からトンネル効果によって宇宙が生まれたとする説）を提唱。

ルシャ〉の状態を指す。物理学的にはそのプルシャを純粋エネルギーと考えているようだ。しかし何度も語ってきたようにエネルギーはプルシャではなくプラクリティである。つまり、物理学者はこの時点において「無」が理解できていないということになる。否、「無」は理解できても「プルシャなる無」つまりニルヴァーナ（涅槃）の概念が理解できないのである。あくまで宇宙卵は原初の物質前のエネルギーから作られたと考えているからである。それは決して間違いではない。プラクリティから生まれたからである。プラクリティが作ったと表現してもいい。科学者たちにとって、エネルギーがない状態というのがイメージ出来ないようなのであるが、プルシャはエネルギーではないことを間違えてはならない。

ところが、ビレンキンは特異点をイメージした際に、その大きさを特定しようとして数式上その点をどんどん少数にしていき、ついに0にした時にも、エネルギーが出現すること（トンネル効果）を発見する。一九八二年のことである。それにより、この宇宙はあらゆる物質も時空も存在しない「無」から誕生した可能性が証明されたのである。

面白いのは、クラウスなどはこの無から有が生じることが証明されたことにより、神の存在否定の決定的証拠となったと語っていることだ。物質を作り出したのが何もない無だったから神（創造者）も無であり、一切この宇宙に存在しないことが証明されたと主張する。この余りの無邪気さに、筆者などはちょっと笑えるのである。クラウスは口汚く宗教を非難している科学者であるにも拘わらず、筆者には彼が憎めないのは、こういった短絡性に見る愛嬌なのである。神概念が「有」である宗教は、このクラウスの発言通りだが、仏教のような高度な宗教哲学にはまったく

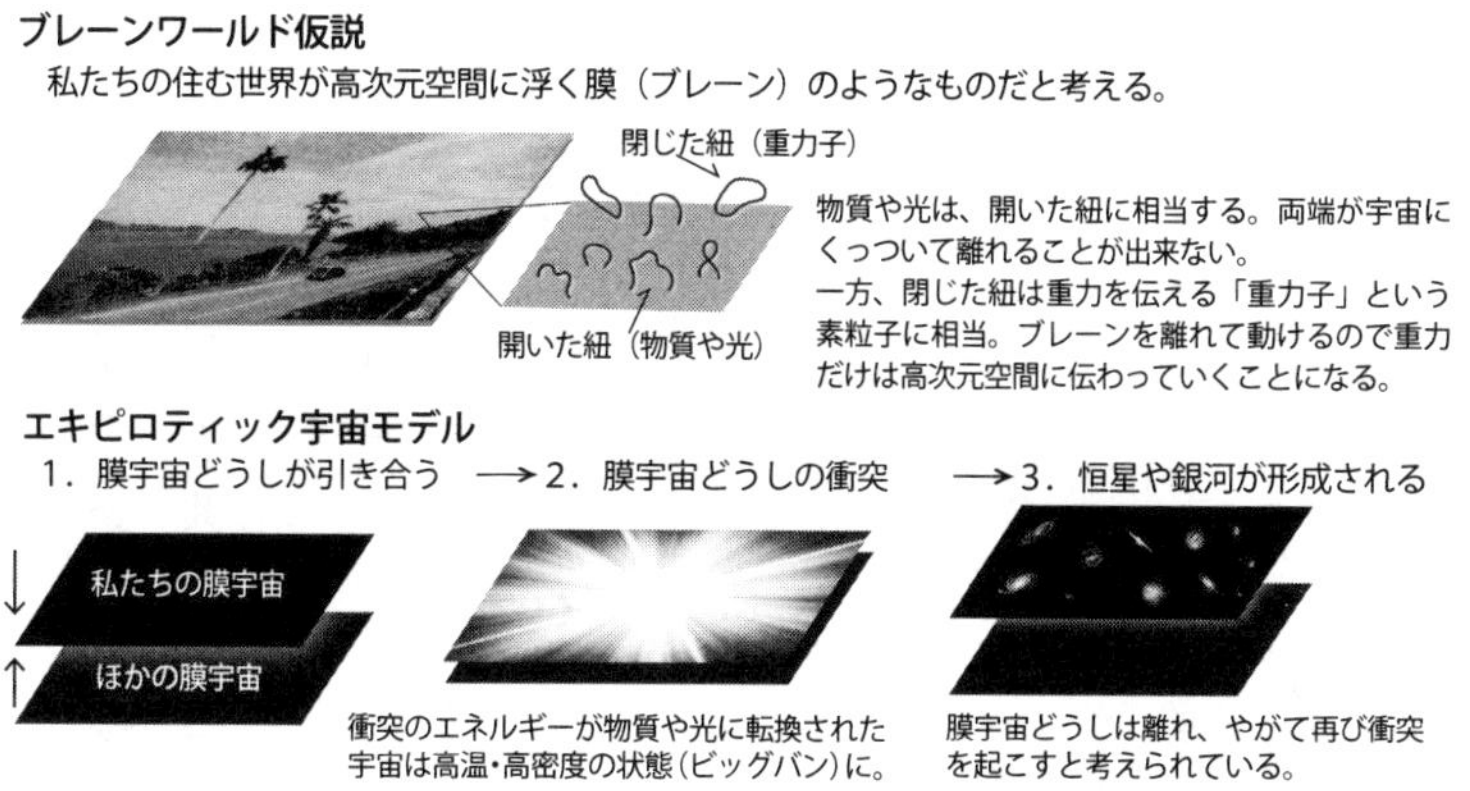
ブレーンワールド仮説
私たちの住む世界が高次元空間に浮く膜（ブレーン）のようなものだと考える。
閉じた紐（重力子）
物質や光は、開いた紐に相当する。両端が宇宙にくっついて離れることが出来ない。
一方、閉じた紐は重力を伝える「重力子」という素粒子に相当。ブレーンを離れて動けるので重力だけは高次元空間に伝わっていくことになる。
開いた紐（物質や光）
エキピロティック宇宙モデル
1．膜宇宙どうしが引き合う
2．膜宇宙どうしの衝突
3．恒星や銀河が形成される
私たちの膜宇宙
ほかの膜宇宙
衝突のエネルギーが物質や光に転換された宇宙は高温・高密度の状態（ビッグバン）に。
膜宇宙どうしは離れ、やがて再び衝突を起こすと考えられている。

意味をなさない。

一方、それに対してホーキングは宇宙誕生時に虚数時間が作用していたという仮説を立て、ゆるやかなビッグバン説を唱え、特異点を否定した。この場合には「無」から誕生したことにはならず、更に、ループ量子重力理論へと転じていくことになり、特異点ではない普通の点から一つの輪廻というか巨大宇宙への膨張と収縮の理論を提案した。これもあり得て何ら不思議ではない。これは、宇宙は始まりもなければ終わりもないという説であり「サイクリック宇宙論」と呼ばれている。ビッグバンとビッグクランチを際限なく繰り返すというものである。将に哀れな衆生《しゅじょう》の輪廻論である。

更には、宇宙が高次元の膜（ブレーン）で出来ていて、それが他の宇宙の膜と衝突してビッグバンを繰り返すという「エキピロティック宇宙論」が二十一世紀に登場してきた。

いずれにせよ、無からの誕生ではなく無始無終の存在論でもある。この「始めもなく終わりもない」という概念は、太古より世界中の神概念に用いてこられたもので、その意味では、無限次元宇宙を神と概念化し、その世界内における限定的な無有の概念の用法もあって、多くの宗教観と一致すると考えることは可能である。まあ、どの形であれ、輪廻という現象があることだけは、この世があるというレベルと同じ意味で確かである、と考える。

仏教哲学的にはこの宇宙はそもそも無なのである。この世を執著の心の産物と分析している。その意味では、分かりやすく言ってしまえば、この宇宙（この世）が無でニルヴァーナなる真実の世界が存在ということになる。もちろん仏教的にはこの表現は正しくないのだが、読者の理解のためにあえて有無を用いるとこのような関係になる。仏教的にはあくまで涅槃は非存在なのであって、絶対に存在や有という表現をすることは許されない。

我々にとっての「無」とは何であるのか、我々にとっての「有」とは何であるのか、ということを理解する必要がある。理解というよりも解明する必要がある。哲学的に追究する必要があるのだ。その「無」とはなんぞやということをどれだけ自分の中に問いかけることが出来るかということが、人の力そのものといってもいいわけである。大袈裟に言えば、その人の存在の価値そのものであるのだ。「無」は「虚数」の理解同様に、本来なら有り得ないものである。しかし、存在する。そこに存在する不可解な「何か」である。それは力でもあると東洋哲学では考えられている。その力はその背後に「意志」を有するのである。

この「無」の理解と、このビッグバンやブラックホールに相当する現象というものの本質的理解は、我々のアートマン（真我）そのものの原理として、全く同じ作用があるのだということを示すものである。そのことが正しく理解できるようになれば、我々の意志の無限性というものが理解できるようになる。人という知性がたとえそれが一般に無教養だったとしても、何ら差異を生じさせることなく、いかに優れた存在であるのかということを示すものでもあるのだ。

そういうことを分析できるという意味において、このビッグバンのこの現象、無極から太極が生まれ、太極から両儀や万物が生まれていく、陰陽のその原理の普遍性を通して人の存在への普遍性を見出し得るのではないかというのである。そういう意味において、このビッグバンという現象を我々が理解することは非常に重要である。そうして、そういう中から、素粒子が自転《じてん》して存在するという原理を含めて、それは常に人間と直結する原理であることを理解する必要がある。この宇宙は「重力（強い力・電磁気力・弱い力・重力）」という一つの力によって全てのものが展開していくことに驚嘆するほかない。その力により恒星が生まれ、それが爆発し輪廻して新しい生命を生み出してきた。そういうひとつの原理は人間存在の原理と一体のものであると理解されなくてはならない。

いまさらであるが、物体とはいかなるものもミクロレベルではスカスカの空っぽの存在である。それは無いに等しい。にも拘わらず、マクロの世界では何もかもが存在しているように映る。それは原子のミクロ状態では不安定なのに対して、マクロの規模になると原子は分子となり、分子は整然と結合し合うことで、物体を固定化する（しているように見える）からである。そして重大な事実は、脳が脳に都合がよい様に理解し我々の意識を作り上げていることである。これによって一切の真実が脳のフィルターを通してしか我々は理解し得なくなったことである。このゆらぎ続ける肉体をその様に感じることが出来るのは、禅定者以外にはない。量子論的には人の意識が関与しない時には物体は何も存在していない、と考えられているのである。その様に存在とは実に不確かであるのだ。しかもそれは、「一即多」という東洋哲学の根幹的理念をあっさりと明らかにもしている。即ち、電子が一つでありながら無限の数存在するという特徴である。また、此処にいたはずの粒子が宇宙の涯にも存在するという不思議を見せつける。

これが、二十一世紀人類が把握している存在への認識である。幸か不幸か我々マクロな存在は膨大な粒子の集積物であり、それらが相互作用することで波の性質が打ち消され、ミクロ粒子のような生滅をすることはない。いま人類につきつけられた存在の課題は、この自分たちの世界だけが宇宙ではないと分かってきたことである。我々の宇宙とは全く物理法則が異なる異次元宇宙の存在や同じ次元の異なる世界という存在概念が登場してきた。しかし、如何なる次元宇宙が登場してきても、仏教哲学はその一切に対して微動だにしない。何故なら、それらの一切がどんな形であれ宇宙の形体をなす限りにおいて、仏教はそれらの一切を否定し存在の無を説くからである。そして、究極のニルヴァーナなる非存在を提示する。それは我々人間の知性も感性もその一切を否定し受け付けない。その超次元においてのみ非存在は顕われるのである。そういえば、素粒子の大きさは物理学ではゼロである。存在とは、そのゼロの集積でしかないということであるのだ。そして、そのゼロこそが真実でもあるということを意味している。人間のお粗末な知性など、はなから相手にしていないかのように、それは存在する。

永遠の今

時間を考える

人類の過去と、現在と、未来を読み解く鍵は、この一瞬に記憶されている。

我々が見ている夜空の星は、何百万年も前のだったりするわけだから、そこには「時間」というものの、ある種の不可解さが有される。自分は今見ている〈現在〉にいるのに、その星は何百万年も前の〈過去〉からやってきて現在に出現しているのである。ではその星は過去の時間のままに現在に顕われているのか、あるいは現在という時間の枠の中で過去を見せつけてきているのか、面倒な話になる。見ている方は現在だが、見られている方は過去の産物なのだからややこしい！　それは恰《あたか》も幼い時の自分の映像を大人になってから見ているようなものである。記録された過去が今という時間に再生されて出現するのである。しかし、そこで問題なのは、星はビデオ（録画）ではなくして生の姿であるということである。

その点では過去から届く手紙を直接目にする方が、この星との関係に近いだろう。しかし、星との違いは、手紙を書いている相手の行動はそこには無いということである。星の光はその姿そのものが直接こちらに届いているのであって、手紙でもビデオでもない。それは、キャッチボールでボールが相手の手から離れて時間経過と共にこちらに届くのと似ているが、しかしこの原理とも違う。それは実体としてのボールが直接的に今に関与しているからである。しかし、光は過去の映像を運んでくるだけで、実体は元の位置のままであり今の現象ではない。その意味では、我々は目の前のものですら、全てが時間的遅れの中で認識しているのであって、数学的に客観的「いま」を見ているわけではない。その時間の誤差が、無視して問題がないレベル故に、我々は一瞬前の過去を今と誤って認識し続けて生きているわけである。つまり我々が感じている現在とは常に〈過去の記憶〉にすぎないということである。そう考えれば星の光の映像も「いま」という時の産物ということになる。

刹那生滅で述べたように、あるいはプランクの量子仮説で解説したところの整数として捉えられる個としての量子としての光（星）の映像、すなわちアニメの一コマ一コマのように単に一刹那ごと、目にしているものにすぎないということでもある。それは星の過去との出会いを意味する。星の過去に我々はコンタクトしていることになる。それを「いま」と捉えるならば、存在とは「永遠のいま」に生きていることになるのかも知れない。我々の今も現在だけでなく過去の中に生きていることは、しばしばである。常に過去と現在を行き来しているものだ。更には、空想の未来を眺めてもいる。

見られている星と我々の「いま」が異なる以上、星と我々との間には何らかの変数が関わるのかも知れない。ということは「私」と「他者」との間には常にその様な変数が介入し「いま」を演出しているということになる。そこに時間の錯綜がある。その意味において、「いま」は永遠であると同時に無限を指すのかも知れない。次元への関わりを示してくるのかも知れない。

●空間

例えばこの空間は、我々のこの肉体がもっている能力としてはこういうふうにしか見えてこないけれども、もし、我々が四次元的あるいは多次元的な能力を持っているならば、その能力は現在において潜在していることを意味する。つまり、肉体から去った状態で捉えようとしたならば、違うものが見えてくる可能性が有ることになる。筆者の信頼できる知能の高い二人の友人が、それぞれ自分の兄や親を失った際に、仏壇の前で兄や親が座っているのがはっきりと透けた状態で見え続け驚いたという話をしてくれたことがある。もしそれらが真実であったとしたならば、これなどは、空間的には同じところを捉えているけれども、映像的には違う次元を見ているわけである。見えないものが見えているとは、幻覚や錯覚でない限りそういうことになる。

これも理解が難しいかも知れないが、意識というものの不可思議さを表わしているにすぎない現象と見ることが出来る。こういったことの分析をする学者は初めから、その様なことはあり得ないという偏見（非科学的態度）の中で行なうため、答えを幻覚や心理的映像と主観的に導くのであるが、真実はそれと合致しているわけではない。

そこで、もし生の次元から死の次元へと意識が移り得たとしたならば、そこで見る時間は今のこの時間と異なっていても不思議ではない。そこでは単に変化だけが時間として捉えられる可能性がある。そこには、時間そのものはない。だが時間とは関係なく変化しているだけ、と言うものかも知れない。しかし時間はない。これは意識というものがある一点に捉えられて、そこから離れない状態でものごとの展開を理解する時の状態である。

●意識

しかし意識は常に、変化し続ける。意識は常に、直線的に移動し続けるように出来ている。その中で、事象意識の変化というものを時間と認識していくのである。しかし、実は移動していないのかも知れない。変化移動していると感じるのは錯覚かも知れない。その意識の中で、この時間というものが一つの変化性として見られるけれども、時間軸的な変化、動きというものは実はないのかも知れない。そういうことは、何かに没頭している時など含め意識世界ではごく当たり前にある。そういった次元というものを、もっと多様に理解できるようになっていくと、多次元ということがある程度わかるようになってくるのだろう。

では、なぜ星の光が過去の光なのかといえば、地球にその光が辿り着くまで、それだけの時間がかかったからだということになる。因みに、太陽の光は八分程かかって地球に到達するという。

光量子　光子のこと。

我々が〈いま〉見ている太陽は常に八分前の太陽なのである。〈いま〉という概念にこだわれば、大空に輝く太陽は存在しないものとなる。だが、我々はそれを〈いま〉目にし、熱を感じ、光に当たっているのだ。それは紛れもない存在として〈いま〉に現じている。我々にとって八分前の太陽こそが本物の太陽でしかないことになる。

しかし、同じ時に、真実の太陽は別な顔を見せているのである。仮に一分前に太陽が消滅していたとしても、太陽の〈いま〉に生きていない地球人の〈いま〉には太陽は存在しているのだ。つまりは、我々は真実の〈いま〉を見ていないことになる。距離が遠くなればなるほど、それは遠い過去との関わりとなる。太陽は太陽自身の〈いま〉と地球自身の〈いま〉の両方に出現しているることを意味する。本体の太陽には恒星という実体があり、我々が目にする太陽には、光や熱や姿などの放出された物としての実体があっても恒星としての本体はない。

そこから一つだけ確かなことは、過去は実際に〈生きている〉ということである。我々は〈いま〉を過ぎた瞬間に〈過去〉へと落射《らくしゃ》していく体験は過ぎ去って存在しないと考えるが、この太陽の現象から分かるように、太陽自身の〈いま〉から地球人の〈いま〉へと移行しているのである。すなわち、〈いま〉は永遠の時に広がり続けている存在ということになる。その映像を見せるのは光である。その映像を運ぶのは光の粒子（光量子）である。我々が（脳機能上）感じているのは光量子（映像の一コマ）の変化にすぎない、ということになるのかも知れない。

しかし、光が存在しなくても、それでも我々は存在する。光が存在しない世界では時間は消失するのか？　たぶんそうではないだろう。真っ暗闇の中でも時間が過ぎることは実験すればすぐに証明されることだ。しかしそれは空間があるからである。空間までもが無くなれば間違いなく時間は消失する。もちろん我々もであるが。つまり、時間は空間と共に有るということになる。しかもその時間は変化という特性を持つ。それは空間を占める素粒子の活発な動きと関連しているのかも知れない。星同様に我々もその光を遠くへと放ち続けている。現在から遠い彼方に向かって地球の光は放たれ、そこに生活している人間たちも同様に映し出されているのである。それならば、未来から現在の〈私〉に向かってきている光はないのか。時間的連続性というものが気になり出してくるのである。

さてそこで夜空の星の光だが、これは全て恒星（太陽の類）であって至近距離の月など太陽系の近距離の惑星の類は別として惑星は一つもない。そして、その光は映像なのであって決して実体ではないことを理解する必要がある。いうならば、ホログラム映像にすぎないということである。すなわち、何万年も何億年もの時間差で地球に届いたその映像を見れたからといって、それは違う時間での錯覚ではなく同じ時間内での過去の映像という別な時間枠でしかないということである。つまり、光は物体を反射させたことで宇宙に向かって映像という情報を放出しているだけのことであるのだ。その時の自分と今の時間が同じ時間にいるわけではない。ただし、恒星の光は単に光だけではなく放射線など多くの物質を現に放出している。太陽からの熱もそうである。その意味では決して単なる映像として過去の星を見ているのではない。それは一つの実体が地球まで届いていることを意味する。

届いている実体とはキャッチボールの球であり、届いている映像とはキャッチボール全体の視覚に映し出されている現実である。我々は放たれた過去と届いた今を粒子の一コマとして受け止め〈現実〉と錯覚し続けて存在するのである。そして、見落としてはならないのは、太陽の〈いま〉が永遠に宇宙いっぱいに広がっているのなら、人間の〈いま〉も永遠に宇宙空間へ広がっていることを意味するということである。つまり、〈いま〉は消え去ることなくこの宇宙に永存するのだ。

〈永遠の今〉が無限の次元の中に満たされている

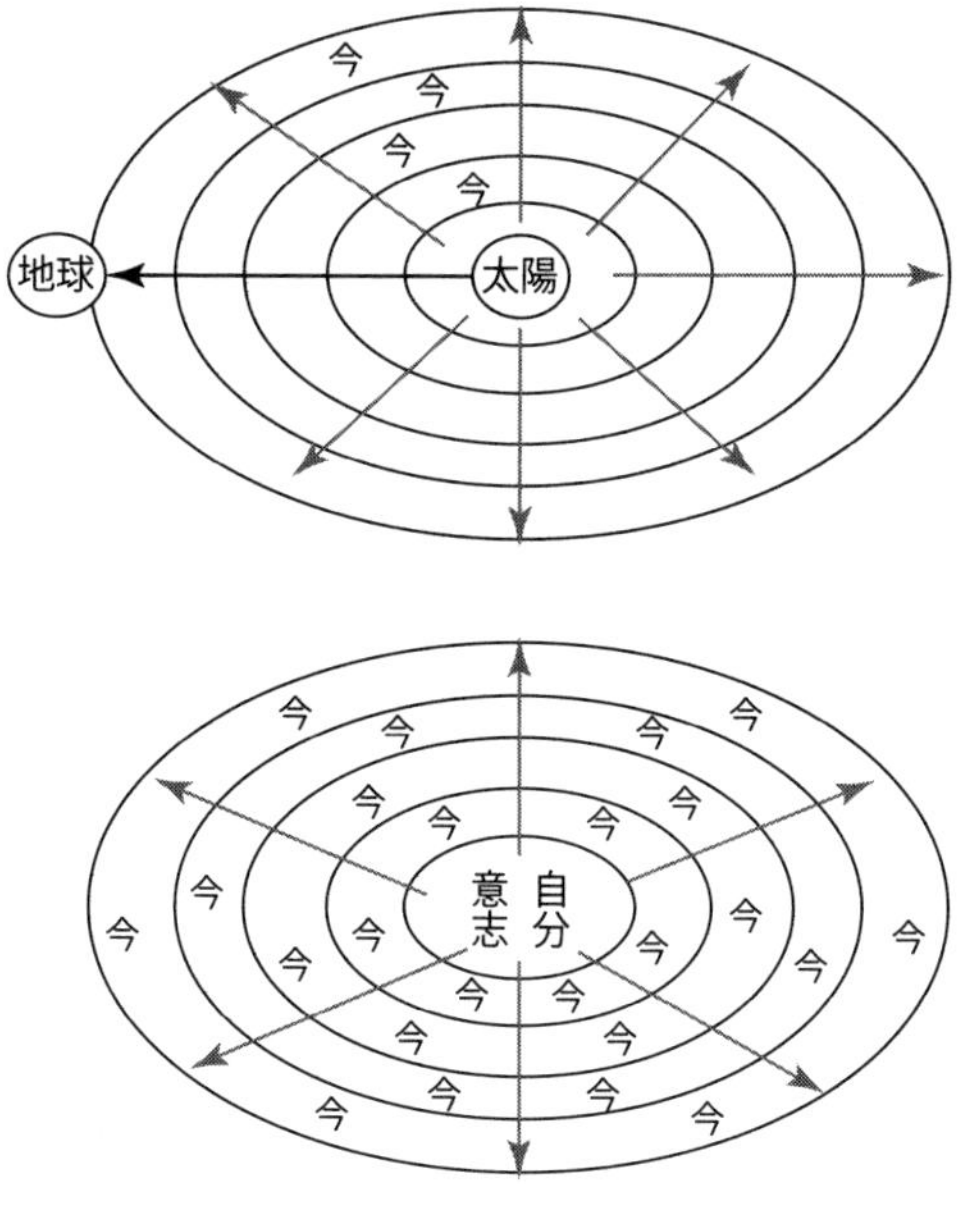

更に、太陽の〈いま〉は人間の八分先の未来であることにもなり、〈未来〉は現に存在し、〈現在〉へと移行している実有として捉えることを可能とするのである。しかもそれはこの三次元だけではなく、それ以上の次元の中で際限なく〈いま〉は増え続け、仏教でいう所の三千大千世界を満たすことを意味する。

次に、仏教が説く過去と現在と未来が同時に存在する説を述べよう。

三世実有法体恒有《さんぜじつうほったいごうう》

時間とは何か

三世実有、法体恒有という仏教用語は、過去、現在、未来が同時に存在し恒存《ごうぞん》することを語っている。

時間というのは、我々には当然の存在として認識され、あって当たり前と理解されているわけだが、本当にそうだろうか。プラトンは惑星の運動によって時間が進められていると語り、アリストテレスは「時間は運動先後における数」だと説いた。

哲学者のカントは、時空間を「先験的（ア・プリオリ）」な概念と捉え、元よりあったものとしての認識上に、脳の構造上の人に共通する認識の「形式」の概念を持ち込み、経験や感覚を捨象することで本質に辿り着こうとした。しかし、脳の構造的認識以前の本質的な「物自体」に辿

形式　カントは『純粋理性批判』で、人間の認識能力に先験的（ア・プリオリ）な形式が存在し、この形式において対象が構成され認識が成立するとした。西洋哲学では従来、まず客観が存在し、それを把握することによって認識が成立すると考えられており、カントはこの逆転の発想を「コペルニクス的転回」と呼んだ。

り着く（認識する）ことは出来ないと説いた彼にとって、ア・プリオリな存在は、それ自体で完結していたのだろう。我々も同様に、時間や空間はあって当たり前と理解をしている。哲学者のベルクソンは時間を「空間とは共通点のない純粋持続」な存在と説き、物理学的空間化された時間を否定した。過去を「固定された時間」と言い、未来を純粋な時の流れと捉えて「純粋持続」と説いた。しかしながら、現代科学に於いては、今から百年以上前に、二十六歳のアインシュタインが「特殊相対性理論」で時空の歪《ゆが》みと時間の相対性を説いて以降、それまで時間は絶対的なものと思われていたものが、空間において時間が生じるのであって、空間がない時間なんていうものはないということを言い出した。それが後に実証されて真実だということが分かったわけである。

読者もよく知る通り、ロケットが準光速で宇宙を旅して地球に戻ってくると、自分が出発した時の地球人は皆死に絶えていて、その孫しかいなかったという話がある。浦島現象と日本では言うが、そういうことが起こる。同じ時間のはずなのに、時間の経過スピードが違っているわけだ。理論上は光速になれば、時間はゼロになって、永遠に年をとらないということになる。すごい話である。でもこれにはオチがあって、地球に戻ってくる時に、どこかでスピードを止めなくてはいけない。それによって一気にそこで年を取るというのだ。そういう浦島太郎の玉手箱みたいな話がある。スピードや重力というものがそういう関わりがあるという話である。

我々は時間というものを絶対的なものとして捉えてしまっているのだが、二十一世紀のいま、その考えは改める時に来たということだろう。そしてなおかつ我々は常識として、時間は「今」

時間の矢　時間は過去から未来にむけての一方向にしか進むことができず、その逆はない。この時間の「不可逆性」「非対称性」を表わす言葉。一九二七年、英国の天文学者アーサー・エディントンが提唱した。

あるのであって、「今」しかないものであると思っている。過去から今、そして未来へと向かっているのが時間の矢と呼ばれるものだ。時間は横に流れていくというか、縦だって横だっていいのだが、我々の感覚的には横に動いているというような感じである。いや私は上だという人は上でもいいのだが。とにかく一つの直線の矢として時間が過ぎて行っているというのが、我々の実感である。

いまや物理学だけでなく、仏教は二千五百年前からそうだが、インド哲学もずっとそうであるわけだが、更にそこに脳生理学などが出てきて、また同様のことを言い出した。彼らが今や主流となって、我々の認識というものは全て偽物である、ということを騒々しく言い出している。全てが錯覚であるのだ。筆者も坐禅を始めた十五歳の時から、この錯覚問題とずっと格闘してきた。この脳の強力な抽象と捨象から抜け出すことが出来ない凡夫というか人間たる現存在ダーザインの葛藤は、筆舌に尽くし難いものがある。例えば、我々はこの紙の白色を白と認識するわけだが、それは大方の人間の目に、脳の機能としてこれが白に見えるように作られているからであって、他の動物が見ると違う色に見えるわけである。つまり、白には何の実体性もないのである。

人間の中にあっても、目に異常がある人にはそうは映らない。もっとも、異常というのも変な話で、その人たちが圧倒的数になると、それが正常になる。いま我々が正常と思っている方が、絶対少数となったら、我々は異常と呼ばれる。だから、正常とか正常でないとかというのは、所詮は相対的でしかない。だから、時間があると思っているのは、我々の脳が時間というものを勝手に感じて、時間があると思い込んでいるのであって、実際は時間というものはないのではない

東京スカイツリーの展望台
地表よりも一日に約四・二六ナノ秒（ナノは一〇億分の一）時間が速く進んでいることが、二〇二〇年四月、香取秀俊・東京大教授らによって確かめられた。

かということが物理学でもいまや言われるようになったわけだ。

しかし、仏教では二千五百年前にすでに時間はないということを言っていたわけである。それはやはり圧倒的な認識力と言おうか、分析力と言おうか、当時のインドの禅定者たちの偉大さというものを感ぜずにはいられない。あまりの凄さに、本当に仰天すると言ってもいいぐらいの凄い洞察力、分析力である。それをいま科学がようやく理解するようになってきただけのことである。それにしては彼らは随分と偉そうにしているのかも知れない。

日本人で東京スカイツリーの展望台で精巧な電子時計を用いて時間を計った学者がいるのだが、それによると何億分の一秒か、時間が早く進んでいることが判明した。低いところの方が時間が遅くて、高いところの方が時間が速く進むというわけである。重力の作用である。単純に高低差だけで言うと超高層に住んでいる人は早死するという理屈である。そういう思いもしない現象があるわけだ。つまり、時間というのは我々が思っているような絶対的な存在ではなかった、ということである。実に、相対的なものでしかない。

アインシュタインに到っては何と言ったかと言うと、特殊相対性理論を書き上げた結果として、本人自身が思いもしない、数式の中に過去と未来の時間が全部存在するということが導き出されていたのである。物理学という世界においては、時空図を物理学者たちはいつも使うわけだが、その時空図を用いると、二次元図面に書き上げていくわけで、そこに過去も現在も未来も、同じに描かれる。物理学の常識としては、過去も現在も未来も同時に存在しているもので、当然のことながら過去にも行けるし未来にも行けるという理屈になるわけだ。ただこの場合の未来の理解

特殊相対性理論　アインシュタインにより一九〇五年に確立された物理学の基礎理論。光速度不変の原理（誰から見ても光の速度は不変）と特殊相対性原理（静止または同速度で動く人にとって、全ての物理法則が同じように成立する）を基に定式化された。これにより、時間は観測者によって異なる相対的なものであること、つまり、ある座標系での観測では前後した二つの事象（過去と現在、現在と未来）が、別の座標系では同時に発生したように観測されることがあり得ることが導かれる。

は少し人によってまた違うようだが。

理論物理学者のポール・デイヴィスはその著書の中で、「アインシュタインは友人宛の書簡の中で『過去・現在・未来という考え方は幻想にすぎない。抜きがたい考え方では有るのだが』と書いたのはよく知られた話だ。この驚くべき結論は、彼自身の特殊相対性理論から直接に導かれる。同理論によれば、現在という瞬間に絶対かつ普遍的な意味はない。同時性は相対なのだ。ある座標からの観測では、同時に発生した二つの事象が他の座標系では相前後して生じたように観測されることがあり得る」と述べている。

要するに、未来と過去は同時に生じているというのである。それが、この世界なる座標系では時間の前後が生じたように体感されると言っているのである。

勿論、それは何かが間違っているという人たちもいる。いくらなんでも過去や未来が同時にあるなんてことはあり得ないと言う人たちは、アインシュタインの理論を間違っていると言っているわけだが、少なくとも今の物理学を理解する上においては、アインシュタインの相対性理論を抜きに理解は全く不可能で、それは圧倒的な存在感を示している。この百年の間に相対性理論は徹底的に検証され、その正しさが立証されている。だからこそ、アインシュタインは大天才と百年以上にわたってずっと言われ続けているのだ。

百十五年も経ってなお、その理論は宇宙物理学を牽引している。一九〇五年に特殊相対性理論が発表され、次に一九一五～一六年にかけて発表された一般相対性理論、これはニュートン力学と特殊相対性理論との融合を図ったもので一般的な理論として完成した。それから百年以上が経っているのだけれども、それ以上のものはなかなか出てこない、いまだそれに依拠している。それだけ凄い理論であるということである。その理論において、過去と未来が現在と同時に存在することが導き出されているのである。

これによってこの宇宙というものが理解され、そこに量子力学が加わったことによって、よりミクロな世界までもが究明されることになった。そのミクロの量子論とマクロの相対性理論を融合させるという、量子重力理論といったものが新たに出て来たわけである。そうやって今、統一場理論が進んでいるが、まだまだ完成していない。

仏教の時間空間論

初期仏教の哲学をまとめあげた『倶舎論』における、説一切有部派が唱えたところの、「三世《さんぜ》実有《じつう》　法体恒有《ほったいごうう》」という、時間と空間論をここに紹介する。三世というのは、過去世と現在世と未来世である。その三世というのが実際に存在する。そして、その本質を為すところの法すなわちダルマという世界原理とその世界が永久に存在する、或いは、永久に有る、恒有するというものである。過去も未来も現在と同じ次元に存在するというのである。だが存在するということの

一般相対性理論　重力の理論を幾何学的に説明したもの。質量エネルギーなど重力の源があるとその時空に歪みが生じるという。この中では慣性質量と重力質量は高い精度で一致するという等価原理が説かれている。

理解が、実際のところ困難を要する。単純に、漫画チックにそれをイメージしてしまうのは簡単だけれども、現実感として捉えようとすると、とても難しい。

この場合にいう「法体」は、「法（ダルマ）」とは何かということを、まずは頭に入れておく必要がある。ダルマ（dharma）「法」とは、一言で言えば、「世界」のことである。その意味するところは原理であり、秩序、法則、基準そして最高原理といった概念である。一般に知られている諸法無我の諸法とは、存在そのものや一切の現象を指す。「法体」とは、ものの本体、もの自体を指す概念で、人が持つ概念の一切を捨象した（取り除いた）真実の存在そのものの意である。*カントが言った「物自体」と同様の概念を有している。それには真諦と俗諦とがある。

俗諦とは、この世の法則原理（真理）のことである。広義には言語法則などもこの中に入る。真諦とは第一義諦、勝義諦とも呼ばれ、世界（宇宙）の究極の原理法則のことである。それは仏教的には一切皆空であり、諸法無我（一切が存在しない）、諸法実相（一切が本質）、涅槃寂静（真実の世界）といった真理を背景とした概念である。

基本的に、俗諦とは一言で言うと科学的な真理である。この世の論理的、或いは科学的に正しいと思われるものが俗諦である。その背景にあるものの本質の真実が真諦（第一義諦）である。最高原理としての法というのは、この真諦のことである。

それにしても「一切有部」というグループ名は将に名が体を表わしている。「この世界の一切は有るんだ！」と言い切ったときの有部の決意には凄まじいものがある。「一切は有だ！」と言ったときの一切というのは、この眼に映るものも映らないものも、考えられるものも考えられない

＊因みに、諸行無常という有名な語があるが、諸行も諸法とほぼおなじ概念として世界や現象を指すのだが、この「行」の概念は「迷い」の世界を意味するもので「法」が原理を指すのとは異なる。

ものもその一切が実際に存在していると説いた。その為に他派や現代人からは、あらゆるものが恒有と誤解されている節があるが、決してそういうことではないだろうということを理解しておく必要がある。

すなわち、有部はあくまで諸法無我の立場であり、本質的には過去も現在も未来もあなたも私も一切が存在しない、それらは錯覚の産物にすぎないという根本哲理を前提として現実を肯定的に捉えたものであると考えられるのだ。その観点に立った時、いま現在だけではなく過去も未来も有ると説いたのである。それは、現在という法の現われが本質的真実ではなく、仮初めの存在であるように、過去も未来もその様な法則のもとに恒存していると考えたのである。

つまりは、この世の法則としての「現実」を示す「俗諦」を背後で支える存在としての「真諦」のあり様を指して、その法則性を前提として三世実有は説かれたと理解すべきであるのだ。

あくまで有部が語ったところの恒有の有というのは、もの自体としての法体を背景とした真諦に支えられた有ということである。こんな書き方をすると、一般読者には全くもってチンプンカンプンであろうから、一言でいえば、宇宙規模で「法（ダルマ）」の存在を絶対としたならば、現在同様に過去も未来もその存在を認めないわけにはいかないということなのである。第一義諦に敬意を払ったという言い方も出来る。ここのところを、勘違いしてしまうと、よくわからなくなってしまう。

法には〈悟を解説した無為法〉と〈迷を解説した有為法〉というのがある。有部は、無為も有為も両方の法が恒有である、恒存していると説いたのである。それに対して経典を拠り所にしている経量部《きょうりょうぶ》というグループは「今」だけを「有」と説き反発した。一切有部は、論理というものを只管追究している哲学の集団である。だから、どんどん新しく突き進んでいく、未来へ進んでいる人たちという言い方が出来る。一方、少数派の経量部はその点、より慎重な部派であった。

経量部は、無為法というものは、いわゆる有為法を有《あ》るというのであるならば、無為法は無いと言わないとおかしい、と言う。両方とも同じ扱いであるならば、そこに悟りなどあるわけがないということで、それを認めない。つまり、無為というのは、実有ではない、と経量部は言うわけである。有為法の有と同じ扱いで無為法を言われたら、それは完全な誤りである。この世と涅槃が同じだと言っているわけだから、それは違うに決まっている。この世を有ると言ったら、涅槃は無いと言わないとおかしいだろう、涅槃を有ると言うんだったら、この世は無いと言わないとおかしいだろうと、分かりやすく言うとそういう理屈であった。

ところが、有部の方は、この世も涅槃も一つの法体として有るんだと主張する。つまりそれはどういうことかと言うと、無為の法と有為の法という全然違う立場の法だが、無為の法も有為の法もその両者を貫く一つの法体が有るんだと。その意味において、「有」だと主張したのである。ここを理解しないと先に進まない。無為の法と有為の法、つまり、第一義諦と第二義諦〈真諦と俗諦〉。これは両方ともが一つの真理として「諦」という字を用いる。だからここは、真理の二諦が有るというふうに考えればそこに法体を見出すことになるという考え方である。真俗の二諦というのはそれと同じように、無為法と有為法の二法は有ると考えるわけである。そう考えると難しくないだろう。

だから、何でもかんでも「有」と言ったのではなく、飽くまで、法（ダルマ）自身についてのみ「有」と言ったと解せるのである。この世の法則というものは有る。だが「あなた」や私が有るとは言っていないのである。その背景を支配しているこの世の法則は有るのだと。また涅槃の法則はあると。それは、永遠に存在し続けるのだと主張したのである。

しかしながら、勿論、仏教に立脚する限り無我の基本に立っているわけだから、有為法というものが、厳密な意味で絶対的に永劫するものだという意味ではないことは確かだ。ただ現実に我々が生きているという現実感の中で言うと、この世や現在が現に在るのと同様に、過去も未来も有るのだと主張しているのである。それは過去や未来が無いように現在も無いのだという論理でもある。真俗の二諦があるように、無為法と共に有為法も有るということを、有部は主張したのだというふうに理解されるのである。

ところで、『倶舎論』を書いたのは天才ヴァスバンドゥ（世親）である。世親は有部の立場で、正式名称アビダルマコーシャ（『阿毘達磨倶舎論』）を書いているわけだが、その後に世親はちょっと居場所を変えている。彼は有部の中にいながら、経量部に位置し、後の瑜伽唯識派の考え方に移行していった。有部と唯識の間にいたのが経量部である。この経量部というのは、お釈迦様の教えに忠実に、あくまでそこから分析していくという立場の人たちであったが、有部の人たちは積極的にそれを発展させていこうとして、新しいアイディアをどんどん取り入れていく人たちであり、仏教の主流派であった。

お釈迦様が説かれたといっても、そこに留まっていては、やはりよくない。物理学とか科学は永遠に完成に向かっているものだが、仏教という世界は、完成者仏陀からスタートしているから、すでにそこで完結している。学ぶだけでいいわけだ。だから、新しいアイディアを持ち込む必要はない。しかし、今、斯書でもアインシュタインらの話をしているように、新しい知見を持ち込むことによって真理把握の理解が早くなるものだ。だから、そういう意味において、有部は積極的にギリシャ哲学や、ペルシャの思想などをどんどん取り入れていった節がある。

三世実有の論を世親は『倶舎論』に書いているわけだが、ところがその後、瑜伽行派に転向すると『唯識三十頌』などを著して、今度は三世実有は誤りとして経量部同様に「現在有体過未無体」を主張した。すなわち、現在だけが有で過去も未来も無であると述べるに到っている。現代人にはこちらの方が違和感なく受け入れやすい。彼は非常に優秀な論客であって、ものを書くのも非常に優れていたので、有部の中で書き手に選ばれ、有部の考え方をまとめただけではないかと推察する。その後、自分の考えとして、唯識の著述をなし、結果として有部と対立することになった。

因縁論により過去と未来が成立した

有部は、なぜ過去と未来が有ると考えたかというと、それは業論に起因する。すなわち、業理論、因縁論というものを捉えていったときに、過去、未来というものを恒存させないと、因果律が成り立たないということになったからである。

また、我々は未来のことを考えることが出来る。過去のことを思い出すことが出来る。それは、過去という法、未来という法が存在しているから、我々はそれを捉え得るのであって、存在していないのであるならば、我々はそれを想像することが出来ない、と考えたからである。現代では単に記憶によって過去が思い出され、体験から得られた記憶を用いた推論空想から未来を思い描くと考えるのだが、有部派はそのようには考えないのである。

因縁論的に述べると、過去に自分が何らかの悪い行ないを為した（良い行ないを為した）その結果、その因が未来において何らかの果報を生じさせるわけである。ということは、そこに因というものが生き続けていることになり、そして未来においてそれが出現してくるという連続性がそこにあるわけである。つまり、未来というものがなければ、あと何年後にそれが出て来るということは起こり得ない。未来において起こるということは、すでに未来というものがなければ、それは生じ得ないじゃないかというのだ。

当然その流れの中で、過去に行なったことによって、今現在（これが過去の未来である）に何らかの果が生じてくるのであるならば、過去というものが存在しなくなったならば、その時点でその因縁も消えるではないかと考えたのである。だから、過去というものが恒存しているからこそ、今においてその因果というものが生じてくるんだ、といった業理論を基本として、未来というものを認めざるを得なくなっていったという、流れである。

因果律の成就のためには過去業としての因がなくてはならない。因果応報の理法からして、過去がないと今に現われてこない。しかもそれは、時間経過と共に過去から未来へと因は継続されて存在し続けなくてはならない。そのためには過去は確かに存在していることを意味することになる。そしてまた、物事を認識するためには、その対象がなければならない。過去のは過去の、未来のものは未来にその対象がなくてはならない故に、過去も未来も存在すると有部は考えたのである。

ここは、なかなか難しいところである。未来を想像するから未来があると言われるが、単に想像するからそれがあるという理屈になっていくと、ありもしないものを想像することもある。ありもしないものを想像して、ではそれは未来にあるのか、というとそれは正しくない。だから、この説明だけでは、勘違いが起こってしまう。

そういう意味においては、法とは何かということを、改めて認識する必要がある。飽くまでそれは勝義としての法の姿であり、一つの事象の実相としての、法体というものをそこに見出しているんだということを理解する必要がある。

だから恒存するのは、飽くまで「法体」のことであって「現象」のことではない。だから、五蘊仮和合の自分も、恒存するものではないのである。恒存するのは仮和合の主体である色・受・想・行・識の五蘊なる法そのものでしかないのである。

そういう意味では、目で見えたものが必ずしも実有として捉えられないものということを、理解しておく必要がある。実有とは、実際に存在するもの、と捉えてしまうと訳が分からなくなるわけで、これはあくまで法体である。ものの本質のことであり、本質の法則のことを指しているのである。だから、未来においても、未来を空想するというが、未来のものであるというのは、真実についてのみである。真実には、真諦と俗諦との二つがある。この世として現われてくるときには、俗諦の法も入ってくるわけだ。しかし、基本の恒存するものはあくまで第一義諦（真諦）として恒存するのであって、それがただ現実世界の中に現われるときには俗諦に変化する。そういう理解であろう。

実有に入らないという意味において、この世というものは、自然的な存在は実有ではないと考えるのである。また、男や女、花瓶やテレビといったものや、私はあの人よりも大きい、小さい、といった相対的な事実も実有としては認めない。

また、単なる空想、ユニコーンというものが、よく哲学の世界では言われるが、ありもしないものを空想する。そういうものも、実有としては認められない。それから、既述の和合するもの、生命の存在そのものを、和合或いは仮和合というわけだが、そういうものも実有としては認めない。だから、我々が今、目にしているものが、恒存するとは有部は言っていないのである。その背景となる原理（法）が恒存していると言っているのである。

これが、多くの学者たちにおいて、誤解され理解されていないところでもある。流石に今は、このことを仏教学の泰斗である中村元博士が強く主張されたので、博士を無視する仏教学者はまずほとんどいないので、この件に関する意識はかなり高まっているだろうとは思うが、筆者が他学者の文を読んでいる限りは、まだまだ不充分な感じはする。恒存するものは飽くまでその法体である。ここのところだけは、間違わないようにしなくてはならない。

中村元
（一九一二〜一九九九年）インド哲学者・仏教学者。東洋思想研究の世界的最高権威。初期仏教聖典に基づき、ゴータマ・ブッダの姿を浮かび上がらせた。また、難解な仏典を、平易で精確な邦訳で提供。日本における比較思想の開拓者でもある。論文・著作は千五百点以上。

法体恒有　無為と有為の法

法には、有為法と無為法とがあることはすでに述べた。有為法は時間的空間的束縛を受けて三世に属し、無為法は時間的空間的束縛を受けず三世に属さない。つまりは、三世とは所詮は迷いの世界でしかなく、心を留める世界ではないということである。無為法こそが意味あるものということである。この無為法には三種類がある。

①択滅無為《ちゃくめつむい》は、涅槃のことである。非常に静謐な、寂静状態のことを指す。
②虚空無為《こくうむい》とは、無碍で無偏な状態である。これも、涅槃と同じ意味で言葉が違うだけである。
③非択滅無為《ひちゃくめつむい》とは有為法から無為法に変化したものである。

要するに、何らかの因が作られなかったことで縁が生じなくなったというものである。それは、未来のところに取り残されて、現実には生じてこない。そういう法則はあるけれども、法則に則って悪いことを、迷いを一切生じさせなかったから、法はあるけれども、現実にはそれは作用せず、生じてこない状態の法を非択滅無為と言っているわけだ。それはもう悟りの境地だから、無為法の中に入る、ということである。これが作用している限りにおいては有為法の中に入ってきて、別な呼称としてそこに選別され、分類されることになっていくものである。

因縁が生じるためには、因縁の因果律というダルマ（法）がある。それは一つの法として、有為法として作用するのである。しかし、有為法のダルマがあるけれども、そこで因果応報という因果を一切作らなければ、その働きは作用しないことになる。本来だったら、因果法がそこに現われて来るのだけれども、この人が因を作らなくなってしまえば、因も縁もなくなってしまうわけだから、これは作用しなくなってしまう。
そのときには、有為法だったものが機能を失い無為法としての存在に、変位したわけである。だから、有だったものが無へ移行しているのである。無為の、涅槃の世界に移行した状態となる。例えば、我々が迷いの徒だったけれども、悟りを開いたら仏陀になる、そういう変位である。それは有為から無為へと変った状態である。

三世にわたる有為法は、それ故に、法体恒有であり、虚空無為・択滅無為・非択滅無為は常住不変の法であるが故に法体恒有と有部は説いた。
法の自体すなわち法体《ほったい》が変化せず恒に存在し続けるので、法体恒有である、となるわけだが、これもちょっと読み間違えると、無我説を否定する形になる。仏教は無我の立場で無自性を説くわけだから、恒存するということになると、下手をすると自性ありということになる。そういう意味で用いられてはいないということを理解したうえで、これを読まないといけない。

かくの如く、仏教における時間と空間は三世の時の中に生滅しながら恒存することが説かれている。しかし、自然現象たる有ではなく、人間としての有でもなく、法体としての有であるというのは、初めて読まれる読者には、まったくもって理解不能のことと察する。先ずは、存在の法則原理が過去や未来にも恒存するが、目に見えた世界は存在しないと理解することである。更にそれが法体すなわち「もの自体」としての理解ならば、我々はより哲学的に、禅定の中で人間の本質だけすなわち意識だけを見れば、より物自体に近付くことになろう。更にそこから〈考え〉を全て取り除き、自我を滅していくならば、大自然の本体が感じ取られるに到るであろう。そこには時間と空間の実相が見えてくるに違いない。

有為法における時間の経過は刹那生滅の項で説明した如く、その生滅変化は生相・住相・異相・滅相の有為相によって生じる。法体は何ら変わることなく、その作用の生滅変化により未来から現在へ現在から過去へと法は移り行くのである。仏教の時間概念はそこに悟りへの道筋が常に語られていて、単なる時間論なのではない。

つまりは、生相が未来法を今に生じさせて現在法を出現させ、滅相がその現在法を過去へと落謝させて過去法となすのである。そこには、生・住・異（変）・滅の作用が働き、未来法を過去法へと変位させていくのである。法体は不変であり、そのまま恒存する。

さて、有為法、無為法とは、この世を七十五法に分類した時の大きく二つに別した時の呼び名である。『倶舎論』の中では「有為法は時間」として捉えられているが、それは我々が感ずるところの「流れ」ではなく「状態」の変化する様を指すものである。そしてこの有為法は煩悩について語っている。なぜ煩悩が有為法なるダルマなのか、分かりづらいだろうが、斯書ではそれが重力理論になっているわけである。煩悩（重力）という法則があるということだ。つまり、煩悩を作り上げる法則があるから煩悩が生まれるのであって、煩悩を作り出す法則がなければ、煩悩は生まれないという話である。だから、もとより煩悩が有るというのは、実は間違いであるのだ。煩悩そのものがあるわけではない。煩悩を作り出す法則があるのである。我々は人間として生まれてくると、その法則に従って煩悩が生じて来るだけのことだ。だから、その法則があっても、自分自身の中に煩悩の元になるものがなければ、煩悩は生じてこない。煩悩という法体があったとしても、それに左右されない、それを通り過ぎていく、そして無為法の世界に入るのである。これが解脱である。

この理解はなかなか難しい。単に知識としてものにするのではなくして、本当に自分のものとして、兎に角、一生でも早く解脱できるようにするのが衆生の定めである。これから、何回輪廻転生するか分からないが、一生でも早く解脱するためには、こういう微妙なところの法をしっかりと把握していく必要がある。

哲学者の下田弘がその著『哲学総論Ⅳ　世界観』（明玄書房）の中で三世実有を明快に述べている。すなわち「この考えに対する一つの反対は過去も未来も一色に現存するならば、何故吾人は過去の記述は出来ても未来の記述即ち予言は出来ないのか、という疑問にある。しかしその答えは極めて簡単で、且つ明瞭である。凡そ記述と言い予言と言うのは吾人の意識する事で、過去は吾人がすでに経過したから記述できるが、未来は吾人が未だ到らぬから記述できぬ、と言うだけの事である。空間に譬えれば、弘前という町が現に有る事は知っているけれども、未だ遊歴した事がないからその風物が識せないというのに当る」と述べているのだが、何とも痛快である。

以上のことを整理すると、有部の教学の特徴は、時間的観点において、

①現在の一刹那に三世の諸法の全てが存在する。

②過去現在未来の三世にわたって本質である法体としての有為法と無為法が恒存し続ける、と説いた。

もともと仏教では時間というものを認めていない、基本的に。それもまた凄い話である。だから、有為法の中に、時間というものはない。仏教では、時間というのは状態を指すものであって、所謂過ぎ去っていくという、経過していくものという意味合いではない。状態の変化と言おうか、そういうものでしかないという捉え方である。

したがって、結果的に時間的なるものは三世という有為法に即して説かれるのであるが、それは時間そのものを説いているわけではない。

有為法とは、この現実の世における「もの自体」を指す概念である。「あり方」「本質」ということも出来る。だが、有為の法である限り究極の真理ではない。これはあなたが悟りを開いたらそんなものは全部消えて無くなる、という意味である。しかし、我々は、人間として生きていて、有為の世界の中に縛られているから、その有為の世界の本質としての法則性の中に時間的なるものが入っている、三世というものはそこにある、ということである。

三世が涅槃と同じ扱いを受けているわけではない。ここを間違えてはいけない。

また、未来法については、未だ法の作用が生起していないもので、多様な可能性を秘めたものでもある。これとは逆に、秘めていないという考え方もある。それは、因果、決定論である。決定論では、全てはもう決まっていて、我々が新たに何か作り上げるといったことは一切ないという考え方である。だが、有部派の主張では、決定論ではなくして、そこに色々な可能性を持たせているようである。

また、現在法とは将に現前に、この瞬間の法の作用の最中のことである。この繰り返しが人生ということになる。そして、過去へと落謝《らくしゃ》していく。その作用こそが過去法である。

過去は変えられる

そういうわけで、経験的には、我々は過去を修正することは出来ない、というふうには理解しているわけであるのだが、筆者は禅定に於ける把握を以てすると、過去は変えられるという立場にいる。それは、将に三世実有的な意味合いであるわけだが、つまり今を絶対視したときには、過去は変えられるはずがない、しかし、過去も現在と同じように恒存している、存在しているとしたならば変えられるという論が展開する。それは電子のスリット通りぬけ実験に伴う過去の修正と同様の理論上にある。ただし、それは実際の行為の修正を指すのではなく、本質の修正を意味するものである。より根源的な原理としての存在そのものに対する変移を意味するものである。

この理解はとても難しい。しかし無視できないことは、今の物理が同じようなことを言い出したことである。だから、物理学をやっている人の方が、仏教学者よりも早く理解できるようになるであろう。

要するに、我々が本質的な存在になり得たときには、過去を自分自身が変えてしまっていることに気付くであろうということである。しかしながら、我々が俗人としてこの世に存在して、今の中でしか生きていなければ、自分の過去が変わったことには気付けない。しかし、自分が高度な意識を持ち、自分の過去について反省し、新たな知見と同時に新たな洞察、新たな知恵を身に付けて、自分の過去をいたく反省し、いたく後悔し、そしてまた超越し、更なる力を、この内から、この瞬間に発することが出来たならば、その過去は変わる、という立場に筆者はいる。

その確認は、自分が悟りを得たとき、或いは悟りに準ずる、最終悟りではないけれども、ある程度のレベルに達したときに、修行者の境地を十段階に部類した「十界」で言うならば、縁覚レベルに達したときに自分の実感として把握し得るものである、と思う。これは、筆者の見解である。

そういう意味において、過去は変えられる。だが、我々が俗人として、通常の人間として生きる限りに於いて過去は変えられない。また、自分自身だけではなくして、世の現象を捉えたときにおいて、過去に生じたことは過去のままである。しかしながら、そこに何某かの意識が関与することによって、その関与した意識は別な次元へとその現象を持ち去っていく、ということを筆者は説いているのである。

その場合には、次元が無制限に広がりをもっていくことになる。まあ面倒臭い話ではある。

この一つのキーワードは、無限次元である。際限のない次元が生じるということだ。ところが、物理学においては無限ということは許されない。無限というものが出た瞬間に、その理論は間違いであるという結論に達する。その意味において、私が今言っていることは、物理学的には間違いだと断定されるかも知れない。それでも量子論に伴う多世界解釈よりは圧倒的に静かであり、〝無限〟は少なくて済む。しかしながら、現実として、無限という表現を使うしかない現象がそこに起こっているというのが禅定者としての分析である。

それは今の物理学が、狭い範囲の物理理論の中で成り立っているからそういう結論なのである。というのは、物理学は今、限定次元の中でしか物を考えていないので、例えば数学に於ける次元というのは、無制限に生じるわけだが、でも、物理学的にはそうはいかない。物理学的には今、十一次元というところまで語られているが、では、現実に十一次元とは何だと言ったときに、言っている本人自身が何のことやら全く分かっていないのが現実である。しかし、数式上、十一というのが出て来るものだから、十一次元と言っているわけで、本人もまだよく分からない。

十次元とか十一次元というのが語られるが、際限のない次元と言われたときには、皆困るわけである。しかし、際限のない現象という同じ瞬間瞬間が別な次元に流れ去っていくと考えたときに、別な次元を一つのダルマと考えたときには、それは一つの次元なのであって、無限の次元ではなくなる。だから、そう考えれば、移行していく次元を一つに捉えたときに、一つなのだが、ただ、それが別世界としてずっと存在していると考えていけば、混乱することはなくなるだろう。つまり、過去と現在と未来というものを一つの法として説いているわけである。通常は別々の違う次元だと言いたくなるのだが、でも、仏教では一法と説いている。それと同じように、それぞれ次元が違って、瞬間瞬間の刹那意識というものが、全ての次元を持ったとしても、これを全て一法というふうに捉えれば、無限という考え方からは脱することが出来る、ということは言える。簡単そうで、頭が混乱する話である。

過去は変えられるという筆者の立場を簡単に説明すると、こういうことである。

要するに、この瞬間に過去の諸々の業報を受けているということである。更にまた、未来のことを想像する、未来に向けて何か努力をするところの未来という設定がそこにある。だから、この瞬間というものに三世が存在すると有部は説く。その実有論の上に筆者は現在の人の意識作用が法を介して時間を遡る（厳密には時間的逆流ではなく同次元に於いて関与する）ことが可能だと考えるのである。それは滅びゆく自然現象としての有ではなく、法体恒有の有として、相互作用がそこには働いていると捉えているのである。

時間の矢

三世が未来から過去へと移行することこそが仏教におけるある種の時間の矢的なものである。状態の変化であるが、それが移り変わっていくわけだ。これは、刹那滅との関係でもある。その移り変わっていくというのが、諸行無常ということであるわけだ。

「落謝する」という言葉があったが、これは、仏教の伝統的な表現である。現在法が過去法へと移動して行くことをいう。それに対して、では、未来はどういうふうになっているかというと、未来には非常にランダムな可能性というものが、一つの法としてそこにはある。だから、未来というのは選択肢が一杯ある。そして、その中から、正しく生まれる位置である正生位《しょうしょうい》というところへ移行する。それは現在に現われる直前に決定されると、有部では言う。未来のランダムな状況、色々な可能性の中から、一つだけが今という直前に、一刹那に選ばれて、それが「今」に現われてくるというわけである。それは恰も量子力学に於ける波束の収縮作用が如きである。実際、その原理と共通しているかも知れない。それは、過去からの自分の行為というものと関連して一つの業としてそれが決定されていく、という言い方も出来る。

それは、直前まで決まっていない、しかし直前に於いて正生位にそれが現われて、その一刹那後に現実のものとしてそこに現われて来るというふうに考えると、その直前まで複数の可能性を我々は与えられているということになる。我々にギリギリまで選択肢があるという言い方が出来る。だから、その直前に於いて、我々が一念大発起をしたならば、それまでの悪いカルマが一瞬にして変容するということを語っているのかも知れない。この理論が正しければ、大激変が起きる可能性があるということになる。

そこで、未来の法の中に於ける、現実に起こってくるであろう可能性がランダムにある状態を「未来雑乱住《みらいぞうらんじゅう》」という。未来のいろんな可能性が、そこにあるというわけだ。

時間の流れというものは、我々が考えているような時間ではなくして、飽くまで「状態の変化」である。状態が変わっていくものを、我々は時間と感じているだけであって、時間という矢が有るわけではない。物理的に言うと、時間という粒子は今のところまだ発見されていない。もし発見されれば、時間という粒子であるが故に、これはこうなる、ああなるという理屈が立てやすくなるだろう。

基本的に、時間というものはなく、感覚として状態の変化というものを我々は時間と概念化しているだけだ、というのが現代物理学の大体の見解である。それは、仏教の見解とも一致している。仏教の方が先に言っていることである。

そして、これも、物理学と本当に一致してくるのだが、どういうふうにイメージするかと言うと、昔の映写機がある。十六ミリや三十二ミリがあり、一枚一枚のポジフィルムがつながっているのがあった。それを、回転させて、光を当てて、映画館で、幕に映像を写す。アニメもそうである。アニメも一コマ一コマ撮ったものを連続して流すことによって、動いているのが見える。だが、実際は動いているわけではない。実際は連続する一コマ一コマを、目（脳）が錯覚して、動いていると思っているだけで、実際には動いているわけではない。これは単なる錯覚なのだ。単なる脳の錯覚である。実は、一コマ一コマがそこに映像として、静止画像が止まっているだけなのだ。それを動いているように脳が錯覚するわけである。だから、上手な人は、ノートなんかに絵を書いてパラパラっとやると、動いて見える。それは、全て脳の錯覚なのである。

そういう意味に於いて、時間的なるものは、一つの粒子的に点として存在しているのであって、それを我々は流れというふうに勘違いしてしまっているというわけである。映写機のフィルムは未来から今に到って、過去へと巻き取られていく。そして、ストーリーが展開していくわけだ。ところが、映画のストーリーの場合はもう出来上がっている。もう未来は決まっている。未来の決まったフィルムがザーッと回って現在映写されていて、観客は、このストーリーどう展開するのかな?とドキドキしながら映画を見ているのだ。ところが、この手法だとチャップリンの映画なんかにあったりするけれども、逆回しにすると過去がやってくる。それと同じように物理学の理論に於いても時間の逆回しは可能なのだという(正しくは同時存在であり、時間の流れはない)。三世実有も、映画のフィルムのように過去と未来が現在と同じ形で存在しているというのである。

映画はすでに決定した未来が出て来るだけだが、この三世実有の論理からいくと、未来は雑乱住であり、まだ決定されていない。いろんな可能性が未来にはあるということになる。その中の一枚が直前に選ばれて現実にひゅっと出て来る、という形のものである。これが有部が考えた未来から現在へ移行してくるところの法の流れである。だから、もし時間が粒子と捉えることが出来たら面白い。その場合には、この後に整合性がどういうふうに持たれていくのか、興味深いところだ。

基本的に私の認識は時間粒子論ではなくして、状態論である。飽くまで状態というものの変化なのであって、時間の矢の中で動いているわけではない。だから、時間というものは実に心理によって、或いは現実に物理的な現象によって、つまり重力の違いによって過ぎ去る時間が違うということがはっきりしているわけだ。凄い話ではある。極論すると、一階と三階では時間が違う。

上の階の方が先に死んでしまうのだ。突然高いところに住むのがいやになっただろう。その差はまったく人間には分からない程度の差だが。

そういう具合に、時間というものを根本から我々は捉え直す必要があるし、それから、我々が今と捉えているものは、こういう説も物理学とか哲学とかの世界の中に出て来るのがあるわけだが、それは、全てが脳の錯覚なのである。これは根強くずっと言われていることだ。しかし錯覚であろうが何であろうが、我々はそこに一つの秩序を感じている。これが有為法の世界である。有為法の中の世界に我々は生きていて、そこに一つの法則性を仏教はきちんと見出していて分析しているのである。有為法を抜け出して、無為法に移行するために修行というものがあるということを説いているのだ。

筆者はタイムマシンというのは絶対に存在しないということを、ずーっと昔から言ってきたが、ある条件をつければ、タイムマシンは有り得る。それは何かと言うと、映像として、光としてそれを見るということに関しては、簡単にタイムマシン化できる。我々は、どの位置にいても、距離が離れているものを見るときには常に過去を見ている。

だから、そういった意味では、私とあなたの間にはタイムマシンの作用がいつもあるわけだ。距離が離れているところには、必ず少しの時間的差が起こる。だから、海外で電話などしていると、必ずちょっと遅れる。映像も遅れる。映像も、ライブとなっていても、現実には必ずそこに何秒か遅れている。だから、我々は常に過去と接しているわけだ。過去を現在として捉えているのだ。

光のスピード以上のスピードでもし移動することが出来るならば、我々は自分の先祖と出会うことが出来ることになる。その映像は宇宙のどこかにある。宇宙の果てまで行けば、その映像はどこかに流れて、どこかに跳ね返って戻ってくると、それを見ることが出来るかも知れない。

そういう意味において、時間というものはそう単純ではなく我々が理解しているものとは違うということを理解しておく必要がある。そういう具合に、映写機で見ているように、時間は流れている。未来は、雑乱住というランダムな世界の中から一つ選ばれて今という時に来ている。あなたの行為によって、因果の法則性の上に雑乱住のどれかが選ばれる、というわけだ。

さて、今まで有部のこの説は、仏教では完全に否定されてきた。しかし、アインシュタインが登場して、或いはいま二十一世紀に於いて新たな物理理論が出て来たことによって、この有部の三世実有説が非常に脚光を浴びてきた。常識的な今だけを絶対とするという考え方は全くもって正しくない。我々は、新たな人類へと進化していく過程の中で、一度、この存在論を認識し超克しておかなくてはならない。物理学までもが、世界が存在していないと言い、時間は過去も未来も現在も同じに存在すると言うに及んで、その真実について体感できるところまで脳を開発しなければならないのだ。その上で初めて、このような議論も可能となる。ここまでくると唯物論者の発言は全くもって陳腐なものとして聞こえてくる。それこそ、余りの無知に唖然とさせられるという時代に突入しているのだ。そしていま、有部のこの、実に迷信と思われていた考え方が、いまや捨て置けないところに来た、という事実を伝えなければならない。

存在の不思議

どう今を受け止めるのか

仏教の立場からすれば、我々が時間と感じるものは、我々の迷いの世界の中の一つの現象でしかない。

仏教の最も中心の哲学たる一切の存在性を否定する空観《くうがん》の立場に立ったときには、当然のことながら、三世実有なんていうことはあり得ない。だが、この三世実有論は、空観の「ものの絶対性を否定」した「無自性」ということとは違う話である。だから、無自性という論理になると、我々の行為も存在そのものも全部否定なのである。あなたも私も存在しない。この空間も時間も存在しないという教理である。だがそれは第一義諦としての究極の原理なのであって、我々は究極に生きているのではなく、遥か下の、俗世の俗諦の中の世界に生きているのだ。その中における時間というものを我々は感じ取り生きているわけである。そのような時間と空間の中に生きているわけだから、そこから凡夫が抜け出すことは極めて困難である。しかし仏教は、全人類に対してそれは可能であると説いているのだ。

しかし、今晩のご飯をどうしようか、という現実に突き当たる。仏教哲理と現実は余りに矛盾していると誰もが感じる。誰しもが、昼の仕事を終えれば今晩何を食べようかと考える。これは、「現実という法」の中に我々が生きているからであるのだ。だから、その迷いの中をどう生きるかである。それをどう把握するかということである。

物理学者が言うところの実在とは、「今」のことである。物理学者は今を問題にし、そして空間時間なりを問題にしているが、仏教は今ではなく、法としての真実、その究極の真実が何かということを考えているのである。これは哲学も基本的に同じである。しかし仏教の方が哲学より遙かに深く、より精緻なので、そういう意味において、俗なる世界における一つの法則性と、究極の世界における法則性というものを、きちんと分けて理解していかないと混乱してしまう。

この世は、真実だけの世界以外は真実でない。それはカントが言う「物自体」である。仏教や物理学の説に従いこの世は存在していないのだから、この世のことなんか一切相手にしなくていいと言い出したら、あなたは今日から一切の生命活動を中止させなければならない。飯も食わない、トイレにも行かない、何もしない、ということになったら、この現実は成立しない。我々は、この現実から逃れられないというジレンマに陥っている。この現実に生きていることは間違いないわけで、一般の科学というものは、この現実だけを対象にしているからいいが、仏教哲学はその現実を圧倒する哲理の中で語られる。形而上学は一切対象にしないという科学の基本姿勢は、人間にとってこんな楽な道はない。形而上学を問題にした途端に、それは宗教や哲学になる。今どきは哲学も形而上学はもう相手にしないというふうに、なってしまっている。

だからこそ、我々は二千五百年前の仏陀たる完成者のところに立ち戻ることが必要なのである。そこにこそ絶対の強みがある。

しかしこうやって、新たに理論物理学というものが発展し、宇宙論が物理学的な形で把握できるようになってくると、仏教が二千五百年前に語っていたことが、本当だったという世界に、いま来ているわけである。だから凄いのである。改めて完成者としての仏陀を再認識させられることになる。そういう状況を我々はいま、二十一世紀初頭に垣間見せられているということになるのだ。

だから、仏教が説くところの無自性、空ということと、この三世実有ということは、論点が違うのである。現実の理解と本質の理解をきちんと分けてやらないと、混乱する。

現代物理学の時空間

それでは最後に、現代物理学がどの程度まで、時空というものを理解しているかということを少し整理しておこう。すでに述べてきたように物理学の世界では、我々が考えているような時間

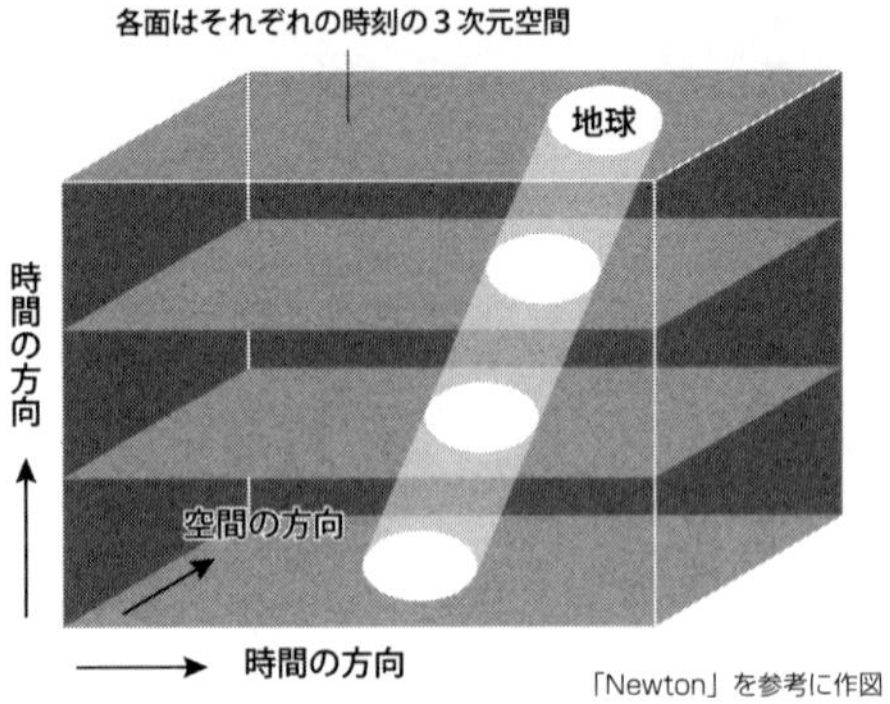

ブロック宇宙論
宇宙を四次元空間のブロックとして捉え、その中に過去、現在、未来が全て等しく存在しているという考え方。

「Newton」を参考に作図

というものは、存在しないと考えられている。

では、時間が実在しないとは、どういうことだろうか。

時間は、一般的には過去から現在、現在から未来へと進んで行っているものと我々は感じている。或いは、未来から現在、現在から過去へと流れ去って行くものと感じることが出来る。「当然のこと」ながら、過去へと遡ることはないと考えられている。わざわざ名を出すまでもないが、この事を学問として定義したのは、アイザック・ニュートンである。彼は、科学の世界において時代の転換点に立つ人物であり、因果決定論を導いた存在でもある。詳細な物理法則を明らかとしたニュートン力学の法則を導くためには、絶対時間と絶対空間が前提であった。そこでは変わることのない空間が存在し、時間は同じ速さで過去から未来へと進んでいくのを当然としていた。

ところが、二十世紀になり、アインシュタインの相対性理論によって時空間は曲がることが証明され、その絶対性を失うことになった。更には、量子力学の出現によるミクロ世界における空間の不確かさや不思議な性質が明らかとなり、それまで我々が抱いていた時間や空間に対する認識は一変することになった。時間は極めて曖昧で、観測者の立ち位置で違うものとなった。そのことから、時間の流れ自体を否定する説も現われた。その最たるものがブロック宇宙論である。

●ブロック宇宙論

これはすでに語っていることではあるが、過去・現在・未来が時間の矢によって一直線に進んでいくという従来の常識を否定するものであり、その三世が等しく存在していると説くものである。この考えのベースになるものは、何度も筆者が語ってきたように、ビッグバンによりこの宇宙が誕生し現在の大宇宙へと進化してきた過程で、その全ての記憶がその中に内包されているという考えである。それはロシア（リトアニア）生まれの数学者ヘルマン・ミンコフスキーが主張し、後に相対性理論がそのことを解明した。

つまり、時間は単なる宇宙空間における位置座標にすぎないというのである。そして、人間が持つ時間の観念は自分の記憶による脳の錯覚でしかないというのだ。我々がこの理論に基づき、自在に時を駆けられるようになれば、過去も未来も現在と何ら変わらないものとなる。勿論、それを可能とするためには、四次元を明確に分析理解できる脳の開発を行なわない限り、それは無理なのだろう。或いは、特殊なタイムマシンのような物を必要とするのだろうか。

これらの説に対して昔から有るのが現在のみを認めるものである。イギリスの物理学者ジュリアン・バーバーは、時間が存在するのは人間の記憶の中でしかなく現在以外に存在を確定できるものはない、と主張する。

また、話題になるものの一つに「世界五分前創造説」や「水槽の脳説」がある。要するに、人類の脳の単なる錯覚が時間や存在を事実かの如くに勘違いしてしまっているのだ、とする考えである。

「現在主義」や「全て脳が勝手に作り上げたもの」の可能性があるということを言っているわけだが、確かにその可能性はある。この世が本当の実在ではないという観点に立つならば、全て

ヘルマン・ミンコフスキー
Hermann Minkowski
（一八六四〜一九〇九年）ロシア生まれのユダヤ系ドイツ人数学者。ミンコフスキー空間の考え方により、特殊相対性理論を数学的に基礎づけた。時空における光円錐（光の道筋を表わす面）の考案など。

ジュリアン・バーバー
Julian Barbour
（一九三七年〜）イギリスの物理学者。宇宙には時間は存在しておらず、時間とはあくまで人類の感覚としての幻想だと説いた。

が我々の共同幻想として、そこで終わることは可能であるわけだが、問題はそこからどうやって抜け出すのか――ということである。実際、仏教はそのことをずっと説いているにすぎない。そして、その脱出法も明確に語っている。ここにその詳細を語る余裕はないが、仏教では「三十七道品《さんじゅうしちどうぼん》」として修行法を整理し伝えている。それは実に合理的手法である。一方、五分前に、実は突然全てが現われたという説は、客観的な、物理学的な観点に立ったときには、それは間違いであると筆者も思っている。しかし、ものの本質として捉えていったときには、そういうことだって成り立つのである。

そもそもこの世が存在していること自体に何の意味もないのかも知れない。しかし、東洋哲学はそこに意味を見出し、無為自然の生き方を説いてきた。それは、現実の肯定に見る救いの要諦を説くものである。なぜ我々はここに生きているのか、本質的なことで言えば、迷いの世界に意味はないのだ。

しかし、では解脱するとは何か?と考えたときには、修行の場としての存在肯定が生まれてくる。そしてそこには非常に厳しい努力が要求されるわけで、現実を肯定しないことには悟りもないことになる。そういう意味において、単なる幻想論だけではやはり片づけられない現実がそこにあるということは否定できない。

究極という意味においては、一切は無いということが言えるけれども、現実という我々のリアルな感覚という観点に立ったときには、これを肯定せざるを得ないのだということを、肯定するしかない。

だから、原理としてこの世を否定してもいいが、実存としての自分というものを捉えていくときには、これを肯定せざるを得なくなり、だからこそ、煩悩というものからの脱出の必然がそこに見出されて来るのである。

先ほどの「現在主義」説は、それを絶対にダメだとは思わないが、バーバーは、結論が出せないままに、そこに落ち着いたという感じがしている。要するに思惟不足である。

時間論がこのように物理学の世界で、或いは哲学の世界で語られるようになった。哲学の世界では前からあるが、物理学では極めて飛躍的な内容になってきており、哲学はこの物理学理論に大きく影響されるに到っている。大変興味深い。

現代仏教の立場から言うと、基本的には、三世実有は否定されている。そして、現在の一世（今の一刹那）のみを、有ると認識するわけだが、しかしながら、それらも無我ということで、最終的には全部否定することになる。非常に強くそれを強調しているわけだ。何であれ、時間論的には「今」というものだけがある、しかしそれは、本当の実在という意味ではない。一つの法則として生きているのだ、というのは唯識以降の仏教の基本姿勢であり、現在、大方の仏教宗派はこれを肯定している。

だから、三世実有を肯定する仏教の立場というのは、まずほとんどないと言っていいだろう。飽くまで一切有部が語ってきた『倶舎論』の哲学として残っているのであって、現実のお寺さんに行ったとき、どこかの宗派に行ったときに、三世実有を唱えている宗派というのは、ちょっと筆者は知らないが、通常は否定されている。

しかし、いま語ってきたように、三世実有恒存という、こちらの方が本当かも知れない、ということを、改めて語って終わりたい。

筆者自身は、過去は有る、といおうか、所謂「今」が有るという意味において、「過去」も有るというふうに理解している。ただ我々は今に生きているので、今というものしか目にすることがないし、それを実感できないが、今という過去（記憶）に我々は生きているという言い方も、論理上は出来るはずである。今と思っているのは、実は過去かも知れない、という話である。これを今と我々は言っているだけで、実は過去の部分に今現在の自分はいて、それを「今」だと勘違いしている可能性だってある、という話である。

果して「今」はどこにあるのか。どこからが未来で、どこからが今で、どこからが過去なのか、という時間の区切りは無いというのが、特殊相対性理論の帰結である。だから、どこからが今で、どこからが今でない、ということは無いのだ。つまりは三世とは一つのものなのである。

それは、この世が真実の存在でないという前提であるが故に、これはあり得るのである。この世が真実であるならば、この理屈は成り立たない。しかし、この世が一つの幻覚の中で形成されていくものなら、三世実有は有り得るのである。また、刹那滅の中で、煩悩という法があるという話だったが、それは間違いで、煩悩の法があるのではなく、煩悩を作り出す原理があるのだ。つまり、ダルマ（法）がある、というのが正しいと筆者は言っているのである。それと同じように、錯覚を作り出すダルマがあるわけだ。それと煩悩を作り出すというのは全く同じである。ここに我々はいて、それ故に現実というもの、今というものだけを今と感じて、そこに我々は意識を持っているのである。

意識の構造はどうなっているかというと、そこには六根がある。六根とは自分の身体のことで、眼耳鼻舌身意である。意がない五根は、肉体部分の眼耳鼻舌身であり、それによって外の世界と接触する。それに対応する五境すなわち、色・声・香・味・触という感受器官が働くという関係にある。そこから眼識・耳識・鼻識・舌識・身識が作用し、更に意識へと展開する。そういう感覚世界があって、そこで我々は認識して、それを自分の意識として反映させているわけである。

面白いのは、我々のその意識というのは、例えば眼で花を見るとする。花は形があり、香りを出す。色がある。ガサガサという音だってする。トゲなどがあったりもする。舐めれば味だってする。その時、眼と鼻は同時に機能する。すごく香りの強いものだと、そのときに我々は眼で見えているものと、匂いというものが同時に感じられていると思っているのだが、実はそうじゃないと有部は言う。

どちらかにしか意識は行っていないという。それが瞬間的に入れ替わっているから、同時に感じているように思っているだけで、眼で見ているというときは、見えているという眼意識だけが生じているという。そして香るというのは、鼻の意識がそう感じているのであり、それらが脳内で高速で入れ替わっていて、同時に感じているように錯覚しているだけだと言うのである。その一瞬においては一意識しか作用しないと言う。眼識、鼻識、舌識、そういうふうにしか反応しないというのである。そのことを、改めて自分で観察してみると、確かにそうかも知れない。

その同じ理屈を以て、我々は今とか過去とか未来というものも脳に理解させられている可能性があるのだ。我々には現在だけの意識が働いているがために、過去や未来の存在に鈍感になってしまっているのかも知れないということである。一瞬一瞬それぞれの刹那というところが仮に存在するとしよう。この眼意識が働いているときは、鼻意識は休んでいるとしたならば、我々は「今意識」に生きているがゆえに、「過去意識」も、「未来意識」にも実は意識が行っていないだけで、我々が今意識から解放されて過去意識だけ、未来意識だけになったならば、過去や未来の中にアリアリと、自分がそこに存在していることに気付けるのかも知れない。

我々の脳は、錯覚を作り上げるものだから、我々の意識は錯覚の中でずっと存在しているわけである。もし更にこの意識というものが、脳から離れて「意識自体」というものがあるならば、(物自体とはカントの言葉だが)「意識自体」というものに我々が還《かえ》ることが出来るならば、即ちこの肉体から離れて意識自体が存続するとしたならば、その意識自体というものになったときに、その意識が「今」から解放されたならば、過去や未来に自分自身を置くことは可能かも知れない、ということになる。

我々は日常的に、過去のイヤなことや、すごく楽しかったことなどに、ずっとハマっていることがある。特に鬱とかトラウマになっているような人たちは、明かりも点けないで真っ暗な状態で、暗い、イヤ~なことに陥ってしまって、もう死ぬしかないと思いつめたりしている人もいる。そういう時は、多少の強弱の違いはあるにせよ、誰しもにある。それは過去に生きている状態である。過去そのものである。その瞬間にずっと拘って、その人は今に生きていないことを意味する。

今に生きているというのは、今という現実に対処している状態である。では、未来に生きている人とは何だろうか。未来に生きている人というのは、今努力していることの成果を未来の自分に、アリアリと思い描くことが出来て、ウキウキしながら今を生きている人だろう。それは、今に目が行っているのではなく、未来に目が行っていて、未来の自分を想像イメージしている人たちである。この人は未来に生きている人だという言い方が出来るだろう。

肉体があるから我々は「今」に拘束されているけれども、肉体がなくなって意識だけになったならば、我々は過去未来を自在に動けるようになるのかも知れない。そのときに、じゃあ、未来は何だったのかとなるだろう。過去は自分が作ったもので納得がいくが、未来は自分が作ったはずはないのに、どうしてあるの？　となるだろう。仏教哲理的には、自身への過去の行為に基づく法則に従ったその時点までの未来が出現してくることになる。

宇宙はビッグバンで誕生した瞬間に、全ての設計図が出来上がっていたと、斯書の中で筆者は述べてきた。ビッグバンのその時に、今の宇宙の形態になるように、宇宙は全て想定されていると考えられるのである。そうなら、そこに誕生している我々人類の未来も全てが想定されていたはずである。そういうふうに考えると、実はもう未来も全部決まっていて、その中で我々は単に遊んでいるだけかも知れない。どれを選択するか。この世界が全て終わって、この時空間から我々が解放されたときに、ゲームオーバーとなり、「あそこの選択間違えてたね（笑）」となるかも知れない。単なるゲームの中に我々は生きているだけなのかも知れない。「えー、ゲームでこんな苦しい思いをしているの」ってあとになって思うかも知れない。ゲームというのは、苦しくないと面白くない。負けたり失敗したりして、恐怖感を感じたり、ジェットコースターみたいなもので、平坦にまっすぐ行っていたら、誰も乗りたいとは思わない。だから、そういう意味において、我々は実はこういう世界をただ遊んでいるだけかも知れない。楽しんでいるだけかも知れない。この苦しんでいること自体を！

「俺、うっかりあそこで自殺しちゃったよ～」「なーにやってんだろう」って。ちょっと漫画風に誰かと語り合っているかも知れない。

本来、こういうことを言っている状態というのは死んであの世に行ったときだ。しかしここで語っているのは解脱しているような状態の話だ。ただし、真に解脱しているような状態だと、「私あのとき」みたいな感じになることはないから、この会話は違う次元のものを意味する。準解脱の境地なら全く違う世界が展開する。そういう意味に於いて、この現実の中に縛られ、囚われてしまっている凡夫そのものの人々が、一瞬にして解脱に行くことは、だからあり得ないという話でもある。

また、意識自体になるということは、それ自体が煩悩から解放されている必要がある。

脳には自分が生まれてから死ぬまでの全記憶が記録されていると言われている。それは今から百年も前にカナダの脳生理学者のペンフィールドの生身の人体実験によって明らかにされた事実である。脳に電極をつないで一つ一つ刺激すると、全人生が思い出されるというものである。映像がありありと目の前に出現する。音も匂いも感触も味も全てが記録されているのだ。ただし、自分の目の前を誰かが通り過ぎたとしても、本人がそのとき全く意識にそれが映っていなければ、

ペンフィールドの実験　カナダの脳神経外科医ワイルダー・G・ペンフィールド（一八九一～一九七六）は一九〇〇年代前半、てんかん患者の治療の際、脳の特定の部位を電極で刺激したところ、鮮明な記憶がよみがえったことを報告している。

それは記録として残っていない可能性がある。飽くまでこうやって意識として一瞬でも見えたものは、全部記憶として残っているというのである。だから、そういう意味では、脳の中に過去は全てがあることになる。折りたたんだ過去があるわけだ。そして宇宙もまたそれと同じように全記憶が宇宙空間の中にも記録されているかも知れない、という話である。

物理学によって時間も空間も真実ではないことが判明した。その意味で、我々は、錯覚の中に生きているのであって、これを真実と思ってはならないということである。そういう意味では、我々はこの現実に振り回される必要はないということになる。

時空を越えるものとして〈叡智言語〉の世界がある。それはよく本質的な世界を我々に垣間見せてくれるに違いない。自然の偉大さと厳しさ、そして優しさも我々は学ぶことが出来る。いずれ人類が宇宙フロンティアを開始した時には〈宇宙言語〉への扉が開かれる時となるだろう。自身の存在について哲学していく時に、深々とした世界が魂の奥底に広がっていることを感じ取るのは筆者だけではあるまい。仏教哲学やタオの世界が示す世界は常人の遠く及ばないところである。しかしだからこそ我々はその地平を目指して邁進していかなければならないのである。その導きの手法として禅定が存在する。更に多くの八正道に代表される自我の抑制と制御とが説かれている。単純な唯物的思考に陥ることなく、広々とした深々とした世界の存在原理に気付き、その世界を通して仏陀が求めた悟りの境地を人類は求めるべきであると筆者は思う。

では、最終章にタオの原理としての老子の思想を伝えて擱筆したい。猶、この文章は筆者が一九八七年に分子生物学の渡辺格先生にお読み頂いていたものの一部である。

八正道　仏教の八つの実践項目。
①正見（しょうけん）正しく見る
②正思（しょうし）正しく思惟する
③正語（しょうご）正しく語る
④正業（しょうごう）正しい行ない
⑤正命（しょうみょう）正しい生活
⑥正精進（しょうしょうじん）正しい努力
⑦正念（しょうねん）正しい思念
⑧正定（しょうじょう）正しい禅定

第七章　老子のタオ

無極から太極そして宇宙の創造

老子の世界

「無極」といえば老子をもって他に語るべき適任者はいない。もっとも、そのことばそのものは後世語られるようになったもので、ここには見出せないのであるが、その義が明確に述べられている。老子の経とされている『清静経《せいじょうきょう》』は次のように語っている。

老君曰《いわ》く。大道無形にして天地を生育し　大道無情にして日月を運行し　大道無名にして万物を長養す。吾《わ》れ其《そ》の名を知らず　強《し》いて名づけて道と曰《い》う。
夫《そ》れ道は清有り濁有り　動有り静有り。天は清にして地は濁なり　天は動にして地は静なり。

老君　老子のこと。

男は清にして女は濁なり。男は動にして女は静なり。本降《もとくだ》り末に流れ　而《しこう》して万物生ず。清は濁の源にして動は静の基なり。人能《よ》く常に清静なれば天地悉《ことごと》く皆帰《き》す。

夫《そ》れ人神《じんしん》は清を好みしも而《しこう》して心　之《こ》れを擾《みだ》す。人心は静を好みしも而して慾之《よくこ》れを牽《ひ》く。常に能《よ》く其《そ》の慾《よく》を遣《けん》すれば而して心自ら静なり。

其の心澄めば、而して神《しん》自ら清なり。自然六慾生ぜず　三毒滅す。能《あた》わざる所以《ゆえん》は心未だ澄まず　慾未だ遣《けん》せざるなり。能《よ》く之れを遣するは　内に其の心を観《み》るも　心に其の心無し。外に其の形を観るも　形に其の形無し。遠くに其の物を観るも　物に其の物無し。三者既《すで》に無なれば　唯空《くう》を見るのみ。

空を観るに亦《また》空　空も空の所無し。空の所既に無なれば　無無も亦無なり。無無既に無なれば湛然《たんぜん》常に寂《じゃく》す。寂も寂の所無ければ慾豈《あによ》能く生ぜんや。慾既に生ぜずば　即ち是れ真静《しんじょう》なり。真常物に応じ　真常性を得《う》。常に応じ　常に静なれば　常に清静なり。此《こ》の如く清静なれば漸《ようや》く真道に入る。既に真道に入れば名づけて得道《とくどう》となす。名づけて得道と雖《いえど》も実は無所得なり。衆生《しゅじょう》を化《か》する為に名づけて得道と為《な》す。能《よ》く之《これ》を悟る者は聖道を傅《つた》う可《べ》し。

太上老君《だじょうろうくん》曰く。上士《じょうし》は争い無く下士《かし》は争いを好む。上徳《じょうとく》は不徳にして下徳《かとく》は徳に執《しゅう》す。執著の者は道徳明らかならず。衆生の真道を得ざる所以は妄心《もうしん》有るが為《ため》なり。既に妄心有れば其の神《しん》を驚かす。既に其の神を驚かせば即ち万物に着《ちゃく》す。既に万物に着せば即ち貪求《どんきゅう》を生ず。既に貪求を生ぜば即ち是れ煩悩《ぼんのう》なり。煩悩妄想は身心を憂苦す。便《たやす》く濁辱に遭《あ》い　生死に流浪し

老子（紀元前六〇〇年頃）中国・春秋戦国時代の思想家。道家の祖。伝説によれば、姓は李、名は耳（じ）、字（あざな）は耼（たん）、春秋時代末期、周の守蔵の史（蔵書室の管理者）。周末の混乱を避けて隠遁を決意し、西方の関所を通過しようとしたところ、関所役人の尹喜（いんき）に請われて『老子道徳経』二巻を著わしたと伝えられる。

太上老君　老子のこと。

妙　隠された本質。

徼　その結果。

常に苦海に沈《しず》み　永《とこしえ》に真道を失なう。
真常の道　悟る者は自ら得《え》　道を悟り得《う》れば　常に清静なり。

これは、宗教的教えを後半にもってきてはいるものの、前半はこの宇宙の本質をものの見事に言い表わしているといって良い。

この初めに述べられている「大道無形」という表現が、実は「無極」を指しているのである。この形等の概念で捉えうるような存在ではない無極が、天地宇宙を創生し育成している。そこには、我々が考え得るような「情」などといった意識作用は何も存在しない。しかしそれでありながら、あらゆる一切の宇宙の運行を為しているのだ。そして、その把握しがたい存在が、あらゆるものや生物を長養しているのであると説く。

老子といえども、その存在をどう呼称していいものか迷うところであるが、強いて名付けるならば『道《タオ》』といって良いだろうと語られている。それは『老子』の劈頭第一章にかかげられているテーゼである。

道の道とす可《べ》きは　常《つね》の道に非《あら》ず。名の名づく可きは　常の名に非ず。名無きは　天地の始めにして　名有るは　万物の母なり。故《まこと》に「常に欲無きもの　以《もっ》て其《そ》の妙《みょう》を観《み》　常に欲有るもの　以て其の徼《きょう》を観る」。此《こ》の両《ふた》つの者は　同じきより出《い》でたるも而《しか》も名を異《こと》にす。同じきものは之《これ》を玄と謂《い》う。玄の亦《また》玄　衆妙の門なり。

詰を致す　つきつめる。

古始　全ての始めにあったもの。

それは他の数章にも見られる。

【第十四章】

之《これ》を視《み》れども見えざる　名づけて夷《い》と曰《い》う。之を聴《き》けども聞こえざる　名づけて希《き》と曰う。之を搏《とら》うれども得ざる　名づけて微《び》と曰う。此の三つの者は　詰《きつ》を致す可《べ》からず　故《ゆえ》に混じて一と為《な》る。其《そ》の上なる皦《きょう》ならず　其の下なる昧《まい》ならず。縄縄《じょうじょう》として名づく可からず　物無きに復帰す。是れを状《じょう》無きの状　物無きの象《しょう》と謂《い》う。是れを惚恍《こつこう》と謂う。之を迎えて其の首《しゅ》を見ず之に随《したが》いて其の後《しりえ》を見ず。古《いにしえ》の道を執《と》って　以《もっ》て今の有《う》を御《ぎょ》す。能《よ》く古始《こし》を知る。是れを道の紀《き》と謂う。

【第二十五章】

物《もの》有り混成し　天地に先だって生ず。寂兮《せつけい》たり寥兮《りょうけい》たり　独《ひと》り立って改《か》わらず　周行して而《しか》も殆《つか》れず　以《もっ》て天下の母為《た》る可《べ》し。吾《われ》其《そ》の名を知らず。之《これ》に字《あざな》して道と曰《い》う。強《し》いて之が名を為《な》して大と曰う。大を逝《せい》と曰い　逝を遠と曰い　遠を反《はん》と曰う。故《ゆえ》に道は大なり　天は大なり　地は大なり　王も亦《また》大なり。域中《いきちゅう》に四つの大有り　而《しこ》うして王は其の一《いっ》に居《お》る。人は地に法《のっと》り

地は天に法り　天は道に法り　道は自然に法る。

【第三十七章】

道は常に為《な》す無くして　而《しか》も為さざるは無し。侯王《こうおう》若《も》し能《よ》く之《これ》を守らば　万物将《まさ》に自《おのづか》ら化せんとす。化して而も作《おこ》らんと欲すれば　吾《われ》は将に之を鎮《ちん》するに無名の撲《はく》を以《もっ》てせんとす。無名の撲は　夫《そ》れ亦《また》将に欲無からんとす。欲あらずして以て静かならば　天下将に自ら定まらんとす。

【第四十五章】

大成《たいせい》は欠《か》けたるが若《ごと》きも　其の用は弊《へい》せず。大盈《たいえい》は沖《むな》しきが若きも　其の用は窮《きわ》まらず。大《たい》直《ちょく》は屈せるが若く　大巧は拙《せつ》なるが若く　大辯《たいべん》は訥《とつ》なるが若し。躁《そう》なるは寒《かん》に勝ち　静なるは熱に勝つ。清静《しょうじょう》なるは天下の正と為《な》る。

なお、『列子』に同様の内容が見られるので紹介する。

有生は生ぜず　有化は化せず。生ぜざる者はよく生を生じ　化せざる者はよく化を化す。生ずる者は生ぜざること能《あた》わず　化する者は化せざること能わず。故に常に生じ常に化す。常に生

撲　天然の加工されていない素材。材木・岩石など。

『列子』　全八巻で列子の撰とされるが、実際は後世（前漢の後半）に作られたもの。列子は戦国時代の道家の思想家で、名は禦寇（ぎょこう）。虚（きょ）の道を得た哲人として伝えられるが、その伝記は明らかでなく、おそらく『荘子』によって虚構された人物だといわれている。

黄帝　こうてい「黄帝」とは伝説上の皇帝。伏羲（ふくぎ）、神農（しんのう）と共に三皇と称される。道家では理想の天子として尊敬されている。

谷神　谷間の奥深く空虚な所に潜む霊妙な力。人体で霊（たましい）の宿る場所。老子が万物を生成する宇宙の本体としての道をたとえた語。

玄牝　万物を生み出すもと。玄は人間の感覚では知り得ず、その作用が微妙で奥深いことをいい、牝は雌で、子どもを生むように万物を生み出すものの意。

じ常に化するものは　時として生ぜざることなく　時として化せざることなし。陰陽しかり四時しかり。生ぜざる者は疑独し　化せざるものは往復す。その際終わるべからず　その道窮むべからず。

黄帝の書に曰く。谷神《こくしん》死せず　これを玄牝《げんぴん》という。玄牝の門　これを天地の根という。綿綿として存するがごとし。これを用いて勤めず　と。故に物を生ずる者は生ぜず　物を化する者は化せず。おのずから生じおのずから化し　おのずから形し　おのずから色し　おのずから智《し》り　おのずから力《つと》め　おのずから消《しょう》し　おのずから息す。これを生化形色智力消息と謂《い》うは非なり。

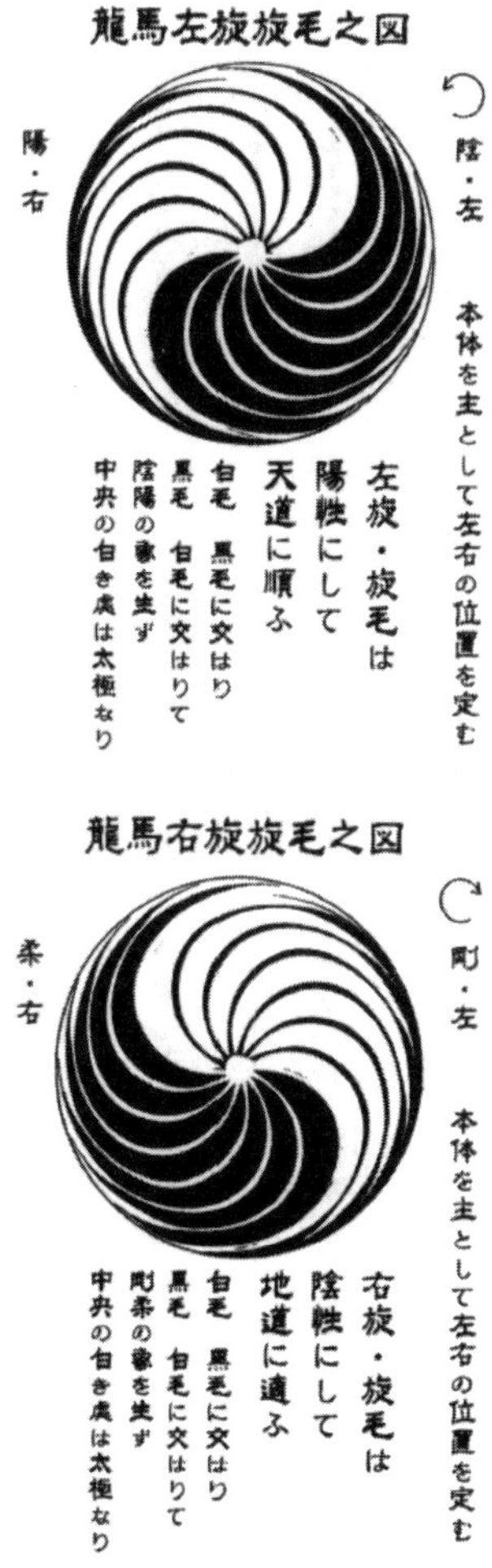

図1　龍馬旋毛之図

「丷」左図のように太陽と月の姿からこの形が生まれた。

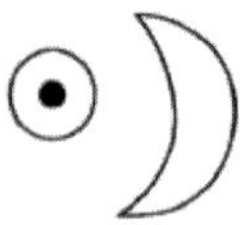

図２

両儀　周易で、太極から生じた二つの対立物、すなわち陰と陽。天と地。

『道』の義

では『道』とは一体どういう字義を持つのであろうか。実は大変に慎重なる内容を包羅するものである。玄妙深意としか言いようがないほどだ。

『道』を分解すると「丷」と「一」と「自」と「辶」から成る。そのいちいちに深意が蔵されている。先ず「丷」だが、これは左が太陽を意味し右が太陰即ち月を意味している。つまり陰陽相対の表意である。この事が実は男女の存在とか陰陽としての両眼の形成にまで関与しているのだから驚きである。まさにホログラフィック世界なのである。

そして「一」であるが、これこそが「無極」の別字に他ならない。「一」は「二」なる相対性を除いた「絶対性」の象徴である。「一」という表現をとるが、これは無極の動的一面を表わしたのであって、本来無極を意味させる最も適当と思われる数字は「〇」である。そこには超静的な安定を内在させた無極が存在する。

しかし、誤解してはならない。静や動という表現をしたからといって、そこに陰陽の両儀を見出すものではないのである。実にその妙諦はことばをもって語れざる世界なのだ。それを敢えて分かり易く語ったに他ならない。それ故、ここにいう静動と両儀にいう静動は本質的な違いがあることを理解して頂きたい。いや、本質的には同じ流れにあると言うべきだろう。ただ、その作《はたら》きをなす系（世界）が違うのである。系そのものが異なっている限り同じものということは出来ない。しかもその両儀の系は無極の系より「巻き戻された」系であり、本末同義で扱うのにはやはり問題がある*。

この「二」の義はなかなか深遠である。『老子』第四十二章には

道は一を生ず。一は二を生じ　二は三を生じ　三は万物を生ず。万物は陰《いん》を負《お》うて而《しこ》うして陽を抱《いだ》く。沖気《ちゅうき》は以《もっ》て和を為《な》す。人の悪《にく》む所は　唯《ただ》　孤・寡《か》・不穀なり。而《しか》るを王公は以て称と為す。故《まこと》に物《もの》　或《あるい》は之《これ》を損じて而も益《ま》し　或は之を益して而も損ず。人の教うる所は　我も亦《また》之を教う。強梁《きょうりょう》なる者は其《そ》の死を得ず。吾将《われまさ》に以て教えの父と為さんとす。

とある。これは宇宙の創生を最も明快に答えた数学的見解ということが出来よう。ここにいう「二」こそが無極であり一切の始まりである。これに類するものとして、先の第十四章や第十章、第二十二章がある。

【第十章】

営《まよ》える魄《はく》を載《やす》んじ　一《いつ》を抱《いだ》いて　能《よ》く離れしむる無からんか。気を専《もっぱ》らにし柔《じゅう》を致して　能く嬰児《えいじ》のごとくならんか。玄覧《げんらん》を滌除《てきじょ》して　能く疵《し》無からしめんか。民を愛し国を治めて　能く知らるる無からんか。天門《てんもん》の開き闔《と》ずるに　能く雌《し》を為さんか。明白に四《よも》に達して　能く為す

暗在系の巻き戻された系　イギリスの理論物理学者デイヴィッド・ボームにより提唱された概念。宇宙全体の運動は、我々が知覚できない負の世界〈暗在系〉の中で物質を「巻き込む」形で生じるが、我々が捉えられるのはそれが「巻き戻されて」物質や心となった〈明在系〉のみだという。

沖気　陰陽が調和していて、万物を生み育てる氣。

魄　たましい。魂（精神を司る）に対し肉体を司るもの。幽体。死後四十九日で消滅するという。

玄覧　心の奥深い所において、万物の真の姿を見通すこと。また、その心。ここでは幻想、幻覚の意。

玄徳　奥深く隠れた徳。非常に優れた徳。

曲なれば則ち全し　ねじ曲げられるものが完全に残る。

こと無からんか。之《これ》を生じ之を畜《やしな》い　生じて而《しか》も有せず　為して而も恃《たの》まず　長《ちょう》となりて而も宰《さい》たらざる　是《こ》れを玄徳と謂《い》う。

【第二十二章】

「曲なれば則《すなわ》ち全し」。枉《ま》ぐれば即ち直なり。窪《くぼ》かなれば即ち盈《み》つ。敝《やぶ》るれば即ち新たなり。少なければ即ち得《え》、多ければ即ち惑う。是《ここ》を以て聖人は　一《いつ》を抱《いだ》いて天下の式《のり》と為《な》る。自《みずか》ら見《あら》わさず　故《ゆえ》に明《めい》なり。自ら是《ぜ》とせず　故に彰《あら》わる。自ら伐《ほ》めず　故に功有り。自ら矜《ほこ》らず　故に長《ひさ》し。夫《そ》れ惟《ただ》争わず　故に天下能《よ》く之《これ》と争うこと莫《な》し。古《いにしえ》の所謂《いわゆる》「曲なれば則ち全し」とは豈《あ》に虚言《きょげん》ならんや。誠に全うして之を帰す。

更に第三十九章は大変に興味深い内容である。

【第三十九章】

昔の一《いつ》を得る者は　天は一を得て以《もっ》て清し　地は一を得て以て寧《やす》し　神は一を得て以て霊なり　谷は一を得て以て盈《み》つ。万物は一を得て以て生ず。侯王は一を得て以て天下の貞《かしら》と為る。其《そ》の之を致すは　一なり。天は以て清くする無ければ　将《は》た恐らくは裂けん。地は以て寧《やす》くする無

ければ　将た恐らくは発《くず》れん。神は以て霊ならしむる無ければ　将た恐らくは歇《つ》きん。谷は以て盈たしむる無ければ　将た恐らくは竭《かわ》かん。万物は以て生ぜしむる無ければ　将た恐らくは滅せん。侯王は以て貞と為らしむる無ければ　将た恐らくは蹶《たお》れん。故《まこと》に「貴《たっと》きは賤《いや》しきを以て本と為し　高きは下《ひく》きを以て基《もとい》と為す」。是《ここ》を以て侯王は自ら孤・寡《か》・不穀と謂《い》う。此《こ》れ賤しきを以て本と為すに非ずや　非なる乎《か》。故《ゆえ》に至れる誉《ほま》れは誉めらるる無し。琭琭《ろくろく》として玉の如《ごと》く　珞珞《らくらく》として石の如くなるを欲せず。

この一節には、今後の人類社会に在ってのニューパラダイムが明らかに述べられているように思われる。

これから考えれば、ニューパラダイムは、実にオールデストパラダイムの復活に他ならないのだ。最先端の物理学者たちが東洋哲学に魅了されているのがよく分かるというものである。実は仏教にいう「中道」の思想も単に両極端の修行法を否定したのではなく、物理的にも陰陽の両極に影響されないところの意識構造を造り上げることだと筆者は解釈している。それは、将《まさ》しくホログラム的世界観を受け入れる思想なのである。この「一」なる「超系」に完全に巻き込まれることが解脱に他ならないのだ。決して、誰かの教えを信じたり、単に行を為すことではない。ある特殊な飛躍がそこに要求されているのである。それは決して世に知られる神秘主義の類ではない。

さて、「一」の下には「自」の字が窺《うかが》える。将しくこれは真実の自己を示しているのである。

中道　有・無、常・断などの相互に矛盾対立する二つの極端な立場（二辺）を超越した真に絶対的に自由な立場。釈尊がされたように苦行主義と快楽主義の両極端を離れること。

ホログラム的世界観　デイヴィッド・ボームは、我々が見ている世界は、ホログラムの映像のように、宇宙の〈内蔵秩序〉が三次元的に顕示化されたものであり、それは宇宙の実在の一側面に過ぎないとする。しかし、ホログラムフィルムのどんな小さな断片にも全体の情報を含むように、この世界にも宇宙の全情報がインプットされているとする。

真実の「自」とは「目」の上の一点に在りとも読める。

　将に、「目」の上の「ノ」とは第三の眼であり、真の霊眼即ち慧眼《えげん》を示すものであったのだ。これは更に全体として形成される「首」という文字からも推測されるのである。なぜ「道」は「首」でなければならないのか、それは「首」こそが「無極」に至る場を提供し得るところだったからである。

　そして、この「首」に理論物理学者のデヴィッド・ボームが言うところの暗在系の巻き込みが積極的な意味において作動する時に法輪が「辶《てん》」（転）じていくのである。即ち、「道」とは、真理の途絶えることなく巡り続けている状態を示すものである。その真理とは相対的真理をも巻き込み含んだ無極の絶対空《くう》なる法則性に基づくものである。

天地開闢

『列子』に、次のように述べている。

　子列子曰く、昔、聖人は陰陽によりてもって天地を統《す》ぶ。それ有形のものは無形より生ず。すなわち天地いずくよりか生ぜる。故に曰く、太易あり、太初あり、太始あり、太素あり。太易

第三の眼　ヨーガ等で言う「第三の眼」とはアジナーチャクラであり、ここで語られている真の霊眼とは、やや位置が異なる。

慧眼　智慧の眼。真理を見る眼。

「道」　左は筆者の直筆。

図3

『列子』　中国の思想第6巻「老子列子」奥平卓・大村益夫訳

冲和　天地間の調和した気。

とはいまだ気の見《あら》われざるなり。太初とは気の始めなり。太始とは形の始めなり。太素とは質の始めなり。気形質具《そな》わりて、而もいまだあい離れず、故に渾淪《こんりん》という。渾淪とは万物あい渾淪して、いまだあい離れざるを言う。これを視《み》れども見えず、これを聴けども聞こえず、これに循《したが》えども得ず、故に易というなり。易は形埒《らつ》なきなり。易変じて一となり、一変じて七となり、七変じて九となる。九変とは究まるなり。すなわちまた変じて一となる。一は形変の始めなり。清軽なるものは上りて天となり、濁重なるものは下りて地となり、冲和の気は人となる。故に天地精を含みて、万物化生す。

ここでいう「太易」とは無極（易学では太極という表現しか用いない）を指し、「太初」とは太極であり陰陽の二気性が生じた状態である。「太始」とは二気性によって生じた形性であり、「太素」とは形性によって生じた質性である。それらは、未だ性質としてのみ太極に内包されたもので分離顕現化していない。これを渾淪《こんりん》という。この状態を「易」と呼び、この易より「一（太極）」が生ずと説いている。これから考えると、太易が無極を指すのに対し、易は太極の原初的状態、即ちビッグバン発生直前の位態を述べたものと思われる。

さて、無極よりこの宇宙が生じていく過程が懐胎の姿をもって論じ得るので、ここにその端緒を述べて理解の資として頂こう。

父母が交感（性交）し懐胎してから一ヵ月間（三百六十時辰《じしん》）は無極混沌とした状態である。

純然たる静的無極ではなく動を胚胎させた混沌とした無極へと変位しているのである。前述したように「ビッグバン」を生じさせる『作意《はたらき》』の変位した『根源的作動《はたらき》』状態であり『最淵態』と筆者が命名した「混沌状態」を呈している。未だ無極と呼ばれるがすでに無極の常態は変位したというべきである。無極は変位してもとの真性を失うことはない。それ故、無極が変位してもそこに最終的概念を挿し入れることは厳密な意味で間違いである。それ故、「最淵態」と苦肉のことばを造ったのである。

つまり、無極はこの基底において何ら変わらざるも、その淵《ふち》々においては変位しているとの意である。それは丁度、海の在り方に類似する。則ち、海底は常に静かであるにも拘わらず、海上は常に波立ったり荒狂ったり或いは全くといってよいほど凪《な》いでしまうようなものである。では真に海底が不動かといえば、静かだが誰も止めることの出来ない巨大な潮流があることを、誰もがよく知るところである。

将にこの海の如くに、無極も「作意《さい》」が生じてもなお、その奥は玄妙なる静寂を持ち続けるのである。しかも、「作意《さい》」が生じる以前の純然たる静にあってもなお、巨大な海流の如き動きが包摂せられていることを忘れてはならない。同時にこの巨大で玄妙なる自動的動きと、無極に依って導かれるその他の他動的動きとを、同様に観ることだけは夙《つと》に戒めなければならない。この絶対的戒めを堅持できた意識にあって初めて、無極と万物との真の同一性が明らかとなるのである。

真性　もとの純粋な性質。真如。

則ち、同一にして非同一であるこのパラドックスに、何らの抵抗なく到る人こそが、高きを極めることを可能とするのである。

念の為に、重ねて言おう。非同一なることが完全に理解され、決して他のいかなるものとも混《まじ》わることのなきことを知る者だけが、真の同一性に気付けるのである。論理上はこれ以上の矛盾はない程に矛盾した表現ではある。しかし、これが真実であるのだ。

世の多くの賢人が誤るのはこの点である。つまり、同一性を認めるが故に、絶対に非同一性を認めようとしないところである。それは自己陶酔型の人間の中で、しばしば見受けられる現象であって筆者のいたく気になるところなのである。

なぜなら、そのような彼らによって明らかに、ある領域においてニューパラダイムが固定化されてきているからである。この点を筆者は大変憂慮しているのだが、皆さんには、この筆者の言っている内容がさっぱり理解されていないこともよく知っているのである。嗚呼！

更にあなたが混乱を極めるであろうことを言わねばならない。非同一を絶対に受け入れない同一と、同一を絶対に受け入れない非同一とを〈これ以上の確信はないというレベル〉において同位に受け入れ、何らの矛盾することがあってはならない。そして同時にその両認識把握を、〈完全な形〉で微塵も持ち合わせては（両者を絶対に受け入れては）ならないのである。このパラドックスを同化（止揚）させ得る人間だけが、悟を開く「可能性」を持つのである。

さて、懐胎から半月目に無極一動して皇極の陽を生じ、更に半月目に無極一静して皇極の陰を

止揚　ヘーゲルの用語。弁証法で用いられ、矛盾した二つの概念を、より高い概念に総合統一すること。アウフヘーベン。

懐胎から…　医学的には最終月経を妊娠第一週とする仕方が一般的であるが、この場合は将に着床から数えている。

生ず。これは懐胎二ヵ月目である。

この状態を私が「亜作動」と命名したのは既述の通りである。太極を胚胎させた状態である。そしていよいよ太極が生じることになる。

太極の誕生

また半月目に皇極一動して太極の陽を生じ、更にその半月目に皇極一静して太極の陰を生ず。これ懐胎三ヵ月目である。

あなたがいままで、一切の根本と考えていた太極が漸《ようや》く誕生したのである。太極の前になんと二つの極が存在していたとはさすがのあなたも知らなかったに違いない。

ここで重要な仮説を立てなければならない。言うなれば太極とは万物の基というように言われ続けている。すでに述べているように皇極でも無極でもないのだ。それはなぜかといえば、実に太極こそが陰陽の両儀を内包させ、その陰陽の作《はたら》きによって万物が生じるからに他ならない。

図4　太極図

実は、この時がビッグバンの名に相応しい巨大な爆発が視覚化された状態ではないかと考えられるのである。厳密な意味では、それ以前から即ち無極混沌とした一ヵ月間から始まってはいるのだが、大爆発にまで発達するためには、無極→皇極→太極の推移があって初めて可能となるのである。決して無極混沌の時に大爆発が起こったわけではない。こう理解することによって、従来太極を一切の根本としてきた理由が明白となるのである。

　これと相応するかのように『胎骨経』にこうある。

一ヵ月　腜胎長ず。草頭影《くさのめけい》を露《あら》わす。
踪跡見えず　無名無形なり。
二ヵ月　胚胎長ず。陰陽交わり応ず。
汝の娘親《はは》　寝床に上がるに昏酔するが如し。床に睡《ねむ》り身を翻すに懶《だる》く四体は緊《きび》しく捆《くる》しむ。
身を起こせば歩行し難く　頭重く脚軽し（重心を失う）。

特異点　時間・空間が定義できなくなる点。空間のある部分をある限度以上に曲げると、その部分が必然的に特異点を含む構造に発展する（特異点定理）。時空の重力崩壊状態。

三ヵ月　霊胎長ず。身長六寸。
汝の娘《はは》　汝を懐《はら》みて病に侵されるが如し。一骨長ずれば一骨挽《ひ》かれ　丁《ちょう》を抽《ぬ》き髄を抜く。心（気）は烹《い》られて熱く　冷湯を即刻唇に至らすを想う。茶を思わず飯を想わず、朝な夕な昏《くら》く悶ゆ。行坐するに安寧ならず。病《やまい》身に纏《まと》うが如し。
四ヵ月　霊胎長ず。四肢はすでに定まる。
五ヵ月　霊胎長ず。五体端正なり。
六ヵ月　霊胎長ず。六根に性を分かつ。
七ヵ月　霊胎長ず。七竅始めて定まる。
八ヵ月　霊胎長ず。八脈旺《さか》んに運ぶ。
九ヵ月　霊胎長ず。三環九運す。
十ヵ月　胎すでに足りて瓜《うり》熟《う》れて蔕《へた》より落つ。

一ヵ月目「腜胎」とあるのが二ヵ月目は「胚胎」と称され、三ヵ月目以降から「霊胎」と呼び直されている。つまり、この三ヵ月目において胎児としてのベースが完成することを意味しているのだと思われる。これは太極を理解する上で大変役に立つものである。そしてそれは、特異点から始まるビッグバンを考えた時に、一つの大きな示唆を持つといえるのではないだろうか。物理学的に大変重要な観点を見出すものである。

受胎三ヵ月目に霊《たましい》が宿る

そしてもう一つ。決定的ともいえる事柄がこの中には潜んでいる。古来より万人が疑問を抱き続けた問題である。即ち、霊《たましい》はいつ胎児に宿るのかという古今東西常に語り継がれた難問中の難問である。ここを見る限り、それは三ヵ月目（満二ヵ月）であると言えるのである。

一般には受胎した瞬間に霊《たましい》が宿るものと思われているのだが、ちょっと生理学に通じている人なら、それが誤りであることはすぐに理解できる。受精卵が細胞分裂を繰り返している状態を、実際にその目で見たことのある方なら分かるだろうが、あのような単純な細胞状態のものに意識が存在するとは到底考えられない。あれが人間だということになれば、この生物界にはいくらでも人間レベルの存在がいることになる。

個体発生の理論による系統的進化が繰り返されているという説にしても、それは全体の中にある時間的部分を再構築しているのであって、その事自体が意識を持っていることを示すものではない。

それは生理上遺伝的な形質が肉体上に造り上げられているということであって、決してそこに「心」が或いは「意識」が造り上げられていることではない。正しくは意識の「素《もと》」が作られているのである。それは霊《たましい》が意識として作用するための、肉体という或いは脳という有機的機械を完成させているにすぎないのである。

個体発生の理論による…　ヘッケルの説。

奇しくも、近代医学の進歩は受胎八週目にして胎児に意識反応がはっきりと生じることを発見したのである。それ以後、この分野の研究は一層確かなデータを重ねている。間違ってはならないのは、反応が意識を伴うと思われるものを指しているのであって、決して母親のや胎児自身の「生物」としての生理機能に基づく胎児の反応ではないので注意して頂きたい。そういう誤った意味での研究データも多く、彼らによると、受胎一ヵ月目にしてはっきりとした意思表示があるとも言われている。

しかし、筆者は、一ヵ月というのはやはり早すぎるように思えてならない。少なくとも、生理機能が完全に作《はたら》ける状態を迎えるまでは、準備期間として「霊《たましい》」が宿っていないが、生物学的には「生きている状態」というのがあると思われるのである。

胎児の研究は一九四〇年代からイゴール・カルーゾ（西ドイツ・ザルツブルグ大学）、デニス・ストット（イギリス・グラスゴー大学）、D．W．ウィニコット（イギリス・ロンドン大学）といった面々が積極的に始め、それ以後本格化した訳であるが、胚にも霊《たましい》が宿るとする先の理屈からいくと、精虫にだって霊《たましい》が有るということにもなる。精虫だって目の前に自分の敵が現われた時にはそれを避けるだけの「知能」は身につけているからである。しかし、それは霊《たましい》を持たない「単なる生物」としての反応なのであって、ましてや、遙かに高度な「単なる生物」の胎児なら、より高度な反応を示しても何ら矛盾するものではない。因《ちなみ》に脳の増殖は受胎四ヵ月までに完了する。

そこで一つの仮説は、霊《たましい》は受胎三月前後にして肉体に宿るのではないかということである。それは決して、物質（肉体）の進化した結果として生じるのではないということだ。それは、すで

胎児の研究は…　『胎児は見ている』T・パーニー著

胚　動物では受精した卵の分裂から増殖細胞の分化により器官が形成され、個体となるまでの時期をいう。

に先述した物理学者たちが語っているところである。ホログラフィック理論によれば、意識であれ物質であれ、暗在系からの巻き戻しとしてそれらは顕示されたものであるのだ。陰陽（男女）の交わりという行為が、暗在系から明在系への巻き戻しを生ぜしめ、そこに受胎が惹き起こされるのである。物理学者のボームが「意識というものは、一般に考えられるような物質（脳）に完全に依拠し、かつそこから派生することを意味するものではない」と語っている。

霊《たましい》が肉体に宿るということも、暗在系に属する霊《たましい》という一つの意識なる存在を、明在系の胎児がその肉体を完成させるという結果において巻き戻し、その胎に引っぱり込む形でなされると考えられるものである。

この観点から、更にもう一つの重要な結論を導き出すことが出来る。それは、人間の一生そのものが宇宙の一生と常に相関しているということである。胎児の一生（旧暦十月十日）と出産後の一生（百年）は一つの系の現われであり、そこには共通の法則性を見出すことが出来る。そして、人間の一生は社会・文明の一生とも共鳴し、更にそれは地球の一生とも一致するかも知れない。即ち、ガス星であれ太陽の断片《かけら》であれ、その時の地球（星）の元始受精の時の混沌に通じ、地球のエントロピー増大に伴う自然破壊や最終的死滅は、人間の病身や死に通ずるものである。

そしてそれは、赤ん坊の出産を考えた時、赤ん坊は母体という系からより開かれた別な系へと産みおとされたことを意味するのである。言い換えれば転生したということになる。そうである以上、胎児と我々の人生が基本的法則に支配されているのだから、われわれの死後には全く別な新たな系（世界）が開かれていることを意味するのである。つまり、死後の世界が現存するということだ。そして、宇宙もまた然りである。

これらの一見卑近に思える事実が、実は、全て暗在系の法則の現われでしかないということなのである。そして、そのあらゆるものの根本に無極が存在するのだ。

では、話を元に戻そう。


また半月目に太極一動して「老陽」を生じ、半月目に太極一静して「老陰」を生ず。これは懐胎四ヵ月目である。

また半月目に老陽一動して太陽を生じ、半月目に老陰一静して太陰を生ず。これは懐胎五ヵ月目である。

また半月目に老陽一静して少陰を生じ、半月目に老陰一動して少陽を生ずる。これは懐胎六ヵ月目である。

また半月目に太陽一動して乾《けん》☰を生じ、半月目に太陰一静して坤《こん》☷を生ず。これは懐胎七ヵ月目である。

また半月目に太陽一静して兌《だ》☱を生じ、半月目に太陰一動して艮《ごん》☶を生ず。これは懐胎八ヵ月目である。

また半月目に少陰一動して離《り》☲を生じ、半月目に少陽一静して坎《かん》☵を生ず。これは懐胎九ヵ月目である。

また半月目に少陰一静して震《しん》☳を生じ、半月目に少陽一動して巽《そん》☴を生ず。これは懐胎十ヵ月目である。

さて、このように、無極は皇極を生み、皇極は太極へと変化し、太極は陰陽の両儀と分化して、更に四象八卦、万物を経て漸次生長していくのである。その最後の過程の中にいまわれわれは在るのである。そして、この発展とは逆方向で万物↓無極へと還《かえ》っていく時が再びとこの宇宙に訪れることになる。遙か悠久の未来の話である。現在の膨張宇宙から収縮宇宙に転ずるのは果たしていつの日なのであろうか。その時人類は存在しているのだろうか。

それにしても、数千年の昔から東洋において語られてきたことが、こうも現代物理学と一致するとは科学も大したところまで来たと痛感する。と言っても、厳密にはこのニューパラダイムは未だ市民権を得ているとは言い難い。一九六〇年代から七〇年代にかけて、この分野は大いに注目を集めたのではあるが、八〇年代になってから逆に非常に冷めた部分が出てきていることも事実なのである。

ライアル・ワトソンに会った時も彼はしきりと学会を批判していたし、フリッチョフ・カプラもワトソンほどではなかったが、全く我々の研究は認められていないのが現状だと私に言ったものである。ワトソンに比べカプラの方がより達観したものがあったのは、彼の方がより現実というものを直視しているからであろうと思われる。少なくともワトソンはその辺のいかがわしい代物までも簡単に信じ込んでしまうという意識の持ち主で、『生命潮流』を手にしたものとして大

膨脹宇宙　宇宙が膨脹し続けているという説。一般相対論などによって一九二五年頃明らかになり、今日では、百三十八億年前の大爆発以後、宇宙はいまもなお膨張し続けているというビッグバン理論が定説となっている。

変残念に思ったものである。それに彼は全く本質について把握できていなかった。

日本だけは世界に反してこの分野の研究が展開しているように思える。それは東洋という「特殊」な世界にわが国だけが位置しているからであろう。そういう意味においてニューサイエンティストたちの日本に対する期待が、異常に大きいことを知らされて驚いたものである。その意に反し、日本全体としてはやはり旧態依然たる学問体系に支配されていることは否めない。

ただ、そういう新しい波がこの地球文明に復活し、ゆっくりではあるが確実に根付いてきていることも事実であり、そこにこそ価値を見出せると言って良いだろう。

さて、もう少し「無極」とそれに付随する宇宙創生について認識を深めてもらおう。

太極と無極

天地陽陰の交感

史実的には「無極」に先んじて「太極」があり、「太極」をもって「無極」を意味させていたのであるが、後世「太極」の分義されるところを改め「無極」を置くに到り、さらにその中間的動極として「皇極」を配するに及んだようである。そのため、無極と太極が很だ混乱されて用いられており、誤解のもととなっている。なお、皇極については実際的には無極と同一のものとして全く顧みられないのが現状であり、本書でもまた同様の扱いとなっていることを述べておきたい。

『易経』の繋辞《けいじ》上伝《じょうでん》に「天は尊く地は卑しくして乾坤《けんこん》定まる」とあり、また「易に太極あり。これ両儀を生ず。両儀は四象を生じ、四象は八卦を生ず。八卦は吉凶を定め、吉凶は大業を生ず」

易経　五経の一つ。陽を⚊、陰を⚋で示し、それを組み合わせた六十四卦（爻）によって自然と人生の変化の道理を説いた書。作者として周の文王、周公、孔子が擬せられている。

というのは、将に太極をもって一切の根本となしているところである。天地は動静の極であり能動であり受動の関係にある。両者はデカルト的二元論の発端であり、対立の極をなす。しかしこの天（乾《けん》）と地（坤《こん》）は対立しながらも同時に統一体をなしている。ここに宇宙根本の原理を表わすのである。

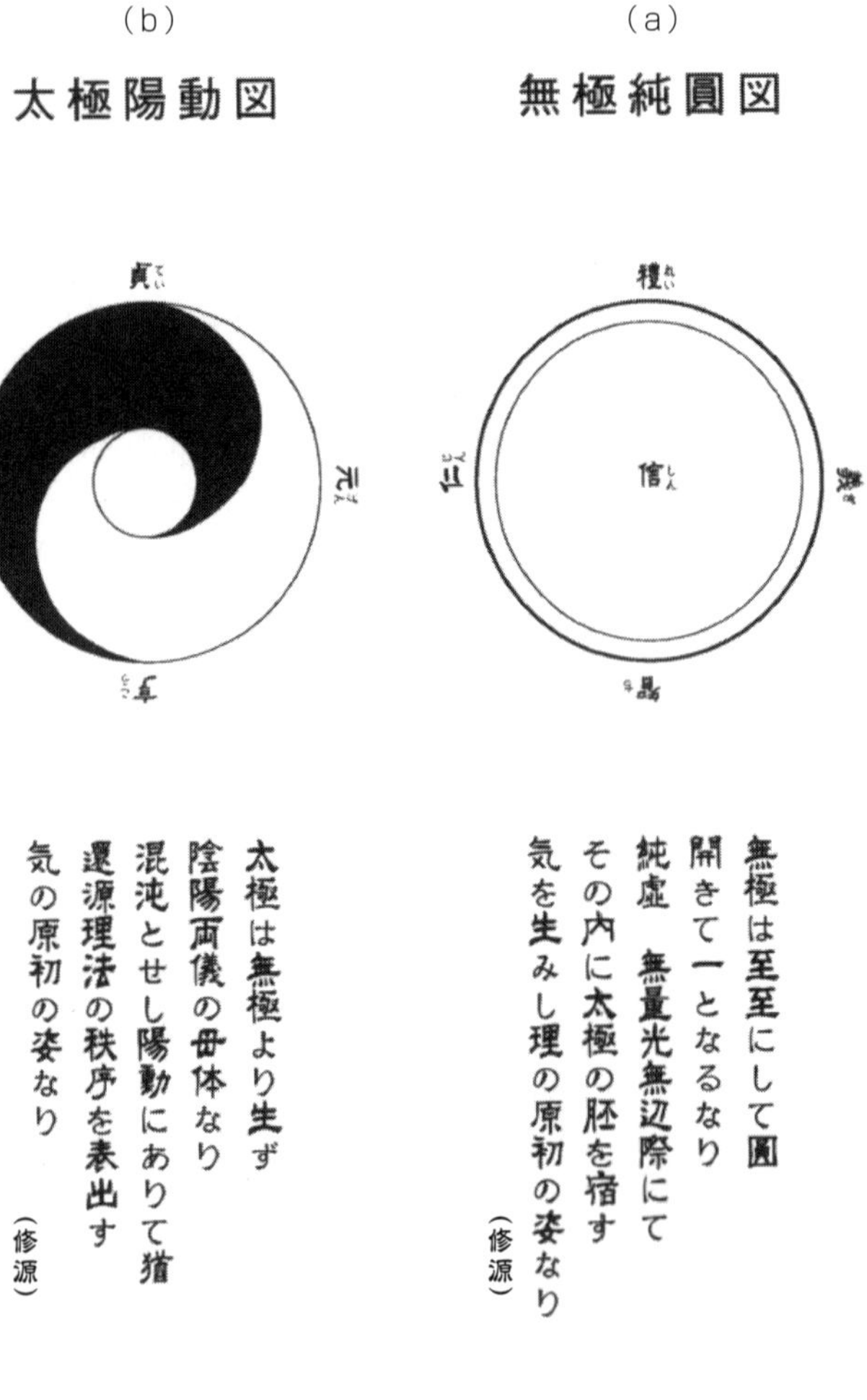

（a）
無極純圓図
禮
義
信
智
仁
無極は至至にして圓
開きて一となるなり
純虚　無量光無辺際にて
その内に太極の胚を宿す
気を生みし理の原初の姿なり
（修源）
（b）
太極陽動図
貞
元
亨
利
太極は無極より生ず
陰陽両儀の母体なり
混沌とせし陽動にありて猶
還源理法の秩序を表出す
気の原初の姿なり
（修源）

図5　（a）無極図　　（b）太極図

両儀乾坤図
卯
辰
巳
午
未
申
酉
戌
亥
子
丑
寅
両儀は太極より生ず
森羅万象の母体なり
理気理情に遵い
清昇濁降して天地を開闢す
象の原初の姿なり
(修源)

図6　両儀の図

究極としての絶対存在としての太極も陰陽の両儀なくして存在し得ず、またその価値もない。乾（陽）坤（陰）が対立することによって新たな変化（即ち「易」の意）を生むのであり、そこにこそ太極宇宙の止まることなき原流があるのだ。

「乾坤はその易の蘊《うん》か。乾坤列を成して易その中に立つ。乾坤毀《やぶ》るれば以《もっ》て易を見ることなし」

とは、将にこの事を伝えるものである。

繋辞下伝にいう。

「乾坤はそれ易の門か。乾は陽物なり。坤は陰物なり。陰陽の徳を合わせて剛柔の体あり。以《もっ》て天地の撰《こと》を体し、以《もっ》て神明の徳に通ず」と。

蘊　奥義。

造化　自然。

これも純陽と純陰の両徳（法則）が万物を生み出すことを明らかとし、またこの陰陽相対の相交わることを悟ることこそが造化の妙理に通ずるのであると説いている。

また言う。

「天地絪《いん》縕《うん》して万物化醇《かじゅん》し、男女精を構《あわ》せて万物化生す」と。天地の気が交感して万物が生じ、男女の精が情交して生命を生み出すことの崇高さを述べている。こう見てみると、人間《じんかん》における男女の交わりがいかに素晴らしいかを意味しており、その深遠不可思議なるを感じさせるところである。ただし残念なことに、現実の世の男女の交わるところはただの偏見や性堕にあり、その神聖なる交感の為されざるは道に反している。

一切の物は、この陽と陰の交感によって生まれるのであり、陽極まりて陰へと変じ陰極まりて再びと陽へと転ず。そして常に陽の中に陰を含み陰の中に陽を含んで、あらゆる物が生成化育していくのがこの宇宙の姿である。

太陽が昇って一日（陽時）が始まり正午に陽極に至りて純陽となる。陽極は転じて陰を再びと孕《はら》み始め、夕刻となって陰を多くし、終《つい》に夜を迎えて正子（午前０時）に陰極をなし純陰となる。極に至らば反転し、再びと陽を孕みはじめ、遂に再びと陽を迎えることになる。春から夏、夏から秋、秋から冬、冬から春への変移。幼から少、少から青、青から壮、壮から老への人の一生もまた同じ法則に基づくものである。この交替循環の法に属さないものは、この天地の間に一つとして無い。

この法則性を真に体すれば、決して不老不死の薬を求めることはなく、喜怒哀楽の情に支配されることも無くなるのである。
下伝に言う。
「日往《ゆ》けば月来たり、月往けば日来たり、日月相推《お》して明《あす》生ず。寒往けば暑来たり、暑往けば寒来たり、寒暑相推して歳成る。往くとは屈することなり。来るとは信《の》（伸）ぶることなり。屈信相感じて利（交替・循環による天地の運行）が生ずるなり。
義を精《くわ》しくし神《しん》に入るは、以て用を致すなり。用を利し身を安んずるは、以て徳を崇《たか》くするなり。これを過ぐるより以往は、未だこれを知ることあらざるなり。神を窮め化を知るは徳の盛なり」と。

つまり、陰陽の作用の真諦を真に悟って、禍福の奥にある真理の流れを把握し、徳性を養い向上させることが重要であり、その神理玄妙の根本原理を窮めて宇宙の開闢《かいびゃく》を覚《さと》り得ることこそが、人間として最高のことであると述べている。将にここに太極という陰陽一体の根本原理を簡明に説き明かしているのである。この状態を真に体得した時に、世に「解脱」と呼ばれる現象が、その大脳を包含しなお超えて生じるのだ。「悟」こそが、最も宇宙の原則に従った「最も自然（常識的、普通）な状態」なのである。現代人からしてみれば将に、弁証法的自然の理法がここに見られると言って良い。

乾（天）なる法則が男を生み、坤（地）なる法則が女を生む。乾は大始（偉大なる始まり）を意味し、坤は大始に動かされて物事の偉大なる完成へと全てを導いていく。その乾の大始と坤の成物（完成）とは易簡さをもってなされるため、実に自然に始まり自然に完成するのである。

真諦　真理、真実。悟に関する真理。最上の真理、究極の真理。

弁証法　本来は対話術の意であるが、古代よりいろいろな学派により様々な意味付けがなされている。この場合はヘーゲル的止揚概念として用いられている。

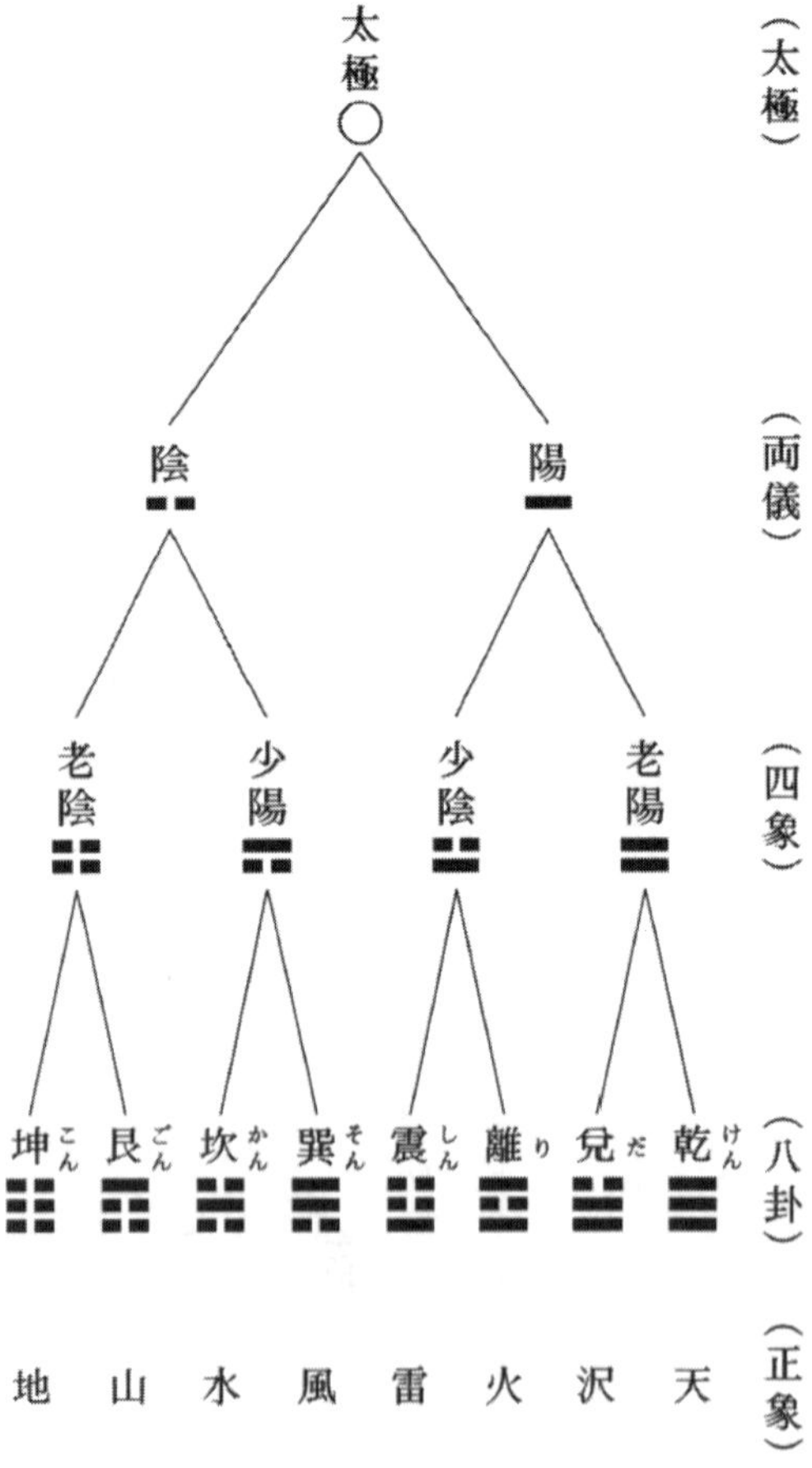

図７　両儀・四象・八卦の成立

坤《こん》	艮《ごん》	坎《かん》	巽《そん》	震《しん》	離《り》	兌《だ》	乾《けん》	上卦／下卦
地天泰《ちてんたい》	山天大畜《さんてんたいちく》	水天需《すいてんじゅ》	風天小畜《ふうてんしょうちく》	雷天大壮《らいてんたいそう》	火天大有《かてんたいゆう》	沢天夬《たくてんかい》	乾為天《けんいてん》	乾《けん》
地沢臨《ちたくりん》	山沢損《さんたくそん》	水沢節《すいたくせつ》	風沢中孚《ふうたくちゅうふ》	雷沢帰妹《らいたくきまい》	火沢睽《かたくけい》	兌為沢《だいたく》	天沢履《てんたくり》	兌《だ》
地火明夷《ちかめいい》	山火賁《さんかひ》	水火既済《すいかきせい》	風火家人《ふうかかじん》	雷火豊《らいかほう》	離為火《りいか》	沢火革《たっかかく》	天火同人《てんかどうじん》	離《り》
地雷復《ちらいふく》	山雷頤《さんらいい》	水雷屯《すいらいちゅん》	風雷益《ふうらいえき》	震為雷《しんいらい》	火雷噬嗑《からいぜいこう》	沢雷随《たくらいずい》	天雷无妄《てんらいむもう》	震《しん》
地風升《ちふうしょう》	山風蠱《さんぷうこ》	水風井《すいふうせい》	巽為風《そんいふう》	雷風恒《らいふうこう》	火風鼎《かふうてい》	沢風大過《たくふうたいか》	天風姤《てんぷうこう》	巽《そん》
地水師《ちすいし》	山水蒙《さんすいもう》	坎為水《かんいすい》	風水渙《ふうすいかん》	雷水解《らいすいかい》	火水未済《かすいびせい》	沢水困《たくすいこん》	天水訟《てんすいしょう》	坎《かん》
地山謙《ちざんけん》	艮為山《ごんいざん》	水山蹇《すいざんけん》	風山漸《ふうざんぜん》	雷山小過《らいざんしょうか》	火山旅《かざんりょ》	沢山咸《たくざんかん》	天山遯《てんざんとん》	艮《ごん》
坤為地《こんいち》	山地剥《さんちはく》	水地比《すいちひ》	風地観《ふうちかん》	雷地豫《らいちよ》	火地晋《かちしん》	沢地萃《たくちすい》	天地否《てんちひ》	坤《こん》

表1　六十四爻
　爻は効い交わるの意。天地の諸現象に効って交わり、また他に変じて六十四爻が生じる。

われわれが想像するごとき複雑さによって、この宇宙が生成化育されているわけではないのだ。もちろん、われわれの目には複雑怪異に映るけれども、実は乾坤・陰陽という実に簡易な根源性に基づいて生じ長じているのである。今世紀最大の天才の一人といわれる数学者の岡潔がいみじくも言っている。「真の数学とは最も簡易なるものである」と。けだし名言である。

このことを想えば、われわれの心情は遙かに簡易となるべきことを暗示するのである。あまりにも複雑化し、その心はストレス群に支配され、自分が依拠している周囲の者にすら信頼を見出せない状態なのである。明らかに天意にそぐわないことが分かる。陰陽の対立は常にその変位によって統一され、新たなものを創造し続けるのである。陰陽原理の対立は、決して互いを傷付けることではなく、互いの触発を意味するものなのである。

こうして、乾（陽）の作用は永続し、坤（陰）の受用も「易簡」として運営されていくのである。

上伝に言う。

「易簡にして天下の理を得らる。天下の理を得られて位をその中に成すなり」と。

われわれは、この「易簡」の原理を真に心すべきである。真の徳者、天下人たらんと願うものは、いかにその心を易簡となすかにあるのである。その心の根源に易簡を置いてこそ、四象も八卦も六十四爻も、そしてあらゆる万象万事が、何の障害もなく受け入れられるようになるのだ。その時初めて、人は天地に通じた聖人と呼ばれるに至るのである。その時、あらゆる事象の複雑性も、次々と解《ほど》かれる糸の如くに理解されてしまうに違いない。そのシステムこそが、いま焦眉の急として求められているのである。

四象　両儀（陰陽）を陰陽によって更に細かく分類すると、老陽（⚌）、少陰（⚎）、少陽（⚍）、老陰（⚏）の四つに分かれる。

八卦　四象陰陽によって更に細かく分類すると、八つに分かれる。

六十四爻　自然界の事象を更に細かく見るために、八卦を二つ重ねて六十四爻を作った。

吉凶の原理

既述の如く、太極より生じた八卦は「吉凶を定め、吉凶は大業を生ず」とあるが、これはいかなることを意味するのであろうか。

上伝に更にこうある。

天は尊（高）く地は卑（低）しくして乾坤定まる。卑高以《もっ》て陳《つら》なり貴賤位す。動静常ありて剛柔断《わ》かる。方は類を以て聚《あつ》まり、物は群を以て分かれて吉凶生ず。天に在りては象を成し、地に在りては形を成して変化を見る。

この故に剛柔あい摩し、八卦あい盪《うご》き、これを鼓《こ》するに雷霆《らいてい》を以てし、これを潤《うるお》すに風雨を以てし、日月運行して一寒一暑あり。

剛柔あい推して変化を生ず。この故に吉凶とは失得の象なり。悔吝《かいりん》とは憂虞《ゆうぐ》の象なり。変化とは進退の象なり。剛柔とは昼夜の象なり。六爻の動くは三極の道なり。

この故に君子の居りて安んずるところのものは易の序なり。楽しみて玩《もてあそ》ぶところのものは爻の辞なり。この故に君子居るときはその象を観てその辞を玩び、動くときはその変を観てその占を玩ぶ。ここを以て天よりこれを祐《たす》け、吉にして利《よろ》しからざるなし。

小疵　わずかな欠点、過失。

彖《たん》とは象を言うものなり。爻《こう》とは変を言うものなり。吉凶とはその失得を言うなり。悔吝《かいりん》とはその小疵《しょうし》を言うなり。咎《とが》なしとは善く過《あやまち》を補うなり。この故に貴賤を列《つら》ぬるものは位に存し、小大を斉《さだ》むるものは卦に存し、吉凶を弁ずるものは辞に存し、悔吝《かいりん》を憂うるものは介に存し、震《うご》きて咎《とが》なきものは悔に存す。この故に卦に小大あり、辞に険易あり、辞なるものは各《おのおの》その之《ゆ》くところを指す。

その意味するところはこうだ。

万物の一部である人間というものも、陰陽二気の法則性に基づいて存在するものである。陽陰が天地を開いたことで物理的に高低が生まれたのであり、この物理的高低が精神的高低を新たに作り上げたわけである。ここに貴賤の別が生じ人の心の中に差別の念が出来てきたのだ。

動的なもの（陽）と静的なもの（陰）の存在・法則が、次に剛と柔の作用を生み、権力者や弱者を造り出す基《もとい》となるのである。また、運動法則や物質の性質というものもおのずと分類され、生物や自然現象（山や海や空などに付随する諸現象）というものまでが、互いにその領域を成すようになり、それぞれの「場」が「磁場」と変じて互いにエネルギーを出し合い、ぶつかり合うという相互作用が生じることになる。この相互作用こそが「吉凶」の基となるのである。

我々が常日頃支配されている幸福や災いといった一連の出来事も、実は天地を貫いている陰陽相対の対立が因となって存在しているにすぎない。そう分かれば、不幸事といえども反って諦めきれるというものである。「天地を基となす禍福であるならば、なんぞ吾が意の及ぶことなからん」

とばかりに、何もかもあっさりと諦め捨ててしまうことである。そうすれば、本物の幸福があなたを訪れるやも知れない。

相互の作用とは、天における象（日月星辰）であり、地にありては山川草木の万物として現われるのである。自然界の営みも陰陽の二気が剛柔となりて互いに交流変位して成されるのである。雷鳴をもって春が訪れ風雨をもって大地を潤《うるお》し、日月運行して寒暑の循環の理法が象意を顕わすのである。

人の心には欲が有る。これは生まれながらに内在させてきたものである。この欲心は、自然の発露としての高低剛柔の二気（暗在系）の象（明在系）を受け、巨大なマグマの如くに心の内にて育っていくのである。その欲心と偏見が、自然の理法を見誤り、目前の欲望に迷いて災いを招くのである。台風の来るのを知りてなお大金となる漁に目がくらみ、船を出して大海の藻屑《もくず》となるようなものである。

災いとは、自然の法則性さえ身につけていれば、絶対に出遭うことのないものである。そのためには、黙々としてその行なうところを見定める（修行する）ことである。いまの損をもって後の大得を図るべきである。

さて、剛柔の二気二爻は互いに影響し合って変化消長するのだが、その変化消長こそが吉・凶・悔《かい》・吝《りん》と呼ばれるものである。「吉」とは事の成就（得）を意味し、「凶」とは失敗損失を意味する。また「悔」（半吉）とは現状を憂慮して吉に向かうこと、「吝」（半凶）とは現状に安んじて凶に向かうことを意味する。それらのことは全て、その人の「心のあり方」に帰因するのである。

原文では、君子（聖人）が毎日易占ばかりやっているかの如くに書いてあり、易占を生業《なりわい》としている人たちも同様の事を言うのだが、それは理に通じていないからである。これは、君子というものは、天地人倫の変化というものを陰陽二気の理法によって知的に理解し、宇宙の営み（自然）に反しない故、天の祐《たす》けを受けることが出来るのだと説いているのである。決して、低い次元の占いをやっている意味ではないのだ。

　このことは先述の『老子』第十四章をはじめとして次の二章にも語られているところである。

【第十六章】

虚《きょ》を致すこと極《きわ》まり　静を守ること篤《あつ》くす。万物　並び作《おこ》るも　吾《われ》は以《もっ》て復《かえ》るを観《み》る。夫《か》の物の芸芸《うんうん》たる　各《おの》おの其《そ》の根《こん》に復帰《ふっき》す。根に帰るを静と曰《い》う　是《こ》れを命《めい》に復すと謂《い》う。命に復するを常《じょう》と曰う。常を知るを明《めい》と曰う。常を知らざれば　妄作《もうさ》して凶《きょう》なり。常を知れば容《よう》なり。容なるは乃《すなわ》ち公《こう》なり　公なるは乃ち王なり　王なるは乃ち天なり　天なるは乃ち道なり。道なるは乃ち久しく　身《み》を没《お》うるまで殆《あや》うからず。

虚　空虚

芸芸たる　「芸芸」は草木の葉が茂り花をつける様子。

【第五十二章】

天下に始め有り　以《もっ》て天下の母と為《な》す可《べ》し。既《すで》に其《そ》の母を知りて　復《また》其の子を知る。既に其の子を知りて　復其の母を守れば　没するまでに其れ殆《あや》うからず。其の兌《たい》を塞《ふさ》ぎ　其の門を閉ずれば身《み》を終うるまで勤《つか》れず。其の兌を開き　其の事を済《ま》せば　身を終うるまで救われず。小を見るを明《めい》と曰《い》い　柔を守るを強と曰う。其の光《こう》を用いて　其の明に復帰《ふっき》すれば　身の殃《わざわ》いを遺《のこ》すこと無し。是れを常《じょう》に襲《い》ると謂う。

将に、このところが肝要なのである。聖人と凡人の差はどこにあるかといえば、天の理法に通じているか否かにあるのだ。それは循環の理法に他ならない。いってみれば一つのリズムである。あらゆるものに各々のリズムがある。そのリズムをいかに読むかだといって良いだろう。

ここに述べられていることを別なことばでいえば、「運命」或いは「宿命」といったものである。これらの事も全て二気によって導かれていることを知ることが、運命から脱却する唯一の方法だと語っているのだ。その道こそが聖道であるというのである。

ただし、ここまで正確なことが述べられているにも拘わらず、実際的修行法なり勉強法は述べられていないのである。ただ、二気の理を語っているにすぎない。或いは将《まさ》に、易占をなせと言っている訳である。しかし、それと聖人への道は決して同一のものではない。せめて「震《うご》きて咎《とが》な

兌　「兌」は穴。この場合、耳・目・鼻などの感覚器官のこと。

きものは悔《かい》に存す」と咎めを免れるためには、偏《ひと》えに後悔反省する心にかかっていると述べられているのは救いである。

では、どう反省をするか――である。本質の理が分からない人間の反省などというのはどうしても限界があるのだ。筆者も現実にそういう人たちの相談に乗っているが、頭では分かっていても、実際に心から反省して悔い改めることなど万人には出来ないのである。それが出来るのはエリートに限られている。その点に最大の問題があるのだ。吉凶悔吝といかにして接するか、それが凡と非凡の別れ目である。

その術《すべ》は、最も易簡なる太極によって吉凶が生じている以上、同様に最も易簡なる方法《システム》でなければならない。複雑な次第書では簡易理法に則《のっと》ることは不可能である。易簡には易簡の理をもって初めて道が開かれることをあなたは知らねばならないのだ。この事を、よく覚えておくことである。

ここまで読んできた読者は、陰陽の二気なるもので全てが成り立つとは考えられないと憤慨しているかも知れない。だが、あのコンピュータでさえ二進法で全て処理しているということをあなたは知っているはずである。出来るのである。更に言えば、宇宙に対応して出来たといわれ最大の謎を秘める我々の脳が、実は抑制と興奮の二パターンだけで全ての情報処理がなされていることを、いかに受けとめるというのだろうか。これこそ将に、陰陽二気による法則に基づくものであり、ホログラム理論に相当する太極の姿として統一され営まれている姿なのである。

二進法　実数を0、1の二つの数字で表わす計数法。

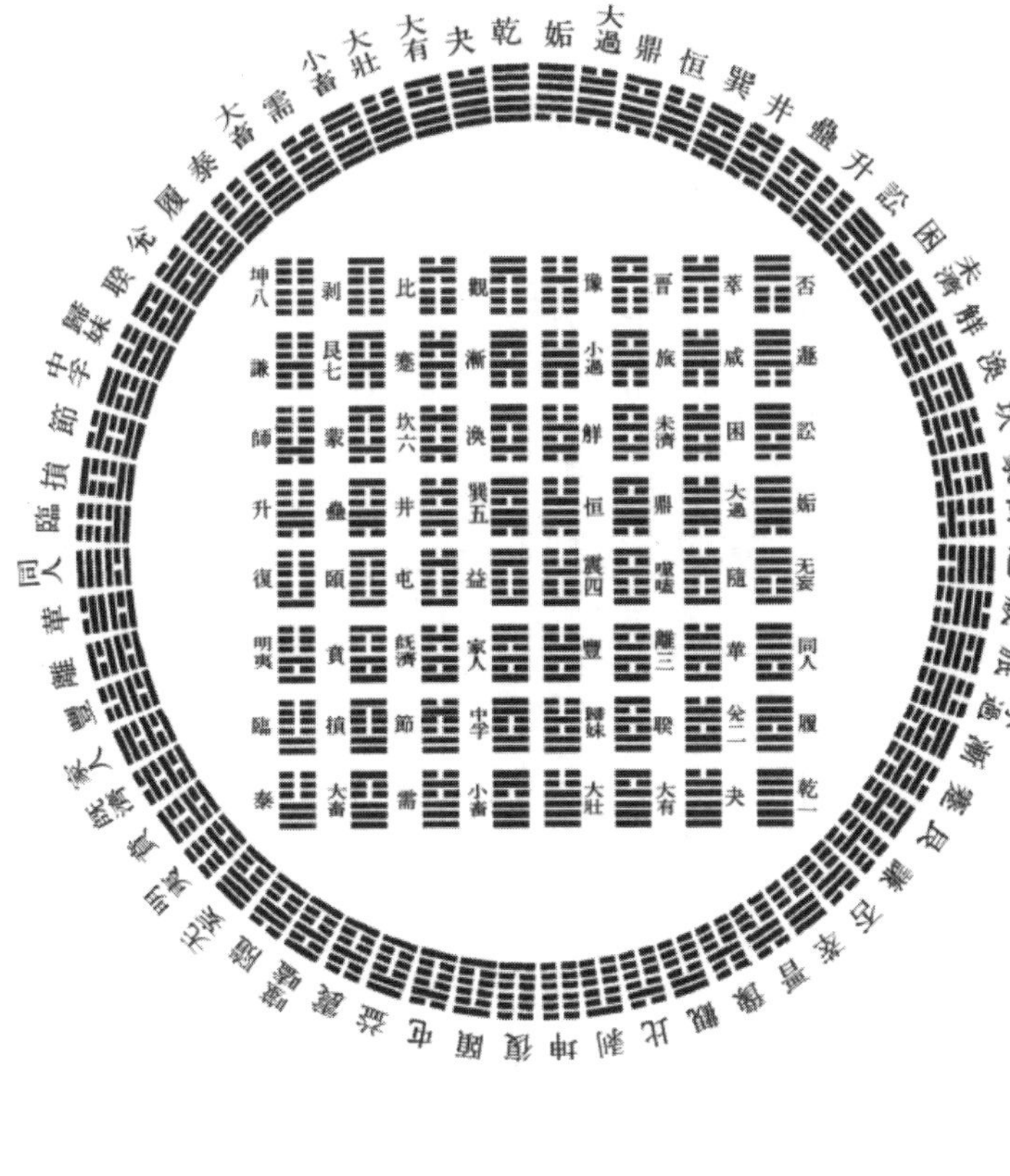

図8　六十四卦方位図

十七世紀にライプニッツが発明した二進法は、この六十四卦にヒントを得たと言われている。

無極の出現

では、太極の概念の最根源部分だけで成り立つ「無極」は、いつ誕生したのだろうか。「太極」が人類文明の黎明期（紀元前三～五千年）〝天（文）を仰ぎ地（理）に俯して〟天意天命を悟った伏義によって導き出された概念であるのに対し、「無極」はその後、宋代の道学者・周惇頤《とんい》が古聖の遺教を現実の宋代に直接的に活かし、新しい解釈と思索を盛り込んで敷衍させたものだ。もっとも『老子』の第二十八章に唯一「無極」が見出せることもまた事実である。

其《そ》の雄《ゆう》を知りて　其の雌《し》を守れば　天下の谿《けい》と為る。天下の谿と為れば　常《つね》の徳は離れず　嬰《えい》児《じ》に復帰す。其の白きを知りて、其の黒きを守れば　天下の式《のり》と為る。天下の式と為れば常の徳は忒《たが》わず　無極に復帰す。其の栄を知りて　其の辱《じょく》を守れば　天下の谷と為る。天下の谷と為れば　常の徳は乃《すなわ》ち足り　樸《はく》に復帰す。樸は散ずれば則ち器と為る。聖人之《これ》を用うるときは則ち官の長と為す。故《まこと》に「大いなる制は割《そこな》わず。」

内容的に近いものとしては第十四章もまた然りである。この点から考えればこの李《い》老《ろう》耼《たん》（老子）の在世した前五世紀末から四世紀初めないし、『老子』の編纂が完成した漢代初めの前二世紀ごろには、無極の概念が存在していたことになる。しかし、無極が真正面から積極的に説かれるこ

「太極」が…　『理数合解』北海老人著・周兆昌訳

伏義　ふくぎ　仙道の始祖ともされる。

周惇頤　字（あざな）は茂叔（もしゅく）。仏教や道教の哲理を応用した儒学哲学を創始した。著書に『太極図説』『周子通書』など。

周子　周惇頤のこと。

とはなかったようである。

実際に多用されるようになるのは、周子の作として有名な『太極図説』の中で「無極にして太極」と表現したのが無極を太極の前にもってきた始まりといわれている。

ここにおいて、「無極」は一切の窮極者であり創造者としての位置を占め、その作《はたら》きとして「太極」を定めたのである。「太極」の字義が大もとの極、最も大きい極の意であるのに対し、「無極」とは行き着く所の意である。〝極〟が〝無い〟ことを意味する。則ち「極まり無い存在」であり、無限の法体を意味させたのである。

「無極にして太極」とは将にその通りである。無極という根源的存在が、その力を〝外〟に向かって働かせた時に分化したその極が太極と呼ばれるのであって、この二態は二体に非ずして一体に他ならない。

無極が動じて太極を生み太極動じて陰陽が生まれるも、相即して離れることなく一連続体として同一なのであり、単に位態が異なるにすぎない。

陰陽の動静、相交感変化して五行（木火土金水）が生まれるとされ、更にこの五行は二気によって様々に組み合わされ、乾道（陽気）の積極的なるものは男性的なものに変化し、坤道（陰気）の消極的なるものは女性的なものへと変化する。陰陽五行の組み合わせの最も優れたもので、五行の精（エネルギー）が凝合したとき人類を生むといわれている。

『繋辞上伝』に「精気は物を為《な》し、遊魂は変を為《な》す」とあるは、このことである。それにしてもこの表現は、現代物理学にも通ずるところがある。精気が凝結して物質（生物）をつくり、拡散して遊魂となるというのだから量子論でも聞いているような気になってくる。

二宮尊徳の世界

二宮金次郎
（一七八七～一八五六年）　江戸末期の農政家。相模国の生まれ。十代で父母を失ない、苦労して四町歩の地主になった。その手腕を買われ、小田原藩・相馬藩、日光神領などの農村の復興を任された。天地の恵みに感謝する報徳思想をもって封建農民を指導し、死後は神社に祭られた。

二宮尊徳像（Tak1701d / CC BY-SA）

一円相の哲学

小学生の時、二宮金次郎（のちの尊徳）の伝記を読んで痛く感心し尊敬をしたことを覚えているのだが、この尊徳が「無極」について実に精通した認識を持つのである。私の記憶に誤りがなければ、伝説の通り両親を失くした金次郎は、幼い弟たちを守りながら、死ぬような苦労と努力をするのである。彼が夜油を焚いて本を読んでいると、彼らを預ってくれていた叔父から油がもったいないとこっぴどく怒られるシーンでは、思わず涙が出たものである。しかし、彼は負けないのだ。とにかく強い男だった。油が使えないとなると、自分で油を手に入れるといった執念を燃やすのである。或いは蛍雪の中国故事にも負けないほどに、月の明りで勉強をしたのである。

いまの時代とは違って、昼は早朝から日が暮れるまで働きづめに働き、夜は夜で納屋仕事をやった後に、やっと寸暇の時が訪れてくれるのだ。彼はその寸暇を惜しんで本を読んだ。眠るのも惜しんで本を読み続けたのである。しかも、叔父の目を盗んで。そして誰よりも弟妹《きょうだい》を慈しみながら。

彼は成人した時には誰もが認めるだけの人物として名を馳せ、土木工事等の高等技術の指導まで行なっている。百八十センチの大男だった。しかし、当時、彼がこれほどの哲学者だったとは、その伝記には微塵も書かれていなかったように思う。それだけに、彼の哲学を知った時、信じられないといった心境が正直なところであった。しかし、いま思えば、幼少にして両親を失ない、一切の甘えが許されない中で独り生き続けるということは、素晴らしい哲学との出遇いを可能とするに充分な条件だったといえるのである。

筆者の体験からしても、幸せな家庭生活を送った人間に、この透徹した冷理を解することは很《はなは》だ難しいであろうことは、容易に見当がつくのである。無極の理解は、どこか冷めきった感性がなければ無理である。決して字面を追ったところで、把握し得ざる世界なのだ。

この孤独を生ききった二宮尊徳の拓《き》り開いた世界が「一円相の哲学」だったのである。

二宮尊徳の哲学は、あるがままの現象に即して天地の道と人の道を説き、万物一理の思想をもっ

蛍雪の中国故事　晋の車胤（しゃいん）が蛍を集め、孫康が雪を積み、夜はその光で読書をしたという。（『晋書』車胤伝、孫康伝）

一円相　一つの円形。完全円満の意を示す。すなわち宇宙万象の本体は円明寂静で、全ての形象を超え、しかも全てのはたらきを具えているすがたを表示したもの。

万物一理　森羅万象悉くは一つの理に基づき、一貫して存在すること。

心身一如　心と体は一体のものにして不即不離、表裏一体であること。

て貫かれている。心身一如の考えであり「日月と倶《とも》に輪廻して昼夜なき」一円循環性の哲理を説く。更に徹底した「即物的主体性」つまり現実的合理主義者であった点は強調されるべきところである。

合理主義者でなければ科学者にはなり得ないのだ。客観的に事象を捉え得ることは很だ難しいと言うべきである。それによって初めて「天人一如的絶対創造的不止不転性」の「一円相の哲学」が生まれ得たのである。

彼は体系としての書物を残していない。彼の最初にして最後の原理は「即物的主体的人格統一」であった。実践（際）家を自認していた彼は空しい文字に心を託すことをせず、自分の体に一元絶対性の具現化を図ったのである。生きる事そのものが主体的行道として彼には重要だったに違いない。彼は、この世は全て相対的世界であり、一つとして絶対的価値を持つものではないということを説き続けた。

そして言う。「白きもの白きを知らず、黒きもの黒きを知らず」と。対立の中にこそ白は黒に対して白、黒は白に対して黒といった具合に認識されるのであって、対立なきところにはそのような意識はないと説く。しかし彼は、そういう相対論を否定するのではなく、相対を認めながらその奥にある一元性を見出すのである。

四十七歳の時の日記にこう記している。「有無を知らざれば有無あり。有無元を悟れば有無なし」「生死を知らざれば生死あり。生死元を悟れば生死なし」と。つまり、生死の対立観念に支配された者には生死が意識されるも、生も死も一連の行為として、生と死の根元を知り得れば、もは

儒教　孔子に始まる中国古来の政治・道徳の学。四書・五経を経典とする。人が常に守るべき道徳（五常）の仁義礼智信のうち、仁は礼に基づく自己抑制と他者への思いやり。

や生も死も存在しないというのである。

即ちこれは、陰陽の二気によって生じる対立概念を止揚（アウフヘーベン）して、一円統一の「太極」へと導き入れ、相互補足的一円関係性を見出そうと説いたものである。将《まさ》に、量子力学の相補性を想起させる話ではないか。

天保四年（西暦一八三三年）二月七日の日記には悟道最後のことばが記されている。「天地尽《ことごと》く元を悟れば一に帰す」と、彼が還源の理法に気付いているのは大したものである。あの時代に、これだけの正確な真理把握をなしていたというのは驚嘆の到りである。しかし、それだけに、彼にあっては自分を理解できる人がいないという一抹の淋しさを抱いていたに違いないことも察して余りある。

彼は一元の発想を一層深め続け、万有の一元一円観を展開し、儒教の影響を受けて一円仁などとも称して、宇宙の根源に帰一する実践的自覚体験を強調している。

無極の態

二宮尊徳が常に説くところは名称である。名称があるというのは相対的対立的存在であるから、付けざるを得ないのであるとする。しかし、相対世界を統一するその根源の存在には、対立がないから「無名」である。「草なければ種なし。種なければ草なし。本来草種一円無名」という彼に、「その通り!」と筆者もは頷いてしまう。

そこで彼は、対立の統一を「太極」と呼び対立を超えなお対立の根源的存在である「唯一者」を「無極」と称したのである。或いは「一円空極」と呼んだ。

洒落た歌を紹介しよう。

それ唯人は有を言ひ有を思ふ
非なる哉今の有の本を知らず
有りといへば有りとや人の思ふらん
はまの松風の音ばかりして
夫れ唯人は無を言ひ無を思ふ
非なる哉今の無の末を知らず
無きといへば無きとや人の思ふらん

呼べばことふる谺《やまびこ》の聲

有無をこのように論じられるのは大した教養人だったといえるだろう。これは尊徳が体で覚り得た真骨頂である。われわれが捉えるところの有無の概念は、実にデカルト的発想であり唯物論的価値観に支配されたものだ。彼は言う。「有外に無なく、無外に有なし。有無合して一物となす」と。量子理論を想い出して頂きたい。形が有るかと思えば消滅し、無きかと思えば粒子となって現われる。しかし即座に波動へと転化してその定まるところがないというではないか。実に見事に言い得て妙である。

彼は無極を「空」とし、太極を「一」と解しているが、決して間違いではない。私は本書にて「一」を無極と述べているけれども、本来の太極の意味からすれば、一を太極とした方が理解しやすいのである。将に周子が言う如く「無極にして太極」なのである。厳密には、記述の如く「無極」の真義はやはり「一」ではなく「〇」をもって表わされるべきであると考える。とはいえ本書ではとり敢えず「〇」と「一」は同義となし「無極」としている点をご理解願いたい。

さて、尊徳は天保四年九月二十日の日記に「察聞の及ばざるを無極と言ひ、察聞の及ぶ所を開闢と云ふ」と書いている。これは、超意識的存在の一円無としての無極が、原初の陽動に及んだ時「太極」の態（一元の位）が顕われ天地の開闢がなされると説いているのである。そこで「一元太極」と彼は呼ぶ。しかしまた「一元位を為すを太極と謂ふ、その位を去らば一元（無極）に帰するものなり」と述べるように、無極も太極もほとんど同義に存在すると考えた方が一般には分かり易い。位とは態であり動であり、変易である。

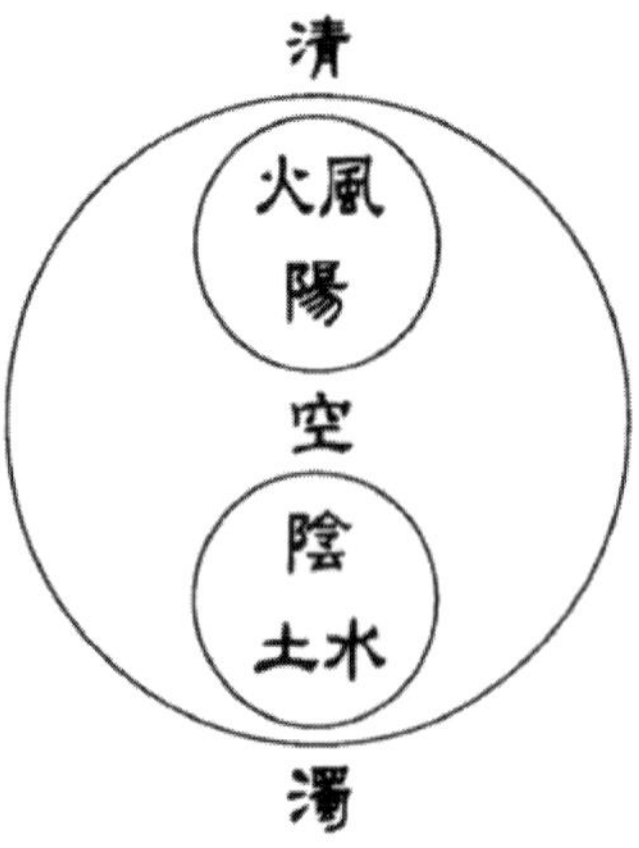

図９　陰陽生剖之図

金毛録が『太極之解』で次のように語っている。

夫《そ》れ本《もと》一円太極なり。太極既に一元を為す。太極一元本《もと》その號《ごう》を獲《と》るに非ず。已《すで》に之《これ》を命《なず》くるや今なり。其《そ》の體《たい》（体）を推し権《はか》れば、空に非《あら》ざるに非ず、無空に非ざるに非ず。有體に非ざるに非ず、無體に非ざるに非ず。有氣に非ざるに非ず、無氣に非ざるに非ず。人力を以て観察及ばざるなり。唯《ただ》一を一と號《ごう》し、元を元と號《なづ》けるのみ。之を太極と謂《い》う。

否定命題と否定命題の「間」…これは極めて理解を困難とする。即ち限定されし命題（言辞）より真理を開示することは極めて困難である。何故なら、その言辞により固定観念が生じ、無尽蔵なる深意を見失なってしまうからである。そこに否定命題の存在理由がある。確定的な表現がなされない代わりに莫としながらも、その近似値的意を解しようとするものである。つまりその否定命題を超えてその否定命題群より呼び覚まされる感性によるところの直観に頼るしかないのである。

弁証法的展開であるが、本質を語る時には的を射た表現となる。この否定命題と否定命題の「間」にこそ実体の姿を垣間見ることが出来るのである。それはあなたの直観に頼るしかない。太極は有無相即的に有に転じ、また無に転じて旋転不止である。これは宇宙間の営み即ち「生成」を果しているからである。よく、無極を指して「無」即ち何も無い世界と捉える考え方があるが、それは間違いである。空無の世界等と呼ばれるときの無とは、尽きることなき非気の存在が充ち溢れる世界を意味しているのである。

実相とは将に一極より対極へと転化し続ける実態に他ならないのである。決して已《や》むことなき躍動の迸《ほとばし》りであると言えよう。

これはホログラフィック理論に合致しすぎるほどに合致する。世界は定位の存在ではなく、常に変位する一即一切の関係性なのである。これは、むしろ仏教においてよく語られているところである。

一即一切　いちそくいっさい　一が即ち一切であるということ。一と一切とが融即して無礙なることをいう。

清静経通釈

では本章の最後に、冒頭の『清静経』の通釈（疏）を述べて修行の資に呈したい。

第一章 無 極 品

老君曰《わっ》 大道無形 生育天地 大道無情 運行日月 大道無名 長養万物

老子が曰《い》われるには、大道には本来形象はないが、能《よ》く天を生じ、地を育成することが出来る。大道には本来人間のような感情はないが、能《よ》く日月星辰を抱きし大宇宙を過不足なく運行することが出来る。大道には本来名前というものがないが、あらゆる万物を長養して余すところがない。

大道こそは天地人の三才を貫きし一本の理法であり、生・成・消・長の循環法則を包摂した存在である。太始にして太終、至高にして至深、至大にして至細、陰陽を燮理《しょうり》して変幻万化するその姿は、遠く人知の及ばざるところである。その根源は混沌としてなお井然《せいぜん》を保ち、玄機奥妙の限りが在《あ》る。遍《あまね》く天地の間を照らせし理の光は、恒星の輝きをもってその一面を垣間見せるも、

燮理して 程よく整えて。妙合して。

その見えざる無為の世界において、燦然たる光は悉く宇宙に遍満する。大道こそは一切の元にして無極である。

第二章　皇　極　品

吾不知其名《き》　強名曰道　夫道者　有清有濁　有動有静　天清地濁　天動地静

この形もなく姿も見えない玄妙不可思議なる存在の名前は、さすがの老子といえども知らない。そこで後世に謬《あやま》った解釈がなされてはならないとして、その理を最も蔵め不易の真理を包羅する定めの名を「道」と名づけたのである。

「道」は陰陽の太気を一なる無極の上《うち》に収めて、自らの内を綿々と巡り往《ゆ》く止《とど》まることなき存在である。森羅万象悉くを生育し、運行し、長養するところの五官では捉え難き実在である。

この「道」には清気がありまた濁気がある。清気は軽くして天となり濁気は重くして地と変ず。更に乾気が一動して天動となり、坤気が一静して地静となる。陰陽の太気が作動せし清濁動静は、将に天地の母であり、人に在っては聖人と凡人の隔りとなって現われる。聖なるは濁陰の気を下降させ、清陽の気を上昇させることで、常に清静が得られるところに依る。

第三章　太　極　品

男清女濁　男動女静　降本流末　而《じ》生万物

陽は清にして男であり、陰は濁にして女である。陽は動であり陰は静である。男は乾道に秉《よ》って体を成したから清であり動である。女は坤道に秉《よ》って体を成したから濁であり静である。男は十六で清陽が足り、女は十四で濁陰が降る。清陽が足るとは淫念の根の生ずるを意味し、濁陰が降るとは雑念の本に支配されることを指す。仙道にあっては降龍伏虎なる術をもってこれに当たり根治する。

太極の本降りて陰陽は分枝し、一切の動静清濁の真理は全て本《もと》から末へ、上から下へと流れ、ついに万物を生ずるのである。陰の中に陽を有し、陽の中に陰を有し、陰陽相交感して次々と万象が営まれていくのである。無極一動して太極が生まれ、太極一動して万物の生育、運行、長養の本体として週流する。物人各に理を宿し、それは陰陽の間に在る。

第四章　三　才　品

清者濁之《し》源　動者静之基

この玄妙不可思議なる大道には清濁動静が含まれているが、軽清の天は重濁の地の源である。軽静の天は気天であり宗動の天である。これは一気に係《よ》って流行しているので動に属し地静の基となる。清濁動静は後天に属し、「道」こそが先天の無極に位置する。清が気天を生じ動じて濁静は象天（有形の世界）と変ず。気天は無極理天より生じたのである。

第五章　道　心　品

人能常清静　天地悉皆帰

気天　きてん　宇宙という意味の有気天と霊界を指す無気天から成る。

宗動の天　そうどうのてん　根本の動き。変易すること。これが原因となって次の動きが生じるということ。

修道の人常に至誠息まず、二六時中万縁の事柄に一念も生じさせなければ、自然《じねん》に天地理法の悉くが己が本性の中に帰納する。この時、道心顕われて清静無一物の境となる。身中の天とは道心であり身中の地とは北海である。身中の天地は身外の天地陰陽に感じ、また身外の天地も身中の天地に応じ悉く帰納する。これ身中に太霊なる主宰者在るを意味す。

第六章　人　心　品

夫人神好清　而心擾之

人の神には元神と識神の二神がある。元神は本来無極の態をなして体内に宿り、虚空無礙《むげ》である。無所得故無尽蔵の造化をなすことが出来る。識神は人の出産時の「オギャー」という第一声によって空気と共に体内に入り、無極元神と一体化する。それ以後識神が元神の座を奪い七情六欲生じて人心は擾《みだ》され転々流浪することになる。識は邪心知識に通ず。

第七章　六　賊　品

人心好静　而慾牽之

人心は本来元神を根本に置くから静を好むが、それ以上に識神が作用し、眼耳鼻舌身意の六賊に支配されて六神は消耗される。これら五官と心意は人は生きる上で絶対必要であるが、欲に牽《ひ》かれると五官一意が潜在させる副作用が生じて心を乱し純潔を傷付ける。霊性は擾《みだ》れ、本性を恢《かい》復《ふく》させることは很だ難しい。『修源之大法』にて初めて自然《じねん》を得る。

虚空無礙　虚・空ともに無の別称であり、虚にして形質がなく、空であり、その存在が他のものの礙(さまたげ)にならないこと。

七情　喜・怒・哀・楽・愛・悪・欲または喜・怒・憂・思・悲・恐・驚。

六欲　眼耳鼻舌身意の六つの感覚機官から生ずる様々な欲望。凡夫が異性に対して持つ六つの欲望。色欲・形貌欲・威儀姿態欲・語言音声欲・細滑欲・人相欲（『大智度論』）。

第八章　三《さん》尸《し》品

常能遣其慾　而心自静　澄其心　而神自清　自然六慾不生　三毒消滅

常に能《よ》くその欲を遣除《けんじょ》すれば心は静となりて澄み清らかである。色声香味触法の六欲も生ぜず、貪《どん》欲・瞋恚《しんに》・愚痴の三毒も消滅する。外相を外相として捉えて内相に入れることなくただその実相のみを心に止める。三毒とは三尸神《さんししん》であり玉枕関《ぎょくちんかん》、夾脊関《きょうせきかん》、尾閭関《びりょかん》に住し、順に上中下の焦善悪を管轄する。三関九竅を閉塞《へいそく》せし三尸九蟲《ちゅう》を滅し法輪を転ずる要がある。

第九章　気　質　品

所以不能者　為心未澄　慾未遣也

三毒が滅しないのは未だ心が澄まず欲が遣ぜられていないからである。仏仙神聖へ至らんと発するならば、喜怒哀楽を去らねばならない。則ち喜びの情を化して元性となし、怒りの情を化して元情となし、哀しみの情を化して元精となし、楽しみの情を化して元神となし、欲の情を化して元気となすが肝要である。これ『修源之大法』に勝るものなし。

第十章　虚　無　品

能遣之者　内観其心　心無其心　外観其形　形無其形　遠観其物　物無其物　三者既悟　唯見於空

瞋恚　しんに　怒り。自分の心に違（たが）うものを怒り恨むこと。

愚痴　愚かなこと。無知。真理に対する無知。心が暗くて一切の道理に通じる智慧に欠けたありさま。

三尸神　上尸（彭琚。道士の姿）、中尸（彭質。獣の姿）、下尸（彭矯。牛の頭をして人の足をもつ）の三つ。

玉枕関　後頭部に位置。

夾脊関　背中上部付近に位置。

尾閭関　尾骶骨付近に位置。

能《よ》く三毒を滅すれば、心を内観するに心に執《とら》われの心はなく、外に形を観るも形に着する心はない。大宇宙を観るに物質形象もないと悟り得れば唯、空のみを見る。心・形・物に一切執われない状態こそが本性の円明なる姿である。物外を超然として浮俗の仮形に繞《まと》われることはない。このように雑念執著を遺除した人だけが空なる真性を観ずることが出来るのである。

第十一章　虚　空　品

観空亦空　空無所空　所空既無　無無亦無　無無既無　湛然常寂　寂無所寂　欲豈能生　欲既不生　即是真静

三心（過去現在未来心）を掃き四相（人我衆寿相）が除かれれば、内に心も形も物も存在しない。唯空のみ存在する。戯論《けろん》・言説・世俗諦の空も言辞認識をもって得んとすれば再びと空じられてその終《とど》まる所がない。将に真空妙有の実相である。寂静も寂静に執われることなき真寂の域に至ればこれが真静である。

第十二章　真　常　品

真常応物　真常得性　常応常静　常清静矣《い》

修道の者に在って、涅槃境なる真常（良智）性が物事に会って自在に対処し、その本常《もと》に変わらざれば真の清静を得ている。事に応じて動じ変ずるも、事無ければ静として止《とど》まるを知る。真常とは道なる玄徳の顕われである。常清常静と雖も相対世界の如くに動性を否定するものではな

内観　観・観法・正観ともいう。内省によって心の内に真理を観察する仏教一般の修行法。自己そのものを見つめる修行。

戯論　形而上学的議論。無益な言論、無意味な話、そらごと、たわむれ。

世俗諦　せぞくたい　一般的な真理。見定められない宇宙の原理がこの世に形となって現われたありのままの姿。

真空妙有　しんくうみょうう　真理ないし真如が一切の妄想を離れて増すこともなければ減ることもない執著を離れた姿を真空と称し、常住不変であって、しかも現実を成立せしめる真実の有（実存）である点を妙有という。

涅槃　迷いの火を消した状態。ニルヴァーナ。ニルヴァーナに入ること。

く、形象をもって察し難き綿々たる空なる流れが週《めぐ》っているのである。

第十三章　真　道　品

如此清静　漸入真道　既入真道　名為得道

このように清静無為になれれば漸次正しい道に至ることが出来る。すでに真道・正法を得れば名づけて「得道」即ち悟を得るとなす。これ解脱である。真道は凡夫の小知恵や才能でその奥を理解できない。心で領し意で会得して初めて得られるものである。真道は広義的には人身も成し、男精女血の交合により精は鉛、血は汞《こう》（水銀）となって男女の別を産む。

第十四章　妙　有　品

雖名得道　実無所得

得道・覚醒と雖も、これ無所得である。しかしまた無尽蔵でもある。何ら心の著する所がない。外象外形に纏《まと》われることなく、仮り世界から心を退いて、己が心奥に果徳を修めることに他ならない。内果が円明となれば、自然《じねん》と欲心は消失し、名利恩愛酒色財気或いは福禄寿の事々に心は奪われない。外に何も無くなれば内に無所得を持し理天に還《かえ》る。

第十五章　聖　道　品

為化衆生　名為得道　能悟之者　可伝聖道

無所得　何ものにもとらわれないこと。

衆生が修行をなすにその目標なくては定め難きが故に、敢えて得道と名づけ為《な》すのである。しかし、真に行を完成させた者にとっては、得道などという形式が存在するわけではない。形式をもって無極に至ることは不可能であり、真の行者は竟《つい》に感じ動じて得道となすのである。この理が真に領せられる者だけが聖なる道を語ることが出来る。

第十六章　消　長　品

太上老君曰　上士無争　下士好争

老子が曰《い》われるには、上士なる大徳の人は聖人の心を持ち、渾然たる天理に基づいているため全ての現象を包擁し、俗塵に混《まじ》わりてなお慣高《たかぶ》らず他と争うことがない。しかし下士なる凡人はあらゆることに固執するが故に、その一いちに心が奪われ悪癖を生じて他と争いが絶えることがない。知識や出世に著する者は進んで競争相手を作り自ら争いを好むのである。

第十七章　道　徳　品

上徳不徳　下徳執徳　執著之者　不明道徳

上徳の人は無心であり拘泥がないから自己の評価というものに何ら頓着しない。他人の反応を気にして生きることがない。下徳は常に物欲に執著し続けるため他の評判を気にし、周囲の顔《かんばせ》に左右されてその止《とど》まる所を知らない。無為にして初めて道徳を解することが出来、有為にしては道徳の姿を見出すことすら出来ないのである。

第十八章　妄　心　品

衆生所以不得真道者　為有妄心

衆生が真の道を得ることが出来ないのは、将に妄心有るがためである。常に六欲にてこの世の刺激を受け妄《みだ》りなる発想にその生き方を任せてしまっては、どこに道を見出すことが出来ようか。何をもって生の根幹となし何をその目的となすかを先ず定めなければならない。常にその心に妄《みだ》りなきかを問い、天の理法に添って生きなければならない。

第十九章　人　神　品

既有妄心　即驚其神

修道者は、妄心を生ぜぬよう心しなければならない。妄心は元神を驚かしその作《はたら》きを滞らせ、心意は一気に物欲の囚となって恋着するのである。かくて恋々と妄執は続き、終《つい》にはその本《もと》を感ずることすら出来なくなる。修道とは元神を妄心の万殊へ流さないことであり、還源の理法によって一に帰する以外にない。これを聖というのである。

元神を妄心の万殊に…　心を事象悉くに対し妄りに散じないようにし、元神なる霊（たましい）の根本に意識を集中し続けること。

第二十章　万　物　品

既驚其神　即着万物

人に妄心あれば元神が驚かされ随次識神に牽引される。一旦識神が出現するとあらゆることに心を着すようになり、最早、その勢いを止めることは至難である。惑乱昏倒されし元神はその働きを内に秘め表に出ることを阻まれる。果たして、この元神をいかにして恢復《かいふく》させるかが焦眉の急である。この道こそが全てに先んじての一大事である。

第二十一章　貪　求　品

既着万物　既生貪求

人というのは一度万物に執著しはじめると、それに牽かれて次から次と貪求《どんきゅう》を生ずるのである。理性では徳行の大事さを知りつつもそれ以上の欲求に支配され、寝食をも忘れるほどに万物に恋恋として離れることがない。実に哀れなるも、決してそれから脱却しようという気にはならないのが凡夫の性である。貪求は後生に次々と禍いを招くことになる。

第二十二章　煩　悩　品

既生貪求　即是煩悩　煩悩妄想　憂苦身心

貪求は次に煩悩となって燃え続け、身も心も傷付けていく。しかし世人はこの理を看破することが出来ず、自らを正として何ら顧みることがない。しかし貪求は不満を生じさせ憤りや怨み、哀しみや不安となって苦悶するのである。その結果、妄想は更に昂じて我見なる屁理屈をもって真実と見なし、永遠なる苦海へと転落していくのである。

第二十三章　生　死　品

便遭濁辱　流浪生死　常沉苦海　永失真道

人というのは実に愚かである。せっかくの生であるにも拘わらず、便《たやす》く濁辱に遭《あ》い心奪われて生死輪廻に流浪する。自己中心であるが故に常に苦海に沉《しず》み、永遠に真道を失なうことになる。これ以上の恐ろしき事実は他にない。世の成功を得る者も失なう者も共に汚濁の情に支配され、本来純真無垢の天性を穢《けが》す。得失の得をもってしても、再びと救われることはない。

第二十四章　超　昇　品

真常之道　悟者自得　得悟道者　常清静矣

この真常の道、真実にして無極なる本道は自らの力で得る他に術はない。兢兢として己が心を観、常に変わらざる不動の誠心こそが悟の道を見出すのである。深遠幽玄の道理を悟り徹す人だけが永遠に常清常静の域に至るのである。将にこれこそが真の不生不死の態である。修行者よ万事万物のいかなるものをも決して貪り求めてはならないのだ。

以上『清静経』をもって東洋哲学の真髄に触れて頂いた。老子の作というも実際は『老子道徳経』や『易経』を底本とした後世の偽作と思われる。註釈は『宝巻経』として出された「太上老子清静科儀」等からの借用と思われる。周兆昌訳本を私流に手を加えて一般に分かりやすく簡易に紹介したつもりである。

ここで述べていることは、無極或いは太極という全体的根源的存在であり、循環還源の理法である。この理を体得した者が覚者と呼ばれるのだ。この古《いにしえ》よりの哲学が現代物理学の理論とも一致している点を改めて理解して頂ければ幸甚である。より直観的に解説したのは物理的哲学的知識ではなく真に体得を望む者にとって、少しでも資助となればと思ってのことである。知識で道を究めんと欲しても、所詮は無理である。究極は体得以外になく、その点を強調しているといえよう。

【註】この『清静経』が真に老子の作かどうかは疑わしく多分に偽作と思われるのだが、老子の真髄が述べられているという点ではその価値が下がるものではない。明らかに後半の「太上老君曰」（第十六章消長品）以後と前半とは違う流れで著わされたものであり、後半部分は宗教的要素を明らかに持たせている。

前半部分においても最後の「可伝聖道」とは、どうも老子らしからぬ表現である。老子が積極的に伝道を促すとはピンとこないところだ。この辺は多分に道教の流れをくむ派によって造られたように思われる。もう一つ文として明らかに流れが飛躍しているところがある。＊

なんであれ、老子が説くタオの世界は無為の世界である。それは微《かす》かにして無限の深さと広がりを持つ概念だ。更には、実存を超克する形で肯定するという現実主義の姿でもある。それは無我なる空を説きながら八十歳まで生きた仏陀の実存とも重なってくる。

＊ それは、第十一章虚空品で最後に「真静」とあるにも拘わらず次の第十二章真常品では突如「真常」ということばで始まっている点だ。これは、第十一章の「真静」が実は「真常」の誤りではないかと思われる。

おわりに

今回、この原稿を書いている時に、一つの大きな発見があった。筆者自身の中で大変感動する一コマでもあった。それは「時間」論の中で、「今」を考察していた時のことである。筆者にとっての本格的思考とは禅定に入ることを意味するのだが、この時の思考対象の「今」は、「存在」について観想することであった。今という客観的時間は常に過去の出来事を意識している瞬間である。「今」を我々が認識するとは一瞬の時を脳内で映像化してプリントアウトし、それを見ながら考えている状態であるのだ。それは実際の「今」よりも一瞬も二瞬も三瞬も遅れた時間の中にいるのである。つまり、「今」とは、錯覚であって過去の記憶を追っているだけの「状態」を指すものなのである。それは脳の機能問題でもある。つまり我々は真に「今」に生きていくことが出来ない存在であることを意味している。その意味で我々は過去に生きているのだ。ところが、物理学はもっと凄いことを語りかけてくる。

その答えの一つは、アインシュタインの特殊相対性理論によって導かれる。答えは我々の常識の破壊から始めねばならない。アインシュタインの答えは、過去と現在と未来は同時に存在するというものであった。つまり、過去も現在も未来も均等に存在するというのが、アインシュタインの特殊相対性理論から導かれるのだ。仏教の主流である唯識などの考え方では、今だけが存在する。過去も未来もないというわけだが、物理学者の最高峰に君臨するアインシュタインは、過去も未来も存在すると言っているのである。

一方、仏教部派の説一切有部も、三世実有恒存説であるから、過去も現在も未来も、存在すると言っていたわけである。過去や未来を我々は単に自覚できないのであって、それらは違う次元に存在しているだけだというのである。

アインシュタインの特殊相対性理論に従うならば三世実有の方が正しいことになる。唯識派の「今」だけという考え方は、常識的で万民には受け入れやすい。それだけに凡才的分析だったのかも知れない。日本の仏教のほとんどがこの立場に立ち「いま頑張らずにいつ頑張る!?」と檄を飛ばしている。この三世実有理論はさらに「ブロック宇宙論」として新たな発展を見せていて興味深い。

さて、そこで筆者の体験だが、執筆中に禅定状態に入り込んだ途端、「永遠の今」ということをとても強く認識させられたのである。昔からそういうことは言ってはいるのだが、それはあくまで理論上で、知性言語的産物でもあった。今回、知性言語を抜け出し、それは叡智言語として出現した。その最中、「永遠の今」という状況が出現したのだ。それは知性言語として表に飛び出したという感じではあった。しかしその知性言語を支えていたものは、叡智言語であり、定《じょう》特有の深い感覚であった。叡智言語を初源として知性言語が働いた形である。つまりそれは、二章で語ったところの、知性言語が、叡智言語まで進化した形のものである。その進化した知性言語において、つまり、叡智言語と同化している知性言語において、「今」というこの瞬間は永遠である、ということを直観的に定特有の映像を伴って把握させられたのである。

今回、原稿を書いていて、筆者の中で最も感動する瞬間であった。過去に、そういう話は幾度もしてきてはいるのだが、しかし、改めてそれを直観的な形で自分の中で感受したということは、非常に感動するものがあった。一人静かで熱い感動だった。

つまり、これはどういうことかと言うと、次元が絡む話で、際限のない次元の中で、「今」というものが出現する。それは「今という永遠」が、際限がない形で存在するのである。いくつですよというような表現ではなく、際限のない状態の中で、「今」というものが展開し続けていて、その今は永遠にあり続ける。「今」というこの今が。その「永遠の今」の中で、ひとコマずつが生きたまま二次元に閉じ込められたような状態で、消え去ることなくあり続けるのである。それは時間が流れるのではなく、コマが際限のない次元の中へ、それぞれが振り分けられて進んでいくような感じである。この感覚は禅定者は誰であれ少なからず体験しているものだ。ただ、今回のは、その感覚（洞察）がより具体的で、その部分が知性言語の領域から進化したものであった、ということである。それは実にリアルであり、シュレーディンガーが感動した「時間」概念の崩壊と通ずるように思う。我々が認識している時間の矢は、直進しているのでも実在しているのでもなく、二次元的に分散していっているだけなのである。それは恰も、シュレーディンガーの猫の新たな解釈が如き類似性を見せた。我々は時間を錯覚として捉えているのであって、時間の矢という経過する「今」という概念は存在しないということである。我々は時間の矢の上で、時間が過去から未来に進んで行くという意識を持ち、唯一「今」を感じ取ることが出来るわけだが、それはどうも錯覚らしい。時間はないようだ。本質的な意味で時間は過ぎることがないということを、今、筆者は語っている。

今どきは、こんな話はネット上にイヤという程あるので、そういうのを読んでいる人は、その同列上にこの話を読んでいるだろうが、それは大きな間違いだ。彼らは、アインシュタインに依拠して、実際には何も分かってもいないのに、分かったような文章を書いているものだ。しかし、ここに記している内容は禅定者でなければ体験し得ない内容なのである。それ故、彼らのような知識だけの理屈の展開ではなく、これはあくまで体験の説明であるのだ。物理学者にとって思考の証明は数式化や実験であるのだが、禅定者は、思考の確証は禅定によって得るのである。将に今回、その体験を遂に成したのだった。その瞬間、一人静かに興奮するものがあった。そこには我々禅定者の前に常に顕われている無限次元が存在する。物理学は現在、十と十一次元が語られているが、それは全くもって正しくない。禅定者から見る次元に際限はない。物理次元には限られた次元が顕われるだろうが、物理以上の精神なり意識の次元には無限が有り得るのだと感じている。

筆者は、原稿を書いている最中は、ほとんど禅定状態の部分がある。そうでない時もあるが、そういう時が多い。そういう時は、まだ三十分しか経っていないと思っていると五、六時間過ぎていたりする。例えば、深夜の〇時から書いていて、まだ〇時半ぐらいかなと思ってふっと時計を見ると、三時を過ぎていたというのは連日で、ひどい時は朝になっていて参ったものだ。えっと思って時計を見ると六時だったりする。まだ三十分しか経っていないはずなのに！　我々の常識の「今」という時はない。この今が全てであるのだ。それは大変感動的な瞬間でもあった。

要するにこれは、時間がないということを意味しているわけだ。時間は存在していない。我々は、何らかの錯覚という脳の活動によって、時間が動いているように勘違いさせられているのだ。今回、そのことを如実に感じ取ることが出来たことは収穫だった。時間は存在しない。ただ我々はその時間というものを錯覚的に捉えてしまい、脳が我々の思考なり行為なり感覚なりが存在そのものを時間軸に合わせて変化しているように錯覚している、ということのようだ。我々の眼球網膜には目の前の映像が逆さまに映っているのだが、脳が便宜的に勝手に修正し、我々にはそうは見えない。この錯覚と同じで、脳によって時間が存在するようにだまされているようだ。

これは、はっきり言って、読者諸氏がいくら頭で追いかけても理解できない。ただ、先ほど言ったように、アインシュタインの相対性理論などを追いかけて、過去、現在、未来は同時に存在しているのだ、という理屈として言うことは簡単である。物理学愛好者の多くがやっている。しかし、誰一人体験している者はいないということである。

筆者はこの本の中で禅定者という言葉を使っているのだが、深い禅定の中においては、細かい数式的な部分はムリだが、基本となる真理の法則は全て理解されているものである。筆者の体験談でいうように、「永遠の今」だけが存在する、それは、ただ、この時間軸の中に縛られて生きている限りにおいては、絶対に体験できないことである。だが、仏道修行者が最終的に解脱をする時には、こういった体験は経ていかなくてはならないものである。

仏教徒にとって、ニルヴァーナという世界に入る前に、三界の中の、色界定、無色界定というのをクリアしていかなくてはならない。ニルヴァーナではまだないが、しかし、無色界定に至ったときには、色界の時空間に縛られている感覚はない。それらが全部取り除かれた無色界定において、時間がその時にはなくなる体験をするのである。それは、この時間次元の中で生きている人間にはまず理解できない。しかし、禅定者だけは理解できる。そのような世界があることを、読者も是非知って頂きたい。そして、仏教の実に深い哲学に触れて頂きたいものである。

敢えて希望的なことを言うと、今日から毎日十時間、瞑想し続ければ、三十年経てば、この無色定の境地には達するであろう。たった三十年のことである。生来の才能を有する者なら十年位で達成するだろう。ニルヴァーナは遙かにその先である。ニルヴァーナの世界は違う。違い過ぎる。ニルヴァーナに至るのは、並大抵ではない。しかし、ゴータマ・シッダールタ（釈迦）という一人物が実際にその境地に達した以上は、我々も全員到達できるということに他ならない。ゴータマだけが特別な人間ではない。ゴータマ・シッダールタも一人間にすぎない。特別な人間ではないのである。特別な人間などというものは、この世に存在しない。優れた人間なのであって、特別な人間ではない。超優れてはいるが、でも、努力すれば皆、そこへ辿り着ける。そういう意味において、仏陀を神格化しない方がいい。自分の偉大なる修行者の大先輩と捉えて、日々の生活に貪《とん》（貪り）瞋《じん》（怒り）癡《ち》（無智）の三毒を滅することを心掛けて、出来るだけ長時間の坐禅を成すことである。止観共に修めるべきである。そして、この「今」という次元も、我々の錯覚、執著によって「今」というものが時間的にずっと継続しているという勘違いと、この世が存在しているという勘違いが起こり、自分がいるという勘違いが起こっているのだということを、とりあえず頭で理解しておくことである。知識で理解するのは簡単である。暗記すればいいのだから。後は、実感としてどこまでそれを体感実践できるか、ということになる。

哲学や禅の世界というのは、一般の方々にはなかなか馴染みのないものである。その意味では理論物理学などという世界も同様である。この世に生を受けて日々の生活に追われるだけで一生を終える人たちが大半だが、あなたはそれで本当によいのだろうか。世間の常識とは桁違いの本当の常識の世界について、人はもっと積極的に学んでもいいのではないかと筆者は思う。

一つだけ残念なことは、現在の仏教学の博士たちの多くが、唯物論に陥っていることである。釈迦が説いた法を単なる縁起なる空性と誤認し、釈迦が求めた解脱の道を後世の捏造と言うに及んでは、仏陀の存在意義の否定でしかなく、彼らの論理矛盾には唖然とさせられるばかりである。その愚行（考）は偏に彼らが単なる哲学者を標榜し、仏陀の直弟子たちが如き修行実践者としての禅定者の智慧を具有していないことに起因する。善男善女たる読者は、この種の中途半端な知識だけの学者の発言には注意を払わなければならない。

故人とはなられたが、世界最高峰の仏教学者にしてインド哲学者の中村元博士がニルヴァーナの肯定者であり、正しい仏陀の理解者であったことを心より喜ぶものである。

最後に、大量の原稿の打ち込みと校正を連日続けてくれた荒川知子君に感謝の意を表する。

逍遥

引用・参考文献

“Archiv der Max-Planck-Gesellschaft, Abt. Va, Rep. 11, Nr. 1797” Max Planck, Speech in Florence, Italy, 1944.
“Where is Science Going?” Max Planck (W. W. Norton & Company, Inc.)
“Scientific Autobiography and Other Papers” Max Planck (Philosophical Library)
“THE WORLD AS I SEE IT” Albert Einstein
“Creation Myths of the World: An Encyclopedia” David Adams Leeming (Abc-Clio Inc Vol 2)
“Thematic Guide to World Mythology (Thematic Guides to Literature)” Lorena Laura Stookey (Greenwood)
“Satapatha Brahmana According to the Text of the Madhyandina School (Sacred Books of the East)” F. Max Muller, Julius Eggeling (Motilal Banarsidass)
『アインシュタイン選集』1・2・3　Albert Einstein、湯川 秀樹他（共立出版）
『アインシュタイン 希望の言葉』志村 史夫（ワニプラス）
『アインシュタイン神を語る』ウィリアム・ヘルマンス（工作舎）
『アインシュタインの旅行日記　日本・パレスチナ・スペイン』アルバート・アインシュタイン（草思社）
『孤高に生きる言葉 アインシュタイン』アン・ルーニー（青志社）
『宇宙の正体 - アインシュタインの大いなるミス？-』ドナルド・ゴールドスミス（青土社）
『量子革命 アインシュタインとボーア、偉大なる頭脳の激突』マンジット・クマール（新潮社）
『現代物理学を築いた巨人 ニールス・ボーアの量子論』ジム・オッタヴィアニ、リーランド ホカ・パーヴィス他（講談社）
『プランク』高田誠二（清水書院）
『精神と物質―意識と科学的世界像をめぐる考察』シュレーディンガー（工作舎）
『わが世界観』エルヴィン シュレーディンガー（筑摩書房）
『シュレディンガーの哲学する猫』竹内薫、竹内さなみ（中央公論新社）
『全体性と内蔵秩序』デヴィッド・ボーム（青土社）
『すごい物理学講義』カルロ・ロヴェッリ（河出文庫）
『時間は存在しない』カルロ・ロヴェッリ（ＮＨＫ出版）
『「ファインマン物理学」を読む　量子力学と相対性理論を中心として』竹内薫（講談社）
『「ファインマン物理学」を読む　電磁気学を中心として』竹内薫（講談社）
『「ファインマン物理学」を読む　力学と熱力学を中心として』竹内薫（講談社）
『皇帝の新しい心―コンピュータ・心・物理法則』ロジャー・ペンローズ（みすず書房）
『心は量子で語れるか』ロジャー・ペンローズ（講談社）
『ペンローズの〈量子脳〉理論』ロジャー・ペンローズ（筑摩書房）
『宇宙の始まりと終わりはなぜ同じなのか』ロジャー・ペンローズ（新潮社）
『宇宙が始まるとき』ジョン・バロウ（草思社）
『なぜ宇宙は人類をつくったのか』桜井邦朋（祥伝社）
『宇宙には意志がある』桜井邦朋（クレスト社）
『量子論から科学する「見えない心の世界」』岸根卓郎（ＰＨＰ研究所）
『量子論から解き明かす「心の世界」と「あの世」』岸根卓郎（ＰＨＰ研究所）

『宇宙が生まれる前には何があったのか』ローレンス・クラウス（文藝春秋）
『時間の本質をさぐる』松田卓也／二間瀬敏史（講談社）
『量子の公案・現代物理学のリーダーたちの神秘観』ケン・ウィルバー（工作舎）
『自然現象と心の構造』カール・G・ユング、W・パウリ（海鳴社）
『ユング自伝』Ⅰ・Ⅱ　カール・グスタフ・ユング（みすず書房）
『本の中の世界』湯川秀樹（岩波書店）
『身体の宇宙性』湯浅泰雄（岩波書店）
『確率の解析的理論』ピエール＝シモン・ラプラス（共立出版）
『科学者はなぜ神を信じるのか』三田一郎（講談社）
『量子コンピュータが本当にわかる』武田俊太郎（技術評論社）
『量子力学で生命の謎を解く』ジム・アル＝カリーリ（SBクリエイティブ）
『時間の発見—その本質と大脳タイム・マシン』コリン ウィルソン（三笠書房）
『科学の発見』スティーヴン ワインバーグ（文藝春秋）
『意味に満ちた宇宙』ベンジャミン ワイカー、ジョナサン ウィット（アートヴィレッジ）
『宇宙は「もつれ」でできている』ルイーザ・ギルダー（講談社）
『いやでも物理が面白くなる』志村史夫（講談社）
『量子力学が明らかにする存在・意志・生命の意味』山田廣成（光子研出版）
『時間は実在するか』入不二基義（講談社）
『暗黒宇宙で銀河が生まれる』谷口義明（ソフトバンククリエイティブ）
『壮大なる宇宙の誕生』ロバート・ジャストロウ（集英社）
『脳が心を生みだすとき』S・グリーンフィールド（草思社）
『思考のすごい力』ブルース・リプトン（PHP研究所）
『量子物理学の発見　ヒッグス粒子の先までの物語』レオン・レーダーマン、クリストファー・ヒル他（文藝春秋）
『生命の不思議、宇宙の謎—科学的好奇心の現在』ウィリアム・H ショア（白揚社）
『ゆらぎの世界—自然界の1/f ゆらぎの不思議』武者利光（講談社）
『宇宙についての基礎知識』宮本正太郎（講談社）
『宇宙誕生』Newton 別冊（ニュートンプレス）
『超ひも理論と宇宙のすべてを支配する数式』Newton 別冊（ニュートンプレス）
『虚数』Newton ライト2・0（ニュートンプレス）
『量子論のすべて』Newton 別冊（ニュートンプレス）
「Newton」２０２０年４月号（ニュートンプレス）
「日経サイエンス」２００２年12月号（日経サイエンス）
『宇宙創成』（上）（下）サイモン・シン（新潮文庫）
『神は妄想である—宗教との決別』リチャード・ドーキンス（早川書房）
『利己的な遺伝子』リチャード・ドーキンス（紀伊國屋書店）
『インド人の思惟方法』中村元（『中村元選集』第1巻、春秋社）
『ヴェーダの思想』中村元（『中村元選集』第8巻、春秋社）
『ウパニシャッドの思想』中村元（『中村元選集』第9巻、春秋社）
『ゴータマ・ブッダ１』中村元（『中村元選集』第11巻、春秋社）
『ゴータマ・ブッダ２』中村元（『中村元選集』第12巻、春秋社）
『原始仏教の思想１』中村元（『中村元選集』第15巻、春秋社）
『原始仏教の思想２』中村元（『中村元選集』第16巻、春秋社）
『原始仏教の生活倫理』中村元（『中村元選集』第17巻、春秋社）
『原始仏教の社会思想』中村元（『中村元選集』第18巻、春秋社）
『原始仏教から大乗仏教へ』中村元（『中村元選集』第20巻、春秋社）
『大乗仏教の思想』中村元（『中村元選集』第21巻、春秋社）
『ヨーガとサーンキヤの思想』中村元（『中村元選集』第24巻、春秋社）
『ニヤーヤとヴァイシェーシカの思想』中村元（『中村元選集』第25巻、春秋社）
『ヴェーダーンタ思想の展開』中村元（『中村元選集』第27巻、春秋社）
『原始仏典Ⅱ　相応部経典』第三巻　中村元、前田專學、及川真介、羽矢辰夫、平木光二（春秋社）
『原始仏典Ⅱ　相応部経典』第四巻　中村元、前田專學、服部育郎、新田智通、入山淳子、山口務（春秋社）
『ブッダの真理のことば・感興のことば』中村元（岩波文庫）
『スッタニパータ—ブッダのことば』中村元（岩波文庫）
『龍樹』中村元（講談社）
『仏教汎論』宇井伯壽（岩波書店）
『パーリ仏典入門』片山一良（大法輪閣）
『ブッダ その生涯と思想』前田專學（春秋社）
『ブッダのことば』宮元啓一（春秋社）
『評説インド仏教哲学史』山口瑞鳳（岩波書店）
『インド仏教史』（上）（下）平川彰（春秋社）
『仏教通史』平川彰（春秋社）
『スッタニパータ　ワイド版世界の大思想３—２』渡辺照宏（河出書房新社）
『原始仏教』水野弘元（平楽寺書店）

『原始仏教の実践哲学』和辻哲郎（NDL所蔵古書POD）
『大正新脩大蔵経 第26巻』（大蔵出版）
『国訳一切経毘曇部 第7～17巻』（大東出版社）
『国訳一切経毘曇部 第25～26下巻』（大東出版社）
『国訳大蔵経　論部第1～4巻』（第一書房）
『ミリンダ王』森祖道・浪花宣明（清水書院）
『倶舎論の研究【界・根品】』桜部健（法藏館）
『倶舎論の原典解明【業品】』舟橋一哉（法藏館）
『倶舎論註「解脱道解明」』（起心書房）
『根本中頌を読む』桂紹隆（春秋社）
『中論―縁起・空・中の思想』（上）（中）（下）三枝充悳（第三文明社）
『唯識と瑜伽行』高崎直道（春秋社）
『唯識初歩―心を見つめる仏教の智恵』松久保秀胤（鈴木出版）
『仏陀出現のメカニズム』山口修源（国書刊行会）
『大乗仏典2　八千頌般若経1』梶山雄一（中公文庫）
『大乗仏典3　八千頌般若経2』梶山雄一（中公文庫）
『仏教は宇宙をどう見たか』佐々木閑（化学同人）
『存在の分析「アビダルマ」―仏教の思想2』桜部建、上山春平（角川書店）
『時間と自我』大森荘蔵（青土社）
『哲学総論Ⅳ　世界観』下田弘（明玄書房）
『易経』（上）（下）高田眞治、後藤基巳訳（岩波書店）
『易経　中国の思想第7巻』丸山松幸訳（徳間書店）
『老子・列子　中国の思想第6巻』奥平卓・大村益夫訳（徳間書店）
『老子』小川環樹訳注（中公文庫）
『周易河圖洛書考』大島義濟（壽光堂）
『周易と中医学』楊力（医道の日本社）
『清静経講義』周兆昌　『達摩宝巻』悟真子
『天道と人道』下程勇吉（岩波書店）
『胎児は見ている』T・バーニー（祥伝社）
『原因と偶然の自然哲学』マックス・ボルン（みすず書房）
『聖書　新共同訳』日本聖書協会
『旧約聖書 出エジプト記』関根正雄（岩波書店）
『岩波講座　東洋思想第一巻　ユダヤ思想1』（岩波書店）
『岩波講座　東洋思想第二巻　ユダヤ思想2』（岩波書店）
『広説仏教語大辞典』中村元（東京書籍）
『新仏教辞典』中村元（誠信書房）
『例文　仏教語大辞典』（小学館）
『岩波　仏教大辞典　第二版』（岩波書店）
『旺文社　物理事典』（旺文社）
『法則の辞典』（浅倉書店）
『岩波　哲学・思想事典』（岩波書店）
『偉人たちの夢』及川わたる（サイエンスチャンネル）
『How the Universe Works』（Discovery）
『Ancient Aliens』#78 〝The Tesla Experiment〟（History）
『フランケンシュタインの誘惑E＋』 #5「ゆがめられた天才　幻の〝世界システム〟」（NHK）

装丁：Arakawa T.
本文画像：p218 PIXTA／p365 imagenavi
カバー画像：CERN／stock.foto(Claudio Balducelli)

森神等覚　もりがみ　とうかく

福岡生まれ。文筆家。思想家。維摩會管長。

中学・高校とミッションスクールの西南学院に通い、キリスト教教育を通して聖書と西洋思想に親しむ。高校卒業後、しばらく精神の放浪にて見聞を広めた後、立正大学仏教学部に特待生として入学。昭和５４年度卒。卒論は『龍樹研究』で空観に於ける異蘊の解明を論じた。業界紙記者などを経た後アメリカに移住。地球世界の文化を見て歩き人間研究を行なう。後に帰国。釈尊の語られた真理を現代に即した形で説き、５０年にわたり３万人以上を指導している。

著書に『科学者たち５８人の神観』『ループ』『人生は残酷である』『侘び然び幽玄のこころ』『光の世界１～３』『あなたの死後はこうなる』『シリーズ瞑想録①～⑧』『仏陀出現のメカニズム』、英訳”Tao and The Cosmic Principle”などがある。令和６年、森神等覚に改名。

新装版
タオと宇宙原理

2025年5月11日　初版第1刷発行

著　者　森神 等覚
発行者　山口 春嶽
発行所　桜の花出版株式会社
〒194-0021　東京都町田市中町 1-12-16-401
電話 042-785-4442
発売元　株式会社星雲社（共同出版社・流通責任出版社）
〒112-0005　東京都文京区水道 1-3-30
電話 03-3868-3275
印刷・製本　　株式会社シナノ

本書の内容の一部あるいは全部を無断で複写（コピー）することは、著作権上認められている場合を除き、禁じられています。

万一、落丁、乱丁本がありましたらお取り替え致します。

©Morigami Tohkaku 2025　Printed in Japan
ISBN978-4-434-35606-3 C1010